A PROGRESSIVE GERMAN READER,

ADAPTED TO

THE AMERICAN EDITION

OF

OLLENDORFF'S GERMAN GRAMMAR;

WITH

COPIOUS NOTES AND A VOCABULARY.

By G. J. ADLER, A.M.,
Editor of the American Edition of Ollendorff's German Grammar,
AUTHOR OF "AN OUTLINE OF GERMAN GRAMMAR," PROFESSOR OF THE GERMAN LANGUAGE AND LITERATURE IN THE UNIVERSITY OF THE CITY OF NEW-YORK.

NEW YORK:
D. APPLETON & Co., 346 AND 348 BROADWAY.
MDCCCLV.

Entered according to Act of Congress, in the year 1846, by

D. APPLETON & CO.,

In the Clerk's Office of the District Court for the Southern District of New-York.

PREFACE.

The end proposed in the preparation of this volume was to present to the Public a book of selections from the German Classics, more progressive in the arrangement of its matter, and more inviting to the first attempts of the learner than similar works heretofore in use. It proceeded from a conviction that a Reader of any, and especially of a modern language studied on the method of Ollendorff, should in some measure be made a representative of the literature of that language; both for the purpose of relieving the pupil from the perpetual repetition of exercises and conversational phrases by affording him an opportunity of applying his knowledge of the Grammar in another direction, and especially for the purpose of giving him an early introduction to those Authors whose works he is afterwards expected to read, and without which, his attainments in the language will ever be imperfect. It should, in the second place, be complete in itself—pre-supposing nothing but the Grammar, and requiring no other exponent of its meaning but itself and an intelligent learner.

The Editor is aware that Ollendorff's method does not necessarily require a reading book; and that, if in strict adherence to its principle, the pupil has once thoroughly mastered the entire book, he may confidently begin the reading of any one of the easier authors, with no other assistance save his dictionary and his master. It is, however, not unfrequently the case, that the pupil wishes only to read the language, and that as soon as possible, without going over the entire ground of the Method. And indeed it is the conviction of the Editor, resulting from personal experience as an instructor,

*

that a judicious selection of reading pieces placed in the hands of beginners as soon as they have acquired a sufficient familiarity with the inflection of the verb, will, in every case, greatly enhance their interest and zeal.

The book, therefore, is designed to be put into the hands of learners almost simultaneously with the Grammar. In the first section several pieces are analyzed, and the materials necessary for the translation of all of them, are given at the bottom of the page. In the second section, the use of the vocabulary commences, but the pieces are still short and easy, the irregular and compound verbs are given, and difficult or idiomatic passages explained or rendered. In the third, fourth and fifth sections, the pieces increase in length and difficulty, the references to the Grammar diminish, and many of the notes assume a historical character.

In regard to the subject-matter of the book, care has been taken to adopt only such pieces as are of acknowledged excellence and as could with safety be read with youth of both sexes either in classes at school or in private. The variety in the selection will strike every one who but cursorily glances at the book. Indeed, variety of matter to excite the curiosity and sustain the interest of the learner, together with a rigorous gradation from the easier to the more difficult, are the two principal points aimed at in the arrangement of the pieces—points which were deemed of sufficient importance to more than counterbalance all the advantages and pleasure to be derived from another and more scientific arrangement.

Extracts from the drama have not been admitted, because, if long, they would have swelled the size of the book to an undue extent; if short, they would, like isolated limbs of statues, however symmetrical and beautiful in themselves, be still unintelligible aside from their connection with the whole.

Among the poetical pieces, special prominence has been assigned to the Ballad, this being a species of poetry in which the greatest of German poets have eagerly striven for the prize, and to which many of their noblest creations belong. In the historical notes to these ballads free use has been made of the excel

lent commentaries of Goetzinger and Schmidt, and in Goethe's Novelle, on page 194, the inimitable translation alluded to in the introductory note has been followed in the renderings wherever it was found convenient.

The labour of preparing a vocabulary to such a variety of matter greatly exceeded all previous calculation, and has been the cause of considerable delay in the publication of the book. A vocabulary was deemed necessary, because, in the absence of one, the beginner in resorting to a small dictionary would fail to find many of the words—especially compounds and idiomatic expressions, and a large one would rather embarrass than assist him. The irregular verbs being in the largest portion of the book always given at the bottom of the page, it was at first deemed superfluous to repeat their principal parts in the vocabulary. This design was afterwards abandoned, and the imperfect and perfect participle are added to the infinitive of irregular verbs in all the letters of the alphabet except the first. In irregular and inseparable compounds the participle is represented in connection with the principal parts, but where the compound is separable the imperfect and participle of the simple verb alone are given. It is hoped that in a subsequent edition an opportunity will be afforded of reducing the vocabulary to perfect uniformity.

The orthography of the Reader is essentially the same with that of the Grammar.

The Editor now submits the book to the public, with the consciousness of having earnestly striven to solve the most difficult problem of a Reader and with the hope that it may meet the expectations of the numerous friends of the Grammar to which it is adapted.

G. J. ADLER

NEW-YORK UNIVERSITY, Dec 1, 1846.

LIST OF AUTHORS

FROM WHOSE WORKS SELECTIONS HAVE BEEN MADE

Inhalt

Erster Abschnitt

Zweiter Abschnitt.

Dritter Abschnitt.

Vierter Abschnitt.

EXPLANATION

OF

ABBREVIATIONS AND SIGNS,

MADE USE OF IN THE NOTES.

---

acc. accusative case.
adj. adjective.
adv. adverb.
aux. auxiliary.
comp. *or* compar. comparative.
conj. conjunction.
dat. dative case.
fem. feminine.
fig. figuratively.
fut. future tense.
gen. genitive case.
gov. governs *or* governed.
Gr. Grammar.
i. e. id. est., that is.
imper. imperative mood.
imperf. imperfect tense.
ind. indicative mood.
infin. infinitive mood.
less. lesson (in the Grammar).
lit. literally.
p. page.
part. participle.
perf. perfect.
pers. person.
pl. *or* plur. plural.
plup. *or* pluperf. pluperfect tense.
prep. preposition.
pres. present tense.
pron. pronoun.
refl. *or* reflex. reflexive.
sing. singular.
subj. subjunctive mood.
sup. *or* superl. superlative.

The asterisk (*), in the first section, indicates that the verb to which it is annexed is *irregular*. Its principal parts will be found in the list of irregular verbs at the end of the Grammar. If it is a compound it must first be resolved into its component parts and the simple verb looked for. In the dictionary, the same mark (*) indicates that the radical vowel of the noun is modified in the plural. (See p. 215.)

The Grammar (Gr.) referred to is the American Edition of Ollendorff's Method. The character §, when it is used in connection with Gr., refers to the Sections in Adler's Outline of German Grammar at the end of the Method. When standing alone it refers to the pieces in the different sections of the Reader.

NOTE ON THE USE OF THE BOOK.

The learner should bear in mind, that in the first section the words necessary for translating the several pieces are given in the bottom of the page, and in the order in which they are to be rendered into English. A word once given is generally not repeated, the learner being expected to remember it. Whatever is entirely omitted will be found in the Dictionary at the end of the book.

The use of the Dictionary properly commences with the second section (p. 27).

Professors will please to correct for their pupils the errata given on p. 309. and likewise to mark in the text the omitted words given in the Addenda to the Dictionary, on p. 308.

Deutsches Lesebuch.

Erster Abschnitt.

1. Der Esel und der Wolf.

Ein Esel begegnete einem hungrigen Wolfe. „Habe Mitleiden mit mir," sagte der zitternde Esel; „ich bin ein armes, krankes Thier; sieh' nur, was für einen Dorn ich mir in den Fuß getreten habe!"

„Wahrhaftig, du dauerst mich," versetzte der Wolf. „Und ich finde mich in meinem Gewissen verbunden, dich von diesen Schmerzen zu befreien." —

Kaum war das Wort gesagt, so ward der Esel zerrissen.

G. E. Lessing.

1.

Ein Esel, *an ass;* begegnete, *met,* 3d pers. sing. imperf. ind. of begegnen, which governs the dative; einem hungrigen Wolfe, *a hungry wolf,* dative sing. of ein hungriger Wolf: habe, *have,* 2d pers. sing. imper. of haben*; Mitleiden, *compassion;* mit prep. gov the dat., is usually rendered *with,* here *on;* mir, *me,* dat. sing. of ich; sagte, *said,* 3d pers. sing. imperf. ind. of sagen; der zitternde Esel, *the trembling ass*—zitternd is the pres. part. of zittern, and is here employed adjectively; ich bin, *I am,* 1st pers. sing. pres. ind. of sein (see Gr. p. 448); ein armes, krankes Thier, *a poor, sick animal;* sieh' nur, *only see, do but see*—sieh' or siehe, 2d pers. sing. imper. of sehen*; was für einen Dorn, lit. *what for a thorn,* i. e. *what a thorn;* ich . . . getreten habe, *I have run-* -getreten, perf. part. of treten*; mir in den Fuß, lit. *to me into the foot,* i. e. *into my foot;* wahrhaftig, *verily;* du dauerst mich, *you move me to pity,* i. e. *I pity you,* (du—in familiar conversation, the Germans address each other in the second person singular, which is commonly rendered into English by "*you;*" in elevated prose, such as pieces 16 and 17 below, or in poetry, it may be translated by "*thou,*" see Gr. p. 428, § 91); dauerst, 2d pers. sing. pres. ind. of dauern; mich, acc. sing. of ich; versetzte, *rejoined,* 3d pers. sing. imperf. ind. of versetzen; und ich finde mich . . . verbunden, *and I find* (i. e. *feel*) *myself bound* —finde, 1st pers. sing. pres. ind. of finden*; mich, is here reflexive, see Gr. p. 428, obs. 3; verbunden, perf. part. of verbinden*; in meinem Gewissen, *by*

2. Der Affe und der Fuchs.

„Nenne mir ein so geschicktes Thier, dem ich nicht nachahmen könnte!" so prahlte der Affe gegen den Fuchs. Der Fuchs aber erwiederte: „Und du, nenne mir ein so geringschätziges Thier, dem es einfallen könnte, d i r nachzuahmen."

---

3. Der Sperling und der Strauß.

„Sei auf deine Größe, auf deine Stärke so stolz, als du willst," sprach der Sperling zu dem Strauße; „ich bin doch mehr Vogel als du. Denn du kannst nicht fliegen; ich aber fliege, obgleich nicht hoch, obgleich nur ruckweise."

---

conscience; dich . . . zu befreien, *to deliver you*; von, *from;* diesen Schmerzen, *this pain*, dat. pl. of dieser Schmerz (see Gr. p. 397), must be rendered into English by the singular; kaum, *scarcely;* war, *was*, 3d pers. sing. imperf. ind. of sein; das Wort, *the word;* gesagt, *spoken*, perf. part. of sagen; so is here englished by *and;* ward zerrissen, *was torn to pieces*, 3d pers. sing. imperf. ind. passive of zerreißen*.

2.

Nenne, *mention, name*, imper. of nennen; mir, *to me;* ein so geschicktes, *such a skilful;* dem, *which*, dat. sing. of das, the relative, gov. by nachahmen (Gr. p. 436, § 104); ich nicht . . . könnte, *I could not*—könnte, imperf. subj. of können; nachahmen, *imitate;* so, *thus;* prahlte, *vaunted*, imperf. ind. of prahlen; der Affe, *the ape;* gegen, *in the presence of*, prep. gov. the dat. and acc.; den Fuchs, *the fox;* aber, *but;* erwiederte, *replied*, imperf. ind. of erwiedern; geringschätzig, *insignificant, mean;* dem, *to which;* es könnte, *it could;* einfallen, *occur*, gov. the dat.; dir, *you*, dat. sing. of du; nachzuahmen, on the position of the particle zu in the infinitive of separable compounds see Gr. less. 35, and page 469, § 154.

3.

Sei . . . so stolz, als du willst, *be as proud as you wish, plume yourself as much as you please*—sei, 2d pers. sing. imper. of sein*; willst, 2d pers. sing. pres. ind. of wollen*; auf, *upon;* deine Größe, *thy tallness, size;* deine Stärke, *thy strength*, both fem. nouns in the acc.; sprach, *quoth, said*, imperf. ind. of sprechen*; der Sperling, *the sparrow;* zu dem Strauße, *to the ostrich;* doch, *still, for all that;* mehr Vogel, *more of a bird;* als du, *than you*, supply *are;* denn, *for;* kannst, *can*, 2d pers. sing. pres. ind. of können*; fliegen, *fly;* fliege, 1st pers. sing. pres. ind.; obgleich, *though, although;* hoch, *high;* nur ruckweise, *only by fits and starts*.

4. Jupiter und Apollo.

Jupiter und Apollo stritten, welcher von ihnen der beste Bogenschütze sei. „Laß uns die Probe machen!“ sagte Apollo. Er spannte seinen Bogen und schoß so mitten in das bemerkte Ziel, daß Jupiter keine Möglichkeit sah, ihn zu übertreffen.

„Ich sehe,“ sprach er, „daß du wirklich sehr wohl schießest Ich werde Mühe haben, es besser zu machen. Doch will ich es ein andermal versuchen.“

---

5. Die Wasserschlange.

Zeus hatte nunmehr den Fröschen einen andern König gegeben; anstatt des friedlichen Klotzes eine gefräßige Wasserschlange.

„Willst du unser König sein,“ schrieen die Frösche, „warum verschlingst du uns?“ — „Darum,“ antwortete die Schlange, „weil ihr um mich gebeten habt.“

4.

Jupiter and Apollo; stritten, *were contending, debating,* imperf. of streiten*; welcher von ihnen . . . sei, *which of them was*—ihnen, dat. pl. of er; sei, pres. subj. of sein; der beste, *the best,* superlative of gut; Bogenschütze, *archer;* laß, *let,* imper. of lassen*; uns machen, *us make;* die Probe, *the experiment, trial;* er spannte, *he bent,* imperf. of spannen; seinen Bogen, *his bow;* und schoß . . . Ziel, *and struck the centre of the observed mark so well*—schoß, imperf. of schießen*, *to shoot;* bemerkt, perf. part. of bemerken, *to observe;* Ziel, *aim, mark,* mitten, *in the midst,* adverb; daß, *that;* sah, *saw,* imperf. of sehen*; keine Möglichkeit, *no possibility;* zu übertreffen, *to surpass, of surpassing* (see Gr. p. 474); ihn, *him;* ich sehe, *I see,* pres. ind. of sehen*; wirklich, *really;* schießest, *shoot,* 2d pers. sing. pres. ind.; sehr, *very;* wohl, *well;* ich werde Mühe haben, *I shall have hard work*—werde haben, 1st fut. ind. of haben*; zu machen, *to do;* es, *it;* besser, *better,* comparative of gut; doch, *still;* will ich, *I will,* pres. ind. of wollen*; es versuchen, *try it;* ein andermal, *some other time.*

5.

Die Wasserschlange, *the water-snake;* Zeus, *Jupiter* (his Greek name); hatte . . . gegeben, *had given,* pluperf. ind. of geben*; nunmehr, *now;* den Fröschen, *to the frogs,* dat. pl. of der Frosch; einen andern König, *another king;* in German the accusative generally follows the dative, except when it is a personal pronoun, see Gr. p. 61; anstatt, *instead of,* prep. gov. the gen.; friedlich, *peaceable;* Klotz, *log;* gefräßig, *voracious;* willst du, wenn, *if* is to be supplied—*do you wish,* i. e. *if you wish;* sein, *to be;* unser König, *our king;* schrieen, *cried,* imperf. ind. of schreien*; warum, *why;* verschlingst du, *do you*

„Ich habe nicht um dich gebeten!" rief einer von den Fröschen, den sie schon mit den Augen verschlang. — „Nicht?" sagte die Wasserschlange. „Desto schlimmer, so muß ich dich verschlingen, weil du nicht um mich gebeten hast."

6. Die Ziegen.

Die Ziegen baten den Zeus, auch ihnen Hörner zu geben; denn Anfangs hatten die Ziegen keine Hörner.

„Ueberlegt es wohl, was ihr bittet," sagte Zeus. „Es ist mit dem Geschenke der Hörner ein anderes unzertrennlich verbunden, das euch so angenehm nicht sein möchte."

Doch die Ziegen beharrten auf ihrer Bitte, und Zeus sprach: „So habet denn Hörner!"

Und die Ziegen bekamen Hörner — und Bart! Denn Anfangs hatten die Ziegen auch keinen Bart. O wie schmerzte sie der häßliche Bart! Weit mehr als sie die stolzen Hörner freuten!

G. E. Lessing.[1]

---

devour, 2d pers. sing. pres. ind. of verschlingen*; darum . . . weil, lit. *for this reason, because*, simply *because;* antwortete, *answered*, imperf. ind. of antworten; ihr . . . gebeten habt, *you have petitioned*, perf. ind. of bitten*; um, *for*, rief, *exclaimed*, imperf. ind. of rufen*; einer, *one* (see Gr. p. 421, § 77, 2d.); den, *which;* sie, *it*, i. e. die Wasserschlange; schon, *already;* verschlang, *was devouring*, imperf. ind. of verschlingen*; mit den, *with its*, on this use of the article see Gr. p. 379, 4th; Augen, *eyes*, dat. pl.; desto, *so much the;* schlimmer, *worse*, comp. of schlimm; so, *then;* muß ich, *I must*, pres. ind. of müssen*; weil, *because*, a causal conj. denoting either a real cause or a motive, always requires the verb at the end of the clause, Gr. p. 122.

6.

Die Ziegen, *the goats*, pl. of die Ziege; baten, *besought*, imperf. of bitten*; den is not rendered, it only serves to point out the case (Gr. p. 379, 6th); zu geben, *that he would give;* auch ihnen, *them also;* Hörner, *horns*, pl. of das Horn; denn, *for;* Anfangs, *in the beginning, originally;* keine, *no;* überlegt, *consider*, 2d pers. pl. imper. of überlegen; es is not rendered here; was, *what;* es ist, *there is* (see Gr. p. 429, obs. 7); Geschenk, *present;* der Hörner, gen. pl.; anderes, *other one;* unzertrennlich, *inseparably;* verbunden, *connected*, perf. part. of verbinden*; das, *which;* möchte, *might*, imperf. subj. of mögen*; angenehm, *agreeable;* euch, *to you*, dat. pl. of du; beharrten, *persisted*, imperf. of beharren; auf, *in;* ihrer Bitte, *their request*, dat. sing.; so . . . denn,

[1]) Lessing is also the author of all the preceding fables.

7. Der Goldkäfer.

„Pah! die ganze Natur muß doch vor mir Respekt haben und meinen Glanz anstaunen!" sprach ein Goldkäfer stolz für sich hin. Eine Nachtigall hörte es, und kam und packte ihn. „Was? Was?" schrie der Käfer, „du poetischer Vogel wirst mir doch nichts zu Leide thun wollen? Du bist ja immer so friedlich und singst eins." — „Ja," erwiederte sie, „ich bin auch friedlich; aber die prahlerischen Käfer fresse ich auf."

Friedrich Christ. Fulda.

---

8. Die Kuh, die Ziege, das Schaf und der Löwe.

Eine Kuh, eine Ziege und ein geduldiges Schaf gingen in Gesellschaft mit dem Löwen auf die Jagd. Sie hatten endlich einen sehr großen Hirschen gefangen. Da theilte ihn der Löwe und

---

well then; habet, *have,* 2d pers. pl. imper.; bekamen, *got, obtained,* imperf. of bekommen*; Bart, *a beard;* hatten auch keinen Bart, lit. *had also no beard* i. e. *had no beard either;* o wie, *oh how;* häßlich, *hateful, ugly;* schmerzte, *did afflict,* imperf. of schmerzen; sie, *them;* weit mehr, *far more;* freuten, *gladdened, pleased,* imperf. of freuen; sie must be rendered last.

7.

Goldkäfer, *the rose-chafer;* pah! an exclamation denoting vainglorious exultation; die ganze, *all;* Natur, *nature;* Respekt vor Jemandem haben, *to respect any one;* doch, *after all, whatever they may say;* anstaunen, *gaze with amazement at;* Glanz, *lustre, brilliancy;* stolz, *haughtily*—many adjectives may, in their uninflected form, be used adverbially in German; für sich hin, *to himself;* Nachtigall, *nightingale;* hörte, *heard,* imperf. of hören; kam, *came,* imperf. of kommen*; packte, *seized,* imperf. of packen; poetisch, *poetical;* wirst ... wollen, *do not intend, I hope, to do me any harm*—nichts must here be resolved into nicht etwas, and the negative must go with the verb wirst nicht wollen, lit. *will not wish,* i. e. *do not intend,* 1st fut. ind.; doch, *I hope,* adverb; on the phrase, Jemandem etwas zu Leide thun, see Gr. p. 185; ja may here be englished by the conjunction *for;* singst eins, *ready to give a song,* ja, *yes, 't is true;* prahlerisch, *boastful, vaunting;* Käfer, *chafers;* fresse ich auf, *I eat up, devour,* pres. ind. of auffressen—on the separation of the component parts of a separable compound verb see Gr. p. 81, obs. C, and p. 467.

8.

Kuh, *cow;* geduldig, *patient;* Schaf, *sheep;* gingen, *went,* imperf. of gehen*; auf die Jagd, *a hunting;* in Gesellschaft, *in company;* der Löwe, *the lion* hatten ... gefangen, *had caught,* pluperf. ind. of fangen*; endlich, *at last.* groß, *large;* Hirschen, *deer,* acc. of der Hirsch. der Löwe must be rendered

sprach: „Den ersten Theil nehme ich, weil ich der Löwe bin; den zweiten müßt ihr mir wegen meiner Tapferkeit zuerkennen; der dritte muß mir zufallen, weil ich stärker bin als ihr; und wehe dem, der sich an dem vierten vergreifen wird!" So nahm der ungerechte Löwe die ganze Beute für sich weg.

Meißner.

9. Schwamm und Gras.

Der Schwamm sagte zum Gras: „Ich schieße in einem Augenblick auf; indessen du einen ganzen Sommer hindurch wachsen mußt, um zu werden, was ich in einem Augenblicke bin."

„Es ist wahr," erwiederte das Gras, „ehe ich etwas werth bin, kann dein ewiger Unwerth hundertmal entstehen und hundertmal wieder vergehen."

Heinrich Pestalozzi.

10. Der Wolf auf dem Sterbebette.

Der Wolf lag in den letzten Zügen und schickte einen prüfenden Blick auf sein vergangenes Leben zurück. „Ich bin freilich ein

---

first; da, *then;* theilte, *divided*, imperf. of theilen; den ersten Theil, *the first part;* nehme ich, *I take*, pres. ind. of nehmen*; den zweiten, *the second;* zuerkennen, *adjudge, award;* mir, *to me;* wegen, *on account of*, prep. gov. the gen.; Tapferkeit, *valour*, gen.; der dritte, *the third;* muß mir zufallen, *must fall to my lot;* stärker, *stronger*, compar. of stark; wehe dem, *wo be to him;* der, *who;* sich an etwas vergreifen, reflex. verb, *to seize unlawfully, to lay one's hands on a thing*, is here in 1st fut. ind.; dem vierten, *the fourth;* so, *thus;* ungerecht, *unjust;* nahm . . . weg, *took away*, imperf. of wegnehmen* (Gr. p. 81, obs. C.); ganz, *entire;* Beute, *booty, prey;* für sich, *for himself.*

9.

Schwamm, *mushroom;* zum, contracted, for zu dem, *to the* (Gr. p. 381, § 10); Gras, *gross;* schieße . . . auf, *shoot up*, pres. ind. of aufschießen* (Gr. p. 81, obs. C.); ein is here the numeral *one;* Augenblick, *moment;* indessen, *whilst;* du . . . wachsen mußt, *you must grow;* einen ganzen Sommer durch, lit. *during an entire summer, all summer long* (Gr. p 124); um zu, *in order to;* werden, *become;* bin comes last, because the sentence begins with a relative (was), Gr. less. 47; wahr, *true;* ehe, *before*, conj., throws the verb to the end; werth bin, *am worth;* etwas, *something;* dein ewiger Unwerth, *thy everlasting worthlessness*—for the reason why the subject here follows the verb (auxiliary) see Gr. p. 361, 6th; kann entstehen, *can arise, spring up;* hundertmal, *a hundred times;* vergehen, *perish, pass away;* wieder, *again.*

Sünder," sagte er, „aber doch hoffe ich, keiner von den größten. Ich habe Böses gethan; aber auch viel Gutes. Einsmals, erinnere ich mich, kam mir ein blöckendes Lamm, welches sich von der Heerde verirrt hatte, so nahe, daß ich es gar leicht hätte würgen können und ich that ihm nichts. Zu eben dieser Zeit hörte ich die Spöttereien und Schmähungen eines Schafes mit der bewunderswürdigsten Gleichgültigkeit an, ob ich schon keine schützenden Hunde zu fürchten hatte."

„Und das alles kann ich dir bezeugen," fiel ihm Freund Fuchs, der ihn zum Tode bereiten half, ins Wort. „Denn ich erinnere mich noch gar wohl aller Umstände dabei. Es war zu eben der Zeit, als du dich an dem Beine so jämmerlich würgtest, das dir der gutherzige Kranich hernach aus dem Schlunde zog."

G. E. Lessing

10.

Auf dem, *on his* (Gr. p. 379, § 5, 4th); Sterbebette, *death-bed;* lag, *lay, was lying*, imperf. of liegen*; in den letzten Zügen liegen, *to lie in the agonies of death;* schickte ... zurück, *cast back*, imperf. of zurückschicken (Gr. p. 81, obs. C.); prüfend, *scrutinizing;* Blick, *glance;* auf, *upon;* sein, *his;* vergangen, *past*, perf. part. of vergehen*; Leben, *life;* freilich, *to be sure, 't is true;* Sünder, *sinner;* aber doch, *but yet;* hoffen, *to hope;* keiner, *none;* größt, *greatest*, superl. of groß; habe gethan, *have done*, perf. of thun; Böses, *wrong;* viel Gutes, *much that is good;* einsmals, *once;* erinnere ich mich, *I remember*, reflex. verb (see Gr. lesson 70); blöckend, *bleating;* Lamm, *lamb;* welches, *which;* sich verirrt hatte, *had gone astray*, reflex. verb, pluperf. ind. of sich verirren; von, *from;* der Heerde, *the flock*, dat. fem. noun; kam mir so nahe, *came so near to me;* daß, *that*, conj., always throws the verb to the end of the sentence (Gr. p. 359, 4th); ich hätte können, *I might have been able*, pluperf. subj.—by an idiom peculiar to the German, the infinitive können is here used, where in English the perf. part. is required (see Gr. p. 473, § 168); gar leicht, *very easily;* würgen, *to choke, kill;* es, *it;* that, *did*, imperf. of thun*; nichts, *nothing*, i. e. *no harm;* zu eben dieser Zeit, *at this very time;* hörte ich ... an, *I listened to*, imperf. of anhören (Gr. p. 81, obs. C.); Spötterei, *derision;* Schmähung, *invective, abuse;* bewundernswürdigst, *most wonderful;* Gleichgültigkeit, *indifference;* obschon, *although* (Gr. p. 296, obs. H.), conj. which throws the verb to the end of the sentence (Gr. p. 359, 4th); ich zu fürchten hatte, *I had to fear;* schützend, *protecting*, pres. part. of schützen; der Hund, *the dog;* das alles, *all this;* bezeugen, *attest, certify;* fiel ihm ... ins Wort, *interrupted him*—Jemandem ins Wort fallen*, *to interrupt any one;* ins for in das (Gr. p. 381, § 10); der, *who;* half, *assisted*, imperf. of helfen*; bereiten, *to prepare*, i. e. *in preparing;* zum for zu dem, *for;* der Tod, *death;* denn, *for;* noch, *yet;* gar wohl, *very well;* aller Umstände, *all the circumstances*, gen.

11. Die eherne Bildsäule.

Die eherne Bildsäule eines vortrefflichen Künstlers schmolz durch die Hitze einer wüthenden Feuersbrunst in einen Klumpen. Dieser Klumpen kam einem andern Künstler in die Hände, und durch seine Geschicklichkeit verfertigte er eine neue Bildsäule daraus; von der erstern in dem, was sie vorstellte, unterschieden, an Geschmack und Schönheit aber ihr gleich.

Der Neid sah es und knirschte. Endlich besann er sich auf einen armseligen Trost: „Der gute Mann würde dieses noch ganz erträgliche Stück auch nicht hervorgebracht haben, wenn ihm nicht die Materie der alten Bildsäule dabei zu Statten gekommen wäre."

G. E. Lessing.

---

12. Hund und Rabe.

Hund: „Rabe, du Schelm, du Spitzbube dort,
Schleppst mir das schöne Stück Fleisch da fort!"

---

pl. governed by the verb; dabei, *connected therewith;* als, *when,* conj. requires the verb at the end; du dich würgtest, *you was choking,* imperf. of sich würgen; an, *with;* das Bein, *the bone;* das, *which;* gutherzig, *kind-hearted;* Kranich, *crane;* hernach, *afterwards;* zog, *extracted,* imperf. of ziehen*; dir . . . aus dem Schlunde, *out of your throat,* lit. *out of the throat for you.*

11.

Ehern, *brazen;* Bildsäule, *statue;* vortrefflich, *eminent;* Künstler, *artist;* schmolz, *melted, was melted,* imperf. of schmelzen*; in, *into;* Klumpen, *lump, mass;* durch, *by;* Hitze, *heat;* wüthend, *raging;* Feuersbrunst, *conflagration;* dieser, *this;* kam . . . in die Hände, *fell into the hands;* einem andern Künstler, *of another artist,* lit. *to another &c.;* Geschicklichkeit, *skill;* verfertigte, *made;* neu, *new;* daraus, *out of it;* unterschieden, *different;* von der erstern, *from the former;* in dem, was, *in that which;* sie, *it,* i. e. die Bildsäule; vorstellte, *represented,* imperf. of vorstellen; aber ihr gleich, *but equal to it;* an, *in point of;* Geschmack, *taste;* Schönheit, *beauty;* der Neid, *envy,* article not translated; sah, *saw,* imperf. of sehen*; knirschte, *gnashed its teeth;* besann er sich auf, *it recollected, hit upon;* armselig, *paltry;* Trost, *consolation;* gut, *good;* Mann, *man;* würde, *would;* auch nicht, *not even;* hervorgebracht haben, *have produced,* 2d conditional of hervorbringen*; dieses noch ganz erträgliche Stück, *this yet quite tolerable piece* (of art); wenn nicht, *unless,* requires the verb at the end of the sentence (Gr. p. 359, 4th); Materie, *material;* der, *of the;* alten, *old;* zu Statten gekommen wäre, *had assisted,* pluperf. subj. of zu Statten kommen gov. the dative; ihm, *him;* dabei, *in his work.*

Rabe: „Hündchen, nur nicht so böse sei!
Weißt du? ich bin bei der Polizei,
Muß nach den bösen Dieben spüren,
Und das Gestohlene confisciren."

Der Rabe hatte gewiß gelogen,
Den Hund um seinen Braten betrogen
Doch der hat ihn nicht darüber verklagt.
Ich denke, er hat es nicht gewagt;
Es sollte wohl nicht zu Tage kommen,
Woher er ihn selbst erst hatte genommen.

---

13. Fuchs und Hahn.

Fuchs: „Wer räth mir ein Räthsel? Wer ist so klug?"
Hahn: „Komm, sag' mir's, ich habe Verstand genug."
Fuchs: „Einen Kopf hat er voll Hinterlist,
Eine Schnauze, die gern was Gutes frißt;
Jetzt kommt er gesprungen und packet dich."
Hahn: „O weh mir Armen! jetzt frißt er mich!"

12.

The dog and the raven; Schelm, *rogue;* Spitzbube, *rascal;* dort, *yonder;* schleppst . . . fort, *you are lugging away,* pres. ind. of fortschleppen; mir das, *to me the,* i. e. *my;* schön, *fine;* Stück Fleisch, *piece of meat* (Gr. p. 406, 4th); da, *there;* Hündchen, *my little dog,* diminutive of Hund (Gr. p. 147); sei nicht, *be not;* so böse, *so angry;* nur, *I pray,* adverb; weißt du? *do you know?* from wissen*; bin bei, *belong to;* Polizei, *police;* nach etwas spüren, *to track, be in pursuit of something;* bösen Dieben, *wicked thieves,* dat. pl.; confisciren, *confiscate;* Gestohlene, *that which is stolen, stolen goods,* perf. part. of stehlen*, used substantively; gewiß, *certainly;* gelogen, *lied;* perf. part. of lügen*; supply und, *and;* betrogen, *cheated,* perf. part. of betriegen*; um, *out of;* Braten, *roast-meat;* der, *he;* hat ihn nicht verklagt, *did not inform against him;* darüber, *on that account;* wohl, *no doubt;* es sollte nicht, *it was not;* zu Tage kommen, *to come to light;* woher, *whence;* er selbst, *he himself;* erst, *first;* ihn hatte genommen, *got it from,* pluperf. of nehmen*.

13.

The fox and the chanticleer; wer, *who;* räth, *will guess,* pres. ind. used for the future; Räthsel, *riddle;* klug, *wise;* sag' mir's, *tell it to me,* mir's or mir es; Verstand genug, *great plenty of wit, wit enough;* Kopf, *head;* er, for the reason why the subject is put after its verb, see Gr. p. 360, 5th; voll Hinterlist, *full of cunning;* Schnauze, *snout;* die, *which;* gern frißt, *likes to eat,* pres. ind. of fressen* only said of animals; below it means *to devour;* was

Der arme Hahn, er sollte sich wahren;
Das gar zu gescheidt sein bringt Gefahren;
Er kannte den Fuchs, er hätte nicht sollen
Ihm seine Räthsel rathen wollen.
Nun hat's ihn gereut zu tausend Malen,
Nun muß er's mit seiner Haut bezahlen.

---

14. Knabe und Schmetterling.

Knabe: „Schmetterling,
Kleines Ding,
Sage, wovon lebst du,
Daß du nur in Lüften schwebst?"
Schmetterling: „Blumenduft, Sonnenschein,
Das sind die Nahrung mein."

Der Knabe, der wollt' ihn fangen,
Da bat er mit Zittern und Bangen:
„Lieber Knabe, thu' es nicht,
Laß mich spielen im Sonnenlicht.

---

is here familiar for etwas; jetzt, *now*; gesprungen, *springing*, perf. part. of springen*, must be translated by the pres. part. (Gr. p. 475, § 173); o weh mir, *oh wo to me*; Armen, *wretched one*, adjective employed substantively; arme Hahn, *poor chanticleer*; sich wahren, *be (more) cautious*; das gar zu gescheidt sein, *to be overwise*—the whole expression is regarded as a substantive in the neuter gender, subject nom. to bringt; bringt, *brings, leads into*; Gefahr, *danger*; kannte, *knew*, imperf. of kennen*; hätte nicht sollen, *should not have*; wollen, *wished*; nun, *now*; hat's (or hat es) ihn gereut, *he has rued it*; zu tausend Malen, *a thousand times*; muß er's . . . bezahlen, *he has to pay for it*; Haut, lit. *skin*, i. e. *life*.

14.

Knabe, *boy*; Schmetterling, *butterfly*; klein, *little*; Ding, *thing, creature*; sage, imper. of sagen; wovon lebst du, *what do you live on*; nur, *only, but*; schweben, *to hover, to float about*; Lüften, dat. pl. of die Luft, *the air*, must be rendered in the singular; Blumenduft, *the fragrance of flowers*; Sonnenschein, *sunshine*; das, *these* (see Gr. p. 434, obs. 2); Nahrung mein, *my food*, in poetry (and anciently also in prose) the adjective or adjective pronoun is sometimes put *after* its noun, contrary to the common usage; der wollt' ihn fangen, *he wanted to catch*; bat, *begged*, imperf. of bitten*; Zittern, *trembling*; Bangen, *fear, dread*, both are infinitives, used substantively (Gr. p. 472, § 166); thu', imper. of thun*, *to do*; spielen, *play*; Son-

Eh vergeht das Morgenroth,
Lieg' ich doch schon kalt und todt."

W. Hey.[1])

15. Der Araber in der Wüste.

Ein Araber hatte sich in der Wüste verirrt und war in Gefahr, vor Hunger und Durst zu sterben. Nach langem Umherirren fand er eine von den Cisternen oder Wassergruben, aus welchen die Pilger ihre Kameele tränken, und einen kleinen, ledernen Sack, der auf dem Sande lag. „Gott sei gelobt!" sprach er, als er ihn aufhob und befühlte; „das sind gewiß Datteln oder Nüsse; wie will ich mich an ihnen erquicken und laben!" In dieser süßen Hoffnung öffnete er schnell den Sack, sah, was er enthielt, und rief dann ganz traurig aus: „Ach, es sind nur Perlen!"

C. F. D. Schubart.

16. Das frühe Veilchen.

Beim ersten warmen Sonnenstrahl im März schlüpfte ein zartes Veilchen hervor aus seiner schützenden Hülle und freute sich

---

nenlicht, *light of the sun*; doch is here causal, *for*; eh' or ehe, *ere, before*; Morgenroth, *aurora, early dawn*; vergehen*, *to disappear*; liegen*, *to lie*; kalt, *cold*; todt, *dead*.

15.

Araber, *Arab*; Wüste, *desert*; sich . . . verirrt, *lost his way*, reflex. verb; zu sterben*, *to die*; vor, *from*; Hunger, *hunger*; Durst, *thirst*; nach, *after*; langem Umherirren, *straying about for a long time*, the infin. umherirren is here regarded as a substantive (Gr. p. 472, § 166); fand, imperf. of finden*, *to find*; eine, *one*; Cisternen, *cisterns*, dat. pl.; Wassergruben, *water-pits*; aus, *out of*; der Pilger, *the traveller*; tränken, *water*, 3d pers. pl. pres. ind.; das Kameel, *the camel*; klein, *small*; ledern, *leathern*; Sack, *bag*; der, *which*; der Sand, *the sand*; Gott sei gelobt, *God be praised*; als, *as*; aufhob, imperf. of aufheben*, *to take up*; befühlte, imperf. of befühlen, *to touch, examine*; das sind, *these are*, lit. *this are*, see Gr. 276, obs. A.; gewiß, *certainly, undoubtedly*; die Dattel, *the date*; die Nuß, *the nut*; erquicken, *quicken*; laben, *refresh*; mich, *myself*; an ihnen, *with them*; süß, *sweet*; Hoffnung, *hope*; öffnete, from öffnen, *to open*; schnell, *quickly*; sah, from sehen*, *to see*; enthielt, from enthalten*, *to contain*; rief . . . aus, from ausrufen*, *to exclaim* (Gr. p. 81, obs. C.); ganz traurig, lit. *entirely sad*, i. e. *with great sadness*; ach, *alas*; es sind, *they are* (see Gr. p. 177, obs. B.); die Perle, *the pearl*.

[1]) W. Hey is also the author of 12 and 13.

des aufquellenden Lebens. Aber der Schnee lag noch auf den Bergspitzen und in den Schluchten, und ein kalter Abendwind wehte über die Flur, als die Sonne hinuntersank. Da schauderte das Veilchen zusammen und sprach: „Warum muß ich schon sterben, da ich eben zu leben meinte?"

Und der Geist der Blumen, der unsichtbar da stand, antwortete:

„Warum strebtest du mit deinem zarten Leben so früh in die rauhe Zeit hinaus? Ein schwaches Geschlecht muß untergehen im Frost und Sturm. Wenn du aber nun dein kleines Haupt niederlegst im Hauche der Nacht, will ich dich in den Schooß deiner Mutter zurückbringen, wo deine Geschwister noch schlafen. Frost und Stürme vergehen, doch das Leben verbirgt sich nur und kehrt wieder."

Aloys Schreiber.

16.

Beim or bei dem, *at the*; warm, *warm*; Sonnenstrahl, *sun-beam*; im or in dem, *in* (article not translated); März, *March*; zart, *delicate*; Veilchen, *violet*; schlüpfte, from schlüpfen, *to slip*; hervor, *forth*; aus, *from*, gov. the dat.; schützend, *sheltering*; Hülle, *cover*; freute sich, from sich freuen, *to rejoice in* (with the gen.); des, *its* (Gr. p. 379, 4th); aufquellend, *newly budding*; Lebens, *life*; Schnee, *snow*; Bergspitzen, *mountain-tops*, dat.; Schluchten, *hollows*; kalt, *cold*; Abendwind, *west-wind;* wehte, from wehen, *to blow*; über, *across*; Flur, *plain*; als, *when*; Sonne, *sun*; hinuntersank, from hinuntersinken*, *to sink, go down*; da, *then*; das Veilchen is put after its verb, why? see Gr. p. 360, 5th; schauderte, from schaudern, *to shrink*; zusammen, *together*; warum, *why*; sterben, *die*; schon, *already*; da, *when*; eben, *just*, adv.; meinte, *thought*; zu leben, *to live*, i. e. *to commence life*; Geist, *spirit*; der is not translated (Gr. p. 379, 6th); Blumen, *flowers*, gen. pl.; der, *who*; unsichtbar, *invisibly*; stand, from stehen*, *to stand*; strebtest du ... hinaus, *didst thou strive (venture) forth*; in die rauhe Zeit, *into the rough (raw) season*; schwach, *weakly*; Geschlecht, *race*; untergehen*, *perish*; im, *amid*; Frost, *frost*; Sturm, *storm*; wenn du aber, *but if thou*; niederlegst, pres. ind. of niederlegen, *to lay down*; klein, *little*; Haupt, *head*; im, *in*, in the sense of *during*; Hauche, *breath*; der Nacht, *of night* (Gr. p. 380, 1st); will ich, *I will*; zurückbringen, *carry back*; Schooß, *bosom*; deiner Mutter, *of thy mother*; wo, *where*; Geschwister, *sisters*; noch schlafen, *are yet sleeping*; vergehen, *pass away*; das Leben, *life*—the article is not translated, see Gr. p. 380, § 8; nur, *only*; verbirgt sich, 2d pers. sing. pres. ind. from sich verbergen*, *to hide one's self*; und kehrt wieder, *and returns again*, i. e. *to return again*, from wiederkehren.

17. Die Moosrose.

Der Engel, der die Blumen verpflegt und in stiller Nacht den Thau darauf träufelt, schlummerte an einem Frühlingstage im Schatten eines Rosenstrauchs. Und als er erwachte, da sprach er mit freundlichem Antlitz: „Lieblichstes meiner Kinder, ich danke dir für deinen erquickenden Wohlgeruch und für deinen kühlen Schatten. Könntest du dir noch etwas erbitten, wie gern würde ich es dir gewähren.“ — „So schmücke mich mit einem neuen Reize,“ flehte darauf der Geist des Rosenstrauchs. Und der Blumenengel schmückte die schönste der Blumen mit einfachem Moose. Lieblich stand sie da in bescheidenem Schmuck, die Moosrose, die schönste ihres Geschlechts.

Krummacher.

---

18. Tod und Schlaf.

Parabel.

Tod und Schlaf, der Engel des Schlummers und des Todes, brüderlich umschlungen, durchwandelten die Erde. Es war Abend. Sie lagerten sich auf einem Hügel, nicht ferne von den Wohnungen der Menschen. Eine wehmüthige Stille waltete rings umher, und die Abendglocke im fernen Dörflein verstummte.

17.

Moosrose, *moss-rose;* Engel, *angel;* der, *who;* verpflegen, *to tend, wait on;* still, *still;* Thau, *dew;* träufeln, *to drop, distil;* darauf, *upon them,* see Gr. p. 429, obs. 6th; schlummerte, *was slumbering;* Frühlingstag, *spring-day;* Schatten, *shade;* Rosenstrauch, *rose-bush;* erwachen, *to awake;* da is not rendered here; freundlich, *friendly;* Antlitz, *countenance;* lieblich, *lovely;* Kind, *child;* danken, *to thank;* für, *for;* erquickend, *refreshing;* Wohlgeruch, *redolence;* kühl, *cool;* dir erbitten, *ask for;* noch etwas, *something more, some additional favour;* gern, *willingly;* gewähren, *grant;* so, *then;* schmücken, *to adorn;* Reiz, *charm;* flehen, *to beseech;* darauf, *thereupon;* Blumenengel, *angel of flowers;* der Blumen, gen. pl.; der, *of,* simply points out the case; einfach, *simple, plain;* stehen*, *to stand;* bescheiden, *modest;* Schmuck, *ornament;* ihres, *of her.*

18.

Tod, *death;* Schlaf, *sleep;* der Schlummer, *slumber;* brüderlich umschlungen, *brother-like locked arm in arm, in brother-like embrace;* umschlungen, perf. part. from umschlingen*, *to embrace, clasp;* durchwandeln, *to walk over;* Erde, *earth;* Abend, *evening;* sich lagern, refl. verb (Gr. less. 70), *to lay one's self down, recline;* Hügel, *hill;* ferne, *far;* Wohnung, *habitation;* der Men-

Still und schweigend, wie es ihre Weise ist, saßen die beiden wohlthätigen Genien der Menschheit in traulicher Umarmung, und schon nahete die Nacht.

Da erhob sich der Engel des Schlummers von seinem bemoos'ten Lager, und streuete mit leiser Hand die unsichtbaren Schlummerkörnlein. Die Abendwinde trugen sie zu den stillen Wohnungen des müden Landmannes. Nun umfing der süße Schlaf die Bewohner der ländlichen Hütten, von dem Greise, der am Stabe geht, bis zu dem Säugling in der Wiege. Der Kranke vergaß seine Schmerzen, der Trauernde seinen Kummer, der Arme seine Sorgen. Alle Augen schlossen sich.

Jetzt, nach vollendetem Geschäfte, legte sich dieser wohlthätige Genius wieder zu seinem ernsteren Bruder hin. „Wenn die Morgenröthe anbricht," rief er mit fröhlicher Unschuld, „dann preiset mich die Welt als ihren Freund und Wohlthäter! O welche Freude, ungesehen und heimlich Gutes zu thun! Wie glücklich sind wir unsichtbaren Boten des guten Geistes! Wie schön unser stiller Beruf!"

So sprach der freundliche Engel des Schlummers. — Der To-

---

schen, *of men* (gen. plur.); wehmüthig, *melancholy;* Stille, *silence;* walten, *to reign, prevail;* rings umher, *round about;* Abendglocke, *vesper-bell;* fern, *distant* (adj.); Dörflein, *village;* verstummen, *to grow mute, to cease;* schweigend, *silent;* wie es ihre Weise ist, *as is their custom;* die beiden, *the two;* wohlthätig, *beneficent;* Genien, pl. of Genius, *guardian-angel* (see Gr. p. 400, § 42, 2d); der Menschheit, *of the human race;* traulich, *intimate, cordial;* Umarmung, *embrace;* nahen, *to approach*; da, *then*; erhob sich, *arose,* imperf. of sich erheben*; bemoos't, *moss-covered*; Lager, *couch;* streuen, *to strew, scatter*; leiser, *noiseless*; Hand, *hand*; unsichtbar, *invisible*; Schlummerkörnlein, *seeds of slumber*; trugen, *carried*, imperf. of tragen*; müde, *tired;* Landmann, *husbandman;* umfing, *enfolded in its arms*, imperf. of umfangen*; Bewohner, *inmates*; ländlich, *rural*; Hütte, *cottage*; Greis, *gray-haired sire*; gehen, *to go, walk*; am or an dem, *(leaning) on his*; Stabe, *staff*; bis zu, *down to, even to*; Säugling, *infant*; Wiege, *cradle*; der Kranke, *the sick*; vergaß, *forgot*, imperf. of vergessen*; Schmerz, *pain*; der Trauernde, *the mourner*; Kummer, *grief*; Arme, *poor man*, adject. used substantively (Gr. p. 417, § 70); Sorgen, *cares*; Auge, *eye*; schlossen sich, *were closed*, imperf. of sich schließen*; nach vollendetem Geschäft, *after his task was ended*; legte sich, *laid himself*; wieder, *again*; zu . . . hin, *by the side of*; ernst, *stern*; Bruder, *brother*; Morgenröthe, *morning-dawn*; anbricht, *appears, breaks in*, pres. ind. of anbrechen*; rief, *exclaimed*; fröhlich, *cheerfull*; Unschuld, *innocence;* die Welt, *the world*; preiset, *will praise*, present for the fut.; Freund, *friend*; Wohlthäter, *benefactor*; welche Freude, *what a joy*; ungesehen, *unseen*; heimlich, *secretly*; Gutes zu thun, *to do*

desengel sah ihn mit stiller Wehmuth an, und eine Thräne, wie sie die Unsterblichen weinen, stand in seinem großen dunkeln Auge. „Ach," sprach er, „daß ich nicht, wie du, des fröhlichen Dankes mich freuen kann; mich nennt die Welt ihren Feind und Freudenstörer!" — „O mein Bruder," erwiederte der Engel des Schlafes, „wird nicht auch, beim Erwachen, der Gute in dir seinen Freund erkennen und dankbar dich segnen? Sind wir nicht Brüder und Boten eines Vaters?"

So sprach er; da glänzte das Auge des Todesengels, und die brüderlichen Genien umarmten sich zärtlich.

Krummacher.

19. Die Geschichte des alten Wolfes, in sieben Fabeln.

I.

Der böse Wolf war zu Jahren gekommen, und faßte den gleißenden Entschluß, mit den Schäfern auf gleichem Fuße zu leben. Er machte sich also auf und kam zu dem Schäfer, dessen Hürden seiner Höhle am nächsten waren.

„Schäfer," sprach er, „du nennst mich den blutgierigen Räuber, der ich doch wirklich nicht bin. Freilich muß ich mich an deine Schafe halten, wenn mich hungert; denn Hunger thut weh.

---

good; glücklich, *happy*; der Bote, *the messenger*; Beruf, *vocation*; sah ihn an, *looked at him*, from ansehen*; Wehmuth, *sadness*; Thräne, *tear*; die Unsterblichen, *the immortals*; weinen, *weep*; sie, *them*; stand, *stood*, from stehen*; groß, *large*; dunkel, *dark*; mich freuen, *rejoice in*, *enjoy* (gov. the gen.); Dank, *thanks*; nennen, *to call*; ihren, *its*; Feind, *enemy*; Freudenstörer, *disturber of its joys*; der Gute, *the good man* (Gr. p. 417, § 70); beim Erwachen, *at his awakening*; erkennen, *recognize*; dankbar, *gratefully*; segnen, *bless*; eines, *of one*; glänzen, *to shine*, *gleam*; umarmen, *to embrace*; sich is here equivalent to einander, *each other*, (see Gr. p. 428, obs. 4); zärtlich, *tenderly*.

19.

Geschichte, *history*; alt, *old*; sieben, *seven*; die Fabel, *the fable*; war zu Jahren gekommen, *had arrived at old age*, lit. *had come to his years*; faßte, *made*; gleißend, *hypocritical*, *deceptive*; Entschluß, *resolution*; zu leben, *of living* (Gr. p. 474, § 170); auf gleichem Fuße, *on a friendly footing*; der Schäfer, *the shepherd*; sich aufmachen, *to arise*, *set out*; also, *therefore*; dessen, *whose*; Hürden, *folds*; am nächsten, *nearest*, superl. of nahe (Gr. p. 415, § 66 and § 68); seiner Höhle, *to his den*; blutgierig, *bloodthirsty*; Räuber, *robber*, der, *which*; doch, *yet*; wirklich, *in reality*; sich an etwas halten, *to depend*, *rely upon anything*; mich hungert, *I am hungry* (Gr. p. 158, obs. A and B);

Schütze mich vor dem Hunger, mache mich nur satt, und du sollst mit mir recht wohl zufrieden sein. Ich bin wirklich das zahmste, sanftmüthigste Thier, wenn ich satt bin."

„Wenn du satt bist! das kann wohl sein," versetzte der Schäfer. „Aber wann bist du denn satt? Du und der Geiz werden es nie. Geh' deinen Weg!"

II.

Der abgewiesene Wolf kam zu einem zweiten Schäfer.

„Du weißt, Schäfer," war seine Anrede, „daß ich dir das Jahr durch manches Schaf würgen könnte. Willst du mir überhaupt jedes Jahr sechs Schafe geben, so bin ich zufrieden. Du kannst alsdann sicher schlafen und die Hunde ohne Bedenken abschaffen."

„Sechs Schafe," sprach der Schäfer; „das ist ja eine ganze Heerde!"

„Nun, weil du es bist, so will ich mich mit fünfen begnügen," sagte der Wolf.

„Du scherzest! fünf Schafe! mehr als fünf Schafe opfere ich kaum im ganzen Jahre dem Pan."

„Auch nicht vier?" fragte der Wolf weiter; und der Schäfer schüttelte spöttisch den Kopf.

„Drei? Zwei?" — —

„Nicht ein einziges!" fiel endlich der Bescheid. „Denn es

---

denn, *for;* thut weh, *is painful;* schütze, *protect*, imper. 2d pers. sing.; vor dem, *against*, article not translated; mache mich nur satt, lit. *make me only satisfied, do but give me my fill to eat*; zufrieden, *satisfied*; recht wohl, *right well, very well*; zahm, *tame*; sanftmüthig, *gentle*; satt bin, *have had enough*; kann, *may*; wohl, *perhaps*; denn, *pray tell me*; der Geiz, *avarice*; werden es nie, *never become so*, i. e. *never can get enough*—on the use of es see Gr. p. 109, obs.; Weg, *way*.

II.

Abgewiesen, *repulsed, disappointed*; weißt, from wissen*, *to know*; Anrede, *address*; manches, *many a* (Gr. p. 424, § 83, 3d); willst du mir ... geben, *if you will give me*—on the omission of wenn, *if*, and on so in the sentence following, see Gr. p. 251, obs. B.; überhaupt, *in general*; jedes, *each*; ist ja is best rendered by *would be*; nun, *well then*; weil, *since*; du es bist, *it 's you*; so need not be translated (Gr. p. 271); sich mit etwas begnügen, *to content one's self with anything*; mit fünfen, *with five* (Gr. p. 422, obs. 3); scherzen, *to jest*; kaum, *scarcely*; opfern, *to offer, sacrifice*; dem Pan, *to Pan*—among the ancients the tutelary divinity of shepherds; on the meaning of the article see Gr. p. 379, 6th; auch nicht, *nor ... either*; weiter, *further*; schütteln, *to shake*;

wäre ja wohl thöricht, wenn ich mich einem Feinde zinsbar machte, vor welchem ich mich durch meine Wachsamkeit sichern kann."

III.

„Aller guten Dinge sind drei," dachte der Wolf, und kam zu einem dritten Schäfer.

„Es geht mir recht nahe," sprach er, „daß ich unter euch Schäfern als das grausamste Thier verschrieen bin. Dir, Montan, will ich jetzt beweisen, wie Unrecht man mir thut. Gib mir jährlich ein Schaf, so soll deine Heerde in jenem Walde, den Niemand unsicher macht als ich, frei und unbeschädigt weiden dürfen. Ein Schaf? Welche Kleinigkeit! Könnte ich großmüthiger, könnte ich uneigennütziger handeln? Du lachst, Schäfer? Worüber lachst du denn?"

„O über nichts. Aber wie alt bist du, guter Freund?" sprach der Schäfer.

„Was geht dich mein Alter an? Immer noch jung genug, dir deine jüngsten Lämmer zu würgen."

„Erzürne dich nicht, alter Isegrimm! Es thut mir leid, daß du mit deinem Vorschlage einige Jahre zu spät kommst. Deine

---

spöttisch, *scoffingly*; den Kopf, *his head*; ein einziges, *one, a single one*; fiel endlich der Bescheid, *was the final reply*; ja wohl, *indeed*; thöricht, *foolish*; mich . . . zinsbar machte, *should make myself tributary*; vor, *against*; sichern, *to secure, protect*; durch, *by*; Wachsamkeit, *vigilance*.

III.

Aller guten Dinge sind drei, a proverb, lit. *of all good things there are three, the number three is always lucky*; dachte, imperf. of denken*, *to think*; es geht mir recht nahe, *it grieves me to my very heart*; unter, *among*; verschrieen, perf. part. of verschreien*, *to decry*; grausam, *fierce*; Montan, name of the shepherd; beweisen, *to prove*; wie, *how very much*; man, *one, people*; Jemandem Unrecht thun*, *to do injustice to, to wrong any one*; gib, imper. of geben*, *to give*; so, *and then* (Gr. p. 271); soll . . . dürfen, *shall be permitted*; weiden, *to graze*; frei, *free*; unbeschädigt, *unharmed*; jenem, *yonder*; Walde, *wood*; den, *which*; unsicher, *insecure*; als ich, *except myself*; Kleinigkeit, *trifle*; könnte, *could*; handeln, *to act*; großmüthiger, *more generously*; uneigennütziger, *more disinterestedly*; lachen, *to laugh*; worüber, *why, what . . . at*; denn, *pray*; über, *at*; alt, *old*; was geht dich mein Alter an? *what is my age to you?* jung genug, *young enough*; immer noch, *yet*; erzürne dich nicht, *don't get angry* imper. of sich erzürnen; Isegrimm, an appellation given to wolves; es thut mir leid, *I am sorry* (Gr p. 233); zu spät kommst, *come (are) too late*; Vorschlag, *proposition*; einige, *several*; ausgebissen, perf. part. of ausbeißen*, *to bite out, to lose* (*by biting*); der

ausgebissenen Zähne verrathen dich. Du spielst den Uneigennützigen, blos um dich desto gemächlicher und mit desto weniger Gefahr nähren zu können."

IV.

Der Wolf ward ärgerlich, faßte sich aber doch und ging zu dem vierten Schäfer. Diesem war eben sein treuer Hund gestorben, und der Wolf machte sich den Umstand zu Nutze.

„Schäfer," sprach er, „ich habe mich mit meinen Brüdern im Walde veruneinigt, und so, daß ich mich in Ewigkeit nicht wieder mit ihnen aussöhnen werde. Du weißt, wie viel du von ihnen zu fürchten hast. Wenn du mich aber anstatt deines verstorbenen Hundes in den Dienst nehmen willst, so stehe ich dir dafür, daß sie keines deiner Schafe auch nur scheel ansehen sollen."

„Du willst sie also," versetzte der Schäfer, „gegen deine Brüder im Walde beschützen?"

„Was meine ich denn sonst? Freilich."

„Das wäre nicht übel. Aber wenn ich dich nun in meine Hürden einnähme, sage mir doch, wer sollte alsdann meine armen Schafe gegen dich beschützen? Einen Dieb ins Haus nehmen, um vor den Dieben außer dem Hause sicher zu sein, das halten wir Menschen ...."

Zahn, *the tooth*; verrathen, *betray*; spielen, *to play, act the part of*; den Uneigennützigen, *the disinterested one*; blos, *simply*; um ... zu können, *in order to be able*; sich nähren, *to support one's self*; desto, *so much the ...*; gemächlich, *comfortably*; weniger, *less*; Gefahr, *danger*.

IV.

Ward, *became*; ärgerlich, *angry, fretful*; sich fassen, *to compose one's self, muster courage*; ging, from gehen*, *to go*; diesem war eben ... gestorben (from sterben*), lit. *to this one had just died, he had just lost*; treu, *faithful*; sich etwas zu Nutze machen, *to avail one's self of anything, turn it to advantage*; Umstand, *circumstance*; sich veruneinigen, *to fall out, quarrel*; so, *in such a manner*; in Ewigkeit nicht wieder, *never again*; mich ... aussöhnen werde, *shall become reconciled*; wenn du aber ... willst, *but if you will*; mich ... in den Dienst nehmen, *take me into your service*; verstorben, *deceased*; so, *in that event*, need not be translated (Gr. p. 271); stehe ich dir dafür, *I'll warant you*; daß sie, *that they*, i. e. the wolves; auch nur scheel ansehen sollen, *shall not even look askance (with evil intent) at*; keines, *any one*—the negative involved in kein must be taken with the verb; beschützen, *protect*; sie, *them*, i. e. *my sheep*; also, *then*; gegen, *against*; was ... sonst, *what else*; meinen, *to mean*; wäre nicht, *would not be*; übel, *bad*; einnähme, imperf. subj. of einnehmen*, *to take into, to receive*;

„Ich höre schon," sagte der Wolf, „du fängst an zu moralisiren. Lebe wohl!"

V.

„Wäre ich nicht so alt!" knirschte der Wolf. „Aber ich muß mich leider in die Zeit schicken." Und so kam er zu dem fünften Schäfer.

„Kennst du mich, Schäfer?" fragte der Wolf.

„Deines Gleichen wenigstens kenne ich," versetzte der Schäfer.

„Meines Gleichen? daran zweifle ich sehr. Ich bin ein so sonderbarer Wolf, daß ich deiner und aller Schäfer Freundschaft wohl werth bin."

„Und wie sonderbar bist du denn?"

„Ich könnte kein lebendiges Schaf würgen oder fressen, und wenn es mir das Leben kosten sollte. Ich nähre mich blos mit todten Schafen. Ist das nicht löblich? Erlaube mir also immer, daß ich mich dann und wann bei deiner Heerde einfinden und nachfragen darf, ob dir nicht . . . ."

„Spare der Worte!" sagte der Schäfer. „Du müßtest gar keine Schafe fressen, auch nicht einmal todte, wenn ich dein Feind nicht sein sollte. Ein Thier, das mir schon todte Schafe frißt, lernt leicht aus Hunger kranke für todt, und gesunde für krank

---

sage mir doch, *pray tell me*; alsdann, *in that case, then*; nehmen, *to take*, comes in first; ins, *into one's*; Haus, *house*; um, *in order to*; sicher, *safe*; vor, *against*; außer, *without*; halten, *deem*; schon need not be rendered; fängst an, from anfangen*, *to begin* (Gr. p. 81); moralisiren, *moralize*; Lebe wohl, *farewell.*

V.

Wäre ich nicht, *would that I were not*; knirschte, *said indignantly*; leider, *alas*; mich schicken, *adapt myself*; in die Zeit, *to the times*; deines Gleichen, *your equals, those like you*; wenigstens, *at least*; daran, *of that, that*; zweifeln, *to doubt*; sehr, *very much*; ein so, *such a*; sonderbar, *singular*; werth, *worthy*; deiner Freundschaft, *of your friendship*—before aller supply *that*; lebendig, *living*; wenn, *if*; kosten, *cost*; mir das, *me my*; sich nähren ... mit, *to live upon*; löblich, *praiseworthy*; erlauben, *to allow*; daß ich ... darf (dürfen*), lit. *that I may be permitted*, i. e. *the privilege*; mich einfinden, *of being present, calling*; bei, *on*; dann und wann, *now and then, occasionally*; und nachfragen, *and of asking*; ob, *whether*; sparen, *to save, spare*; der, *your*; du müßtest, imperf. subj. of müssen*, *it would be necessary for you*; gar keine, *no—at all*; auch nicht einmal, *not even*; todte, *dead ones*; wenn ich nicht ... sein sollte, *if I were not to be*; das, *which*; mir is here expletive; schon, *already*; frißt, pres. indic. of fressen*,

ansehen. Mache auf meine Freundschaft also keine Rechnung und geh'!"

VI.

„Ich muß nun schon mein Liebstes daran wenden, um zu meinem Zwecke zu gelangen!" dachte der Wolf und kam zu dem sechsten Schäfer.

„Schäfer, wie gefällt dir mein Pelz?" fragte der Wolf.

„Dein Pelz?" sagte der Schäfer. „Laß sehen! Er ist schön; die Hunde müssen dich nicht oft unter gehabt haben."

„Nun so höre, Schäfer; ich bin alt, und werde es so lange nicht mehr treiben. Füttere mich zu Tode, und ich gebe dir den Pelz."

„Ei, sieh doch!" sagte der Schäfer. „Kömmst du auch hinter die Schliche der alten Geizhälse? Nein, nein; dein Pelz würde mich am Ende siebenmal mehr kosten, als er werth wäre. Ist es dir aber ein Ernst, mir ein Geschenk damit zu machen, so gib mir ihn gleich jetzt." Hiermit griff der Schäfer nach der Keule, und der Wolf entfloh.

VII.

„O die Unbarmherzigen!" schrie der Wolf und gerieth in die äußerste Wuth. „So will ich auch als ihr Feind sterben, ehe mich der Hunger tödtet; denn sie wollen es nicht besser!"

---

lernt leicht, *easily learns*; ansehen ... für, *to regard ... as, take ... for*; kranke, *sick ones*; gesund, *healthy*; mache ... also keine Rechnung auf, *do not therefore calculate upon.*

VI.

Schon, *unquestionably*; daran wenden, *expend, sacrifice*; mein Liebstes, *that which is dearest to me*; zu gelangen, *to attain*; Zweck, *purpose*; dachte, imperf. of denken*, *to think*; wie gefällt dir, *how do you like*; gefallen, *to please*, governs the dat. of the person; Pelz, *skin*; laß sehen, *let see*; er, *it*, i. e. der Pelz; müssen ... nicht, *cannot*; unter gehabt haben, lit. *have had you under*, i. e. *toused you*; oft, *often*; werde es so lange nicht mehr treiben, *shall not carry on matters*, i. e. *shall not live much longer thus*; füttern, *to feed*; gebe, *will give*, pres. for the future; ei, sieh doch, *do but see*; kömmst du auch hinter, *do you also get behind*, i. e. *have you too learned*; die Schliche, *tricks*; Geizhals, *miser*; würde kosten, 1st conditional, *would cost*; am Ende, *in the end*; siebenmal, *seven times*; wäre, *is*; ist es dir aber Ernst, for: wenn es dir aber Ernst ist, Gr. p. 251, obs. B., *if you are in earnest* (*in your intention to*); Geschenk, *present*; damit, *of it*—on the use of these pronominal adverbs, which is very extensive in German, see Gr. p. 429, obs. 6, and p. 479; gleich jetzt, *immediately, now*; hiermit, *whilst saying this*; griff nach, *seized*, from greifen*; der Keule, *the club*, dat case gov. by nach; entfloh, imperf. of entfliehen*, *to make one's escape.*

Er lief, brach in die Wohnungen der Schäfer ein, riß ihre Kinder nieder, und ward nicht ohne große Mühe von den Schäfern erschlagen.

Da sprach der weiseste von ihnen: „Wir thaten doch wohl Unrecht, daß wir den alten Räuber auf das Aeußerste brachten, und ihm alle Mittel zur Besserung, so spät und erzwungen sie auch war, benahmen."

G. E. Lessing.

20. Die vier Jahreszeiten.

„Ach, wenn's doch immer Winter bliebe!" sagte Ernst, als er einen Mann von Schnee gemacht hatte und im Schlitten gefahren war. — Sein Vater sagte, er möchte diesen Wunsch in seine Schreibtafel schreiben; und er that's. — Der Winter verging, es kam der Frühling. — Ernst stand mit seinem Vater bei einem Blumenbeete, auf welchem Hyazinthen, Aurikeln und Narzissen blüheten, und war vor Freuden ganz außer sich. — „Das ist eine Freude des Frühlings," sagte sein Vater, „und wird wieder vergehen." — „Ach," antwortete Ernst, „wenn's doch immer Frühling

---

VII.

Unbarmherzig, *ruthless*; gerieth, imperf. of gerathen*, *to get into*; äußerst, *utmost, greatest*; Wuth, *rage*; so, *then*; sterben*, *die*; ehe, *before*; der not translated; tödten, *to kill*; lief, imperf. of laufen*, *to run*; brach ... ein, from einbrechen*, *to break into*; riß nieder, imperf. of niederreißen*, *to pull, throw down*; ward erschlagen, *was slain*; ohne, *without*; Mühe, *difficulty*; der weiseste, *the wisest one*; thaten, *did*, from thun*; Unrecht, *wrong*; doch, *after all*; wohl, *perhaps*; daß wir brachten (from bringen*), *that we reduced*, i. e. *in reducing*; auf das Aeußerste, *to the utmost*; und ihm ... benahmen, *and in cutting him off from*; Mittel, *means*; zur Besserung, *for amendment*; so ... auch, *however*; erzwungen, *forced, affected*.

20.

Die Jahreszeit, *the season*; ach, wenn's doch ... bliebe, *would that it might remain*; bliebe, imperf. subj. of bleiben*; Winter, *winter*; Ernst, *Ernest*, proper name; als, *when*; gemacht hatte, pluperf. ind. of machen, *to make*; Mann, *man*; von Schnee, *of snow*; gefahren war, pluperf. ind. of fahren*, *to take a ride*; Schlitten, *sleigh*; sagte, er möchte, lit. *said he might*, i. e. *desired him*; schreiben*, *to write*; Wunsch, *wish*; Schreibtafel, *memorandum-book*; that's (or that es), *did so*; verging, imperf. of vergehen*, *to pass away*; es is not rendered, Gr. p. 429, obs. 7; Frühling, *spring*; stand, imperf. of stehen*, *to stand*; Vater, *father*; bei, *near*; Blumenbeet, *flower-bed*; blüheten, *were blooming*; die Hyazinthe, *the hyacinth*; die Aurikel, *the auricula*; die Narzisse, *the narcissus*; war ... ganz außer sich, *was entirely besides himself*; vor Freud'n,

wäre!" — „Schreibe diesen Wunsch in meine Schreibtafel," sagte der Vater; und er that's. — Der Frühling verging, es kam der Sommer.

Ernst ging mit seinen Eltern und einigen Gespielen an einem warmen Sommertage nach dem nächsten Dorfe, und sie blieben daselbst den ganzen Tag. Rund um sich her sahen sie grüne Saaten und Wiesen, mit tausendfältigen Blumen geziert, und Auen, auf welchen junge Lämmer tanzten, und muthwillige Füllen ihre Sprünge machten. — Sie aßen Kirschen und anderes Sommerobst, und sie ließen sich's den ganzen Tag über recht wohl sein. — „Nicht wahr," fragte der Vater beim Zurückgehn, „der Sommer hat doch auch seine Freuden?" — „O," antwortete Ernst, „ich wollte, daß es immer Sommer wäre!" — Er mußte auch dieses in die Schreibtafel seines Vaters schreiben.

Endlich kam der Herbst. Die ganze Familie brachte einige Tage im Weinberge zu. Es war nicht mehr so heiß als im Sommer; aber die Luft war sanft und der Himmel heiter. Die Weinstöcke waren mit reifen Trauben behangen; auf den Mistbeeten sah man wohlschmeckende Melonen liegen, und die Zweige der Bäume waren von reifen Früchten niedergebeugt. Das war

---

for joy; wird vergehen, 1st fut. ind.; wenn's doch wäre, *would that it were* Eltern, *parents*, used only in the pl. (Gr. p. 390, § 27); einige, *a few*, *several* der Gespiele, *the playmate*; Sommertage, *summer-day*; nach, *to*; Dorfe, *village*; blieben, imperf. of bleiben*; daselbst, *there*; rund um sich her, *all around them*; sahen sie, *they saw* — on the transposition of the subject see Gr. p. 360, 5th; grün, *green*; die Saat, *the corn* (standing in the field), *cornfield*; die Wiese, *the meadow*; geziert, perf. part. of zieren, *to adorn*; tausendfältig, *thousandfold*; die Aue, *pasture*; tanzten, *were dancing*, from tanzen; muthwillig, *wanton*; das Füllen, *the foal*; ihre Sprünge machten, *were springing*, *skipping about*; aßen, imperf. of essen*, *to eat*; die Kirsche, *the cherry*; Sommerobst, *summer-fruit*; ließen (imperf. of lassen*) sich's recht wohl sein, *enjoyed themselves right well*; den ganzen Tag über, *all day long*; nicht wahr, *is it not true*, *don't you think*; fragen, *to ask*; beim Zurückgehen, *on their return*; doch auch, *after all too*; ich wollte, *I could wish*; mußte, *was obliged*; schreiben, on the position of the infin. at the end see Gr. p. 358, 3d; endlich, *at last*; der Herbst, *autumn*; Familie, *family*; brachte . . . zu, imperf. of zubringen*, *to spend*; der Weinberg, *the vineyard*; heiß, *hot*; Luft, *air*; sanft, *mild*; Himmel, *heaven*; heiter, *clear*; der Weinstock, *the vine*; behangen, *hung with*; reif, *ripe*; die Traube, *the grape*; das Mistbeet, *the hotbed*; sah man liegen, *one saw lying*, *were seen lying*; wohlschmeckend, *savoury*; die Melone, *the melon*; der Zweig, *the bough*;

erst ein Fest für unsern Ernst, der nichts lieber als Obst aß „Die schöne Zeit," sagte sein Vater, „wird bald vorüber sein; „der Winter ist schon vor der Thür, um den Herbst zu vertreiben." — „Ach," sagte Ernst, „ich wollte, daß er wegbliebe, und daß es immer Herbst wäre!" — „Wolltest du das wirklich?" fragte sein Vater. — „Wirklich!" war seine Antwort. — „Aber," fuhr sein Vater fort, indem er die Schreibtafel aus der Tasche zog, „sieh doch einmal, was hier geschrieben steht; lies doch." „„Ich wollte, daß es immer Winter wäre!"" — „Und nun lies einmal hier auf dieser Seite, was steht denn da?"— „„Ich wollte, daß es immer Frühling wäre!"" — „Und was auf dieser Seite hier?" — „„Ich wollte, daß es immer Sommer wäre!"" — „Kennst du," fuhr er fort, „die Hand, die dieses geschrieben hat?" — „Das habe ich geschrieben," antwortete Ernst. — „Und was wünschtest du jetzt eben?" — „„Ich wünschte, daß es immer Herbst sein möchte."" — „Das ist sonderbar genug," sagte der Vater. „Im Winter wünschtest du, daß es Winter, im Frühlinge, daß es Frühling, im Sommer, daß es Sommer, und im Herbste, daß es Herbst sein möchte. Denk' einmal nach, was folgt daraus?" — „Daß alle Jahreszeiten gut sind." — „Ja, daß sie alle reich an Freuden, reich an mannigfaltigen Gaben sind, und daß der liebe, große Gott viel besser, als wir armen Menschen, sich auf das Weltmachen verstehen muß. Hätt' es vorigen Win-

---

niedergebeugt, *bent down*, perf. part. of niederbeugen; erst, *indeed*, lit. *first*, implying that the previous ones were nothing compared with this; das Fest, *the feast*; der nichts lieber aß, *who liked nothing so well*—on the phrases gern essen, trinken, &c. see Gr. p. 149; lieber is the compar. of gern, Gr. p. 96; aß, imperf. of essen*; die schöne Zeit, *this fair season*; bald, *soon*; vorüber, *over*; vor der Thür, *near at hand*; vertreiben, *drive away*; wegbliebe, *would stay away*, imperf. subj. of wegbleiben*; wolltest du das? *do you wish so?* fuhr ... fort, imperf. of fortfahren*, *to continue*; indem er zog (ziehen*), *whilst he took* (*drew*), or by the pres. part. *taking*; aus der Tasche, *out of his pocket*; sieh' (sehen*) doch einmal, *look here one moment*; hier, *here*; geschrieben (perf. part. of schreiben*) steht, *is written*; lies doch, *pray read*, imper. of lesen*; einmal, lit. *once*, need not be translated; Seite, *page*; was steht denn da? *what is written there, pray?* Hand, *hand*; wünschen, *to wish*; jetzt eben, *just now*; sonderbar genug, *singular enough*; denk' nach, *reflect, think*, from nach denken*; folgen, *to follow*; daraus, *therefrom, from this*; reich an, *rich in*; mannigfaltig, *manifold, various*; die Gabe, *gift, blessing*; liebe, this is a standard word in familiar phrases, and often, as here, a mere expletive; sich ... verstehen muß

ter von dir abgehangen, so würden wir keinen Frühling, keinen Sommer, keinen Herbst gehabt haben. Du hättest die Erde mit ewigem Schnee bedeckt, um nur Schlitten fahren und immer Schneemänner machen zu können. Und wie viele andere Freuden hätten wir dann entbehren müssen! Wohl uns, daß es nicht auf uns ankommt, wie es in der Welt sein soll; wie bald würden wir sie verschlimmern, wenn wir könnten!"

Heinrich Campe.

21. Das erste Dankopfer.

Die kleine Annette war lange krank und dem Tode nahe gewesen. Nur der unermüdeten Sorgfalt der Mutter war es endlich gelungen, das schwankende Leben des Kindes zu erhalten. Annette genas und begrüßte das Licht und den wiederkehrenden Frühling mit seligem Lächeln.

An einem warmen Maitag trug die liebende Mutter die Kleine zum erstenmal hinaus unter die blühenden Bäume.' Zahllose Blumen glänzten auf den Beeten des Gartens und entfalteten

---

must understand; auf das Weltmachen, *the making of worlds*; hätt' es . . . abgehangen, *had it depended*, plup. subj. of abhängen*; vorig, *last*; so, not rendered, Gr. p. 270; würden wir gehabt haben, 2d conditional of haben*—on the position of these words see Gr. p. 358, 3d; hättest bedeckt, *would have covered*, plup. subj. of bedecken; ewig, *everlasting*; um nur . . . zu können, *simply for the sake of being able*; Schlitten fahren, the same as im Schlitten fahren, above; Schneemann or Mann von Schnee, above; hätten wir dann müssen, *would we then have been obliged*—müssen is here for gemußt, Gr. p. 473, § 168; entbehren, *to do without*; wohl uns, *it is well for us*, or *happy are we*; nicht auf uns ankommt, *does not depend on us*; wie es, *how things*; sein soll; *are to be*; die Welt, *the world*; verschlimmern, *deteriorate*; sie, *it*, i. e. die Welt.

21

Dankopfer, *thank-offering*; Annette, *Nancy*; war . . . gewesen, *had been*, plup. of sein; lange, *for a long time*, *long*; nahe, *near the point of*, gov. the dat.; unermüdet, *unwearied*; Sorgfalt, *attention*, *care*; war es endlich gelungen, *had at last succeeded*; zu erhalten, *in preserving* (Gr. p. 474); schwankend, *vacillating*, *uncertain*; das Kind, *the child*; genas, imperf. of genesen*, *to recover*, *convalesce*; begrüßen, *to hail*, *greet*; wiederkehrend, *returning*; selig, *blissful*; Lächeln, *smiling*, infin. used substantively; Maitag, *May-day*; liebend, *loving*; trug . . . hinaus, *carried out*, from hinaustragen*; die Kleine, *the little one* (Gr. p. 417, § 70); zum erstenmal, *for the first time*; unter, *under*; blühend, *blooming*; zahllos, *numberless*; glänzen, *to glisten*; das Beet, *the (flower)*

ihre schimmernden Sterne im Strahl der Sonne. Mitten in der blühenden Schöpfung ließ sich die Mutter nieder und drückte das jubelnde Kind mit stillen Freudenthränen an ihre Brust. Aber die Kleine wandte den Blick immer wieder auf die bunten Beete und jauchzte und rief: „O wie schön! Wie so gar herrlich ist es hier überall!"

„Weißt du aber auch, mein Kind," fragte die Mutter, „wer diese Pracht so unnachahmlich bereitet und dir so große Freude gemacht hat?"

„Wer denn anders als du?" antwortete liebkosend das Kind. „Liebt mich denn wohl Jemand auf Erden gleich dir, du liebe, freundliche Mutter?"

„Niemand auf Erden!" rief die Mutter; „aber über der Erde lebt noch eine höhere Liebe als die meine. Ihr verdankst du dein Leben, alle deine Freuden. Lerne, o Annette, sie in ihrer großen Schöpfung anbeten!"

Da hob das Kind den Blick, wie suchend, empor; aber das Licht blendete die schwachen Augen; und es seufzte und sprach: „Ach, Mutter, ich vermag noch nicht zu fassen, was du sagtest!"

Die Mutter drückte die Kleine inniger ans Herz und sprach: „Gräme dich deßhalb nicht, mein Kind. Einst wirst du heller

---

bed; der Garten, *the garden*; entfalten, *unfold*; schimmern, *to glitter*; der Stern, *the star*; Strahl der Sonne, *ray of the sun*, equivalent to the compound Sonnenstrahl in § 16; mitten in, *in the midst of*; Schöpfung, *creation*; ließ sich nieder, imperf. of sich niederlassen*, *to seat one's self*; drücken, *to press*; jubelnd, *exulting*; die Freudenthräne, *the tear of joy*; an ihre Brust, *to her breast*; wandte, imperf. of wenden*, *to turn, direct*; den Blick, *her eye, look*; bunt, *variegated*; jauchzen, *to shout*; so gar, *so very, exceedingly*; herrlich, *glorious*; überall, *all around*; weißt du aber auch, *and do you know too*; wer, *who*; unnachahmlich, *inimitably*; bereitet . . . hat, *has made, created*; Pracht, *splendour*; gemacht, perf. part. of machen, *to make, cause*; wer denn anders, *who else can it be*; liebkosend, *with a caress*; liebt mich denn wohl Jemand auf Erden, *for can it be that any one on earth loves me*—denn wohl cannot be rendered literally; gleich dir, *as you do*, lit. *equally to you*; freundlich, *friendly, kind*; über *above*; lebt noch, *there lives yet*; höher, *higher*, comp. of hoch; Liebe, *love*; ihr, *to it*, i. e. der Liebe; verdanken, *to owe, to be indebted for*; lernen, *to learn*; anbeten, *to adore*; sie, *it*; da, *thereupon, then*; hob . . . empor, imperf. of emporheben*, *to raise upward*; wie, *as if*; suchend, *searching, inquiring*; blenden, *to dazzle*; schwach, *weak*; seufzen, *to sigh*; vermag, pres. ind. of vermögen*, *to be able*; fassen, *comprehend*; inniger, *more closely, affectionately*; ans (or an das), *to her*; Herz, *heart*; gräme dich nicht, *grieve not*, from sich grämen

sehen. Dem unsichtbaren Wesen ist es genug, daß du ihm unbewußt das erste Dankopfer brachtest, indem du die höchste Liebe als die Schöpferinn dieser reichen Natur anerkanntest, und nur im kindlichen Irrthum die Mutter umarmtest, indem Gott deine dankbare Seele erfüllte."

Agnes Franz.

---

reflex. verb., Gr. p. 463; deßhalb, *on that account*; einst, *by and by, at some future time*; wirst du sehen, *you will see*; heller, *more clearly*; Wesen, *Being*; daß du brachtest, *that you brought him*; unbewußt, *unconsciously*; indem du ... anerkanntest (imperf. of anerkennen*), *by recognizing*, see Gr. p. 279, obs. E.; höchst, *highest, supreme*, superl. of hoch; Schöpferinn, *creating cause*, fem. noun formed from der Schöpfer, see Gr. p. 147; reich, *rich*; und (indem du) umarmtest, *and by embracing*; die Mutter, *your mother*; kindlich, *childlike*; Irrthum, *error, mistake*; indem, *whilst*; Gott, *God*—here *the Idea of God*; erfüllen, *to fill*; dankbar, *grateful*; Seele, *soul*

Zweiter Abschnitt.

1. Der Wiederhall

Der kleine Georg wußte[1] noch nichts von dem Wiederhalle. Einmal schrie[3] er nun[2] auf der Wiese: „Hop, hop!“ Sogleich rief's[4] im nahen Wäldchen auch: „Hop, hop!“ Er rief hierauf verwundert: „Wer bist du?“ Die Stimme rief auch: „Wer bist du?“ Er schrie: „Du bist ein dummer Junge!“ — „Dummer Junge!“ hallte[5] es aus dem Wäldchen zurück[5].

Jetzt ward Georg ärgerlich[6] und rief immer ärgere[7] Schimpfnamen in den Wald hinein[8]. Alle hallten getreulich wieder zurück. Er suchte hierauf den vermeinten Knaben im ganzen Wäldchen, um sich an ihm zu rächen[9], konnte aber Niemanden finden.

Hierauf lief[10] Georg heim und klagte es der Mutter[11], wie ein böser Bube sich im Wäldchen versteckt[12] und ihn geschimpft habe[12]. Die Mutter sprach: „Diesmal hast du dich recht verrathen[13] und dich selbst angeklagt[14]! — Wisse, du hast nichts[16] vernommen[15] als deine eigenen Worte. Denn[17] wie du dein Ge-

---

1.

[1] Wissen, *to know.* [2] Denotes here the *consequence* of his not knowing, *well, therefore.* [3] Schreien, *to cry out, shout.* [4] Rief's for rief es, from rufen, *to call.* [5] Zurückhallen, *to echo back.* [6] Ward ärgerlich, *got angry.* [7] Comparative of arg, *bad*; immer ärgere, *worse and worse, still harder.* [8] In den Wald hinein, *into the wood.* [9] Sich an Jemandem rächen, *to take vengeance on any one.* [10] Laufen, *to walk hastily, to run.* [11] Klagte es der Mutter, *complained of it to his mother.* [12] Sich versteckt habe, *had concealed himself*, perf. subj. of verstecken. The subjunctive mood in German is used after the verbs sagen, *to say;* erzählen, *to relate;* fragen, *to ask*, and the like, when either our own language or that of another is quoted *indirectly* (see Gr. p. 295). [13] Sich verrathen, *to betray one's self ;* recht, *very finely, admirably.* [14] Anklagen, *to accuse.* In separable compounds the syllable ge of the perf. participle is inserted between the particle and the verb (Gr. p. 137, § 148). [15] Vernehmen, *to hear, perceive.* [16] Nichts . . . als, *nothing but.* [17] Denn is a conjunction denoting the *logical cause* or *reason* of a preceding proposition; as such it corresponds to the English *for* Much more rarely it may be ren-

sicht schon öfter[19] im Wasser gesehen[18] hast, so[20] hast du deine Stimme im Walde gehört. Hättest[21] du ein freundliches Wort hinein gerufen[21], so[22] wäre dir auch ein freundliches Wort zurückgekommen[23]."

So geht es aber immer[24]. Das Betragen Anderer ist meistens nur ein Wiederhall des unsrigen. Begegnen wir[25] den Leuten[26] freundlich, so werden sie auch uns freundlich begegnen. Sind wir aber[27] gegen sie rauh und grob, so dürfen wir[28] auch von ihnen nichts Besseres erwarten[28].

2. Beispiel von Enthaltsamkeit.

Alexander der Große kam auf seinem Zuge, die Welt zu erobern, durch eine lange Sandwüste Asiens, in der[1] sich nirgends Wasser befand[2]. Endlich hatte ein Soldat etwas[4] aufgefunden[3] und brachte[5] es in seinem Helm dem[6] Alexander. Da dieser[7] aber sah[8], daß seine Soldaten eben so wie er[9] vor Durst lechzten, sprach er: „Soll ich der Einzige[10] sein, der da trinkt?" und goß[11] das Wasser auf die Erde. Alle, voll[12] Bewunderung über die Enthaltsamkeit des Königs, riefen[13]: „Auf! führe uns fort[14]! wir sind

---

dered by *then*. [18] Perf. of sehen, *to see*. The verb is at the end, because the sentence begins with a *relative adverb* (wie), see Gr. p. 122. [19] Schon öfter, *often before*. [20] *Thus, so*, is the correlative of the foregoing wie, *as*. [21] Hättest du gerufen, plup. subj. of rufen; *had you called*, i. e. *if you had*. On the omission of wenn, *if*, which is very frequent in German, and on the use of the subjunctive in conditional propositions, see Gr. p. 295, obs. E, and p. 293, obs. B, examples. [22] When in the first clause of a conditional sentence wenn is omitted, the second generally begins with so, *then, in that case*, which simply serves to point out the consequence of the preceding clause and generally needs not to be translated; Gr. p. 251, obs. B, and p. 271. [23] Wäre zurückgekommen, plup. subj. of zurückkommen, which takes sein for its auxiliary, *would have returned*. [24] *But thus it is always*. [25] Supply *if; if we treat*. [26] *People*, dat. pl. gov. by the verb; the article is not rendered. [27] *But if we are*. [28] Dürfen wir erwarten, *we may, are entitled to expect*.

2.

[1] *In which, where*. [2] Sich befand, *there was, was to be found*, from sich befinden. [3] Auffinden, *to find out*; see note 14, § 1. [4] Etwas, *some, a little*. [5] Bringen, *to bring*. [6] When joined to proper names, the article frequently serves merely to point out the case and is not translated; Gr. p. 379, 6th. [7] Da dieser, *when the latter*, or simply *when he*. [8] Sehen, *to see*. [9] Eben so wie, *as well as*. [10] *Only one*. [11] Gießen, *to pour, spill*. [12] *Full of*. [13] Rufen is here equivalent

nicht ermattet, wir sind nicht durstig; wir halten uns nicht für sterblich[15], führt[16] uns ein solcher[17] König!"

Heinsius.

---

3. Der Wanderer und die Quelle.

Ein Wanderer kam im heißesten[1] Sommer zu einer Quelle. Er war stark und lange gegangen[2]; Schweiß stand[3] auf seiner Stirne und seine Zunge war vom[4] Durste fast vertrocknet. Da sah er dies silberhelle Wasser, glaubte[5], hier neue Kräfte zu sammeln, und trank[6] mit gierigen Zügen. Aber die schneidende[7], zu schnell abwechselnde[8] Kälte wirkte so schädlich auf ihn, daß er zu Boden sank[9]. — „Ach, schändliches Gift!" rief er. „Wer hätte[10] unter einem so reizenden[11] Anschein solch eine Bosheit vermuthet[10]?"

„Ich ein Gift?" sprach die Quelle. „Wahrlich, du verläumdest mich. Sieh, die Flur rings umher grünet und lebt durch mich. Von mir tränken sich[12] die Heerden, und Tausende deiner Brüder fanden[13] hier Erfrischung und Labetrank. Nur Uebermaaß und Unvorsichtigkeit von deiner Seite[14] machen dir den Genuß schädlich. Ich bin schuldlos[15] an deinen Schmerzen und selbst[16] an deinem Tode, sollte[17] er dir auch bevorstehen."

Wagner.

---

to ausrufen, *to exclaim*. [14] Fortführen, *to lead on* or *away*. [15] Wir halten uns nicht für, *we do not hold*, i. e. *consider ourselves as*. [16] Supply wenn, *if* (note 20, § 1). [17] *Such a*; see Gr. p. 435, obs. 2d.

3

[1] Im (or in dem) heißesten, *in the hottest part of, in the heat of*. [2] Pluperf. of gehen, which assumes the auxiliary sein: *had walked;* stark, *vigourously*. [3] Stehen, *to stand, to be*. [4] Von dem, *by reason of*, article not rendered. [5] Glaubte hier zu sammeln, *thought that here he might gather;* Kräfte must be translated by the singular. [6] Trinken, *to drink*. [7] *Sharp*, lit. *cutting*. [8] *Too suddenly changing*, simply *too sudden*. [9] Sinken, *to sink* [10] Wer hätte . . . vermuthet, *who would have expected* (*to find*). In compound tenses the participle or infinitive is always placed at the end; Gr. p. 358, 3d. [11] Einem so reizenden, *such an inviting*. [12] Sich tränken, lit. *to water one's self*, i. e. *to drink*. [13] Finden, *to find*. [14] Von deiner Seite, *on your part*. [15] Schuldlos an, *innocent of, not to be charged with*. [16] *Even*. [17] *If it should*, wenn is understood (§ 1, note 21); dir bevorstehen, lit. *be before you*, i. e. *come upon you*

4. Die Pfirsiche.

Ein Landmann brachte[1] aus der Stadt fünf Pfirsichen mit sich, die schönsten, die man sehen konnte[2]. Seine Kinder aber sahen die Frucht zum ersten Mal[3]. Deßhalb wunderten und freuten sie sich sehr über die schönen Aepfel mit den röthlichen Backen und zartem Pflaum. Der Vater aber vertheilte sie unter[4] seine vier Knaben und eine erhielt[5] die Mutter.

Am Abend, als die Kinder in das Schlafkämmerlein gingen[6], fragte der Vater: „Nun, wie haben euch die schönen Aepfel geschmeckt[7]?“ — „Herrlich, lieber Vater,“ sagte der Aelteste. „Es ist eine schöne Frucht, so säuerlich und so sanft von Geschmack[8]. Ich habe mir[9] den Stein sorgsam bewahrt, und will[10] mir[9] daraus[11] einen Baum ziehen.“ — „Brav[12]!“ sagte der Vater, „das heißt haushälterisch auch für die Zukunft gesorgt[13], wie es dem Landmann geziemt.“

„Ich habe die meinige sogleich aufgegessen[14],“ sagte der Jüngste, „und den Stein fortgeworfen[15], und die Mutter hat mir die Hälfte von der ihrigen[17] gegeben[16]. O, das schmeckte so süß und zerschmilzt[18] einem im Munde.“ — „Nun[19],“ sagte der Vater, „du hast es[20] zwar nicht sehr klug, aber doch sehr natürlich und nach kindlicher Weise gemacht[20]. Für die[21] Klugheit ist auch noch Raum genug im Leben.“

Da begann[22] der zweite Sohn: „Ich habe den Stein, den der kleine Bruder fortwarf[15], gesammelt und aufgeklopft[23]. Es

---

4.

[1] Brachte . . . mit sich, *brought home.* [2] Die man sehen konnte, *that one could see*, i. e. *that could be seen.* [3] Zum ersten Mal, *for the first time.* [4] Vertheilte sie unter, *divided them among.* [5] Erhalten, *to receive;* eine, *one.* [6] Als die Kinder . . . gingen (gehen), *when the children were going* (*retiring*). [7] *Well* (nun), *how did those fine apples taste to you?* [8] So säuerlich und so sanft von Geschmack, *somewhat acid* (säuerlich) *and* (*yet*) *of so mild a flavour.* [9] Is expletive. [10] Will mir . . . ziehen, *I intend to rear, to grow.* [11] *Out of it* [12] *Well done!* [13] *That I call* (das heißt) *prudently* (haushälterisch) *providing* (gesorgt) *for the future.* [14] Aufessen, *to eat up.* [15] Fortwerfen, *to throw away* [16] Geben, *to give.* [17] Die Hälfte von der ihrigen, *half of hers.* [18] Zerschmelzen, *to melt;* einem im Munde, *in one's mouth.* [19] *Well.* [20] Du hast es nicht . . gemacht, lit. *you have not managed it*, i. e. *you have not acted;* sehr klug, *very prudently;* zwar, *to be sure;* nach kindlicher Weise, *in a childlike manner, as children are wont to do.* [21] Not translated. [22] Beginnen, *to begin.* [23] Auf-

war ein Kern darin[24], der[25] schmeckte so süß wie eine Nuß. Aber meine Pfirsiche habe ich verkauft, und so viel Geld dafür[26] erhalten, daß ich, wenn ich nach der Stadt komme, wohl[27] zwölf dafür kaufen kann."

Der Vater schüttelte den Kopf und sagte: „Klug ist das wohl, aber — kindlich wenigstens und natürlich ist es nicht. Bewahre dich der Himmel, daß du kein Kaufmann werdest[28]!"

„Und du, Edmund?" fragte der Vater. — Unbefangen und offen antwortete Edmund: „Ich habe[29] meine Pfirsiche dem Sohn unsers Nachbars, dem kranken Georg, der das Fieber hat, gebracht[29]. Er wollte sie nicht nehmen[30], da hab' ich sie ihm auf das Bett gelegt und bin hinweggegangen[31]."

„Nun!" sagte der Vater, „wer hat denn wohl den besten Gebrauch von seiner Pfirsiche gemacht?"

Da riefen sie alle drei: „Das hat Bruder Edmund gethan[32]!" — Edmund aber schwieg still[33]. Und die Mutter küßte ihn mit einer Thräne im[34] Auge.

Krammacher.

5. Parabeln und Räthsel,

von Friedrich Schiller.

I.

Auf einer großen Weide gehen
Viel tausend Schafe silberweiß;
Wie wir sie heute wandeln sehen[1],
Sah[3] sie der allerältste[2] Greis.

Sie altern nie, und trinken Leben
Aus einem unerschöpften Born,

klopfen, *to crack, to open.* [24] *In it.* [25] *Which.* [26] *For it.* [27] *Probably.* [28] *May heaven preserve you, that you become no merchant,* i. e. *from becoming a merchant.* [29] Habe . . . gebracht, *have brought,* from bringen. [30] *He was not willing to take it, but* (da). [31] *Went away,* perf. ind. of hinweggehen. [32] *Brother Edmund has* (*done so*). [33] Still schweigen, *to remain silent.* [34] *In her.*

5. I.

[1] Sie wandeln sehen, *see them walking.* When two or more infinitives, two perf. participles, or a perfect participle and an infinitive depend on each other, the last in German comes first in English; Gr. p. 359. [2] Superlative of alt; aller makes it intensive—*very oldest;* see Gr. p. 417, obs 5th. [3] Se-

Ein Hirt ist ihnen zugegeben[4]
Mit schön gebog'nem Silberhorn.

Er treibt sie aus zu[5] goldnen Thoren,
Er überzählt sie jede Nacht,
Und hat[6] der Lämmer keins verloren[6],
So oft er auch[7] den Weg vollbracht[8].

Ein treuer Hund hilft[9] sie ihm leiten,
Ein muntrer Widder geht voran[10],
Die Heerde, kannst du sie[11] mir deuten?
Und auch den Hirten zeig' mir an[12].

II.

Ich wohn'[1] in einem steinernen Haus,
Da lieg'[1] ich verborgen und schlafe;
Doch ich trete hervor[2], ich eile heraus[3],
Gefordert[4] mit eiserner Waffe.
Erst bin ich unscheinbar und schwach und klein,
Mich kann dein Athem bezwingen;
Ein Regentropfen schon[5] saugt[6] mich ein[6],
Doch mir[7] wachsen im Siege die[7] Schwingen;
Wenn die[8] mächtige Schwester sich zu mir gesellt[9],
Erwachs' ich zum[10] furchtbar'n Gebieter der Welt.

---

hen, *to see*. For the reason why the verb is placed *before* its subject, see Gr. p. 361, 6th. [4] Zugegeben, *added, given*, perf. part. of zugeben. [5] *Out of, through*. [6] Perf. of verlieren, *to lose;* der Lämmer keines, *none of his lambs*. [7] So oft . . . auch, *however often*. [8] Perf. part. of vollbringen, *to perform, accomplish*. The auxiliary hat is understood. Weg is here *journey*. [9] Helfen, *to help*. [10] Vorangehen, *to lead the way*. [11] *It*, refering to die Heerde. [12] Anzeigen, *to point out*.

II.

[1] In poetry the final e of the present and imperfect tenses, as well as of the imperative, is often dropped for the sake of the measure: wohn', lieg', zeig', for wohne, liege, zeige. [2] Hervortreten, *to come forth*. [3] Herauseilen, *to hurry out*. [4] *When challenged;* mit, *by*. [5] *Even*. [6] Einsaugen, *to absorb*. On the position of the separable particle of these compounds see Gr. p. 81, obs. C. [7] Mir die, lit. *to me the*, i. e. *my*. [8] *If my*. [9] Sich zu mir gesellt, *associates herself with me*. [10] Zu dem.

III.

Wie heißt[1] das Ding, das Wen'ge schätzen?
Doch ziert's[3] des größten Kaisers Hand;
Es ist gemacht, um zu verletzen;
Am nächsten[2] ist's[3] dem Schwert verwandt[2].

Kein Blut vergießt's[3] und macht doch tausend Wunden,
Niemand beraubt's und macht doch reich;
Es hat den Erdkreis überwunden[4],
Es macht das[5] Leben sanft und gleich.

Die größten Reiche hat's gegründet,
Die ältsten Städte hat's erbaut;
Doch niemals hat es Krieg entzündet,
Und Heil dem Volk[6], das ihm vertraut!

IV.

Unter[1] allen Schlangen ist eine,
Auf Erden[2] nicht gezeugt,
Mit der[3] an Schnelle keine,
An Wuth sich keine vergleicht[4].

Sie stürzt[5] mit furchtbarer Stimme
Auf ihren Raub sich los[5],
Vertilgt in einem Grimme
Den Reiter und sein Roß.

Sie liebt die höchsten Spitzen,
Nicht Schloß, nicht Riegel kann

III.

[1] *What is the name of, how do you call.* [2] Am nächsten verwandt, *nearest allied.* [3] The apostrophe in ist's, ziert's, &c., indicates that an e is elided, they are for ist es, ziert es, &c. [4] Ueberwinden, *to subdue.* [5] The article here may either be rendered by *our* or entirely omitted. [6] Heil dem Volk, *hail to the people,* or *happy the nation which,* &c.

IV.

[1] *Among,* its most common and proper signification is *under.* [2] *On earth.* On the n in the dat. sing. of feminine nouns, which are commonly invariable in the sing., see Gr. p. 398, obs. 2. [3] *With which;* an, *in point of,* or simply *in.* [4] Sich vergleicht, *doth* (or *can*) *compare.* [5] Sich losstürzen, *to*

Vor[6] ihrem Anfall schützen;
Der Harnisch lockt[7] sie an[7].

Sie bricht[8], wie dünne Halmen,
Den stärksten Baum entzwei[8];
Sie kann das Erz zermalmen,
Wie[9] dicht und fest es sei.

Und dieses Ungeheuer
Hat zweimal nie gedroht —
Es stirbt[10] im[11] eignen Feuer·
Wie's[12] tödtet, ist es todt!

---

6. Der Erlkönig.

Wer reitet so spät durch Nacht und Wind?
Es ist der Vater mit seinem Kind;
Er hat den Knaben wohl in dem[2] Arm,
Er faßt ihn sicher, er hält ihn warm.

„Mein Sohn, was birgst du[3] so bang dein Gesicht?" —
„Siehst[4], Vater, du den Erlkönig nicht?
Den Erlenkönig mit Kron' und Schweif?" —
„Mein Sohn, es ist ein Nebelstreif."

„„Du liebes Kind, komm, geh' mit mir!
Gar schöne Spiele spiel'[5] ich mit dir,

---

rush upon. [6] *Against.* [7] Anlocken, *to allure, attract.* [8] *Breaks in two,* from entzweibrechen. [9] *However.* Wie, in this signification, has usually auch after it. [10] *Dies,* from sterben. [11] *In its.* [12] *The moment it kills, it is dead* The solution to the first of these riddles is, *the moon and the stars;* to the second, *fire*—its mighty sister is *the air*; to the third, *the plough-share*; to the last, *lighining.*

6.

[1] The Erl-king is a mischievous and malignant being in the mythology of the ancient Germans. This piece is the opening of „Die Fischerinn," one of Goethe's operas. At an advanced hour of a quiet, dark evening, the fisherman's daughter, impatiently awaiting the arrival of her father and her lover, is made to sing this song for pastime. [2] *His.* [3] *Why hidest thou;* birgst from bergen. [4] Sehen, *to see.* [5] *Will I play.* The present must fre-

Manch' bunte Blumen sind an dem Strand,
Meine Mutter hat manch[6] gülden[7] Gewand.„“ —

„Mein Vater, mein Vater, und hörest du nicht,
Was Erlenkönig mir leise verspricht[8]?“ —
„Sei ruhig, bleibe ruhig, mein Kind!
In dürren Blättern säuselt der Wind.“ —

„„Willst[9], feiner Knabe, du mit mir gehn[10],
Meine Töchter sollen dich warten schön[11];
Meine Töchter führen den nächtlichen Reihn[10],
Und wiegen und tanzen und singen dich ein[12].“ “

„Mein Vater, mein Vater, und siehst[4] du nicht dort
Erlkönigs Töchter am düsteren Ort?“ —
„Mein Sohn, mein Sohn, ich seh' es genau;
Es[13] scheinen die alten Weiden so grau.“ —

„„Ich liebe dich, mich reizt deine schöne Gestalt[14],
Und bist[15] du nicht willig, so brauch' ich Gewalt.“ “ —
„Mein Vater, mein Vater, jetzt faßt[16] er mich an[16]!
Erlkönig hat mir ein Leids gethan[17]!“ —

Dem Vater[11] grauset's, er reitet geschwind,
Er hält im Arme das ächzende Kind,

---

quently be rendered by the future, see Gr. p. 471, § 161. [6] *Many a.* The German idiom does not admit of the indefinite article after manch, see Gr. p. 424, § 83, 3d. [7] Gülden, a poetical form for golden. The termination es is dropped by poetical license, see Gr. p. 413, obs. 2d. [8] Versprechen, *to promise*; leise, *in a low tone*; the line is freely rendered: "*What promise Erlking whispers to me.*" [9] Wollen, *to wish, to be willing.* [10] For gehen and Reihen. The termination en, both of infinitives and nouns, frequently drops the e in poetry for the sake of the measure. [11] *Prettily,* is here an adverb limiting warten. [12] The particle ein belongs to each of the verbs in the line: einwiegen, *to rock to sleep*; eintanzen, einsingen, *to dance, to sing to sleep.* The present should here be translated by the future, *will rock and dance,* &c. [13] Is here expletive, serving simply to represent in a very indefinite manner the subject of the proposition, which stands after its verb: *It is but the old willows that appear so gray;* Gr. p. 429, obs. 7th. [14] The natural prose order of this sentence would be: Deine schöne Gestalt reizt mich, *thy beautiful form charms me;* the inversion makes the predicate emphatic: *I am charmed by thy beautiful form.* [15] Supply *if*, see notes 21 and 22 to piece 1. [16] Anfassen, *to seize, lay hold of* [17] *Erlking has done me harm, has in*

Erreicht den Hof mit Müh' und Noth;
In seinen Armen das Kind war todt.

---

7. Die leuchtenden Sterne.

Es war eine kalte, dunkle Mitternacht, da ging[1] der alte Hermann mit seinem Sohne über die Heide. Den ganzen Tag über waren sie gewandert[2] und kehrten jetzt fröhlich und wohlgemuth zu ihrem heimathlichen Dorfe zurück. Graue Nachtwolken waren am Himmel dicht über einander geschichtet[3], so daß kein einziger[4] Strahl eines freundlichen Lichtes den einsamen Pfad erhellete. Hermann, des Weges kundig[5], schritt[6] freudig vor seinem Sohne her; aber auf einmal[7] däucht' es ihm, als ob er verirret sei[8]. Ungewiß schwankte sein Fuß auf dem nur halb ausgetretenen[9] Wege; und als sie nun an einen Bach kamen[10], dessen Lauf er nicht kannte[11], und an ein Gebüsch, das er noch nimmer gesehen hatte, da war es ihm gewiß[12], daß sie sich immer weiter[13] von der Heimath entfernten.

Aengstlich und mit bangem Herzklopfen hielt[14] sich Emil an seines Vaters Hand, denn er fürchtete, daß sie in der Heide übernachten müßten[15]; aber der Vater sprach zu ihm mit tröstenden Worten: „Laß uns nur immerhin vorwärts schreiten[16], daß wir an eine gastfreie Hütte kommen, wo man uns Obdach und Her-

---

jured me. [18] The dative is governed by the impers. verb es grauset, *the father shudders.*

7.

[1] Gehen, *to go.* [2] *They had travelled on foot all day long,* und kehrten jetzt... zurück, *and were now returning.* [3] Waren dicht über einander geschichtet, *were closely piled up one above the other.* [4] Kein einziger, *not a single.* [5] *Acquainted with the way.* Kundig is one of the adjectives which govern the genitive, see Gr. p. 418, § 73. [6] Schreiten, *to step, walk;* vor seinem Sohne her, *in advance of, ahead of his son.* [7] Auf einmal, *all at once, of a sudden.* [8] Als ob er verirrt sei, *as if he had lost his way,* the verb is in the perf. subj. [9] *Upon the pathway which was but half worn (beaten);* ausgetreten, perf. part. of austreten, *to wear by treading, to beat.* [10] Kommen, *to come;* an is here equivalent to the English *to.* [11] Kennen, *to know, to be acquainted with;* dessen Lauf, *the course of which.* [12] Da war es ihm gewiß, *then he felt certain.* [13] Immer weiter, *further and further;* von der, *from their.* [14] Halten, sich an etwas halten, *to cling, adhere to any thing.* [15] Daß sie... müßten, *that they would be obliged.* [16] Laß uns nur immerhin vorwärts schreiten, *let us but keep*

berge gebe[17], bis der Morgen nahet." Darauf eilten sie vorwärts; aber sie gelangten an[18] keine gastfreie Hütte, und immer wilder wurde der Weg, immer unsicherer der Gang.

Siehe[19], da stürmte auf einmal von Osten her ein scharfer, schneidender Wind in die grauen Wolkenmassen, und die Wolken zertheilten sich eilend, so daß der gestirnte Himmel mit allen seinen Lichtern auf die Wanderer hernieder blickte.

„Nun, Gott sei gepriesen[20]!" sagte Hermann, „jetzt werden wir den Weg[21] wohl finden." — „Und wie denn, mein Vater?" fragte der Knabe. „Siehst du denn dort nicht den Sirius leuchten? Er stehet in dieser Jahreszeit g'rade[22] über unserm Dorfe. Wohlan, wir müssen uns zur Rechten wenden[23], dann werden wir noch heute die Heimath erreichen." Da staunte Emil und sagte: „Das hätte ich doch nimmer gedacht[24], daß wir unsern Weg am Himmel finden würden!"

Und der Vater antwortete: „Der Wandersmann kann der Sterne[25] nicht entbehren in der dunkeln Nacht; sie sind ihm die Führer seines Weges und leiten ihn, wann er sich verirret hat, wieder zu dem gesuchten Ziele. Ich will dich die Zahl und den Gang dieser himmlischen Lichter lehren, daß[26] du sicher einhergehest auf deinen Pfaden, wann ich nicht mehr dein Führer bin. Und bald will ich dir noch andere Sterne zeigen; du kannst sie nicht sehen mit dem Auge des Leibes, aber im Geiste sollst du sie schauen, und sie sollen dich sicher hinüberleiten zur[27] himmlischen Heimath."

Also sprachen die Beiden[28] auf dem Wege mit einander; und ehe die Mitternachtsstunde vorüber war[29], standen[30] sie klopfend an der Thür der heimathlichen Hütte.

Joh. Heinr. Christ. Nonne.

---

going onward. [17] *May give*, the pres. subj. [18] *Arrived at.* [19] *And lo, a sharp, piercing wind suddenly* (auf einmal) *rushed roaring* (stürmte) *into the gray masses of clouds*, &c. [20] Preisen, *to praise.* [21] Den Weg, *our way;* wohl, *no doubt.* [22] For gerade, *directly.* [23] *We must turn to the right.* [24] *It is a thing* (das) *that I should never have thought of* (*imagined*); gedacht, perf. part. of denken. [25] The genitive plural governed by entbehren: *The traveller cannot do without the stars.* [26] *So that, in order that* [27] For zu der, *to thy* [28] *The two.* [29] *Was over, past.* [30] Stehen, *to stand.*

8. Der Maler und sein Meister.

Ein junger Maler hatte ein vortreffliches Bild verfertigt[1], das beste, das ihm je gelungen war[2], selbst[3] sein Meister fand[4] nichts daran zu tadeln. Der junge Maler aber war so entzückt darüber[5], daß er unaufhörlich das Werk seiner Kunst betrachtete und seine Studien einstellte; denn[6] er glaubte, sich nicht mehr übertreffen zu können.

Eines Morgens[7], als er von Neuem seines Bildes sich freuen wollte[8], fand er, daß sein Meister das ganze Gemälde ausgelöscht[9] hatte. Zürnend und weinend rannte[10] er zu ihm und fragte nach[11] der Ursache des grausamen Verfahrens.

Der Meister antwortete: „Ich habe es mit weisem Bedacht gethan. Das Gemälde war gut; aber es war zugleich dein Verderben.“

„Wie so?“ fragte der junge Künstler.

„Lieber,“ antwortete der Meister, „du liebtest nicht mehr die Kunst[12] in deinem Bilde, sondern nur dich selbst. Glaube mir, es war nicht vollendet, wenn es auch[13] uns so schien; es war nur eine Studie. — Da, nimm[14] den Pinsel und siehe, was du von Neuem erschaffest! Laß dich das Opfer nicht gereuen[15]. Das Große[16] muß in dir sein, ehe du es auf die Leinwand zu bringen vermagst[17].“

Muthig und voll[18] Zutrauen zu sich und seinem Lehrer ergriff[19] er den Pinsel und vollendete sein herrlichstes Werk: das

---

3.

[1] Perf. part. of verfertigen, *to make, produce.* Verbs compounded with the particles be, emp, ent, er, ge, ver, zer, are inseparable, and never assume the prefix ge in the perf. part., see Gr. p. 443, § 122. [2] *The best (which) he had ever succeeded in.* [3] *Even.* [4] *Found nothing to criticise in it* (daran), i. e. *had no fault to find with it;* fand from finden. [5] *About it.* *For he believed that he would not be able* (zu können) *to excel himself,* i. e. *what he had already done.* [7] *One morning;* on this genitive absolute or adverbial genitive, see Gr. p. 405, § 51, 2d. [8] Als er . . . wollte, *as he was about;* von Neuem, *anew, again.* [9] Auslöschen, *to erase.* [10] Rennen, *to run.* [11] Fragte nach, *asked for.* [12] *Your art.* [13] Wenn es auch, *even if it, although it;* uns so schien, *did appear so to us;* schien from scheinen. [14] Nehmen, *to take.* [15] Sich etwas gereuen lassen, *to repent of a thing.* [16] *The element of greatness.* [17] Vermögen, *to possess the ability, to be able.* [18] *Full of confidence*

Opfer der Iphigenie[20]. Denn der Name des Künstlers war Timanthes.

Krummacher.

9. Die Lilie und die Rose.

Sagt mir, ihr holden Töchter der rauhen, schwarzen Erde[1], wer gab[2] euch eure schöne Gestalt? Denn wahrlich von niedlichen Fingern seid ihr gebildet. Welche kleinen Geister stiegen[3] aus euren Kelchen empor[3]? Und welch Vergnügen fühltet ihr[4], da[5] sich[6] Göttinnen auf euren Blättern wiegten[6]? Sagt mir, friedliche Blumen, wie theilten sie sich in ihr erfreuend Geschäft[7], und winkten einander zu[8], wenn sie ihr feines Gewebe so vielfach spannen[9], so vielfach zierten und stickten?

Aber ihr schweigt, holdselige Kinder, und genießet eures Daseins. Wohlan! mir soll die lehrende Fabel erzählen, was euer Mund mir verschweiget[10].

Als einst, ein nackter Fels, die Erde dastand[11], siehe, da trug[12] eine freundliche Schaar von Nymphen den jungfräulichen Boden[13] hinan[14], und gefällige Genien waren bereit, den nackten Fels zu beblümen. Vielfach theilten sie sich in ihr Geschäft.

---

in himself and his instructor. [19] Ergreifen, *to seize, take up.* [20] This painting was greatly admired among the ancients, as expressive of the highest degree of pain which art could venture to indicate.

9.

[1] Der rauhen, schwarzen Erde, gen. sing. *of the rough, black earth.* [2] Geben, *to give: Who gave you your beautiful form?* [3] Emporsteigen, *to mount up, to rise.* [4] *Did you feel.* In English we have three forms of the imperfect tense, *I felt, did feel, was feeling,* all of which are in German implied in the one form ich fühlte; so also in the present tense there is only one form in the German, whilst there are three in English (Gr. p. 471, § 159). In rendering these tenses, the form which makes the best sense should always be chosen. [5] *When* or *as.* [6] Sich wiegten, *were rocking themselves.* This form is here to be preferred, because continuance of action is implied. [7] Lit. *how did they distribute themselves into,* i. e. *how did they distribute among themselves their joyous task.* [8] Einander zuwinken, *to beckon to each other.* [9] Spinnen, *to spin;* so vielfach, *so variously, so skilfully: whilst they so skilfully spun, so skilfully adorned and embroidered their delicate texture.* [10] Lit. *is silent about,* i. e. *is unwilling to reveal to me.* [11] Dastehen, *to stand.* [12] Tragen, *to carry, to bring.* [13] Den jungfräulichen Boden, *the virgin soil;* hinan, *upon it.* This

Schon unter dem Schnee und im kalten kleinen Grase fing[14] die bescheidene Demuth an[14] und webte das sich verbergende[15] Veilchen. Die Hoffnung[16] trat[17] hinter ihr her[18] und füllte mit kühlenden Düften die kleinen Kelche der erquickenden Hyazinthe. Jetzt kam, da es jenen so wohl gelang[19], ein stolzer, prangender Chor vielfarbiger Schönen[20]. Die Tulpe erhob[21] ihr Haupt; die Narzisse blickte umher mit ihrem schmachtenden Auge.

Viele andere Göttinnen und Nymphen beschäftigten sich[22] auf mancherlei Art und schmückten die Erde, frohlockend über ihr schönes Gebilde.

Und siehe[23], als ein großer Theil von ihren Werken mit seinem Ruhm und ihrer Freude daran verblüht war, sprach Venus zu ihren Grazien also: „Was säumt ihr[24], Schwestern der Anmuth? Auf! und webet von euren Reizen auch eine sterbliche sichtbare Blüthe[24].“ Sie gingen[25] zur Erde hinab[25], und Aglaia, die Grazie der Unschuld, bildete die Lilie; Thalia und Euphrosyne webten mit schwesterlicher Hand die Blume der Freude und Liebe, die jungfräuliche Rose.

Manche Blumen des Feldes und des Gartens neideten einander; die Lilie und die Rose neideten keine und wurden von allen beneidet. Schwesterlich blühen sie zusammen auf einem Gefilde der Hora und zieren einander; denn schwesterliche Grazien haben ungetrennt sie gewebet[26].

Joh. Gottf. Herder.

---

particle properly belongs to trug. [14] Anfangen, *to begin.* [15] Das sich verbergende, *the self-concealing, retiring.* [16] Die Hoffnung, *Hope*, article not rendered. [17] Treten, *to step, to walk.* [18] Hinter ihr her, *along behind her, close after her.* [19] Da es jenen so wohl gelang, *since those succeeded so well.* [20] Vielfarbiger Schönen, *of many-coloured beauties*, gen. plural. Die Schöne is here an adjective used substantively, Gr. p. 417, § 70. [21] Erheben, *to raise.* [22] Beschäftigten, *occupied, busied themselves*, i. e. *were busied;* auf mancherlei Weise, *in various ways.* [23] *And lo, when a large portion of their works with its glory* (seinem Ruhme) *and their delight in it* (ihrer Freude daran) *had faded away.* [24] *Why do ye tarry, why are ye idle, sisters of Gracefulness? Arise, and weave of your charms, too, a mortal visible blossom!* [25] Hinabgehen, *to go down.* [26] *For sister Graces have woven them conjointly* (ungetrennt).

10. Des Mädchens Klage.

Der Eichwald brauset,
Die Wolken ziehn,
Das Mägdlein sitzet
An Ufers Grün[1],
Es bricht sich die Welle[2] mit Macht, mit Macht,
Und sie seufzet hinaus in die finstere Nacht.
Das Auge vom Weinen getrübet[3].

„Das Herz ist gestorben[4],
Die Welt ist leer,
Und weiter gibt sie[5]
Dem Wunsche nichts mehr.
Du Heilige[6], rufe[7] dein Kind zurück[7],
Ich habe genossen[8] das irdische Glück,
Ich habe gelebt und geliebet."

„Es rinnet der Thränen
Vergeblicher Lauf[9];
Die Klage, sie[10] wecket[11]
Die Todten nicht auf[11];
Doch nenne, was tröstet und heilet die Brust,
Nach der süßen Liebe verschwundener Lust[12],
Ich, die Himmlische, will's nicht versagen."

10.

[1] *On the green of the shore.* In prose it would be an des Ufers Grün, or am Grün des Ufers, see Gr. p. 381, § 9. Grün is here an abstract substantive formed from the adjective grün, see Gr. p. 417, § 70, 2d. [2] Es bricht sich die Welle, *the wave breaks;* bricht from brechen, es is expletive; so also in stanzas 3 and 4. [3] *Her eye discoloured with weeping.* [4] *Dead,* perf. part. of sterben. [5] *It gives,* i. e. die Welt. [6] *Holy one.* [7] Zurückrufen, *to call back.* [8] Genießen, *to enjoy, partake of.* [9] *The course* (Lauf) *of tears doth flow* (rinnet) *in vain* (vergeblich). Lauf is the subject; vergeblich, though an adjective, is best rendered by an adverb: *in vain.* [10] *It,* i. e. die Klage. [11] Aufwecken, *to wake up, to raise.* [12] *After the vanished pleasures of sweet love.* When in German one noun governs another in the genitive, either the governing noun may come first, and then the order corresponds to the English, ex.: Die verschwundene Lust der Liebe; and above: Der vergebliche Lauf der Thränen; or the genitive may stand first, as is the case in both these sentences; then, however, the governing noun loses its article; see

„Laß rinnen der Thränen
Vergeblicher Lauf!
Es wecke[13] die Klage
Den Todten nicht auf!
Das süßeste Glück für die trauernde Brust
Nach der schönen Liebe verschwundener Lust
Sind der Liebe Schmerzen und Klagen[14]."

F. Schiller.

11. Die Muttersprache.

Muttersprache, Mutterlaut,
Wie so wonnesam, so traut[1]!
Erstes Wort, das mir erschallet[2],
Süßes, erstes Liebeswort;
Erster Ton, den ich gelallet[3],
Klingest[4] ewig in mir fort[4]!

Ach, wie trüb' ist meinem Sinn[5],
Wann ich in der Fremde[6] bin;
Wann ich fremde Zungen üben,
Fremde Worte brauchen muß,
Die ich nimmermehr kann lieben,
Die nicht klingen, wie ein Gruß!

Sprache, schön und wunderbar,
Ach, wie klingest du so klar!

Gr. p. 381, § 9. [13] The verb is here in the imperative: *Let my complaint not wake up the dead one.* [14] The natural order would be: Die Schmerzen und Klagen der Liebe.

11.

[1] *How full of bliss and tenderness!* Wonnesam is an ancient form for wonnevoll, *full of* Wonne, *delight, bliss;* traut, adj., *tenderly beloved, dear.* [2] Lit *which resounded to me*, i. e. *which met, greeted my ear.* [3] *Which I did lisp, attempt to utter;* supply habe; so also with erschallet, ist is understood. On the omission of the auxiliary see Gr. p. 344, obs. E.; this omission, however, often takes place, even when the next sentence does *not* begin with an auxiliary. [4] Fortklingen, *to continue to sound, keep ringing.* By poetical license du is omitted, see Gr. p. 470, except. [5] *Ah, how gloomy at heart feel.* Sinn primarily means *sense*, then *mind* in general, here *heart*, the sea

Will[7] noch tiefer mich vertiefen
In den Reichthum, in die Pracht;
Ist mir's doch[8], als ob mich riefen
Väter aus des Grabes Nacht.

Klinge, klinge fort und fort[9],
Heldensprache, Liebeswort!
Steig' empor[10] aus tiefen Grüften,
Längst verscholl'nes[11], altes Lied!
Leb' aufs Neu[12] in heil'gen Schriften,
Daß dir jedes Herz erglüht[13]!

Ueberall weht Gottes Hauch,
Heilig ist wohl[14] mancher Brauch;
Aber soll ich[15] beten, danken,
Geb' ich meine Liebe kund;
Meine seligsten Gedanken
Sprech' ich, wie der Mutter Mund.

Max v. Schenkendorf.

---

12. Das Schloß am Meere.

Hast du das Schloß gesehen,
Das hohe Schloß am Meer?
Golden und rosig wehen
Die Wolken drüber her[1].

Es möchte[2] sich nieder neigen
In spiegelklare Fluth,
Es möchte streben und steigen
In der Abendwolken Gluth.

---

of emotions. [6] *Abroad, in a strange land.* [7] Supply ich; ich will noch tiefer, &c., *I wish still deeper to enter (to plunge) into thy richness, into thy splendour.* [8] Ist's mir doch, *for I feel, it seems to me.* [9] Fort und fort, *for evermore.* [10] Emporsteigen, *to rise forth.* [11] *Long forgotten.* [12] Aufs Neu, *anew.* [13] *May glow.* [14] *Indeed, 'tis true.* [15] The sentence is conditional; *if I am to* (soll) *pray, to give thanks, if I make known* (geb' ich kund) *my love,* &c.

12.

[1] Wehen drüber (darüber) her, *move, sail* (lit. *wave*) *over it.* [2] Lit. *it would like*, i. e. *it looks as if it would;* the verb is the imperf. subj. of mögen.

„Wohl hab' ich es gesehen[3],
Das hohe Schloß am Meer,
Und den Mond darüber stehen[4]
Und Nebel weit umher."

Der Wind und des Meeres Wallen[5],
Gaben sie[6] frischen Klang?
Vernahmst[7] du aus hohen Hallen
Saiten[8] und Festgesang?

„Die Winde, die Wogen alle
Lagen[9] in tiefer Ruh',
Einem Klagelied aus der Halle
Hört'[10] ich mit Thränen zu[10]."

Sahest du oben gehen[11]
Den König und sein Gemahl,
Der rothen Mäntel Wehen,
Der goldnen Kronen Strahl?

Führten sie nicht mit Wonne
Eine schöne Jungfrau dar[12],
Herrlich wie die Sonne,
Strahlend im goldenen Haar?

„Wohl sah ich die Eltern beide,
Ohne der Kronen Licht,
Im schwarzen Trauerkleide;
Die Jungfrau sah ich nicht."

Ludwig Uhland.

---

[3] Wohl hab' ich es gesehen, *yes, indeed, I have seen it.* [4] Drüber stehen, *standing over it.* In connection with the verbs sehen, *to see*; hören, *to hear*; fühlen, *to feel*, and finden, *to find*, the infinitive in German is equivalent in signification to the present participle, see Gr. p. 473, 4th. [5] The undulating *motion, heaving.* [6] *Did they give (forth)*, i. e. *produce.* [7] Vernehmen, *to perceive.* [8] Lit. the strings or chords of musical instruments, here *the notes of stringed instruments.* [9] Liegen, *to lie.* [10] Hört' ich zu, *I listened to*; einem Klagelied, *plaintive song.* [11] *Didst thou see walking above the king and his spouse &c.* [12] May be rendered in connection with führen: *forth.*

13. Der reichste Fürst.

Preisend mit viel schönen Reden
Ihrer Länder Werth und Zahl[1]
Saßen[2] viele deutsche Fürsten
Einst zu Worms im Kaisersaal.

„Herrlich,“ sprach der Fürst von Sachsen,
„Ist mein Land und seine Macht;
Silber hegen seine Berge
Wohl in manchem tiefen Schacht[3].“

„Seht mein Land in üpp'ger Fülle,“
Sprach der Kurfürst von dem Rhein,
„Goldne Saaten[4] in den Thälern,
Auf den Bergen edlen Wein!“

„Große Städte, reiche Klöster,“
Ludwig, Herr zu Baiern[5], sprach,
„Schaffen[6], daß mein Land den euren
Wohl nicht steht an Schätzen nach.“

Eberhard, der mit dem Barte[7],
Würtemberg's geliebter Herr,
Sprach: „Mein Land hat kleine Städte,
Trägt[8] nicht Berge silberschwer.

Doch ein Kleinod hält's verborgen[9],
Daß in Wäldern noch so groß[10]
Ich mein Haupt kann kühnlich legen
Jedem Unterthan in Schooß[11].“

13.

[1] Ihrer Länder Werth und Zahl, *the value and number of their territories.* If the genitive were put last, it would read: den Werth und die Zahl ihrer Länder; see note 12 to piece 10. [2] Sitzen, *to sit.* [3] *Its mountains contain* (hegen) *silver in full* (wohl) *many a deep shaft.* [4] *Golden cornfields.* [5] Herr zu Baiern, *the sovereign of Bavaria.* [6] *Cause* (schaffen) *that my territory is not likely to be inferior* (wohl nicht steht . . . nach) *in treasures* (an Schätzen) *to yours* (den euren); nachstehen, lit. *to be behind,* i. e. *to be inferior.* [7] *The one* (der) *with the beard.* [8] Tragen, *to bear.* [9] Verborgen halten, *to hold concealed,* or simply *to conceal.* [10] Noch so groß, *be they never so great, however great.* [11] *Into the lap of each of my subjects.* The dative is here used where the

Und es rief[12] der Herr von Sachsen,
Der[13] von Baiern, der[13] vom Rhein:
„Graf im Bart, ihr seid der reichste!
Euer Land trägt Edelstein."

Justinus Kerner.

---

14. Einer oder der Andere.

Zur Zeit[1] Heinrich's IV., Königs von Frankreich, ritt[2] einmal ein Bäuerlein[3] von seinem Dorfe nach Paris. Nicht mehr weit von der Stadt begegnete er einem stattlichen Reiter. Es war der König. Sein Gefolge war absichtlich in einiger Entfernung geblieben[4]. „Woher des Wegs[5], mein Freund? Habt ihr Geschäfte zu Paris?"

„Ja," antwortete der Bauer; „auch möchte ich gern einmal unsern guten König sehen[6], der sein Volk so zärtlich liebt."

Der König lächelte und sagte: „Dazu kann euch Rath werden[7]."

„Aber wenn ich nur wüßte[8], welcher es ist unter den vielen Höflingen, von denen er umgeben sein wird[9]."

„Das will ich euch sagen: Ihr dürft nur Achtung geben[10],

English idiom would require the genitive. [12] Es is expletive; rief, *exclaimed*. Rufen is here employed for ausrufen. [13] *The one*, or *he*. The conjunction und is understood; und der von Baiern und der vom Rhein.

14.

[1] *In the times, during the reign.* [2] Reiten, *to ride on horseback.* [3] The diminutive of der Bauer, *the farmer, the peasant.* It is here employed in preference to the usual form, for the purpose of producing an air of *familiarity* in the piece. A familiar, popular tone is aimed at both in this piece and in the two following. [4] War . . . geblieben, *had remained behind*, pluperf. of bleiben. [5] *Whence do you come? where are you from?* [6] Auch möchte ich gern . . . sehen, *and I would like to see too.* [7] Dazu kann euch Rath werden, *to that you can (easily) be helped, there will be no difficulty about that.* [8] Wissen, *to know.* [9] *By which he will be surrounded;* umgeben is the perf. part. of umgeben. It wants the usual characteristic of that participle, the prefix ge, because the verb is an inseparable compound. Verbs compounded with durch, hinter, über, um, unter, voll and wieder are inseparable when the accent rests on the verb, and they are separable, when it rests on the particle (Gr. p. 468, § 153). [10] *You need only watch, observe;* wel-

welcher den Hut auf dem Kopfe behalten wird, wann alle Andern sich ehrerbietig werden entblößt haben[11]."

Also ritten sie mit einander in Paris hinein, und zwar[12] das Bäuerlein auf der rechten Seite des Königs; denn was die liebe Einfalt[13], es sei mit Absicht oder durch Zufall, Ungeschicktes thun kann, das thut sie. Der Bauer gab dem König auf alle seine Fragen gesprächige Antwort[14]. Er erzählte ihm Manches[15] über den Feldbau, aus seiner Haushaltung und wie er zuweilen des Sonntags auch sein Huhn in dem Topfe habe[16], und merkte lange nichts. Als er aber sah, wie alle Fenster sich öffneten[17] und alle Straßen sich mit Menschen anfüllten[17], wie Jedermann ehrerbietig auswich[18], da ging ihm ein Licht auf[19]. „Mein Herr," sagte er zu seinem unbekannten Begleiter, den er mit Aengstlichkeit und Verwunderung anschaute, „entweder seid ihr der König oder ich bin's[20]; denn wir Beide haben allein noch den Hut auf dem Kopfe[21]."

Da lächelte der König und sagte: „Ich bin's. Wann ihr[22] euer Rößlein in den Stall gestellt und euer Geschäft besorgt habt, so kommt zu mir auf mein Schloß; ich will euch dann mit einer Mittagssuppe aufwarten und euch den Dauphin zeigen."

Johann Paul Hebel.

---

cher, *which (of them)*. [11] *When all the rest will reverentially* (ehrerbietig) *have uncovered their heads* (sich werden entblößt haben). [12] *And that, and as might be expected.* [13] Lieb has here again that vague signification alluded to on page 23, near the bottom. This use of it is frequent in familiar style; perhaps *unsophisticated, downright: for whatever awkward act* (was Ungeschicktes) *your downright simplicity* (die liebe Einfalt) *can do, be it intentionally or by accident* (mit Absicht oder durch Zufall), *it always is sure to do it.* [14] Gab ... gesprächige Antwort, *made ready answer;* auf, *to.* [15] *Many things;* über den, *on, relating to.* [16] *And how he, too* (er auch), *once in a while* (zuweilen) *would have his chicken for dinner* (in dem Topfe, lit. *in the pot*) *of a Sunday* (des Sonntags). [17] These reflexives are best rendered by the passive: *were opened, were filled.* [18] Ausweichen, *to make room, to give way.* [19] Ging ihm ein Licht auf (aufgehen), lit. *a light arose to him,* i. e. *he became aware of his situation.* [20] The es is not translated; Gr. p. 109, obs. [21] *For we two* (wir Beide) *are the only individuals that retain* (haben allein noch). [22] The farmer is throughout the piece addressed in the second person plural, being regarded as the inferior of his fellow traveller see Gr. p. 428, § 91.

15. Gute Geduld.

Ein Franzose ritt[2] eines Tages[1] auf eine Brücke zu[2], die so schmal war, daß zwei Reiter einander[3] kaum darauf[4] ausweichen konnten. Ein Engländer betrat[5] zugleich das entgegengesetzte Ende derselben, und als Beide auf der Mitte waren, wollte Keiner[6] dem Andern Platz machen. „Ein Engländer geht keinem Franzosen aus dem Wege[7]," sagte der Britte. Der Franzmann erwiederte: „Mein Pferd ist auch ein Engländer[8]!" Aber der Engländer machte sich wenig aus diesem Einfalle[9], sondern sagte: „Ich kann warten; ich habe hier die schönste Gelegenheit, die heutige Zeitung zu lesen[10], bis es euch gefällt, Platz zu machen." Also zog[11] er kaltblütig eine Zeitung aus der Tasche, wickelte sie auseinander[12] und las[13] darin eine Stunde lang, während daß[14] der Franzose eine Pfeife Taback[16] hervornahm[15] und zu rauchen anfing[17]. Die Sonne neigte[18] sich allmählig gegen die Berge hinab[18] und sah nicht aus[19], als ob sie die Thoren noch lange anschauen wollte. Nach einer Stunde aber, als der Engländer fertig war und die Zeitung wieder zusammenlegen wollte[20], sah[21] er den Franzosen an[21] und sagte: „Nun denn[22]?" Dieser aber, der nicht auf den Kopf gefallen[23] war, erwiederte: „Seid so gut und gebt mir jetzt das Blatt, welches ihr studirt[24] habt, auch ein wenig[25], auf daß ich ebenfalls darin lesen kann, bis es euch gefällt, auszuweichen." Als der Engländer die Geduld seines Geg-

---

15.

[1] Eines Tages, *one day;* Gr. p. 405, § 51, 2d. [2] Auf etwas zureiten, *to ride up towards any thing.* [3] *To each other,* is here in the dative. [4] *Upon it.* [5] Betreten, *to enter.* [6] *Neither of them.* [7] Aus dem Wege gehen, *to make way, to turn out.* [8] A horse, whose tail is cut short, is called ein Engländer. [9] *Made but little account of* (machte sich wenig aus) *this sally of wit* (diesem Einfalle). [10] *For reading,* see Gr. p. 474, § 170, 1st. [11] Ziehen, *to pull, to take.* [12] Auseinander wickeln, *to unroll.* [13] Lesen, *to read.* [14] Während daß, *whilst.* [15] Hervornehmen, *to take out.* [16] *Of tobacco;* see Gr. p. 147, r. I. [17] Anfangen, *to begin.* [18] Sich hinabneigen, *to decline.* [19] *And did not seem* (aussehen) *as if it would much longer* (noch lange), &c. [20] *Was about.* [21] Ansehen, *to look at.* [22] *Well now.* [23] Der auch nicht auf den Kopf gefallen war, lit. *who had not fallen on his head,* i. e. *who knew what he was about.* [24] Verbs derived from foreign languages, which have the accented termination iren or ieren, do not assume the prefix ge in the perf. part.; Gr. p. 443, § 122, 4th. [25] *A little while.*

ners sah, sagte er: „Wißt ihr was, ich will euch ausweichen;“ und er machte ihm alsobald Platz.

Hebel.

---

16. Der Fremdling in Memel[1].

Oft sieht die Wahrheit wie eine Lüge aus[2]. Das erfuhr[3] ein Fremder, der vor einigen Jahren[4] mit einem Schiff aus Westindien an den Küsten der Ostsee ankam[5]. Damals war der russische Kaiser, Alexander I., bei dem König von Preußen, Friedrich Wilhelm III., auf Besuch[6]. Beide Monarchen standen in gewöhnlicher Kleidung, ohne Begleitung, Hand in Hand, als zwei recht gute Freunde, bei einander am Ufer. So etwas sieht man nicht alle Tage[7]. Der Fremde dachte auch nicht daran[8], sondern ging ganz treuherzig auf sie zu[9], meinte, es seien[10] zwei Kaufleute oder andere Herren aus der Gegend, und fing[11] ein Gespräch mit ihnen an[11], ganz begierig[12], allerlei Neues zu hören, das seit[13] seiner Abwesenheit sich zugetragen[14] habe. Endlich, da[15] die beiden Monarchen sich[16] leutselig mit ihm unterhielten[16], fand er Veranlassung[17], den Einen auf eine höfliche Art zu fragen, wer er sei[18]. „Ich bin der König von Preußen,“ sagte der Eine. Das kam[19] nun dem fremden Ankömmling schon ein wenig sonderbar vor[19]. Doch dachte[20] er: „es ist möglich,“ und machte vor dem Könige eine ehrerbietige Verbeugung. Und das war vernünftig; denn in zweifelhaften Dingen muß man immer das Sicherste und Beste wählen[21], und lieber[22] eine Höflichkeit aus Irrthum begehen, als eine

---

16.

[1] *The stranger in Memel.* Memel is a town of considerable commercial activity in the north of Prussia. [2] Sieht wie eine Lüge aus, *has the appearance of falsehood.* [3] Erfahren, *to experience.* [4] Vor einigen Jahren, *several years ago.* [5] Ankommen, *to arrive.* [6] Zum Besuche, *on a visit.* [7] *Such a sight* (so etwas) *cannot be seen* (sieht man nicht) *every day.* [8] Dachte auch nicht daran, *did not think of such a thing* (daran) *either.* [9] Auf sie zu, *up to them;* ganz treuherzig, *with all imaginable frankness,* lit. *quite frankly.* [10] (*That*) *they were.* [11] Anfangen, *to begin.* [12] *Very desirous;* zu hören, *of hearing;* allerlei Neues, *all kinds of news.* [13] *During.* [14] Sich zutragen, *to take place* [15] *When.* [16] Sich unterhalten, *to converse.* [17] *He found an occasion of asking* (zu fragen); see Gr. p. 474, § 170, 1st. [18] Wer er sei, *who he was.* [19] Vorkommen, *to appear to seem.* [20] Denken, *to think.* [21] Muß man immer.

Grobheit. Als aber der König weiter sagte und auf seinen Begleiter deutete: „Dies ist Seine Majestät der russische Kaiser," da war's doch dem ehrlichen Mann[23], als wenn zwei lose Vögel[24] ihn zum Besten haben[25] wollten, und er sagte: „Wenn ihr Herren mit einem ehrlichen Mann euern Spaß haben wollt, so sucht einen Andern, als ich bin. Bin ich deßwegen aus Westindien hierher gekommen, daß ich euer Narr sei[26]?" Der Kaiser wollte ihn zwar versichern, daß er allerdings derjenige sei[27]. Allein der Fremde gab kein Gehör mehr. „Ein russischer Spaßvogel möget ihr sein," sagte er. Als er aber nachher im Wirthshause die Sache erzählte und andern Bericht bekommen hatte, da kam[28] er ganz demüthig wieder[28], bat fußfällig[29] um Vergebung, und die großmüthigen Monarchen verziehen[30] ihm, wie natürlich[31], und hatten hernach viel Spaß an[32] dem Vorfall.

Hebel.

17. Wurst wider Wurst[1].

Ein Reisender erzählte einsmals voller Ernsthaftigkeit[2] in einer Gesellschaft, daß[3] er alle fünf Welttheile durchreis't, und daß er unter[4] andern Seltenheiten eine angetroffen[5] habe[6], die noch von keinem Schriftsteller erwähnt worden sei[6]. Dies Wunder war nach[7]

---

wählen, *one should always choose the safest and best part* (das Sicherste und Beste). [22] *Rather: and rather to be guilty of* (begehen, lit. *to perpetrate*) *a mistaken politeness* (eine Höflichkeit aus Irrthum) *than of an incivility.* [23] Da war es doch dem ehrlichen Manne, lit. *then it was after all* (doch) *to the honest man*, i. e. *then after all the honest man could not help feeling*, &c. [24] Ein loser Vogel, *a wanton wag.* [25] zum Besten haben, *to make sport of.* [26] Daß ich sei, *that I might be*, or simply *to be.* [27] Derjenige sei, *was the same*, i. e. *the person he was represented to be.* [28] Wiederkommen, *to come back again, to return.* [29] *On his knees begged* (bat) *their pardon* (um Vergebung) [30] Verzeihen, *to pardon.* [31] Wie natürlich, *as might be expected.* [32] *About*

17.

[1] Wurst wider Wurst, *measure for measure*, an adage. [2] *Very soberly, with all seriousness.* [3] Daß er ... durchreis't habe, *that he had travelled over* The subjunctive is used both in this and in subsequent sentences of the piece, because his statement is in the *oratio obliqua*, i. e. it is quoted *indirectly*, see note 12 to § 1. [4] *Among.* [5] Antreffen, *to meet with.* [6] Die noch von keinem Schriftsteller erwähnt worden sei, *which had never as yet been mentioned by any author.* The verb is in the perf. subj. passive of erwähnen. [7] *Ac-*

seiner Behauptung eine Kohlstaude, die so groß und hoch gewesen war, daß unter einem einzigen Blatte derselben sich[8] fünfzig bewaffnete Reiter hätten[8] in Schlachtordnung stellen[8] und ihre Manövres machen[9] können[8]. Jemand, der ihm zuhörte, hielt[10] diese Uebertreibung keiner Widerlegung werth, sondern sagte ihm mit der größten Fassung und Kälte, daß er auch gereis't und bis nach Japan gekommen sei[11], wo er zu seinem Erstaunen mehr als dreihundert Kupferschmiede an einem großen Kessel habe arbeiten sehen[12]; in demselben hätten sich fünfhundert Menschen befunden[13], die ihn glatt gemacht hätten. „Was wollte man denn[14] mit diesem ungeheuern Kessel machen?“ fragte der Reisende. „Man wollte die Kohlstaude darin kochen, von der Sie uns eben[15] erzählt haben[16].“

Wagner.

Die Sterne.

Ich sehe[1] oft um[2] Mitternacht,
Wenn ich mein Werk gethan[3],
Und Niemand mehr im Hause wacht,
Die Stern' am Himmel an[1].

---

cording to. [8] Sich hätten stellen können, *might have been able to station themselves.* On the use of the infinitive können, where in English we expect the participle, see Gr. p. 473, § 168. [9] Ihre Manövres machen, *and to perform their evolutions.* Manövres is a word from the French, and therefore its plural is in s, see Gr. p. 400, § 42, 3d. [10] Halten, *to deem, to regard.* The negative in kein is best taken with the verb: *did not deem this exaggeration* (diese Uebertreibung) *worthy of any confutation* (keiner Widerlegung werth). When an adjective governs a noun, it is commonly *preceded* by its case, see the examples to § 73 and § 74 on page 418 Gr. [11] Sei is auxiliary both to gereis't and to gekommen: *that he, too, had travelled and been as far as* (bis nach) *Japan.* [12] Wo er ... habe arbeiten sehen, *where he had seen ... working.* The verb is in the subjunctive for the reason given in note 2; it is put at the end of the sentence, because it begins with the relative abverb wo, see Gr p. 359, 4th. [13] Hätten sich ... befunden, pluperf. subj. of sich befinden, *to be:* (*and that*) *in the same there had been* (*at work*). [14] Was wollte man denn, *and what did they wish,* &c. [15] *Just now.* [16] Erzählen, properly, *to relate;* here and in the first sentence of this section simply *to tell.*

18.

[1] Ansehen, *to look at, gaze at.* [2] Um, *at.* [3] Supply habe, *when I have done my work.* On the omission of the auxiliary compare note 1 to § 11

Sie gehn da, hin und her zerstreut,
Wie Lämmer auf der Flur,
In Rudeln auch und aufgereiht[4]
Wie Perlen an der Schnur;

Und funkeln alle weit und breit[5]
Und funkeln rein und schön;
Ich seh' die große Herrlichkeit
Und kann mich satt nicht sehn[6].

Dann saget unter'm[7] Himmelszelt
Mein Herz mir in der[8] Brust:
„Es gibt[9] was Bess'res in der Welt
Als all ihr[10] Schmerz und Lust."

Ich werf' mich auf mein Lager hin[11]
Und liege lange wach,
Und suche es in meinem Sinn
Und sehne mich danach[12].

Matthias Claudius

---

19. Des Schäfers Sonntagslied

Das ist der Tag des Herrn!
Ich bin allein auf weiter Flur,
Noch eine Morgenglocke nur[1];
Nun Stille[2] nah und fern.

Anbetend knie' ich hier.
O süßes Graun, geheimes Wehn[3]!
Als[4] knieten Viele ungesehn
Und beteten mit mir.

---

[4] *Strung*, from aufreihen. [5] Weit und breit, *far and wide*. [6] *And cannot look enough*. [7] Unter'm or unter dem. [8] In der, *in my*. [9] Es gibt, *there is*; was Bess'res, *something better*; was is used in the sense of etwas. [10] *Its*, referring to die Welt. [11] Ich werf' mich . . . hin, *I throw myself down*. [12] *For it, after it*, sich sehnen, *to long for*.

19.

[1] *But one morning-bell more*. The prose order would be: Nur noch eine Morgenglocke. [2] Nun Stille, *then stillness*. [3] Wehn and Graun for Wehen

Der Himmel nah und fern,
Er ist so klar und feierlich,
So ganz, als wollt' er öffnen sich[5].
Das ist der Tag des Herrn.

Ludwig Uhland

---

20. Das Schloß Boncourt.

Ich träum' als Kind mich zurücke[2]
Und schüttle mein greises Haupt:
Wie sucht ihr mich heim[3], ihr Bilder,
Die lang' ich vergessen geglaubt[4]?

Hoch ragt[5] aus schatt'gen Gehegen
Ein schimmerndes Schloß hervor[5],
Ich kenne die Thürme, die Zinnen,
Die steinerne Brücke, das Thor.

Es schauen[6] vom Wappenschilde
Die Löwen so traulich mich an[6],
Ich grüße die alten Bekannten
Und eile den Burghof hinan[7].

---

and Grauen, see note 10 to § 6, infinitives used substantively: *Sweet dread, mysterious breathing.* [4] Als for als ob, *as if.* [5] So ganz, als wollt' er öffnen sich, *so wholly, as if it would open.*

20.

[1] The Château de Boncourt, in Champagne, was the old family residence of the poet's ancestors, where he was born in 1781. When the Revolution broke out, the castle was assailed and razed to the ground, and the impoverished family, which had ranked among the very first in France, was obliged to flee. Chamisso was brought to Germany at the age of nine, where he spent the greater part of his life, and attained to considerable eminence as a poet. No one, acquainted with the history of its author, can read this poem without being touched by the sweetness and beauty of its sentiments [2] *I dream myself back as a child*, i. e. *a dream wafts me back to my childhood.* [3] Heimsuchen, *to visit: how comes it* (wie) *that ye visit me?* [4] Supply habe: *which long ago I thought forgotten.* [5] Hervorragen, *to project, rise.* [6] Anschauen, *to look at;* es is not rendered. Die Löwen is the subject nomina

Dort liegt die Sphinx am Brunnen,
Dort grünt der Feigenbaum,
Dort hinter diesen Fenstern
Verträumt' ich den[8] ersten Traum.

Ich tret' in[9] die Burgkapelle
Und suche des Ahnherrn Grab;
Dort ist's, dort hängt vom Pfeiler
Das alte Gewaffen herab.

Noch lesen umflort die Augen
Die Züge der Inschrift nicht[10],
Wie hell[11] durch die bunten Scheiben
Das Licht darüber[13] auch[11] bricht[12].

So stehst du, o Schloß meiner Väter,
Mir treu und fest in dem[14] Sinn,
Und bist von der Erde verschwunden[15],
Der Pflug geht über dich hin.

Sei fruchtbar, o theurer Boden,
Ich segne dich mild und gerührt[16],
Und segn'[17] ihn zwiefach, wer immer
Den Pflug nun über dich führt[18].

Ich aber will auf mich raffen[19],
Mein Saitenspiel in der Hand,
Die Weiten der Erde[20] durchschweifen
Und singen von Land zu Land.

Adalbert von Chamisso

---

tive. 7 Den Burghof hinan, *up into the court-yard.* 8 *My.* 9 Ich tret' in, *I enter.* 10 The prose order of this sentence would be: Die umflorten Augen lesen noch nicht, &c., *my veiled eyes do not yet read (decipher) the traces of the inscription.* 11 Wie hell . . . auch, *however clear.* 12 Brechen, *to break.* 13 *Over it,* i. e. die Inschrift. 14 Mir in dem, *in my.* 15 Verschwinden, *to disappear, to vanish.* 16 Mild und gerührt, *kindly and (though) moved* 17 Supply ich: *I bless him doubly* (zwiefach). 18 Führen is properly *to lead,* here *to drive.* 19 Sich aufraffen, *to arise (quickly)*; the more usual order is: Ich will mich aufraffen. 20 Die Weiten der Erde, *the wide world over.*

21. Andenken.

Ich denke dein[1],
Wenn durch den Hain
Der Nachtigallen
Accorde schallen[2].
Wann denkst du mein?

Ich denke dein
Im Dämmerschein
Der Abendhelle[3]
Am Schattenquelle.
Wo denkst du mein?

Ich denke dein
Mit süßer Pein,
Mit bangem Sehnen[4]
Und heißen Thränen.
Wie denkst du mein?

O denke mein
Bis zum Verein[5]
Auf besserm Sterne!
In jeder Ferne[6]
Denk' ich nur dein.

Friedrich Matthisson.

21.

[1] *I think of thee;* dein is the ancient and poetical genitive of du, the usual form is deiner. So mein below is for meiner, *of me*, see Gr. p. 428, § 90, obs. I. [2] Der Nachtigallen Accorde schallen, *the nightingales warble their symphonies*, lit. *the accords of the nightingales resound.* [3] Im Dämmerschein der Abendhelle, *in the glimmerings of the evening twilight.* [4] *Longings*, an infinitive used substantively. [5] Bis zum Verein, *till our union.* [6] In jeder Ferne, *at every distance, however far removed.*

22. Mignon[1].

Kennst du das Land, wo die Citronen blühn[2],
Im dunkeln Laub die Goldorangen glühn[2],
Ein sanfter Wind vom blauen Himmel weht,
Die Myrthe still und hoch[3] der Lorbeer steht?
Kennst du es wohl[4]?
Dahin! Dahin!
Möcht'[5] ich mit dir, o mein Geliebter, ziehn[2].

Kennst du das Haus? Auf Säulen ruht sein Dach,
Es[6] glänzt der Saal, es[6] schimmert das Gemach,
Und Marmorbilder stehn und sehn mich an[7];
Was hat man dir, du armes Kind, gethan?
Kennst du es wohl[4]?
Dahin! Dahin!
Möcht'[5] ich mit dir, o mein Beschützer, ziehn.

22.

[1] MIGNON is one of the most interesting characters in Goethe's *Wilhelm Meister*. In her earliest childhood she was secretly carried off from her home in Italy by a company of strolling jugglers, and trained to perform feats on the rope, &c. *Meister*, who one day happened to witness the performances of this troop, during which the child was unmercifully abused, obtained possession of her, and became her protector. One morning he was surprised to find her before his door, singing this song to a cithern, which accidentally had fallen into her hands. "On finishing her song for the second time, she stood silent for a moment, looked keenly at Wilhelm, and asked him: 'Know'st thou the land?' 'It must be Italy,' said Wilhelm (the history of the child was as yet a mystery to him); 'where didst thou get the little song?' 'Italy!' said Mignon, with an earnest air; 'if thou go to Italy, take me along with thee, for I am too cold here.' 'Hast thou been there already, little dear?' said Wilhelm. But the child was silent, and nothing more could be got out of her."—*Meister's Lehrjahre*, book iii. chap. 1st. [2] For blühen, glühen, ziehen. So also in the second stanza stehn und sehn for stehen und sehen. As has already been remarked, such elisions of the e are very frequent, especially in poetry. [3] Still and hoch here adverbs; they may, however, better be rendered as adjectives: *where the modest (quiet) myrtle and the lofty laurel stands.* [4] The original signification of this word is *well*: it is, however, often employed to indicate *a supposition*, *a doubt*, or *a question*, and then it is usually rendered by *perhaps* or *I suppose*; but often the delicate shade of meaning which it imparts to a sentence cannot be translated very well, and it seems to be a mere expletive: *know'st thou it? tell!* [5] *I would (like)*, imperf. subj. of mögen

Kennst du den Berg und seinen Wolkensteg?
Das Maulthier sucht im Nebel seinen Weg;
In Höhlen wohnt der Drachen alte Brut[8];
Es[6] stürzt der Fels und über ihn die Fluth.
Kennst du es wohl[4]?
Dahin! Dahin!
Geht unser Weg! o Vater, laß uns ziehn!

Göthe.

---

23. Die Krone des Alters.

Wen[1] der Schöpfer ehret, warum sollen den[1] nicht auch die Menschen ehren? Auf des Verständigen und Tugendhaften Haupte[2] ist ein graues Haar eine schöne Krone.

Drei Greise feierten zusammen ihr Jubelfest und erzählten ihren Kindern, woher sie so alt geworden[3]. Der eine, ein Lehrer und Priester, sprach: „Nie kümmerte mich[4], wann ich zu lehren ausging[5], die Länge des Weges; nie schritt[6] ich anmaßend über die Häupter der Jugend hinweg[6], und hob[7] die Hände nie auf[7] zum Segnen, ohne daß ich wirklich segnete[8] und Gott lobte, darum bin ich so alt geworden."

Der andere, ein Kaufmann, sagte: „Nie habe ich mich mit meines Nächsten Schaden bereichert; nie ist[9] sein Fluch mit mir zu

---

[6] Es is not translated. [7] Und sehn mich an, *and look at me (as if to ask), what have they done to thee, poor child?* was hat man dir, du armes Kind, gethan? [8] The other order is: Die alte Brut der Drachen (Gr. p. 381, § 9), *the ancient brood (race) of dragons.*

23.

[1] Den is the antecedent of wen, *him whom.* The sentence is: *why should not men, too, honour him whom the Creator honours?* [2] Auf dem Haupte des Verständigen und Tugendhaften, *upon the head of the wise and virtuous.* [3] Supply waren, *had become.* [4] Nie kümmerte mich, *never did I mind.* [5] Ausgehen, *to go out.* [6] Hinwegschreiten, *to stride over, to trample upon;* anmaßend, *haughtily.* [7] Aufheben, *lift up;* zum Segnen, *to bless.* [8] Ohne daß ich wirklich segnete, lit. *without that I actually blessed,* i. e. *without actually blessing.* [9] Ist ... gegangen, *did ... go,* from gehen. In German, as in English, all transitive verbs have haben for their auxiliary, but of intransitive verbs some assume haben and others sein. Verbs which imply *motion* either in general or to some particular object, and such as denote a

Bette gegangen[9], und von meinem Vermögen gab[10] ich gern den Armen, darum hat mir Gott die Jahre geschenkt."

Der dritte, ein Richter des Volkes, sprach: „Nie nahm[11] ich Geschenke; nie bestand[12] ich starr auf meinem Sinne; im Schwersten[13] suchte ich mich jederzeit zuerst zu überwinden, darum hat mich Gott mit meinem Alter gesegnet." Da traten[14] ihre Söhne und Enkel zu ihnen heran[14], küßten ihre Hände und kränzten sie mit Blumen. Und die Väter segneten sie und sprachen: „Wie eure Jugend, sei auch euer Alter! Eure Kinder seien euch, was ihr uns seid[15]: auf unserm greisen Haar eine blühende Rosenkrone."

Das Alter ist eine schöne Krone; man findet sie aber nur[16] auf dem Wege der Mäßigkeit, der Gerechtigkeit und Weisheit.

Herder.

---

24. Sonne und Mond.

Vom Rathe des Ewigen ging[1] die schaffende Stimme aus[1]: „Zwei Lichter sollen am Firmamente glänzen, als Könige der Erde, Entscheider der rollenden Zeit[2]!"

Er sprach; es ward[3]. Aufging[4] die Sonne, das erste Licht. Wie[5] ein Bräutigam am Morgen aus seiner Kammer tritt — wie der Held sich freuet auf seiner Siegesbahn, so stand sie da, gekleidet in Gottes Glanz. Ein Kranz von allen Farben umfloß[6] ihr Haupt, die Erde jauchzete, ihr dufteten die Kräuter, die Blumen schmückten sich. —

Neidend[7] stand das andre Licht und sah, daß es die Herrliche nicht zu überglänzen vermochte[8]. „Was sollen," sprach sie mur-

---

transition from one state to another, assume sein. For a list of these verbs see Gr. p. 454, § 132. [10] Geben, *to give.* [11] Nehmen, *to take.* [12] Auf etwas bestehen, *to insist on a thing;* starr, *obstinately.* [13] *In the most difficult (cases).* [14] Traten . . . zu ihnen heran, *stepped up to them.* [15] *May your children be to you, what ye are to us.* [16] Man findet sie aber nur, *but it is only found.*

24.

[1] Ausgehen, *to proceed.* [2] Entscheider der rollenden Zeit, *adjusters, rulers of the rolling time.* [3] *It was done.* [4] *Up rose,* aufgehen. [5] *As;* aus seiner Kammer tritt, *goes forth from his chamber.* [6] Umfließen, *to flow around, encircle.* [7] *Envious.* [8] Daß es nicht . . . vermochte, *that she could not;* die

rend bei sich selbst, „zwei Fürsten auf einem Thron? Warum mußte ich[9] die Zweite und nicht die Erste sein?" — Und plötzlich schwand[10], von innerem Grame verjagt, ihr schönes Licht hinweg[10]. Hinweg von ihr floß es weit in die Luft und ward das Heer der Sterne. Wie eine Todte, bleich, stand Luna da, beschämt vor allen Himmlischen[11], und weinte: „Erbarme dich[12], Vater der Wesen, erbarme dich!"

Und Gottes Engel stand vor der Finstern da; er sprach zu ihr des heiligen Schicksals Wort: „Weil du das Licht der Sonne beneidet hast, Unglückliche, so[13] wirst du künftig nur von ihrem Lichte glänzen; und wann dort jene[14] Erde vor dich tritt, so stehest du[15] halb oder ganz verfinstert[16] da, wie jetzt. — Doch, Kind des Irrthums, weine nicht. Der Erbarmende[17] hat dir deinen Fehler verziehen[18] und ihn in Wohl verwandelt. „„Geh,"" sprach er, „„sprich[19] der Reuenden zu[19]. Auch sie in ihrem Glanze sei[20] Königinn. Die Thränen ihrer Reue werden ein Balsam sein, der alles Lechzende[21] erquickt, der das vom Sonnenstrahl Ermattete[22] mit neuer Kraft belebet.""

Getröstet wandte sich Luna; und siehe, da umfloß sie jener Glanz, in welchem sie jetzt noch glänzt. Sie trat ihn an[23], den stillen Gang, den sie jetzt noch geht, die Königinn der Nacht, die Führerinn der Sterne. Beweinend ihre Schuld, mitleidig jeder Thräne[24], sucht sie, wen sie erquicke; sie sucht, wen sie tröste.

Herder.

Herrliche zu überglänzen, *outshine, excel in splendour the glorious one.* [9] Mußte ich . . . sein, *was I doomed to be.* [10] Hinwegschwinden, *to vanish away.* [11] *Heavenly ones, heavenly host.* [12] *Have mercy.* [13] *Therefore* (so) *thou shalt in future* (künftig) *shine only by her light.* [14] Dort jene, *yonder.* [15] So stehest du . . . da, *then thou wilt stand.* [16] Halb oder ganz verfinstert, *half or entirely obscured.* [17] *The (all) merciful One.* [18] Verzeihen, *to pardon.* [19] Jemandem zusprechen, *to speak words of comfort to any one;* der Reuenden, *to the penitent one.* [20] Auch sie . . . sei, *let her, too, be.* [21] Alles Lechzende, *whatever is languishing.* [22] Das vom Sonnenstrahl Ermattete, lit. *that by the sun-ray exhausted,* i. e. *that which is exhausted by the heat of the sun.* This mode of construction is illustrated on page 303 Gr.; both Ermattete and Lechzende are participles used substantively. The verbs erquickt and belebet are better rendered by the future: *which will quicken, which will enliven.* [23] Sie trat ihn an (antreten), *she entered upon it, that quiet course of hers* (den stillen Gang). [24] Mitleidig jeder Thräne, *sympathizing with every tear.*

25. Myrtil,

eine Idylle.

Bei stillem Abend[1] hatte Myrtil noch den mondbeglänzter Sumpf besucht; die ruhige Gegend im Mondschein und das Lied der Nachtigall hatten[2] ihn in stillem Entzücken aufgehalten[2]. Aber jetzt kam er zurück[3] in die grüne Laube von Reben vor seiner einsamen Hütte und fand[4] seinen alten Vater, sanft schlummernd, im Mondenschein hingesunken[5], sein graues Haupt auf den einen Arm hingelehnt[6]. Da stellte er sich, die Arme in einander geschlungen[7], vor ihn hin. Lange stand er da; sein Blick ruhete unverwandt[8] auf dem Greise, nur blickte er zuweilen durch das glänzende Rebenlaub zum Himmel auf[9], und Freudenthränen flossen[10] dem Sohne von den Wangen.

„O du," sprach er jetzt, „du, den ich nächst den Göttern am meisten[11] ehre, Vater, wie sanft schlummerst du da! Wie lächelnd ist der Schlaf des Frommen! Gewiß ging[12] dein zitternder Fuß aus der Hütte hervor[12], in stillem Gebete den Abend zu feiern, und betend schliefest du ein[13]. Du hast auch für mich gebetet, Vater. Ach, wie glücklich bin ich! Die Götter erhören dein Gebet. Oder warum ruhet unsere Hütte so sicher in den von Früchten gebogenen Aesten[14]? Warum liegt der Segen auf unserer Heerde und auf den Früchten unseres Feldes? Oft[15],

---

25.

1 Bei stillem Abend, *on a calm evening.* 2 Hatten ihn aufgehalten, *had kept him (there absorbed) in quiet ecstasy* (in stillem Entzücken). 3 Zurückkommen, *to come back, to return.* 4 Finden, *to find.* 5 Im Mondschein hingesunken, *reposing in the moonlight;* hingesunken, perf. part. of hinsinken, lit. *to sink down.* 6 *His gray head* (sein graues Haupt) *leaning* (hingelehnt) *upon one arm* (auf den einen Arm); the construction is the *accusative absolute* explained in Gr p. 476, § 176. 7 Die Arme in einander geschlungen, *with folded arms,* the same construction; vor ihn hin, *before him.* 8 Ruhete unverwandt auf, *was fixed upon.* 9 Zum Himmel auf, *up towards heaven.* 10 Fließen, *to flow;* dem Sohne von den Wangen, *from the cheeks of the son.* 11 Am meisten, *the most,* adverbial superlative of viel, see Gr. p. 415, § 66 and § 68. 12 Ging .. hervor, *did go forth.* 13 Schliefest du ein, *thou didst fall asleep.* 14 In den Aesten, *amid the boughs;* von Früchten gebogen, *bent, weighed down by (their load of) fruit;* gebogen from biegen. On the order of these words see Gr. p. 303. 15 *Often when thou dost shed* (wenn du ... weinest) *tears of jo*

wann du bei meiner schwachen Sorge für die Ruhe deines matten Alters Freudenthränen weinest, wann du dann gen Himmel blickest und freudig mich segnest, ach, was empfinde ich dann, Vater! Ach, dann schwillt[16] mir die Brust und häufige Thränen entquillen meinen Augen. Da du[17] heute an meinem Arme aus der Hütte gingest, an der wärmenden Sonne dich zu erquicken, und die frohe Heerde um dich sahest und die Bäume voll Früchte und die fruchtbare Gegend umher, da sprachst du: „„Meine Haare sind unter Freuden grau geworden[18]. — Seid immer gesegnet, Gefilde! Nicht lange mehr[19] wird mein dunkler Blick euch durchirren; bald werde ich euch mit seligeren Gefilden vertauschen."" Ach, Vater, bester Freund, bald soll ich dich verlieren. — Trauriger Gedanke! Ach, dann, dann will ich einen Altar neben dein Grab pflanzen[20], und dann, so oft ein seliger Tag kommt, wo ich Nothleidenden[21] Gutes thun kann, dann will ich, Vater, Milch und Blumen auf dein Grab streuen."

Jetzt schwieg[22] er und sah mit thränenden[23] Augen auf den Greis. — „Wie er lächelnd da liegt und schlummert!" sprach er jetzt schluchzend. — „Es[24] sind einige seiner frommen Thaten im Traume vor seine Stirne getreten. Wie der Mondschein sein kahles Haupt bescheint und den glänzendweißen Bart! O, daß die kühlen Abendwinde dir nicht schaden[25] und der feuchte Thau!" — Jetzt küßte er ihm die Stirn, sanft ihn zu wecken, und führte ihn in die Hütte, damit er sanfter auf weichen Fellen schlummere[26].

Salomon Geßner.

(Freudenthränen) *at my feeble care* (bei meiner schwachen Sorge) *for the comfort* (*repose*) *of thy exhausted age* (für die Ruhe deines matten Alters). [16] Schwellen, *to swell;* mir die Brust, *my heart.* [17] Da du, *when thou.* [18] Sind . . . grau geworden, *have grown gray;* unter, *amid.* [19] Nicht lange mehr, *not much longer.* [20] Will ich . . . pflanzen, *will I raise,* lit. *plant.* [21] *To the poor, to those in distress,* dat. pl. [22] Schweigen, *to be silent.* [23] *Tearful* [24] *Some of his charitable acts* (seiner frommen Thaten) *have appeared to him,* or lit. *have stepped before his brow* (sind . . . vor seine Stirne getreten) *in a dream* (im Traume). [25] Dir nicht schaden, *may not injure thee.* [26] Damit er schlummere, *that he might sleep.*

26. Mein Vaterland[1].

Wo ist des Sängers Vaterland? —
Wo edler Geister Funken sprühten[2],
Wo Kränze für das Schöne[3] blühten,
Wo starke Herzen freudig glühten,
Für alles Heilige entbrannt[4].
Da war mein Vaterland!

Wie heißt des Sängers Vaterland[5]? —
Jetzt[6] über seiner Söhne Leichen,
Jetzt weint es unter fremden Streichen;
Sonst[7] hieß es nur das Land der Eichen,
Das freie Land, das deutsche Land.
So hieß mein Vaterland!

Was[8] weint des Sängers Vaterland?
Daß vor des Wüthrichs Ungewittern[9]
Die Fürsten seiner Völker zittern,
Daß ihre heil'gen[10] Worte splittern
Und daß sein Ruf kein Hören fand[11].
D'rum[12] weint mein Vaterland!

26.

[1] The author of this spirited poem could wield the sword and the lyre equally well. He took an active part in the wars against Napoleon, was once severely wounded, and finally, when yet a young man, lost his life in the cause of his fatherland. Many of his best lyrical productions are patriotic or martial, all of them breathing the same enthusiastic love for freedom and his country. [2] *Where the sparks of noble spirits flew.* [3] Für das Schöne, *for the beautiful*, an abstract substantive, see Gr. p. 417, § 70, 2d. [4] *Enkindled,* from entbrennen; für alles Heilige, *for all that is sacred* [5] *What calls the minstrel fatherland?* lit. *what is the minstrel's fatherland called?* [6] Supply weint from the next line: *It weeps now o'er its slaughtered sons* (über seiner Söhne Leichen), lit. *over the corpses of its sons.* [7] *Once;* hieß es nur, *(it was) only called;* hieß from heißen. [8] *Why.* [9] Vor des Wüthrichs Ungewittern, *before the tyrant's tempests.* [10] For heiligen: *that their sacred promises* (Worte) *are shivered,* i. e. *broken* (splittern). [11] Kein Hören

Wem ruft des Sängers Vaterland?
Es ruft nach[13] den verstummten Göttern;
Mit der Verzweiflung Donnerwettern[14]
Nach seiner Freiheit, seinen Rettern,
Nach der Vergeltung Rächerhand[15].
Dem ruft mein Vaterland!

Was will[16] des Sängers Vaterland?
Die Knechte will es niederschlagen,
Den Bluthund aus den[17] Grenzen jagen
Und frei die freien Söhne tragen,
Oder frei sie betten[18] unterm Sand.
Das will mein Vaterland!

Und hofft des Sängers Vaterland?
Es hofft auf die[19] gerechte Sache,
Hofft, daß sein treues Volk erwache,
Hofft auf des großen Gottes Rache,
Und hat den Rächer nicht verkannt[20].
D'rauf[21] hofft mein Vaterland!

Carl Theodor **Körner**.

---

27. Der Sänger[1].

„Was hör' ich draußen vor dem Thor,
Was auf der Brücke schallen?
Laß den Gesang vor unserm Ohr
Im Saale wiederhallen!"
Der König sprach's, der Page lief[2];
Der Knabe kam[3], der König rief:
„Laßt[4] mir herein[4] den Alten!"

---

fand, *no hearing found.* [12] For darum, *therefore.* [13] Es ruft nach, *it calls on,* or simply *it calls.* [14] The literal meaning of this line is: *with desperation's thunderstorms,* i. e. *in desperation's words of thunder.* [15] *On retribution's* (der Vergeltung) *vengeful hand* (Rächerhand). [16] *What would?* [17] Aus den, *from its.* [18] Oder frei sie betten, *or bed them free;* unterm Sand, *beneath the sand.* [19] *Its;* hofft auf in this line signifies *trusts in, relies upon,* and in the fourth line, *hopes for.* [20] Und hat . . . nicht verkannt (from verkennen), *and has not mistaken.* [21] For darauf, *for this,* or simply *this.*

„Gegrüßet seid mir[5], edle Herrn,
Gegrüßt ihr, schöne Damen!
Welch reicher Himmel! Stern bei Stern
Wer kennet ihre Namen?
Im Saal voll[6] Pracht und Herrlichkeit
Schließt, Augen, euch[7]; hier ist nicht Zeit,
Sich staunend zu ergötzen[8].“

Der Sänger drückt[9] die Augen ein[9]
Und schlug in vollen Tönen[10];
Die Ritter schauten muthig drein[11],
Und in den Schooß die Schönen.
Der König, dem das Lied gefiel[12],
Ließ[13], ihn zu ehren für das Spiel,
Eine goldne Kette reichen[13].

„Die goldne Kette gib[14] mir nicht,
Die Kette gib den Rittern,
Vor deren kühnem Angesicht[15]
Der Feinde Lanzen splittern;
Gib sie dem Kanzler, den du hast,
Und laß ihn noch die goldne Last
Zu andern Lasten tragen.

27.

1 This piece is likewise from Wilhelm Meister's Apprenticeship, book ii. chap. ii. 2 Laufen, *to hie, run.* 3 *The boy* (i. e. *the page*) *came* (*back to announce the singer*). The sentences in this ballad are very concise and elliptical. The poet gives us only the general outlines of the event, and leaves the rest to be supplied by the reader's own imagination. This boldness of transition from one thought to another, and brevity of expression, constitute the prominent characteristics of ballad-style generally. 4 Hereinlassen, *to let in, bring in;* den Alten, lit. *the old man, the gray-haired minstrel.* 5 Gegrüßet seid mir, *God bless you, hail!* 6 *Full of,* Gr. p. 418, § 73. 7 Schließt, Augen, euch, *be closed, mine eyes,* lit. *close yourselves.* 8 Sich staunend zu ergötzen, lit. *to amuse one's self wondering,* i. e. *to gaze in idle wonder.* 9 Eindrücken, *to shut,* 10 Lit. *and struck in full tones,* i. e. *struck* (*touched*) *his full-toned harp.* 11 *The knights sat with valour-kindled look* (schauten muthig drein); *and with downcast eye* (und in den Schooß, lit. *into the lap*) *the fair ones.* 12 Gefallen, *to please; who was pleased with the song.* 13 Ließ . . . reichen, *ordered to be reached, given.* 14 Geben, *to give.* 15 *Before whose bold*

Ich singe, wie der Vogel singt,
Der in den Zweigen wohnet;
Das Lied, das aus der Kehle dringt[16],
Ist Lohn, der reichlich lohnet.
Doch darf ich bitten[17], bitt ich eins:
Laßt mir den besten Becher Weins
In purem Golde reichen."

Er setzt' ihn an[18], er trank ihn aus[19];
„O Trank voll[6] süßer Labe!
O wohl[20] dem hochbeglückten Haus,
Wo das ist kleine Gabe!
Ergeht's[21] euch wohl, so denkt an mich,
Und danket Gott so warm, als ich
Für diesen Trunk euch danke."

Göthe.

---

countenance, warrior front, the enemies' lances shiver (der Feinde Lanzen splittern). [16] Das aus der Kehle dringt, *which flows* (lit. *presses*) *from my heart;* Kehle properly is *throat*, and fig. *voice;* here the English idiom requires *heart* or *breast*. [17] Darf ich bitten for wenn ich bitten darf, *if I may ask a favour.* [18] Ansetzen, *to put to one's lips;* ihn refers to Becher. [19] Austrinken, *to draw, drink all.* [20] *Happy.* [21] For wenn es euch wohl ergeht, *if you fare well, if all goes well;* so denkt an mich, *then think of me.*

Dritter Abschnitt.

1. Aschenputtel,

ein Märchen.

I.

Einem reichen Manne, dem wurde seine Frau krank[1], und als sie fühlte, daß ihr Ende herankam[2], rief sie ihr einziges Töchterlein zu sich ans Bett[3] und sprach: „Liebes Kind, bleib' fromm und gut, so wird dir der liebe Gott[4] immer beistehen, und ich will vom Himmel auf dich herabblicken und will um dich sein." Darauf that[5] sie die Augen zu[5] und verschied[6]. Das Mädchen ging jeden Tag hinaus zu dem Grabe der Mutter und weinete und blieb fromm und gut. Der Schnee aber deckte ein weißes Tüchlein auf das Grab, und als die Sonne es wieder herabgezogen[7] hatte, nahm sich der Mann eine andere Frau[8].

Die Mutter hatte zwei Töchter mit ins Haus gebracht[9], die schön und weiß von Angesicht waren, aber garstig und schwarz

---

1.

This and the following three Märchen (*tales, stories*) are here inserted for the purpose of familiarizing the student with the simple language of life. The Kinder= und Hausmärchen of the Brothers *Grimm*, from which they are selected, are traditionary tales (many of them evidently of a very ancient date) orally transmitted from generation to generation, and first collected and published in 1812–1814. Though the offspring of a capricious imagination, yet they possess all the beauty and freshness of life itself, and never fail to produce interest and delight. The editors (Wilhelm und Jakob Grimm) are two scholars, who, in a critical knowledge of the German language in all its modifications and dialects, and its relation to kindred languages, have not their equals.—To one who wishes to master conversational German, no book so simple in construction, so rich in idioms, and at the same time so amusing in its matter, could be recommended.

[1] *A rich man's wife was taken sick.* [2] *Was approaching.* [3] Zu sich ans Bett, *to her bedside.* [4] Der liebe Gott, simply: *God.* [5] Zuthun, *to close* [6] Verscheiden, *to expire.* [7] Herabziehen, *to take off.* [8] Nahm sich der Mann

von Herzen. Da ging[10] eine schlimme Zeit für das arme Stiefkind an[10]. „Was soll das Geschöpf in den Stuben," sprach sie, „wer Brod essen will, muß es verdienen; hinaus mit der Küchenmagd!" Sie nahmen[11] ihm seine schönen Kleider weg[11], zogen[12] ihm einen grauen alten Kittel an[12], lachten es dann aus[13] und führten es in die Küche. Da mußte es[14] so schwere Arbeit thun, früh vor Tag aufstehen, Wasser tragen, Feuer anmachen, kochen und waschen. Obendrein thaten ihm die Schwestern alles ersinnliche Herzeleid an[15], verspotteten es und schütteten ihm Erbsen und Linsen in die Asche, so daß es sitzen und sie wieder auslesen mußte. Abends[16], wenn es sich müde gearbeitet hatte, kam es in kein Bett, sondern mußte sich neben den Herd in die Asche legen. Und weil es darum[17] immer staubig und schmutzig aussah[18], nannten[19] sie es Aschenputtel.

Es trug sich zu[20], daß der Vater einmal in die Messe ziehen wollte, da fragte er die beiden Stieftöchter, was er ihnen mitbringen sollte? „Schöne Kleider," sagte die eine; „Perlen und Edelsteine," die zweite. „Aber du, Aschenputtel," sprach er, „was willst du haben?" — „Vater, das erste Reis, das euch auf eurem Heimweg an den Hut stößt[21], das brecht für mich ab." Er kaufte nun für die beiden Stiefschwestern schöne Kleider, Perlen und Edelsteine, und auf dem Rückweg, als er durch einen grünen Busch ritt, streifte ihn ein Haselreis und stieß[22] ihm den Hut ab[22]. Da brach[23] er das Reis ab[23] und nahm es mit. Als er nach Haus kam, gab er den Stieftöchtern, was sie sich gewünscht hatten, und dem Aschenputtel gab er das Reis von dem Haselbusch. Aschenputtel dankte ihm, ging zu seiner Mutter Grab und pflanzte das Reis darauf, und weinte so sehr, daß es von seinen

---

eine andre Frau, *the man took another woman to wife.* [9] Bringen, *to bring.* [10] Angehen, *to begin.* [11] Wegnehmen, *to take away.* [12] Anziehen, *to put on.* [13] Auslachen, *to laugh at, to jeer;* es, *her*, referring to Kind or Mädchen, which are neuter. [14] Da mußte es, *there she was obliged.* [15] Thaten ihm alles ersinnliche Herzeleid an, *would annoy her in all sorts of ways.* [16] *In the evening;* Gr. p. 405, § 51, 2d. [17] *On that account.* [18] Aussehen, *to look, appear.* [19] Nennen, *to call.* [20] Sich zutragen, *to happen, come to pass;* in die Messe, *to a fair.* [21] Das euch . . . an den Hut stößt, *which strikes you against the hat.* [22] Abstoßen, *to push off.* [23] Abbrechen, *to break off;* und nahm es

Thränen begossen[24] ward. Es wuchs[25] aber und ward ein schöner Baum. Aschenputtel ging alle Tage dreimal darunter[26], weinete und betete, und allemal kam ein Vöglein auf den Baum, und das Vöglein warf ihm herab, was es sich nur wünschte[27].

II.

Es begab sich aber[28], daß der König ein Fest anstellte, das drei Tage dauern sollte[29], und wozu alle schönen Jungfrauen im Lande eingeladen wurden, damit sich sein Sohn eine Braut aussuchen möchte. Die zwei Stiefschwestern, als sie hörten, daß sie auch dabei erscheinen sollten[30], waren guter Dinge, riefen Aschenputtel und sprachen: „Kämm' uns die[31] Haare, bürste uns die Schuhe, mache uns die Schnallen fest, wir gehen zur Hochzeit, auf des Königs Schloß." Aschenputtel gehorchte, weinte aber, weil es auch gern zum Tanz gegangen wär'[32], und bat[33] die Stiefmutter, sie möchte es ihm erlauben[34]. „Du Aschenputtel, voll Staub und Schmutz," sprach sie, „du willst zur Hochzeit und hast keine Kleider, willst tanzen und hast keine Schuhe!" Als es noch weiter bat[35], sprach sie endlich: „Da habe ich dir eine Schüssel Linsen[36] in die Asche geschüttet, und wenn du die Linsen in zwei Stunden wieder ausgelesen hast[37], so sollst du mitgehen." Das Mädchen ging durch die Hinterthüre nach dem Garten und rief: „Ihr zahmen Täubchen, ihr Turteltäubchen, all ihr Vöglein unter dem Himmel, kommt und helft mir lesen[43],

---

mit, *and took it with him.* [24] Begießen, *to irrigate, moisten.* [25] Wachsen, *to grow.* [26] Darunter, *under it.* [27] *And the little bird would throw her down* (warf ihm herab), *whatever she desired.* When the imperfect is employed to express *habitual* action, it may be rendered by *would* with the infinitive: *Aschenputtel would go under it thrice every day, would weep and pray, and every time a little bird would come, &c.* [28] *But it came to pass;* sich begeben is equivalent to sich zutragen, above. [29] Das ... dauern sollte, *which was to last.* [30] Daß sie auch erscheinen sollten, *that they also were expected to be present;* waren guter Dinge, *were of good cheer.* [31] *Our;* uns, *for us,* dat. [32] Weil es auch gern ... mitgegangen wäre, *because she too wanted to go with them to the dance.* [33] Bitten, *to ask, entreat.* [34] (*That*) *she would give her permission.* [35] Als es weiter bat, *when she continued to beg.* [36] Eine Schüssel Linsen, *a bowl of lentils,* see Gr. p. 147, r. I. [37] Und wenn du ... ausgelesen hast, *when you have picked out.* [38] *The good ones,* i. e. *seeds,* (*you must put*) *into the pot* (ins Töpfchen), *the poor ones you may eat* (ins Kröpfchen, lit. *into*

Die guten ins Töpfchen,
Die schlechten ins Kröpfchen[38]."

Da kamen zum Küchenfenster zwei weiße Täubchen herein[39], und danach die Turteltäubchen, und endlich schwirrten und schwärmten[40] alle Vöglein unter dem Himmel herein und ließen sich[41] um die Asche nieder[41]. Und die Täubchen nickten mit den Köpfchen und fingen an[42] pick, pick, pick, pick, und da fingen die übrigen auch an pick, pick, pick, pick, und lasen[43] alle guten Körnlein in die Schüssel. Wie eine Stunde herum war[44], waren sie schon fertig und flogen alle wieder hinaus[45]. Da brachte das Mädchen die Schüssel der Stiefmutter und freute sich und glaubte, es dürfte nun[46] mit auf die Hochzeit gehen. Aber sie sprach: „Nein, Aschenputtel, du kommst doch nicht mit[47], du hast keine Kleider und kannst nicht tanzen." Als es nun weinte, sprach sie: „Wenn du mir zwei Schüsseln voll Linsen in einer Stunde aus der Asche rein lesen kannst, so sollst du mitgehen," und dachte[48]: „Das kann es ja nimmermehr." Nun schüttete sie zwei Schüsseln Linsen in die Asche; aber das Mädchen ging durch die Hinterthüre nach dem Garten und rief: „Ihr zahmen Täubchen, ihr Turteltäubchen, all ihr Vöglein unter dem Himmel, kommt und helft mir lesen,

Die guten ins Töpfchen,
Die schlechten ins Kröpfchen[38]."

Da kamen zum Küchenfenster zwei weiße Täubchen herein, und danach die Turteltäubchen, und endlich schwirrten und schwärmten alle Vöglein unter dem Himmel herein und ließen sich um die Asche nieder. Und die Täubchen nickten mit ihren Köpfchen und fingen an pick, pick, pick, pick, und da fingen die übrigen auch

---

your little crop). [39] Da kamen zum Küchenfenster . . . herein, *then came in through the kitchen window*. [40] Schwirrten und schwärmten herein, *came chirping and swarming in*. [41] Sich niederlassen, lit. *to let one's self down*, here *to light*. [42] Anfangen, *to commence*. [43] Lesen, like the Latin *legere*, has two significations: *to read* and *to gather, pick out*—here the latter. [44] *When;* herum war, *was over, past*. [45] Hinausfliegen, *to fly out*. [46] Es dürfte nun, *that now she would get permission*. [47] Du kommst doch nicht mit, *you can't go with us* (mit) *after all*. [48] Denken, *to think;* das kann es ja nimmermehr, *she*

an pick, pick, pick, pick, und lasen alle guten Körner in die Schüsseln. Und eh' eine halbe Stunde vorüber war, waren sie schon fertig und flogen alle wieder hinaus. Da brachte das Mädchen der Stiefmutter die Schüsseln und freute sich und glaubte, nun dürfte es mit auf die Hochzeit gehen. Aber sie sprach: „Es hilft dir alles nichts[49], du kommst nicht mit, denn du hast keine Kleider und kannst nicht tanzen, und wir müßten uns deiner schämen." Darauf kehrte sie ihm den Rücken zu[50] und ging mit ihren zwei stolzen Töchtern fort.

III.

Als nun Niemand mehr daheim war, ging Aschenputtel zu seiner Mutter Grab unter den Haselbaum und rief:

„Bäumchen, rüttel' dich und schüttel' dich[51],
Wirf[52] Gold und Silber über mich."

Da warf[52] ihm der Vogel ein golden und silbern Kleid herunter und mit Seide und Silber ausgestickte Pantoffeln. Da zog[12] es das Kleid an[12] und ging zur Hochzeit. Seine Schwestern aber und die Stiefmutter kannten[53] es nicht und meinten, es müßte eine fremde Königstochter sein, so schön sah[18] es in dem goldenen Kleide aus[18]. An Aschenputtel dachten sie gar nicht[54] und glaubten, es läge daheim im Schmutz. Der Königssohn kam[55] ihm entgegen[55], nahm es bei der Hand und tanzte mit ihm. Er wollte auch mit sonst Niemand[56] tanzen, so daß er ihm die Hand nicht los ließ, und wenn ein Anderer kam, es aufzufordern, sprach er: „Es ist meine Tänzerinn."

Es tanzte, bis es Abend war, da wollte es nach Hause gehen. Der Königssohn aber sprach: „Ich gehe mit und begleite dich," denn er wollte sehen, wem das schöne Mädchen angehörte. Sie entwischte ihm aber und sprang[57] in das Taubenhaus. Nun

---

certainly never can do that. [49] Lit. *nothing will be of any help to you*, i. e. *all your efforts are to no purpose.* [50] Darauf kehrte sie ihm den Rücken zu, *thereupon she turned her back upon her.* [51] Rüttel' dich und schüttel' dich, *shake thee and quake.* [52] Wirf, *pour, throw*, from werfen. [53] Kennen, *to know.* [54] *Of Aschenputtel they did not think at all* (gar nicht); es läge, (*that*) *she was lying*, from liegen. [55] Entgegenkommen, *to go to meet;* nahm es, *took her.* [56] Sonst Niemand, *nobody else;* so daß, &c., *so that he would not let loose her*

wartete der Königssohn, bis der Vater kam, und sagte ihm, das fremde Mädchen wäre in das Taubenhaus gesprungen[57]. Da dachte er: „Sollte[58] es Aschenputtel sein?“ und sie mußten ihm Axt und Hacken bringen, damit er das Taubenhaus entzwei schlagen konnte; aber es war Niemand darin. Und als sie ins Haus kamen, lag Aschenputtel in seinen schmutzigen Kleidern in der Asche, und ein trübes Oellämpchen brannte im Schornstein; denn Aschenputtel war geschwind aus dem Taubenhaus hinten herab gesprungen und war zu dem Haselbäumchen gelaufen, da hatte es die schönen Kleider ausgethan[59] und aufs Grab gelegt, und der Vogel hatte sie wieder weggenommen[60], und dann hatte es sich in seinem grauen Kittelchen in die Küche zur Asche gesetzt.

Am andern Tag, als das Fest von Neuem anhub[61] und die Eltern und Stiefschwestern wieder fort waren[62], ging Aschenputtel zu dem Haselbaum und sprach:

„Bäumchen, rüttel' dich und schüttel' dich,
Wirf Gold und Silber über mich.“

Da warf der Vogel ein noch stolzeres[63] Kleid herab als am vorigen Tage. Und als es mit diesem Kleide auf der Hochzeit erschien[64], erstaunte Jedermann über seine Schönheit. Der Königssohn aber hatte gewartet, bis es kam, nahm es gleich bei der Hand und tanzte nur allein[65] mit ihm. Wenn die Andern kamen und es aufforderten, sprach er: „Das ist meine Tänzerinn.“ Als es nun Abend war, wollte es fort[66], und der Königssohn ging mit und wollte sehen, in welches Haus es ging; aber es sprang ihm fort[67] und in den Garten hinter dem Haus. Darin stand ein schöner großer Baum, an dem die herrlichsten Birnen hingen[68]; auf den stieg[69] es behend wie ein Eichhörnchen, und der Königssohn wußte nicht, wo es hingekommen war[70]. Er wartete

---

hand (die Hand nicht los ließ). 57 Springen, *to spring, to jump.* 58 *Could it be* (es sein). 59 Hatte es ausgethan (austhun), *she had taken off.* 60 Wegnehmen, *to take away.* 61 Anheben, *to commence.* 62 Wieder fort waren, *were away again.* 63 Ein noch viel stolzeres, *a much more gorgeous.* 64 Erscheinen, *to appear.* 65 Nur allein, *only.* 66 Wollte es fort, *she wanted to leave;* ging mit, *went with* (*her*). 67 Sprang ihm fort, *ran away from him.* 68 Hangen, *to hang.* 69 Steigen, *to ascend; this she ascended.* 70 *Knew not, what had*

aber, bis der Vater kam, und sprach zu ihm: „Das fremde Mädchen ist mir entwischt, und ich glaube, es ist auf den Baum gesprungen." Der Vater dachte: „Sollte es Aschenputtel sein?" und ließ sich die Axt holen[71] und hieb[72] den Baum um[72]; aber es war Niemand darauf. Und als sie in die Küche kamen, lag Aschenputtel da in der Asche, wie sonst auch[73], denn es war auf der andern Seite vom Baum herab gesprungen, hatte dem Vogel auf dem Haselbäumchen die schönen Kleider wieder gebracht und sein graues Kittelchen wieder angezogen.[12]

Am dritten Tag, als die Eltern und Schwestern fort waren, ging Aschenputtel wieder zu seiner Mutter Grab und sprach zu dem Bäumchen:

„Bäumchen, rüttel' dich und schüttel' dich,
Wirf Gold und Silber über mich."

Nun warf ihm der Vogel ein Kleid herab, das war so prächtig, wie es noch keins gehabt hatte[74], und die Pantoffeln waren ganz golden. Als es zur Hochzeit kam, wußten sie Alle nicht, was sie vor Verwunderung sagen sollten. Der Königssohn tanzte ganz allein[75] mit ihm, und wenn es Einer[76] aufforderte, sprach er: „Dies ist meine Tänzerinn."

IV.

Als es nun Abend war, wollte Aschenputtel fort, und der Königssohn wollte es begleiten, aber es entsprang ihm[77] so geschwind, daß er nicht folgen konnte. Der Königssohn hatte aber eine List gebraucht, und hatte die ganze Treppe mit Pech bestreichen lassen[78], da war der linke Pantoffel des Mädchens hängen geblieben[79]. Der Königssohn nahm ihn weg, und er war klein und zierlich und ganz golden. Am nächsten Morgen ging er damit zu dem

---

become of her (wo es hingekommen war). [71] Ließ sich die Axt holen, *sent for his axe.* [72] Umhauen, *to cut down.* [73] Wie sonst auch, *as at other times;* denn es war . . . herabgesprungen, *for she had jumped down.* [74] Das war so prächtig, &c., lit. *which was so elegant, as she had had none as yet,* i. e. *far more elegant than any she had received before.* [75] Ganz allein, *exclusively* [76] Is here an indefinite pronoun, equivalent to Jemand above, *any one.* [77] Entsprang ihm, *escaped from him.* [78] Hatte die ganze Treppe, &c., *had got the entire staircase sovred* (bestreichen) *with pitch.* [79] War . . . hängen geblieben, *had adhered,*

Mann und sagte, keine Andere sollte seine Gemahlinn werden, als die[80], an deren Fuß dieser goldene Schuh paßte. Da freuten sich die beiden Schwestern, denn sie hatten schöne Füße. Die älteste ging mit dem Schuh in die Kammer und wollte ihn anprobiren, und die Mutter stand dabei. Aber sie konnte mit der großen Zehe nicht hineinkommen[81], und der Schuh war ihr zu klein; da reichte ihr die Mutter ein Messer und sprach: „Hau'[82] die Zehe ab; wenn du Königinn bist, so brauchst du nicht mehr zu Fuß zu gehen." Das Mädchen hieb[82] die Zehe ab, zwängte den Fuß in den Schuh, verbiß[83] den Schmerz und ging heraus zum Königssohn. Der nahm sie als seine Braut aufs Pferd und ritt mit ihr fort. Sie mußten aber an dem Grabe vorbei[84], da saßen die zwei Täubchen auf dem Haselbäumchen und riefen:

„Rucke di guck, rucke di guck[85],
Blut ist im Schuck (Schuh);
Der Schuck ist zu klein,
Die rechte Braut sitzt noch daheim."

Da blickte er auf ihren Fuß und sah, wie das Blut herausquoll[86]. Er wendete sein Pferd um, brachte die falsche Braut wieder nach Haus, und sagte, das wäre nicht die rechte, die andere sollte den Schuh anziehen. Da ging diese in die Kammer und kam mit den Zehen glücklich in den Schuh[87], aber die Ferse war zu groß. Da reichte ihr die Mutter ein Messer und sprach: „Hau' ein Stück von der Ferse ab; wenn du Königinn bist, brauchst du nicht mehr zu Fuß zu gehen." Das Mädchen hieb ein Stück von der Ferse ab, zwängte den Fuß in den Schuh, verbiß den Schmerz und ging heraus zum Königssohn. Der nahm sie als seine Braut aufs Pferd und ritt mit ihr fort. Als sie an dem Haselbäumchen vorbei kamen[88], saßen die zwei Täubchen darauf und riefen:

---

stuck fast. [80] Als die, *save she, whose foot* (an deren Fuß) *the golden slipper would fit* (paßte). [81] *Get in.* [82] Abhauen, *to cut off.* [83] Verbeißen, here *to suppress.* [84] Sie mußten vorbei, *they were obliged to pass by;* saßen, *were sitting*, from sitzen. [85] These are not properly German words, they seem simply to represent the cooing of the doves. [86] Herausquellen, *to stream out.* [87] Kam mit den Zehen, &c., *succeeded in getting her toes into the shoe*

„Rucke di guck, rucke di guck[85],
Blut ist im Schuck;
Der Schuck ist zu klein,
Die rechte Braut sitzt noch daheim."

Er blickte nieder auf ihren Fuß und sah, wie das Blut aus dem Schuh quoll[86] und an den weißen Strümpfen ganz roth heraufgestiegen war[89]. Da wendete er sein Pferd und brachte die falsche Braut wieder nach Haus. „Das ist auch nicht die rechte," sprach er, „habt ihr keine andere Tochter?" — „Nein," sagte der Mann, „nur von meiner verstorbenen Frau ist noch ein kleines verbuttetes Aschenputtel da, das kann unmöglich die Braut sein." Der Königssohn sprach, er sollt' es herauf schicken; die Mutter aber antwortete: „Ach nein, das[90] ist viel zu schmutzig, das darf sich nicht sehen lassen." Er wollte es aber durchaus haben[91] und Aschenputtel mußte gerufen werden. Da wusch es sich[92] erst Hände und Angesicht rein, ging dann hin und neigte sich vor dem Königssohn, der ihm den goldenen Schuh reichte. Nun streifte[93] es den schweren Schuh vom linken Fuß ab[93], setzte diesen auf den goldenen Pantoffel und drückte ein wenig[94], so stand es darin, als wär' er ihm angegossen[95]. Und als es sich aufbückte[96], erkannte er es im Angesicht und sprach: „Das ist die rechte Braut!" Die Stiefmutter und die beiden Schwestern erschracken[97] und wurden bleich vor Aerger; er aber nahm Aschenputtel aufs Pferd und ritt mit ihm fort. Als sie an dem Haselbäumchen vorbei kamen, riefen die zwei weißen Täubchen:

„Rucke di guck, rucke di guck,
Kein Blut ist im Schuck;
Der Schuck ist nicht zu klein,
Die rechte Braut, die führt er heim."

Und als sie das gerufen hatten[98], kamen sie beide herab geflogen

---

88 *Were passing by.* 89 *And how it had stained* (lit. *had risen on*) *her white stockings all red* (ganz roth). 90 *She;* das darf sich nicht sehen lassen, *she must not show herself, is not fit to be seen.* 91 Er wollte es aber durchaus haben, *but he insisted on it.* 92 Da wusch (waschen) es sich 2c., *then she washed her face, &c.;* ging hin, *went in.* 93 Abstreifen, *to slip off.* 94 Drückte ein wenig, *gave it a gentle twitch.* 95 Als wär' er ihm angegossen, *as if it had grown to her foot.* 96 Als es sich aufbückte, *when she raised her head again.* 97 Erschrecken *to be confounded, frightened.* 98 Lit. *and when they had called this*, i. e

und setzten sich dem Aschenputtel auf die Schultern, eine rechts, die andere links[99], und blieben da sitzen.

Als die Hochzeit mit dem Königssohn sollte gehalten werden[100] kamen die falschen Schwestern, wollten sich einschmeicheln und Theil an seinem Glück nehmen[101]. Als die Brautleute nun zur Kirche gingen, war die älteste zur rechten, die jüngste zur linken Seite; da pickten die Tauben einer jeden das eine Auge aus; hernach, als sie heraus gingen, war die älteste zur linken und die jüngste zur rechten, da pickten die Tauben einer jeden das andere Auge aus, und waren sie also für ihre Bosheit und Falschheit mit Blindheit auf ihr Lebtag[102] gestraft.

Gebrüder Grimm.

---

2. Dornröschen,

ein Märchen.

I.

Vor Zeiten war ein König und eine Königinn, die sprachen jeden Tag: „Ach, wenn wir doch ein Kind hätten[1]!" und kriegten immer keins[2]. Da trug sich zu[3], als die Königinn einmal im Bade saß[4], daß ein Frosch aus dem Wasser ans Land kroch[5] und zu ihr sprach: „Dein Wunsch wird erfüllt werden, und du wirst eine Tochter zur Welt bringen[6]." Was der Frosch vorausgesagt hatte, das geschah[7], und die Königinn gebar[8] ein Mädchen, das war so schön, daß der König vor Freuden sich nicht zu lassen wußte[9] und ein großes Fest anstellte. Er ladete[10] nicht blos seine Ver-

---

and having thus hailed them, they both came flying down (herab geflogen, from fliegen). The perf. part. is here used in the sense of the present, Gr. p 475, § 173. [99] *One to the right and the other on the left, and kept sitting there* (blieben da sitzen). [100] Sollte gehalten werden, *was to take place.* [101] *And to share, participate in* (Theil nehmen an) *her prosperity.* [102] Auf ihr Lebtag, *for life.*

2.

[1] Ach, wenn wir doch . . . hätten, *would that we had.* [2] Und kriegten immer keins, *and still they never got one.* Kriegen is rather a low word for erhalten or bekommen. [3] See page 67, note 20. [4] *Was sitting,* from sitzen. [5] Kriechen, *to creep.* [6] Zur Welt bringen, *give birth to.* [7] *That (really) took place.* [8] Gebären, *to bring forth.* [9] *That the king hardly knew how to restrain his*

wandten, Freunde und Bekannten, sondern auch die weisen Frauen dazu ein[10], damit sie dem Kinde hold und gewogen würden. Es waren ihrer dreizehn[11] in seinem Reiche; weil er aber nur zwölf goldene Teller hatte, von welchen sie essen sollten, konnte er eine nicht einladen. Die geladen waren[12], kamen, und als das Fest vorbei war, beschenkten sie das Kind mit ihren Wundergaben; die eine mit Tugend, die andere mit Schönheit, die dritte mit Reichthum, und so mit allem, was Herrliches auf der Welt ist. Als elf ihre Wünsche eben gethan hatten[13], kam die dreizehnte herein, die nicht eingeladen war und sich dafür rächen wollte[14]. Sie rief: „Die Königstochter soll sich in ihrem fünfzehnten Jahre an einer Spindel stechen und todt hinfallen.“ Da trat die zwölfte hervor[15], die noch einen Wunsch übrig hatte[16]. Zwar konnte sie den bösen Ausspruch nicht aufheben[17], aber sie konnte ihn doch mildern, und sprach: „Es soll aber kein Tod sein, sondern ein hundertjähriger tiefer Schlaf, in welchen die Königstochter fällt.“

Der König, der sein liebes Kind vor dem Ausspruche bewahren wollte[18], ließ den Befehl ausgehen[19], daß alle Spindeln im Königreiche sollten abgeschafft werden. An dem Mädchen aber wurden die Gaben der weisen Frauen sämmtlich erfüllt, denn es war so schön, sittsam, freundlich und verständig, daß es Jedermann, der es ansah, lieb haben mußte. Es geschah[20], daß an dem Tage, wo es gerade fünfzehn Jahr alt ward, der König und die Königinn nicht zu Haus waren, und das Fräulein ganz allein im Schloß zurückblieb[21]. Da ging es aller Orten herum[22], besah[23] Stuben und Kammern, wie es Lust hatte, und kam endlich auch an einen

---

great joy. 10 Einladen, *to invite;* dazu, *to it.* 11 Ihrer dreizehn, *thirteen of them;* Gr. p. 39. 12 *Those who had been invited, &c.*; vorbei war, *was over.* 13 *When ten had just expressed their wishes.* 14 Und sich dafür rächen wollte, *and who wished to revenge herself for it.* 15 Hervortreten, *to step forward.* 16 *Who had one more* (noch einen) *wish left* (übrig hatte). 17 *'Tis true* (zwar), *she could not reverse the unlucky sentence* (bösen Ausspruch), *but still she could* (aber sie konnte doch) *mitigate it* (ihn mildern). 18 Jemanden vor etwas bewahren, *to protect some one against anything.* 19 Ließ ausgehen, *published, issued.* 20 Geschehen, *to happen.* 21 Zurückbleiben, *to remain, stay.* 22 *Then she went about in every place.* Aller Orten is the genitive of place spoken of in Gr p.

alten Thurm. Es stieg[24] eine enge Treppe hinauf und gelangte zu einer kleinen Thüre. In dem Schloß[25] steckte ein verrosteter Schlüssel, und als es umdrehte, sprang[26] die Thür auf, und saß da in einem kleinen Stübchen eine alte Frau und spann[27] emsig ihren Flachs. „Ei du altes Mütterchen," sprach die Königstochter, „was machst du da?" — „Ich spinne," sagte die Alte und nickte mit dem Kopfe. „Wie das Ding so lustig herumspringt[28]!" sprach das Mädchen, nahm die Spindel und wollte auch spinnen. Kaum hatte sie aber die Spindel angerührt, so ging der Zauber spruch in Erfüllung[29] und sie stach sich damit[30].

II.

In dem Augenblicke aber, wo sie den Stich empfand[31], fiel[32] sie auch nieder in einen tiefen Schlaf. Und der König und die Königinn, die eben zurückgekommen waren, fingen an[33], mit dem ganzen Hofstaat einzuschlafen. Da schliefen[34] auch die Pferde im Stalle ein[34], die Hunde im Hofe, die Tauben auf dem Dache, die Fliegen an der Wand, ja das Feuer, das auf dem Herde flackerte, ward still und schlief ein[34], und der Braten hörte auf zu brutzeln[35], und der Koch, der den Küchenjungen[36], weil er etwas vergossen hatte, in den Haaren ziehen wollte, ließ ihn los[37] und schlief, und alles, was lebendigen Odem hatte, ward still und schlief.

Rings um das Schloß aber begann eine Dornenhecke zu wachsen, die jedes Jahr höher ward und endlich das ganze Schloß umzog[38]

405, § 51, 2d. [23] Besehen, *to examine, to take a look at.* [24] Hinaufsteigen, *to ascend* [25] The word Schloß signifies both *castle* and *lock*, here the latter. [26] Aufspringen, *to open suddenly;* und saß da, *and there was sitting.* [27] Spinnen, *to spin.* [28] *How this thing (of a spindle) runs around so merrily* (so lustig). [29] In Erfüllung gehen, *to be accomplished, fulfilled;* Zauberspruch here *magic word, prediction.* [30] Stach sich damit, *hurt herself with it*, lit. *punctured herself.* [31] Empfinden, *to feel.* [32] Fallen, *to fall.* [33] Anfangen, *to commence.* [34] Einschlafen, *to fall asleep.* [35] Hörte auf, *stopped*, from aufhören; zu brutzeln, *frying.* This is a vulgar form for prasseln. [36] Der den Küchenjungen ... wollte, *who was about pulling the hair of the kitchen-boy, because he had spilled something* (weil er etwas vergossen hatte); vergossen perf. part. of vergießen, *to spill.* [37] Loslassen, *to let loose, go.* [38] Umziehen, *to surround: and at last surrounded the whole castle;* und darüber hinaus wuchs (from wachsen), [illegible]

und drüber hinaus wuchs, daß gar nichts mehr[39], selbst nicht die Fahnen auf den Dächern, zu sehen war. Es ging[40] aber die Sage in dem Land von dem schönen, schlafenden Dornröschen, denn so wurde die Königstochter genannt[41], also daß von Zeit zu Zeit Königssöhne kamen und durch die Hecke in das Schloß dringen wollten. Es war ihnen aber nicht möglich, denn die Dornen hielten sich zusammen[42], als hätten sie Hände, und die Jünglinge blieben darin hängen[43] und starben[44] jämmerlich. Nach langen[45], langen Jahren kam wieder ein Königssohn durch das Land, dem erzählte ein alter Mann von der Dornenhecke, es solle[46] ein Schloß dahinter stehen, in welchem eine wunderschöne Königstochter, Dornröschen genannt, schlafe, und mit ihm schlafe der ganze Hofstaat. Er erzählte auch, daß er von seinem Großvater gehört[47], wie viele Königssöhne gekommen[48], um durch die Dornenhecke zu dringen, aber darin hängen geblieben und eines traurigen Todes gestorben[44] wären. Da sprach der Jüngling: „Das soll mich nicht abschrecken, ich will hindurch und das schöne Dornröschen sehen." Der Alte mochte ihm abrathen, wie[49] er wollte, er hörte gar nicht darauf.

III.

Nun waren aber gerade an dem Tag, wo der Königssohn kam, die hundert Jahre verflossen[50]. Und als er sich der Dornenhecke näherte, waren es lauter[51] große schöne Blumen; die thaten sich von selbst auseinander[52], daß er unbeschädigt hindurch ging, und hinter ihm thaten[53] sie sich wieder als Hecke zusammen[53]. Er kam ins Schloß, da lagen im Hofe die Pferde und scheckigen Jagdhunde

---

grew over it. [39] Daß gar nichts mehr . . . zu sehen war, *that nothing more was to be seen at all, not even* (selbst nicht). [40] Is here *went about, spread.* [41] Nennen, *to call.* [42] Zusammenhalten, *to hold or cling together;* als hätten sie, *as if they had.* [43] Blieben darin hängen, *were caught by them, adhered fast to them.* [44] Sterben, *to die.* [45] *Long*, i. e. *many.* [46] (*That*) *a castle was said* (solle) *to stand behind it* (dahinter stehen). The subjunctive is here used in indirect narration after erzählen, see p. 27, note 12, and Gr. p. 295. [47] Supply habe, *that he had heard, &c.* [48] Supply wären, *had come* [49] *As much as;* er hörte gar nicht darauf, *he did not listen to it.* [50] *Had expired, elapsed*, from verfließen. [51] Waren es lauter, *they were all.* [52] Die thaten sich von selbst aus einander, *which opened of their own accord.* [53] Zu-

und schliefen; auf dem Dache saßen die Tauben und hatten das Köpfchen unter die Flügel gesteckt. Und als er ins Haus kam, schliefen die Fliegen an der Wand, der Koch in der Küche hielt[54] noch die Hand, als wollte er den Jungen anpacken, und die Magd saß vor dem schwarzen Huhn, das sollte gerupft werden[55]. Da ging er weiter und sah den ganzen Hofstaat da liegen und schlafen[56], und oben bei dem Throne lag der König und die Königinn. Da ging er noch weiter, und alles war so still, daß Einer seinen Athem hören konnte, und endlich kam er zu dem Thurm und öffnete die Thür zu der kleinen Stube, in welcher Dornröschen schlief. Da lag es und war so schön, daß er die Augen nicht abwenden konnte, und er bückte sich und gab ihm einen Kuß. Wie er es mit dem Kuß berührt hatte[57], schlug Dornröschen die Augen auf[58], erwachte und blickte ihn freundlich an. Da gingen sie zusammen herab, und der König erwachte und die Königinn und der ganze Hofstaat, und sahen einander mit großen Augen an[59]. Und die Pferde im Hof standen auf[60] und rüttelten sich; die Jagdhunde sprangen und wedelten; die Tauben auf dem Dach zogen[61] das Köpfchen unterm Flügel hervor, sahen umher und flogen ins Feld; die Fliegen an den Wänden krochen weiter; das Feuer in der Küche erhob sich[62], flackerte und kochte das Essen, und der Braten brutzelte fort[63], und der Koch gab dem Jungen eine Ohrfeige, daß er schrie[64], und die Magd rupfte das Huhn fertig[65]. Und da wurde die Hochzeit des Königssohnes mit dem Dornröschen in aller Pracht gefeiert, und sie lebten vergnügt bis an ihr Ende.

Gebrüder Grimm.

---

sammenthun, *to close.* [54] Halten, *to hold;* als wollte er, *as if he was about.* [55] *Which was to be* (sollte) *plucked* (gerupft werden). [56] *Lying there and sleeping;* page 44, note 4. [57] *As soon as* (wie) *he had touched her* (*lips*) *with the kiss.* [58] Aufschlagen, *to open.* [59] Sahen einander mit großen Augen an, lit. *looked at each other with large eyes,* i. e. *with astonishment.* [60] Aufstehen, *to rise.* [61] *Drew forth* (zogen hervor) *their little heads from under their wings.* [62] Sich erheben, *to rise up, start.* [63] Brutzelte fort, *went on frying.* [64] Schreien, *to cry* [65] Rupfte fertig, *finished dressing.*

Deutsches Lesebuch.

3. Die drei Spinnerinnen,

ein Mä[illegible]chen.

I.

Es war ein Mädchen faul und wollte nicht spinnen, und die Mutter mochte sagen, was sie wollte[1], sie konnte es nicht dazu bringen. Endlich übernahm[2] die Mutter einmal Zorn und Ungeduld, daß sie ihm Schläge gab, worüber[3] es laut zu weinen anfing. Nun fuhr[5] gerade[4] die Königinn vorbei[5], und als sie das Weinen hörte, ließ sie anhalten[6], trat in das Haus und fragte die Mutter, warum sie ihre Tochter schlüge[7], daß man draußen auf der Straße das Weinen hörte. Da schämte sich die Frau[8], daß sie die Faulheit ihrer Tochter offenbaren sollte, und sprach: „Ich kann sie nicht vom Spinnen abbringen, sie will immer und ewig[9] spinnen, und ich bin arm und kann den Flachs nicht herbeischaffen." Da antwortete die Königinn: „Ich höre nichts lieber als Spinnen[10], und bin nicht vergnügter, als wenn die Räder schnurren; gebt[11] mir eure Tochter mit ins Schloß, ich habe Flachs genug; da soll sie[12] spinnen, so viel sie Lust hat." Die Mutter war's von Herzen gern zufrieden[13], und die Königinn nahm das Mädchen mit. Als sie ins Schloß gekommen waren, führte sie es hinauf zu drei Kammern, die lagen[14] von unten bis oben voll vom schönsten Flachs. „Nun spinn mir diesen Flachs," sprach sie, „und wenn du es fertig bringst[15], so sollst du meinen ältesten

---

[1] *And her mother might say what she pleased, she could not persuade her to it* (es nicht dazu bringen). [2] Uebernehmen, *to overcome* Zorn und Ungeduld are the subject nom.: *Anger and impatience overcame the mother.* [3] Worüber es anfing, *at which she began.* [4] Nun gerade, *just at that time.* [5] Vorbeifahren, *to ride by in a carriage.* [6] Ließ sie anhalten, *she stopped her carriage;* trat in, *entered.* [7] Warum sie . . . schlüge, *why she was beating*, imperf. subj. of schlagen. The verb is in the subj., because the words of the queen are given *indirectly*, see note 12 to page 27. [8] Da schämte sich die Frau, *but the woman was ashamed.* [9] Immer und ewig, *for ever and ever.* [10] Lit. *I hear nothing rather*, i. e. *there is nothing that I so much delight in;* vergnügter, *in better spirits.* [11] *Permit me to take your daughter along* (gebt mir . . . mit) *to my* (ins) *castle.* [12] *She may.* [13] War's zufrieden, *acquiesced, consented;* von Herzen gern, *with all her heart, very willingly.* [14] *Which were* (die lagen, lit. *which lay*) *full of the finest flax, from top to bottom* (von

Sohn zum Gemahl haben; bist du gleich arm[16], so acht' ich nicht darauf, dein unverdrossener Fleiß ist Ausstattung genug." Das Mädchen erschrack innerlich[17], denn es konnte den Flachs nicht spinnen, und wär's dreihundert Jahr alt geworden[18] und hätte jeden Tag vom Morgen bis Abend dabei gesessen. Als es nun allein war, fing es an zu weinen und saß so drei Tage, ohne die Hand zu rühren[19]. Am dritten Tage kam die Königinn, und als sie sah, daß noch nichts gesponnen war, verwunderte sie sich; aber das Mädchen entschuldigte sich damit[20], daß es[21] vor großer Betrübniß über die Entfernung aus seiner Mutter Hause noch nicht hätte anfangen können[21]. Das ließ sich die Königinn gefallen[22], sagte aber beim Weggehen: „Morgen mußt du mir anfangen zu arbeiten."

II.

Als nun das Mädchen wieder allein war, wußte es sich nicht mehr zu rathen und zu helfen[23] und trat in seiner Betrübniß vor das Fenster. Da sah es drei Weiber herkommen[24], davon[25] hatte die erste einen breiten Platschfuß, die zweite hatte eine so große Unterlippe, daß sie über das Kinn herunterhing[26], und die dritte hatte einen breiten Daumen. Als sie vor dem Fenster waren, blieben[27] sie stehen, schauten hinauf und fragten das Mädchen, was ihm fehlte[28]. Es klagte ihnen seine Noth; da trugen[29] sie

---

unten bis oben). [15] Fertig bringen, *to get done.* [16] For obgleich du arm bist, *though you are poor;* so acht' ich nicht darauf, *I won't mind that.* [17] Erschrack innerlich, *was inwardly frightened.* [18] The sentence is conditional, *if* being understood: und wenn es auch dreihundert Jahr alt geworden wäre, *not even if she had lived to the age of three hundred, &c.*; hätte ... dabei gesessen, *had sat at it.* [19] Ohne zu rühren, *without stirring.* [20] Entschuldigte sich damit, *made this excuse, excused herself by saying.* [21] Daß es ... noch nicht hätte anfangen können, *that she had not yet been able to commence her work;* vor großer Betrübniß über, *in consequence of her great sadness occasioned by* (lit over) *her removal* (die Entfernung). [22] Sich etwas gefallen lassen, *to acquiesce in, put up with any thing;* beim Weggehen, *on going away.* [23] Wußte es sich nicht mehr zu rathen und zu helfen, lit. *she knew not (how) to advise or help herself*, i. e. *was at a perfect loss what to do.* [24] *Coming towards her;* see p. 44, note 4. [25] Familiar, for von denen, *of whom.* The pronominal adverbs are commonly applied only to *things* and not to persons, see Gr. p. 420, obs. 6. [26] Herunterhangen, *to hang down.* [27] Stehen bleiben, *to stand still.*

ihm ihre Hülfe an[29] und sprachen: „Willst du uns zur Hochzeit einladen, dich unser nicht schämen[30], und uns deine Basen heißen, auch[31] an deinen Tisch setzen, so wollen wir dir den Flachs wegspinnen und das in kurzer Zeit." — „Von Herzen gern[32]," antwortete es, „kommt nur herein und fangt gleich die Arbeit an." Da ließ es die drei seltsamen Weiber herein und machte in der ersten Kammer eine Lücke, wo sie sich hinein setzten und ihr Spinnen anhuben[33]. Die Eine zog[34] den Faden und trat[35] das Rad; die Andere netzte den Faden; die Dritte drehte ihn und schlug[36] mit dem Finger auf den Tisch, und so oft sie schlug, fiel[37] eine Zahl Garn zur Erde und war aufs Feinste gesponnen. Vor der Königinn verbarg[38] sie die drei Spinnerinnen, und zeigte ihr, so oft sie kam, die Menge des gesponnenen Garns, daß[39] diese des Lobes kein Ende fand. Als die erste Kammer leer war, ging's[40] an die zweite, endlich an die dritte, und die war auch bald zu Ende[41]. Nun nahmen die drei Weiber Abschied und sagten zum Mädchen: „Vergiß[42] nicht, was du uns versprochen[43] hast — es wird dein Glück sein."

Als das Mädchen der Königinn die leeren Kammern und den großen Haufen Garn zeigte, richtete[44] sie die Hochzeit aus[44], und der Bräutigam freute sich, daß er eine so geschickte und fleißige Frau bekäme[45], und lobte sie gar sehr.

„Ich habe drei Basen," sprach das Mädchen; „da sie mir viel Gutes gethan haben, so wollte[46] ich sie nicht gern in meinem Glück vergessen; erlaubt mir doch[47], daß ich sie zu der Hochzeit einlade, und daß sie mit an dem Tisch sitzen." Die Königinn und der Bräutigam gaben gern ihre Einwilligung. Als nun das

---

[28] *What ailed her.* [29] Antragen, *to offer.* [30] Dich unser nicht schämen, *and not be ashamed of us.* [31] Supply uns: uns auch setzen an, &c., *and moreover give us a seat at.* [32] *With all my heart.* [33] Anheben, the same as anfangen, *to begin.* [34] Ziehen, *to draw* (*out*). [35] Treten, here *to tread.* [36] Schlagen, *to beat.* [37] Fallen, *to fall*; Zahl Garn, *a skein of yarn;* aufs Feinste, *in the finest manner.* [38] Verbergen, *to conceal.* [39] *So that the latter* (diese), i. e. *the queen.* [40] Lit. *it went*, i. e. *they went*, see Gr. p. 440, § 114, 2d. [41] Zu Ende, *finished.* [42] Vergessen, *to forget.* [43] Versprechen, *to promise.* [44] Ausrichten, *to make preparations for.* [45] *Was going to have, would get.* [46] So wollte ich sie nicht gern vergessen, *I would not willingly forget, would not like to forget.*

Fest anhub[33], traten die drei Jungfern in wunderlicher Tracht herein, und die Braut sprach: „Seid willkommen, liebe Basen." — „Ach," sagte der Bräutigam, „wie kommst du zu der garstigen Freundschaft[48]?" Darauf ging er zu der Einen mit dem breiten Platschfuß und fragte: „Wovon habt ihr[49] einen solchen breiten Fuß?" — „Vom Treten," antwortete sie, „vom Treten." Da ging er zur Zweiten und sprach: „Wovon habt ihr nur[50] die herunterhängende Lippe?" — „Vom Lecken," antwortete sie, „vom Lecken." Da fragte er die Dritte: „Wovon habt ihr den breiten Daumen?" — „Vom Fadendrehen," antwortete sie, „vom Fadendrehen." Da erschrack der Königssohn und sprach: „So soll[51] mir nun und nimmermehr meine schöne Braut ein Spinnrad anrühren!" Damit war sie das böse Flachsspinnen los[52].

Gebrüder Grimm.

---

4. Hans im Glück.

I.

Hans hatte sieben Jahre bei seinem Herrn gedient[1], da sprach er zu ihm: „Herr, meine Zeit ist herum[2], nun wollte ich gern wieder heim zu meiner Mutter, gebt mir meinen Lohn." Der Herr antwortete: „Du hast mir treu und ehrlich gedient; wie der Dienst, so soll der Lohn sein," und gab ihm ein Stück Gold, das so groß als Hansens[3] Kopf war Hans zog sein Tüchlein aus der Tasche, wickelte den Klumpen hinein, setzte ihn auf die Schulter und machte sich auf den Weg[4] nach Haus. Wie er so dahin ging[5] und immer ein Bein vor das andere setzte, kam ihm ein

---

[47] *Pray give me permission.* [48] Wie kommst du zu der garstigen Freundschaft, *how did you come by such ugly relatives.* [49] Wovon habt ihr, *how* (lit. *wherefrom*) *did you get.* [50] Nur may here be rendered, *do tell me.* [51] So soll mir nun, &c., *then my fair bride shall never again touch a wheel.* [52] Damit war sie das böse Flachsspinnen los, *thus she got rid of the disagreeable* (*task of*) *spinning flax.*

4.

[1] Bei Jemandem dienen, *to be in the service of any one.* [2] Meine Zeit ist herum, *my time is out;* wollte ich gern wieder heim supply gehen, *and I would like to go home again.* [3] On the declension of proper names see Gr. p. 401 § 44. [4] Machte sich auf den Weg, *started;* nach Haus, *for home* [5] Wie er so

Reiter in die Augen[6], der frisch und fröhlich auf einem muntern Pferde vorbei trabte. „Ach,“ sprach Hans ganz laut, „was das Reiten ein schönes Ding ist[7]! Da sitzt Einer wie auf einem Stuhle, stößt sich an keinen Stein, spart die Schuhe und kommt fort[8], er weiß nicht wie.“ Der Reiter, der das gehört hatte, rief ihm zu: „Ei, Hans, warum laufst du auch zu Fuß?“ — „Ach, da muß ich den Klumpen heimtragen; es ist zwar Gold, aber ich kann den Kopf dabei[9] nicht gerad' halten, auch drückt mir's auf[10] die Schulter.“ — „Weißt du was[11],“ sagte der Reiter und hielt an[12], „wir wollen tauschen, ich gebe dir mein Pferd und du gibst mir deinen Klumpen.“ — „Von Herzen gern,“ sprach Hans, „aber ich sage euch, ihr müßt euch damit schleppen[13].“ Der Reiter stieg ab[14], nahm das Gold und half dem Hans hinauf[15], gab ihm die Zügel fest in die Hände und sprach: „Wenn's nun recht geschwind soll[16] gehen, so mußt du mit der Zunge schnalzen und hopp, hopp! rufen.“

I.

Hans war seelenfroh, als er auf dem Pferde saß und so frank und frei dahin ritt[17]. Ueber ein Weilchen fiel's ihm ein[18], es sollte noch schneller gehen, und er fing an, mit der Zunge zu schnalzen und hopp, hopp! zu rufen. Das Pferd setzte sich in[19] starken Trab, und ehe sich Hans versah[20], war er abgeworfen[21] und lag in einem Graben, der die Aecker von der Landstraße trennte. Das Pferd wäre auch durchgegangen[22], wenn es nicht ein Bauer aufgehalten hätte, der des Weges kam und eine Kuh vor sich hertrieb[23]. Hans suchte seine Glieder zusammen[24] und machte

---

dahin ging, *as he was thus walking along;* und immer ein Bein vor das andere setzte, *step by step* (freely). [6] Kam ihm in die Augen, lit. *came into his vision* (*eyes*), i. e. *he descried.* [7] *What a glorious thing this riding on horseback is.* [8] *Gets on.* [9] *At it*, i. e. *whilst carrying it.* [10] Drückt mir's auf, *weighs heavy upon.* [11] Weißt du was? *I'll tell you what.* [12] Anhalten, *to stop.* [13] Lit. *you must drag yourself with it*, i. e. *you will have hard work to get along with it.* [14] Absteigen, *to dismount.* [15] *Assisted* (half) *John in getting in* (hinauf). [16] Wenn's . . . gehen soll, *if it is to go*, i. e. *if you wish to go.* [17] Und so frank und frei dahin ritt, *and was riding along so lightly and smoothly;* über, *after* [18] Fiel's ihm ein, *it occurred to him.* [19] Setzte sich in, lit. *set itself into*, i. e *began;* stark, *smart.* [20] *And before John was aware of it*, sich's versah. [21] Abwerfen, *to throw off.* [22] Durchgehen, *to run away* [23] Treiben, *to drive*

sich wieder auf die Beine[25]. Er war aber verdrießlich und sprach zu dem Bauer: „Es ist ein schlechter Spaß, das Reiten, zumal[26] wenn man auf so eine Mähre geräth wie diese, die stößt und einen herabwirft, daß man den Hals brechen kann; ich setze mich nun und nimmermehr wieder auf[27]. Da lob' ich mir[28] eure Kuh, da kann Einer[29] mit Gemächlichkeit hinter her gehen, und hat obendrein seine Milch, Butter und Käse jeden Tag gewiß. Was gäb' ich d'rum[30], wenn ich so eine Kuh hätte!" — „Nun," sprach der Bauer, „geschieht euch so ein großer Gefallen[31], so will ich euch wohl die Kuh für das Pferd vertauschen." — Hans willigte[32] mit tausend Freuden ein; der Bauer schwang sich[33] aufs Pferd und ritt eilig davon[34].

Hans trieb seine Kuh ruhig vor sich her und bedachte den glücklichen Handel. „Hab' ich nur[35] ein Stück Brod, und daran[36] wird mir's doch nicht fehlen, so kann ich, so oft mir's beliebt[37], Butter und Käse dazu essen; hab' ich Durst, so melk' ich meine Kuh und trinke Milch. Herz, was verlangst du mehr?" Als er zu einem Wirthshaus kam, machte er Halt, aß[38] in der großen Freude alles, was er bei sich hatte, sein Mittags- und Abendbrod rein auf[38] und ließ sich[39] für seine letzten Paar Heller ein halbes Glas Bier einschenken[39]. Dann trieb er seine Kuh weiter, immer nach[40] dem Dorfe seiner Mutter zu. Die Hitze wurde aber drückender, je näher der Mittag kam, und Hans befand sich[41] in einer Heide, die wohl noch eine Stunde dauerte[42]. Da ward es ihm[43] ganz heiß, so daß ihm vor Durst die Zunge am Gaumen

---

vor sich her, *before him.* [24] *Picked himself up again,* lit. *picked up his limbs* [25] Sich auf die Beine machen, *to get up, rise.* [26] *Especially if one gets on such a mare* (wenn man auf so eine Mähre geräth); die stößt, *that trots so hard.* [27] *I positively will not* (nun und nimmermehr) *get on again* (setze mich wieder auf). [28] *I praise,* i. e. *I would much rather have.* [29] *There one can walk along behind at his leisure* (mit Gemächlichkeit). [30] *What would n't I give for it* (d'rum). [31] *If that would be doing you* (geschieht euch) *so great a favour* (Gefallen). [32] Einwilligen, *to consent.* [33] Sich schwingen, *to vault, leap upon.* [34] *Away* [35] Hab' ich nur, for wenn ich nur habe, *if I but have.* [36] *And I shall certainly not want that* (daran wird's mir nicht fehlen), *I hope* (doch). [37] So oft mir's beliebt, *as often as I please.* [38] Aufessen, *to eat up.* [39] Ließ sich . . . einschenken, *ordered,* lit. *had poured out for himself.* [40] Nach . . . zu, *towards* [41] *Was, found himself.* [42] *Which might extend perhaps a league further*

klebte[44]. Dem Ding ist zu helfen[45], dachte Hans, jetzt will ich meine Kuh melken und mich an der Milch laben. Er band[46] sie an einen dürren Baum und stellte seine Ledermütze unter; aber so sehr er sich auch abmühte[47], es kam kein Tropfen Milch zum Vorschein[48]. Weil er sich aber ungeschickt dabei anstellte[49], so gab ihm das ungeduldige Thier endlich mit einem der Hinterfüße[50] einen solchen Schlag vor den Kopf, daß er zu Boden taumelte und eine Zeitlang sich gar nicht besinnen konnte[51], wo er war.

III.

Glücklicherweise kam gerade ein Metzger des Weges, der auf einem Schubkarren ein junges Schwein liegen hatte[52]. „Was sind das für Streiche[53]!“ rief er und half[54] dem guten Hans auf. Hans erzählte, was vorgefallen war. Der Metzger reichte ihm seine Flasche und sprach: „Da trinkt einmal und erholt euch; die Kuh will wohl keine Milch geben[55], das ist ein altes Thier, das höchstens noch zum Ziehen taugt oder zum Schlachten.“ — „Ei, ei,“ sprach Hans und strich[56] sich die Haare über den Kopf, „wer hätte das gedacht! es ist freilich gut[57], wenn man so ein Thier ins Haus abschlachten kann, was gibt's für Fleisch! aber ich mache[58] mir aus dem Kuhfleisch nicht viel, es ist mir nicht saftig genug. Ja, wer so ein junges Schwein hätte[59]! Das schmeckt anders, dabei noch[60] die Würste.“ — „Hört, Hans,“ sprach der Metzger, „euch zu Liebe[61] will ich tauschen und will euch das Schwein für die Kuh lassen.“ — „Gott lohn' euch

---

(noch eine Stunde). [43] *Then he felt.* [44] Am Gaumen klebte, *adhered to the roof of his mouth.* [45] Ist zu helfen, *is to be helped, can be remedied.* [46] Binden, *to fasten.* [47] Wie sehr er auch, *however much;* er sich abmühte, *he exerted himself.* [48] Kam zum Vorschein, *made its appearance.* [49] *But because he managed the affair* (sich dabei anstellte) *rather awkwardly* (ungeschickt). [50] The gen. pl.: *with one of her hind feet;* vor den Kopf, *on his head.* [51] Sich gar nicht besinnen können, lit. *could not at all recollect*, i. e. *had not the least consciousness.* [52] Liegen hatte, *had lying.* [53] *What sort of tricks are these.* On the sing. das see Gr. p. 434, obs. 2. [54] Aufhelfen, *to help up.* [55] *Your cow is not likely to be disposed to give any milk.* [56] Streichen, *to smooth, to brush.* [57] *A good thing;* wenn man so ein Thier ins Haus abschlachten kann, *if one can kill such an animal for domestic use* (ins Haus), *what a quantity of meat one gets* (was gibt's für Fleisch)! [58] Ich mache mir nicht viel aus, *I am not very fond of.* [59] Wer ... hätte, *lucky were he who had*, or: *if I had.* [60] Da-

eure Freundschaft," sprach Hans, übergab ihm die Kuh und ließ sich[62] das Schweinchen vom Karren losmachen und den Strick, woran es gebunden war, in die Hand geben.

Hans zog weiter[63] und überdachte, wie ihm doch alles nach Wunsch ginge; begegnete[64] ihm ja eine Verdrießlichkeit, so wurde sie doch gleich wieder gut gemacht. Es gesellte sich darnach ein Bursch zu ihm, der trug[65] eine schöne weiße Gans unter dem Arm. Sie boten einander die Zeit[66], und Hans fing an, ihm von seinem Glück zu erzählen, und wie er immer so vortheilhaft getauscht hätte. Der Bursch sagte, daß er die Gans zu einem Kindtaufschmaus bringe[67]. „Hebt einmal," fuhr er fort, „wie sie schwer ist; sie ist aber auch acht Wochen lang genudelt worden. Wer in den Braten beißt, muß sich das Fett von beiden Seiten abwischen." — „Ja," sprach Hans und wog[68] sie mit der einen Hand, „die hat ihr Gewicht[69], aber mein Schwein ist auch keine Sau[70]." Indessen sah sich[71] der Bursch nach allen Seiten ganz bedenklich um[71], schüttelte auch wohl mit dem Kopf. „Hört," fing er darauf[72] an, „mit eurem Schwein mag's nicht ganz richtig sein[73]. In dem Dorfe, durch das ich gekommen bin, ist eben dem Schulzen eins aus dem Stalle gestohlen worden[74]. Ich fürchte, ihr habt's da in der Hand; es wäre ein schlimmer Handel, wenn sie euch damit fänden; das Geringste ist[75], daß ihr ins finstere Loch gesteckt werdet." Dem guten Hans ward bang[76]. „Ach Gott," sprach er, „helft mir aus der Noth, ihr wißt hier herum bessern Bescheid[77], nehmt mein Schwein da und laßt

---

bei noch, *to say nothing of*. [61] Euch zu Liebe, *to oblige you*. [62] Ließ sich losmachen, *had untied, bade him untie*. [63] Zog (ziehen) weiter, *went on*. [64] This sentence is conditional, wenn being understood; the ja has here the force of a causal conjunction (*for*), serving to introduce the sentence as the *reason* of the preceding one: *for, even if he sometimes met with any trouble, it was always immediately made smooth again* (sogleich wieder gut gemacht). [65] Tragen, *to carry*. [66] Die Zeit bieten, *to bid good morning* (or whatever the time of the day may be). [67] Daß er ... bringe, *that he was carrying*. [68] Wiegen, *to weigh*. [69] *She has her weight*, i. e. *she is pretty heavy*. [70] Ist auch keine Sau, *is no hog either*. The term Sau is much lower than Schwein. [71] Sich umsehen, *to look about*. [72] *Thereupon, then*. [73] *There may be something wrong about, &c*. [74] Ist eben eins gestohlen worden, *there has just been one stolen from the sty of the magistrate* (dem Schulzen aus dem Stalle). [75] *The least* (i. e. *punishment*) *will be imprisonment* (daß ihr ins finstre Loch gesteckt werdet, lit. *that you will be put into the dark hole*). [76] *Good John became alarmed*. [77] Ihr

mir eure Gans." — „Ich muß schon etwas aufs Spiel setzen[78]," antwortete der Bursche, „aber ich will doch nicht Schuld sein[79], daß ihr ins Unglück gerathet." Er nahm also das Seil in die Hand und trieb[80] das Schwein schnell auf einem Seitenweg fort[80]; der gute Hans aber ging[82] seiner Sorgen entledigt[81] mit der Gans unter dem Arme seiner Heimath zu[82]. „Wenn ich's recht überlege," sprach er mit sich selbst, „habe ich noch Vortheil bei dem Tausch[83]; erstlich den guten Braten, hernach die Menge von Fett, die heraustraufeln wird, das gibt Gänsefettbrod auf ein Vierteljahr, und endlich die schönen weißen Federn, die laß[84] ich mir in mein Kopfkissen stopfen[84], und darauf will ich wohl ungewiegt einschlafen. Was[85] wird meine Mutter eine Freude haben!"

IV.

Als er durch das letzte Dorf gekommen war, stand da ein Scheerenschleifer mit seinem Karren und sang[86] zu seiner schnurrenden Arbeit:

„Ich schleife die Scheere und drehe geschwind,
Und hänge mein Mäntelchen nach dem Wind[87]!"

Hans blieb stehen und sah ihm zu; endlich redete[88] er ihn an und sprach: „Euch geht's wohl[89], weil ihr so lustig bei eurem Schleifen seid." — „Ja," antwortete der Scheerenschleifer, „das Handwerk hat einen güldenen Boden. Ein rechter[90] Schleifer ist ein Mann, der, so oft er in die Tasche greift[91], auch Geld darin findet. Aber wo habt ihr die schöne Gans gekauft?" — „Die hab' ich nicht gekauft, sondern für mein Schwein einge-

---

wißt bessern Bescheid, *you are better informed (than I am)*; hier herum, *in these parts.* [78] Aufs Spiel setzen, *to risk*; schon, *undoubtedly.* [79] Nicht Schuld sein, daß &c., *will not be the cause of your getting into trouble*, lit. *that you get into trouble* (ins Unglück gerathet). [80] Forttreiben, *to drive on* or *away.* [81] Seiner Sorgen entledigt, *exempt from care.* [82] Ging ... zu, *went on towards.* [83] Bei dem Tausch, *in this bargain.* [84] *These I'll have put into my pillow, I'll get my pillow stuffed with them.* [85] For was für: *what a joy* (eine Freude)! [86] Singen, *to sing.* [87] Lit. *and hang my (little) cloak to suit the wind*, i. e. *and set up my sail to every wind*, a proverb. [88] Anreden, *to accost, address any one.* [89] *Matters must go pretty well with you, since you are so merry* (so lustig seid) *at your grinding* (bei eurem Schleifen). [90] In the sense

tauscht." — „Und das Schwein?" — „Das hab' ich für eine Kuh gekriegt." — „Und die Kuh?" — „Die hab' ich für ein Pferd bekommen." — „Und das Pferd?" — „Dafür hab' ich einen Klumpen Gold, so groß als mein Kopf, gegeben." — „Und das Gold?" — „Ei, das war mein Lohn für sieben Jahre Dienst." — „Ihr habt euch jederzeit zu helfen gewußt," sprach der Schleifer, „könnt ihr's[92] nun dahin bringen, daß ihr das Geld in der Tasche springen hört, wenn ihr aufsteht, so habt ihr euer Glück gemacht." — „Wie soll ich das anfangen?" sprach Hans. — „Ihr müßt ein Schleifer werden wie ich; dazu gehört eigentlich nichts als ein Wetzstein, das Andere findet sich schon von selbst[93]. Da hab' ich einen, der ist schon ein wenig schadhaft, dafür[94] sollt ihr mir aber auch weiter nichts als eure Gans geben; wollt ihr das?" — „Wie könnt ihr noch fragen," antwortete Hans, „ich werde ja zum[95] glücklichsten Menschen auf Erden; habe ich[96] Geld, so oft ich in die Tasche greife, was brauche ich da zu sorgen?" — und reichte ihm die Gans hin. „Nun," sprach der Schleifer und hob[97] einen gewöhnlichen schweren Feldstein, der neben ihm lag, auf[97], „da habt ihr noch einen tüchtigen Stein dazu[98], auf dem sich's gut schlagen läßt[99] und ihr eure alten Nägel gerade klopfen könnt[100]. Nehmt ihn und hebt ihn ordentlich auf."

Hans lud den Stein auf[101] und ging mit vergnügtem Herzen weiter, seine Augen leuchteten vor Freude und er sprach für sich: „Ich muß in einer Glückshaut geboren sein[102]; alles, was ich wünsche, trifft[103] mir ein wie ein Sonntagskind." Indessen, weil er seit Tagesanbruch auf den Beinen gewesen war[104], begann er müde zu werden; auch plagte ihn der Hunger, da[105] er

---

of *good* here. 91 *Puts his hand into his pocket* (in die Tasche greift). 92 Suppl / if: *if you now can succeed so far* (es dahin bringen) *as* (*to be able*) *to hear the money jingle in your pocket* (daß ihr das Geld in der Tasche springen hört). 93 Das Andere findet sich schon von selbst, *the rest is easily learned, comes as a matter of course.* 94 *For which, however* (aber), *you shall give me* (sollt ihr mir geben) *nothing more* (auch weiter nichts). 95 Ich werde ja zum, *for I become.* 96 Supply *if.* 97 Aufheben, *to pick up.* 98 *Into the bargain.* 99 *It will be good to hammer on.* 100 Gerade klopfen könnt, *can straighten*; nehmt hin, *take it*; aufheben, *to preserve.* 101 Lud auf (aufladen), *charged himself with, took up.* 102 *I must have been born under lucky stars*, lit. *in a lucky skin.* 103 Eintreffen, *to be fulfilled, realized.* 104 Auf den Beinen gewesen war, *had*

allen Vorrath auf einmal in der Freude über die verhandelte Kuh aufgezehrt hatte. Er konnte endlich nur mit Mühe weiter gehen und mußte jeden Augenblick Halt machen; dabei[106] drückten ihn die Steine ganz erbärmlich. Da konnte er sich des Gedankens nicht erwehren[107], wie gut es wäre, wenn er sie gerade jetzt[108] nicht zu tragen brauchte. Wie eine Schnecke kam er zu einem Feldbrunnen geschlichen[109], da wollte er ruhen und sich mit einem frischen Trunk laben; damit er aber die Steine im Niedersetzen[110] nicht beschädigte, legte er sie bedächtig neben sich an den Rand des Brunnens. Darauf drehte er sich und wollte sich zum Trinken bücken; da versah er's[111], stieß[112] ein klein wenig an, und beide Steine plumpten hinab. Hans sprang vor Freuden auf, kniete dann nieder und dankte Gott mit Thränen in den Augen, daß er ihm auch diese Gnade erwiesen[113] und auf eine so gute Art von den Steinen befreit, das sei das Einzige[114], was ihm noch zu seinem Glück gefehlt habe. „So glücklich wie ich," rief er aus, „gibt es keinen Menschen unter der Sonne." Mit leichtem Herzen und frei von aller Last sprang er nun, bis er daheim bei seiner Mutter war.

Gebrüder Grimm.

---

5. Gastfreundschaft.

Erzählung.

Als ich eines Tages am Ufer des Inn durch das Engadinthal[1] wanderte und von der Nacht überrascht wurde, kehrte[2] ich in dem Hause eines Bauern ein, das in kleiner Entfernung vom Ufer des Flusses im Schutze eines Felsens lag, von beiden Seiten durch

---

been on his feet. [105] Da er . . . aufgezehrt hatte, *since he had consumed.* [106] *Moreover, besides.* [107] Sich des Gedankens nicht erwehren, *not resist the thought.* [108] Gerade jetzt, *just now;* sie refers to die Steine. [109] Kam er geschlichen, lit. *he came sneaking*, i. e. *he jogged slowly.* [110] Im Niedersetzen, *whilst putting them down.* [111] Da versah er's, lit. *then he missed it*, may be rendered simply, *inadvertently.* [112] Anstoßen, *to stumble against;* ein klein wenig, *very slightly.* [113] Daß er ihm erwiesen (habe), *that he had showed him, for having shown him;* und befreit, *and for having delivered him;* auf eine so gute Art, *so happily.* [114] Das sei das Einzige, (*stating*) *that this was the only thing which had been wanting to him* (das ihm noch gefehlt habe); zu seinem Glück *to (complete) his happiness.*

uralte Nußbäume beschattet, die rund um[3] bis an die Zweige hinauf mit üppigem Epheu umsponnen waren. Vor dem Hause breitete sich[4] der reinliche Hofraum aus, in dessen Hintergrunde eine dichte Laube von Weinreben beinahe die ganze Vorderwand des einstöckigen Hauses einnahm[5]. Hier saß der Eigenthümer des Hauses auf der hölzernen Bank, der Hofhund zu seinen Füßen[6], ein spinnendes Mädchen zu seiner Seite[6], in einiger Entfernung ein Knabe, der an einem Netze strickte.

Als ich zur Hofthür eintrat[7], erhob sich der Hund, sah mit vorgestrecktem Kopf nach mir aus[8] und bellte einige Mal, aber so leise, daß man wohl sah, er wolle nur[9] das herkömmliche Zeichen geben, wie seine Pflicht war. Auch mir war das ein gutes Zeichen, und ich dachte augenblicklich an das Wort eines alten Dichters, daß man beim Eintritt in ein Haus[10] gleich aus der Weise des Hundes die Aufnahme schätzen könne. Auch dieses Mal täuschte das Anzeichen nicht. Ich wurde auf das Freundlichste[11] begrüßt, in das Haus geführt, mit Speis' und Trank reichlich bewirthet und endlich in ein Bett gebracht[12], hoch wie ein Berg und geräumig genug, um noch drei Andere, wär' es nöthig gewesen[13], aufzunehmen. Da war es mir fürwahr[14], als wär' ich in die Zeit entrückt, wo die Hausväter an der Straße saßen, und wenn ein Wanderer vorüberzog[15], oft wetteifernd mit einander ihn unter ihr Dach einluden[16] und an ihrem Herde bewirtheten, ohne auch nur zu fragen[17], wo er herkäme, was er für Geschäfte treibe und wie lange er zu weilen gedenke.

5.

[1] This is one of the most beautiful valleys of Switzerland, watered by the Inn. [2] Kehrte ich in . . . ein, *I stopped at.* [3] *Which all around* (rund um) *up to the very branches* (bis an die Zweige hinauf) *were enveloped* (umsponnen waren) *with a luxurious growth of ivy.* [4] Sich ausbreiten, *to extend.* [5] Einnehmen, *to occupy.* [6] On this nominative absolute compare Gr. p. 476, § 176. [7] Eintreten, *to enter.* [8] Sah nach mir aus, *looked out for me* or *at me;* mit vorgestrecktem Kopf, *with his head bent forward.* [9] Er wolle nur, *that he only wished.* [10] Beim Eintritt in ein Haus, *on entering a house.* [11] Auf das Freundlichste, *in the friendliest manner, most cordially.* The adverbial superlative of eminence, see Gr. p. 416, § 68. [12] Bringen, *to bring.* [13] For wenn es nöthig gewesen wäre, *if it had been necessary.* [14] *Then I truly felt,* lit. *it was to me.* [15] Vorüberziehen, *to pass by.* [16] Einladen, *to invite.* [17] Ohne

Gerade so wie ich tritt ja Odysseus unerkannt[18] in den Hof des Eumäos, seines alten Dieners. Dieser sitzt auch im Vorhause in dem umschatteten Platze, weis't die Hunde zur Ruhe[19], und nachdem er dem Fremden einen hohen Sitz von weichen Fellen bereitet hat[20], heißt er ihn Platz nehmen[21], und setzt ihm Wein und Speise vor. Und da sich Odysseus der freundlichen Bewirthung erfreut und dem Geber Segen dafür wünscht, sagt dieser: „Es ist mir nicht gestattet[22], auch wenn ein schlechterer Mann als du hierher käme, einen Fremden zu verachten; denn alle Fremden und Armen stehen unter Obhut der Götter."

So dachte auch mein wackerer Wirth im Engadinthal. Und als ich mich bei Tages Anbruch zur Abreise anschickte[23], faßte er meine Hand mit den Worten: „Warum wollt ihr schon wieder von dannen[24] ziehn? Weilet bei mir und seid willkommen." Und als ich erwiederte: „Ich sage euch Dank für den guten Willen, den ihr mir beweis't, aber ich würde euch zur Last fallen[25]," da ergriff[26] er meine Hand von Neuem, führte mich in seine Speicher voll aufgeschütteten Korns und Weizens, in die Gewölbe mit Vorräthen aller Art angefüllt, in die Keller voll alten und jungen Weines, in die Ställe endlich, wo zwei Reihen stattlicher Kühe aus vollen Krippen fraßen[27]; und da ich das alles mit Bewunderung betrachtet hatte, sagte er: „Jetzt hast du alles gesehn. Ist es nicht genug, um dich zu bewirthen und viele Andre deines Gleichen[28], wenn sie mein Obdach begrüßen? Bleibe also, so lange du kannst, und je länger[29] du verweilst, desto mehr werd' ich es dir Dank wissen[30]."

So freundlichen Worten zu widerstehen vermocht' ich nicht. Ich blieb eine ganze Woche hier, durchzog am Tage die Gegend umher[31], und ward jeden Abend bei der Rückkehr mit gleicher

---

auch nur zu fragen, *without even asking.* [18] *For* (ja) *precisely like myself Ulysses enters unknown, &c.* [19] Zur Ruhe weisen, *to pacify.* [20] Nachdem er bereitet hat, *after preparing.* [21] Heißt er ihn Platz nehmen, *asks him to be seated.* [22] *I am not allowed, it is not lawful for me.* [23] *And when I, at break of day, was making preparations to leave* (mich zur Abreise anschickte). [24] Von dannen, *hence.* [25] Euch zur Last fallen, *become burdensome to you.* [26] Ergreifen, *to seize.* [27] Fressen, *to eat* (said of animals). [28] *Many others like you* (deines Gleichen). [29] Je länger, *the longer;* desto mehr, *the more* [30] Werd' ich

Herzlichkeit aufgenommen[32]. Nach Verlauf dieser Zeit, als ich ernstlich Abschied nahm[33], drückte mir der Alte die Hand und sagte: „Es wäre mir ganz recht[34], wenn ihr es euch länger bei mir gefallen lassen wolltet; denn ihr seht, daß ihr uns nicht lästig seid. Aber so ist unsere Weise: wir nehmen[32] den Gast mit Liebe auf, und wenn er scheiden will, halten wir ihn nicht wider Willen zurück."

Das war nun wieder recht nach homerischer Weise[35], wo Menelaos zu dem scheidenden Telemachos sagt: „Ich werde dich nicht länger hier halten, da dich[36] nach der Rückkehr verlangt; denn gleich unrecht ist es, den Fremden wegzutreiben und ihn aufzuhalten, wenn er gehen will."

Damit nun aber auch das Ende homerisch wäre, tauschten[37] wir Gastgeschenke aus; er verehrte mir das Abbild seines Hauses und der Gegend, die ein deutscher Maler bei ihm aufgenommen[38] und in Chur[39] hatte in Kupfer stechen lassen, und ich ihm dagegen ein Gebetbuch in romanischer Sprache, das ich in Como gekauft und woran[40] mein frommer Wirth Wohlgefallen gezeigt hatte.

Friedrich Jacobs.

6. Die Neujahrsnacht eines Unglücklichen.

Ein alter Mensch stand in der Neujahrsmitternacht am Fenster und schauete mit dem Blick einer langen Verzweiflung auf zum unbeweglichen, ewig blühenden Himmel und herab auf die stille, reine, weiße Erde, worauf[1] jetzt Niemand so freuden- und schlaflos war als er. Denn sein Grab stand nahe an ihm[2]; es

---

es dir Dank wissen, *I will be grateful to you.* [31] *During the day I made excursions* (durchzog) *into the country around* (die Gegend umher). [32] Aufnehmen, *to receive.* [33] Abschied nehmen, *to take leave.* [34] *I should be gratified, if it would please you to stay longer with us* (wenn ihr es euch länger, &c.). [35] *This was now again in true homeric style.* [36] Da dich verlangt, *since you desire;* nach der Rückkehr, *to return.* [37] Austauschen, *to exchange.* [38] Aufgenommen hatte, *had sketched;* in Kupfer stechen lassen, *had got engraved on copper.* [39] The chief town in the *Pays de Grisons*, in which canton this valley is situated. Como is a town in Lombardy. [40] Und woran, &c., *and at which my devout host had manifested some delight.*

war blos vom Schnee des Alters, nicht vom Grün der Jugend verdeckt[3], und er brachte[4] aus dem ganzen reichen Leben nichts mit[4] als Irrthümer, Sünden und Krankheit, einen verheerten Körper, eine verödete Seele, die Brust voll[5] Gift und ein Alter voll Reue. Seine schönen Jugendtage wandten sich[6] heute als Gespenster um[6] und zogen ihn wieder vor den holden Morgen hin, wo ihn sein Vater zuerst auf den Scheideweg des Lebens gestellt, der rechts[7] auf der Sonnenbahn der Tugend in ein weites ruhiges Land voll Licht und Ernten und voll Engel bringt, und welcher links in die Maulwurfsgänge des Lasters hinabzieht, in eine schwarze Höhle voll[8] heruntertropfenden Giftes, voll zielender Schlangen und finsterer, schwüler Dämpfe.

Ach, die Schlangen hingen um[9] seine Brust und die Gifttropfen auf seiner Zunge, und er wußte nun, wo er war.

Sinnlos und mit unaussprechlichem Grame rief er zum Himmel hinauf: „Gib mir die Jugend wieder! O Vater, stelle mich auf den Scheideweg wieder, damit ich anders wähle!“

Aber sein Vater und seine Jugend waren längst dahin[10]. Er sah Irrlichter auf Sümpfen tanzen und auf dem Gottesacker erlöschen, und er sagte: „Es sind[11] meine thörichten Tage.“ Er sah einen Stern aus dem Himmel fliehen[12] und im Falle schimmern und auf der Erde zerrinnen. „Das bin ich,“ sagte sein blutendes Herz, und die Schlangenzähne der Reue[13] gruben darin in den Wunden weiter.

6.

[1] Worauf jetzt Niemand, &c., *on which now there was no one so joyless and sleepless as he.* When two or more compounds in the same sentence have the last component alike, it is expressed only with the last compound and indicated with the rest by a German hyphen (=). [2] Nahe an ihm, *close by him* [3] *It was only concealed* (blos verdeckt) *by the snow of age, not by the green of youth.* [4] Brachte ... mit, *brought with him.* [5] *Full of.* [6] Wandten sich um, *returned to-day as spectres* (Gespenster); und zogen ihn wieder ... hin, *and brought him back again to that fair morning, on which* (wo) *&c.* [7] Der rechts ... bringt, *which to the right leads upon the sun-path of virtue into a wide and quiet land, &c.* [8] *Full of dripping poison, full of serpents, ready to dart upon their prey* (zielend), *and of dismal, close exhalations* (finsterer, schwüler Dämpfe). [9] Hingen um, *hung around.* [10] Waren längst dahin, *were past long ago.* [11] *They are.* [12] Aus dem Himmel fliehen, *shooting (falling) from heaven* [13] *And remorse with its serpent-teeth dug deeper* (gruben weiter) *into its*

Die lodernde Phantasie[14] zeigte ihm schleichende Nachtwandler auf den Dächern, und die Windmühle hob ihre Arme[15] drohend zum Zerschlagen auf, und eine im leeren Todtenhause zurückgebliebene Larve[16] nahm allmälig seine Züge an.

Mitten in dem Kampf floß[17] plötzlich die Musik für das Neujahr vom Thurme hernieder wie ferner Kirchengesang. Er wurde sanfter bewegt[18] — er schauete um den Horizont herum und über die weite Erde, und er dachte an seine Jugendfreunde, die nun, glücklicher und besser als er, Lehrer der Erde, Väter glücklicher Kinder und gesegnete Menschen waren, und er sagte: „O, ich könnte auch wie ihr diese erste Nacht mit trockenen Augen verschlummern, wenn ich gewollt hätte. — Ach, ich könnte glücklich sein, ihr theuern Eltern, wenn ich euere Neujahrswünsche und Lehren erfüllt hätte!"

Im fieberhaften Erinnern an seine Jünglingszeit[19] kam es ihm vor, als richte sich[20] die Larve mit seinen Zügen im Todtenhause auf[20] — endlich wurde sie[21] durch den Aberglauben, der in der Neujahrsnacht Geister und Zukunft erblickt, zu[21] einem lebendigen Jüngling.

Er konnt' es nicht mehr sehen — er verhüllte das Auge; tausend heiße Thränen strömten versiegend in den Schnee — er seufzte nur noch leise, trostlos und sinnlos: „Komme nur wieder, Jugend, komme wieder!" . . . .

Und sie kam wieder; denn er hatte nur in der Neujahrsnacht so fürchterlich geträumt; — er war noch ein Jüngling; nur seine Verirrungen waren kein Traum gewesen. Aber er dankte Gott, daß er[22], noch jung, in den schmutzigen Gängen des Lasters

---

wounds (darin in den Wunden). [14] ***His glowing imagination.*** [15] Hob ihre Arme auf, *raised its arms threatening to crush him* (drohend zum Erschlagen). [16] Und eine Larve, *and a mask, which had been left in the empty charnel-house* (im leeren Todtenhause zurückgebliebene), *by degrees* (allmälig) *assumed his own features* (nahm seine Züge an). [17] Fließen, *to flow.* [18] Er wurde sanfter bewegt, *his mind became calmer, was less agitated.* [19] *Amid these feverish reminiscences of his youth it appeared to him* (kam es ihm vor) *as if* (als) &c. [20] Sich aufrichten, *to stand up, to rise.* [21] Wurde sie . . . zu, *it was changed into.* The whole passage is: *by means of that superstition, which on new-year's eve sees ghosts and future events, it* (i. e. *the mask*) *was at last changed*

umkehren und sich auf die Sonnenbahn zurückbegeben konnte, die ins reine Land der Ernte leitet.

Kehre mit ihm, junger Leser, um, wenn du auf seinem Irrwege stehst! Dieser schreckende Traum wird künftig dein Richter werden; aber wenn du einst jammervoll rufen würdest: „Komme wieder, schöne Jugend!" — so würde sie nicht wieder kommen.

Jean Paul Friedrich Richter.

7. Der doppelte Schwur der Besserung.

Heinrich war ein fünfzehnjähriger Jüngling[1], voll guter Vorsätze, die er selten hielt[2], und voll Fehler, die er täglich bereuete; er hatte seinen Vater und seinen Lehrer innig lieb[3], aber seine Vergnügungen oft stärker; er wollte gern[4] das Leben für beide aufopfern[4], aber nicht seinen Willen; und seine aufbrennende Seele entriß denen[5], die er liebte, nicht mehr Thränen als ihm selber. So irrte schmerzlich sein Leben zwischen Bereuen und Sündigen umher[6], und zuletzt nahm[7] sein langer Wechsel zwischen guten Entschlüssen und verderblichen Fehltritten seinen Freunden[7] und sogar ihm die Hoffnung der Besserung.

Jetzt kam[8] dem Grafen, seinem Vater, die Sorge nicht mehr aus dem zu oft verwundeten Herzen, daß Heinrich auf der Akademie und auf Reisen, wo die Irrwege des Lasters immer blumiger

---

into a living youth. [22] *That he, yet in his youth, could turn about* (umkehren) *from the filthy courses of vice and return to* (sich zurück begeben) *the sunny path* (auf die Sonnenbahn) *which* (die) *&c.*

7.

[1] *A young man of fifteen.* [2] Halten, *to keep.* [3] Hatte . . . lieb, *loved;* innig, *dearly;* oft stärker, *often more.* [4] *He willingly would have sacrificed.* [5] Entriß (from entreißen) denen, *&c.*, *extorted from those whom he loved no more tears than from himself.* [7] *Thus his life painfully vacillated* (irrte schmerzlich umher) *between repenting and sinning.* [7] Nahm . . . seinen Freunden, &c. *robbed his friends and even himself* (und sogar ihm) *of the hope of amendment.*
Now the apprehension (Sorge) *never again left* (kam nicht mehr aus) *the too often wounded heart of the count, his father, that Henry at college and on journeys* (auf der Akademie und auf Reisen), *where* (wo), *&c., would sink from infirmity to infirmity* (von Schwäche zu Schwäche sinken werde), *and at last re*

und abschüssiger werden, und wohin keine zurückziehende Hand, keine zurückrufende Stimme des Vaters mehr reicht, von Schwäche zu Schwäche sinken und endlich mit einer besudelten, entnervten Seele wiederkehren werde, die ihre reinen Schönheiten und alles verloren[9], sogar den Wiederschein der Tugend, die Reue.

Der Graf war zärtlich, sanft und fromm, aber kränklich und zu weich. Die Gruft seiner Gemahlinn stand gleichsam unter dem Fußboden seines Lebens und unterhöhlte jedes Beet, wo er Blumen suchte. — Jetzt wurd' er an seinem Geburtstage und vielleicht durch diesen[10] krank, so wenig ertrug[11] die gelähmte Brust einen Tag, wo das Herz stärker an sie schlug. Da er von Ohnmacht in Ohnmacht sank[12], so ging der gequälte Sohn in das englische Wäldchen, worin das Grabmal seiner Mutter und das leere war, das sein Vater sich in der Leichenklage hatte bauen lassen[13]; und hier gelobte[14] Heinrich dem mütterlichen Geiste den Krieg mit seinem Jähzorn und mit seinem Heißhunger nach Freuden an[14]. Der Geburtstag des Vaters rief ihm ja zu: „Die dünne Erde, die deinen Vater hält und ihn vom Staube deiner Mutter absondert, wird bald einbrechen, vielleicht in wenig Tagen, und dann stirbt er bekümmert[15] und ohne Hoffnung, und er kommt zu deiner Mutter und kann ihr nicht sagen, daß du besser bist.“ O da weint' er heftig; aber, unglücklicher Heinrich, was hilft[16] deine Rührung und dein Weinen ohne dein Bessern?

Nach einigen Tagen erhob sich der Vater wieder[17] und drückte im kränklichen Uebermaaße von Rührung und Hoffnung den reuigen Jüngling an die fieberhafte Brust. Heinrich berauschte sich[18] in der Freude über die Genesung und über den Kuß — er wurde froher und wilder — er trank — er verwilderte mehr — sein

---

turn with, &c. [9] Verlieren, *to lose*, supply h a t t e: *had lost.* [10] Durch diesen, *in consequence of it*, i. e. his birthday. [11] *So little could his paralyzed breast endure* (ertragen) *a day on which* (wo) *his heart beat more warmly* (stärker an sich schlug). [12] Sinken, *to sink.* [13] Das sein Vater sich . . . hatte bauen lassen, *which his father had built for himself.* [14] Angeloben, *to vow, to promise solemnly;* dem mütterlichen Geiste, *to the spirit of his mother.* [15] *And then he will die sorrowing* (stirbt er bekümmert), the present for the future. [16] Helfen, *to help, avail: what avails thy emotion and thy weeping without thy mending?* [17] Erhob sich wieder, *recovered again.* [18] Berauschte sich in, *was intox-*

Lehrer[19], der die sieche Weichheit des Vaters durch kraftvolle Strenge gut zu machen suchte, bestritt[20] das Aufschwellen des Freudentaumels. — Heinrich wurde glühend, den Geboten ungehorsam, die er für keine weichen väterlichen hielt[21] — und da der Lehrer fest, stark und nothwendig sie wiederholte, verletzte Heinrich im Taumel das Herz und die Ehre des strengen Freundes zu tief — und da flog[22] auf das so oft getroffene kranke Herz des hoffenden Vaters der Aufruhr gegen den Lehrer wie ein giftiger Pfeil, und der Vater unterlag[23] der Wunde und sank auf das Krankenbett zurück.

Ich will euch, liebe Kinder, weder Heinrich's Gram noch Schuld abmalen; aber schließet[24] in das strenge Urtheil, das ihr über seine Schuld sprechen müsset, auch jene[25] ein[24], die ihr vielleicht auf euch geladen; ach, welches Kind kann an das Sterbebett seiner Eltern treten, ohne daß es sagen muß: „Wenn ich ihrem Leben auch keine Jahre nahm[26], o! so kost' ich ihnen doch Wochen und Tage! — Ach die Schmerzen, die ich jetzt lindern will, hab' ich vielleicht selber gegeben oder verstärkt[27], und das liebe Auge, das so gern noch eine Stunde lang[28] ins Leben blicken wollte, drücken[29] ja blos meine Fehler früher zu[29]!“ — Aber der wahnsinnige Sterbliche begehet seine Sünden so kühn, blos weil sich ihm ihre mörderischen Folgen verhüllen; — er kettet[30] die in seine Brust eingesperrten reißenden Thiere los[30] und läßt sie in der Nacht unter die Menschen dringen; aber er sieht es nicht, wie viele Unschuldige das losgebundene Unthier ergreift und würgt. Leichtsinnig wirft[31] der wilde Mensch die glimmenden Kohlen seiner Sünden umher[31], und erst, wenn[32] er im Grabe liegt, brennen hinter ihm die Hütten auf von seinen eingelegten

---

cated by. [19] *His tutor who sought to counteract* (gut zu machen suchte). [20] Bestreiten, *to oppose vigorously;* das Aufschwellen des Freudentaumels, *this ebullition of excessive joy.* [21] *Which he did not regard as mild and paternal.* [22] Fliegen, *to fly;* getroffen, *wounded.* [23] Unterliegen, *to sink beneath, to be overcome by*, gov. the dat. [24] Einschließen, *to include.* [25] Jene, i. e. Schuld. [26] *For even though* (wenn auch) *I may not have shortened their lives by years*, lit. *taken away years from their lives.* [27] Selber gegeben oder verstärkt, *myself caused or augmented.* [28] Noch eine Stunde lang, *one more hour.* [29] Zudrücken, *to close.* [30] Sich ihm verhüllen, *are concealed from him.* [31] Losketten, *to unchain;* in seine Brust eingesperrten, *confined in his breast*, must be ren-

Funken[33], und die Rauchsäule zieht als eine Schandsäule auf sein Grab und steht ewig darauf.

Heinrich konnte, sobald die Hoffnung der Genesung verschwand[34], die zerfallende Gestalt des guten Vaters vor Qualen nicht mehr anschauen; er hielt[35] sich blos im nächsten Zimmer auf[35] und kniete, während Ohnmachten mit dem väterlichen Leben spielten, wie ein Missethäter still und mit verbundenen Augen vor der Zukunft und vor dem zerschmetternden Schrei: „Er ist todt!“ — Endlich mußt' er vor den Kranken kommen, um Abschied zu nehmen und die Vergebung zu empfangen; aber der Vater gab ihm nur seine Liebe, aber nicht sein Vertrauen wieder und sagte: „Aendere dich, Sohn, aber versprich es nicht.“

Heinrich lag niedergedrückt von Scham und Trauer im Nebenzimmer, als er[37] wie erwachend seinen alten Lehrer, der auch der Lehrer seines Vaters gewesen, diesen einsegnen hörte, als ziehe schon die längste Nacht um das kalte Leben. „Schlummere süß hinüber,“ sagte er, „du tugendhafter Mensch, du treuer Schüler! Alle guten Vorsätze, die du mir gehalten[38], alle deine Siege über dich und alle deine schönen Thaten müssen jetzt wie hellrothe Abendwolken durch die Dämmerung deines Sterbens ziehen. Hoffe noch in deiner letzten Stunde auf deinen unglücklichen Heinrich und lächle, wenn du mich hörest und wenn[39] in deinem brechenden Herzen noch eine Entzückung ist.“

Der Kranke konnte sich[40] unter dem schweren über ihn gewälzten Eise der Ohnmacht nicht ermannen, die gebrochenen Sinne[41] hielten die Stimme des Lehrers für die Stimme des Sohnes

---

dered *after* Thiere. On this construction see Gr. p. 303. [32] Umherwerfen, *to fling about.* [33] Erst wenn er, *not until he.* [34] Von seinen eingelegten Funken, *from the sparks he had set* (*to them*). [35] Verschwinden, *to be gone, vanish.* [36] Sich aufhalten, *to stay.* [37] *When he, as if awakening* (from a dream), *heard his aged instructor, who, &c. giving his last blessing to the latter* (diesen, i. e. den Vater, einsegnen hörte), *as if already the longest night was beginning to gather around* (ziehe) *his cold life;* with gewesen supply war, *who had been.* [38] Supply hast, *which thou hast kept me.* [39] *And if in thy failing* (lit. *breaking*) *heart there is yet an emotion* (Entzückung, lit. *transport*) *left.* [40] Konnte sich . . . nicht ermannen, *could not recover his strength under the heavy ice of the swoon* (der Ohnmacht) *which had been piled upon him* (über ihn gewälzt). [41] Die gebrochenen Sinne, *his deadened senses;* hiel-

und er stammelte: „Heinrich, ich sehe dich nicht, aber ich höre dich; lege deine Hand auf mich und schwöre es, daß du besser wirst.“ Er stürzte herein zum Schwur; aber der Lehrer winkte ihm und legte seine Hand auf das erkaltende Herz und sagte leise: „Ich schwöre in deinem Namen.“

Aber plötzlich fühlt' er das Herz gestorben und ausruhend von der langen Bewegung des Lebens. „Flieh, Unglücklicher,“ sagte er, „er ist ohne Hoffnung gestorben.“

Heinrich floh[42] aus dem Schloß. O wie hätt'[43] er eine Trauer schauen oder theilen dürfen, die er selber über die väterlichen Freunde gebracht? Er ließ[44] seinem Lehrer blos das Versprechen und die Zeit der Wiederkehr zurück[44]. Schwankend und laut weinend kam er ins englische Wäldchen und sah die weißen Grabmäler[45] wie bleiche Skelette die grüne Umlaubung durchschneiden. Aber er hatte nicht den Muth, die leere künftige Schlummerstätte des Vaters zu berühren; — er lehnte sich blos an die zweite Pyramide, die ein Herz bedeckte, das nicht durch seine Schuld gestorben war, das mütterliche[46], das schon lange still stand im Staube der zerfallenden Brust. Er durfte[47] nicht weinen und nicht geloben; schweigend, gebückt und schwer trug[48] er den Schmerz weiter. Ueberall begegneten ihm Erinnerungen des Verlustes und der Schuld — jedes Kind war eine[49], das dem Vater mit der hoch einhergetragenen Aehrenlese entgegen lief — jedes Geläute kam aus einer Todtenglocke — jede Gruft war ein Grab — jeder Zeiger wies[50], wie auf jener königlichen Uhr[51], nur auf die letzte väterliche Stunde[52].

'en ... für, *regarded ... as.* [42] Fliehen, *to flee.* [43] O wie hätt' er ... dürfen, *o how could he have ventured.* [44] Zurücklassen, *to leave.* [45] *The white monuments like pale skeletons piercing* (durchschneiden) *the green foliage around them* (Umlaubung). [46] Lit. *the motherly*, i. e. *that of his mother.* [47] *He dared not.* Dürfen, in this sense, is now of rare occurrence; it generally and properly denotes *liberty* or *permission* granted by law or by some person: *to be permitted, allowed.* [48] Tragen, *to carry.* [49] *Each child was one* (i. e. eine Erinnerung) *which with its high raised gleanings* (Aehrenlese) *ran to meet its father* (dem Vater entgegenlief). [50] Weisen, *to point.* [51] "In the Château Royal at Versailles there was formerly a clock which would stand still as long as the king lived, indicating the last hour of his predecessor, and would only run when the next king died." This passage is quoted by the author from

Heinrich kam an[53]. Aber nach fünf dunkeln Tagen voll Reue und Pein sehnte er sich zum Freunde des Vaters zurück und schmachtete, ihn durch die Erstlinge seiner Veränderung zu trösten. Der Mensch[54] feiert seinen Geliebten ein schöneres Todtenfest, wenn er fremde Thränen trocknet, als wenn er seine vergießet; und der schönste Blumen- und Cypressenkranz, den wir an theure Grabmäler hängen können, ist ein Fruchtgewinde aus guten Thaten.

Er wollt' erst Nachts[55] mit seiner Schamröthe in die Trauerwohnung treten. Als er durch das Wäldchen ging, stand die weiße Pyramide des väterlichen Grabes schauerhaft zwischen dem lebendigen Zweig, wie im Blau des reinen Himmels die graue Dampfwolke eines zusammengebrannten Dorfes schwimmt. Er lehnte das sinkende Haupt an die harte kalte Säule und konnte nur dumpf und sprachlos weinen, und im dunkeln mit Martern angefüllten Herzen[56] war kein Gedanke sichtbar. Hier stand er verlassen;. keine sanfte Stimme sagte: „Weine nicht mehr!" Kein Vaterherz zerschmolz[57] und sagte: „Du bist genug gestraft." Das Rauschen[58] der Wipfel schien ein Zürnen und die Dunkelheit ein Abgrund. Dieses so Unwiederbringliche[59] im Verluste lagerte sich wie ein Meer weit um ihn, das niemals rückt und niemals fällt.

Endlich erblickte er nach dem Fall einer Thräne einen sanften Stern am Himmel, der milde, wie das Auge eines himmlischen Geistes, zwischen die Wipfel herein blickte; da kam ein weicherer

---

Sander's Travels, vol. i. [52] *The last hour of his father.* The Germans frequently use an adjective where the English idiom requires a noun in the possessive. [53] *Henry arrived,* i. e. at the place of his voluntary exile. [54] This whole passage is rendered thus: *man celebrates the funeral solemnities of those he loves* (seinen Geliebten) *much more properly* (schöner), *when he wipes the tears of others than when he sheds his own, and the fairest flower and cypress-chaplet, which we can place on monuments dear to us* (theure Grabmäler), *is a fruit-wreath of good deeds.* [55] Erst Nachts, *not till night.* [56] *And in his dismal heart filled with agonies* (mit Martern angefüllten) *no thought was visible.* Compare note 31. [57] Zerschmelzen, *to melt.* [58] *The rustling of the tree-tops* (der Wipfel) *appeared to him an expression of anger* (ein Zürnen), *and the darkness around him an abyss.* [59] *This absolute irreparableness of his loss* (so Unwiederbringliche im Verluste) *gathered about him* (lagerte sich um

Schmerz in die Brust, er dachte an den Schwur der Besserung, den der Tod zerrissen hatte[60], und nun sank er langsam auf die Kniee und blickte zum Stern hinauf und sagte: „O Vater, Vater! (und die Wehmuth erdrückte lange die Stimme) hier liegt dein armes Kind an deinem Grabe und schwöret dir. Ja, reiner, frommer Geist, ich werde anders werden[61]; nimm mich wieder an! — Ach könntest du ein Zeichen geben, daß du mich gehört hast!"

Es rauschte um ihn; — eine langsame Gestalt schlug[62] die Zweige zurück und sagte: „Ich habe dich gehört und hoffe wieder." Es war sein Vater.

Das Mittelding zwischen Tod und Schlaf[63], die Schwester des Todes, die Ohnmacht hatte wie ein gesunder tiefer Schlummer ihm das Leben wieder beschert, und er war dem Tode wieder entgangen[64]. Guter Vater! und hätte der Tod[65] dich in den Glanz der zweiten Welt getragen, dein Herz hätte nicht froher zittern und süßer überströmen können, als in dieser Auferstehungsminute, wo[66] dein vom schärfsten Schmerze umgeänderter Sohn mit dem bessern an deines sank und dir die schönste Hoffnung eines Vaters wieder brachte! —

Aber, indem der Vorhang dieser kurzen Scene fällt, so frag' ich euch, geliebte junge Leser: habt ihr Eltern, denen ihr die schönste Hoffnung noch nicht gegeben habt? O dann erinnere ich euch[67] wie ein Gewissen daran, daß einmal ein Tag kommen wird, wo ihr keinen Trost habt, und wo ihr ausruft: „Ach! sie haben

---

ihn) *far and wide, like a sea which never moves and never falls.* [60] Zerreißen, *to tear, break.* [61] Ich werde anders werden, *I will change, receive me again* (nimm mich wieder an). [62] Zurückschlagen, *to bend back.* [63] *The medium state* (das Mittelding, lit. means that which is neither one nor the other of two things) *between death and sleep, &c.* [64] *And he had escaped* (war entgangen) *death again.* [65] *And if death had transferred thee into the splendour of the other world, thy heart could not have trembled more joyfully* (hätte nicht froher zittern können) *&c.* [66] *In which* (wo) *thy son, changed by the deepest affliction* (vom schärfsten Schmerze umgeändert), *with his better (heart) leaned (sank) against thine* (mit dem bessern an deines sank), *and again brought thee the fairest hope of a father.* [67] *O, then, I put you in mind, like a conscience* (wie ein Gewissen); daran, lit. *of this, of this fact,* is not translated.

mich am meisten geliebt, aber ich ließ sie ohne Hoffnung sterben, und ich war ihr letzter Schmerz."

Jean Paul F. Richter.

---

8. Die Elfen.

„Wo ist denn die Marie, unser Kind?" fragte der Vater. „Sie spielt draußen auf dem grünen Platze," antwortete die Mutter, „mit dem Sohne unsers Nachbars." — „Daß sie sich nur nicht verlaufen[1]," sagte der Vater besorgt; „sie sind unbesonnen."

Die Mutter sah nach den Kleinen und brachte ihnen ihr Vesperbrod. „Es ist heiß," sagte der Bursche; und das kleine Mädchen langte begierig nach[2] den Kirschen. „Seid nur vorsichtig[3], Kinder," sprach die Mutter; „lauft nicht zu weit vom Hause, oder in den Wald hinein; ich und der Vater gehen aufs Feld hinaus." Der junge Andres antwortete: „O, seid ohne Sorge, denn vor dem Walde fürchten wir uns[4]; wir bleiben[5] hier beim Hause sitzen, wo Menschen in der Nähe sind."

Die Mutter ging und kam bald mit dem Vater wieder heraus. Sie verschlossen[6] ihre Wohnung und wandten sich nach dem Felde, um[7] nach den Knechten und zugleich auf der Wiese nach der Heuernte zu sehn[7]. Ihr Haus lag auf einer kleinen grünen Anhöhe, von einem zierlichen Stackete umgeben, welches auch ihren Frucht- und Blumengarten umschloß[8]; das Dorf zog sich[9] etwas tiefer hinunter, und jenseits erhob sich[10] das gräfliche Schloß. Martin hatte von der Herrschaft das große Gut gepachtet und lebte mit seiner Frau und seinem einzigen Kinde vergnügt; denn

---

8.

[1] *I hope they will not go astray, get lost.* [2] Langte begierig nach, *eagerly stretched out her hand after*, i. e. *helped herself to.* [3] *Be cautious, I beg of you* (nur). [4] Sich vor etwas fürchten, *to be afraid of any thing.* [5] Wir bleiben, *we will remain;* in der Nähe, *near by.* [6] Verschließen, *to lock up;* wandten (from wenden) sich nach, *turned towards.* [7] Um zu sehen nach, *in order to look after.* [8] Umschließen, *to enclose.* [9] Zog sich (ziehen), *extended;* etwas tiefer hinunter, *somewhat further down.* [10] Sich erheben, *to rise.* [11] Legte jährlich zurück, *laid up something every year.* [12] Die Aussicht... zu werden, *the prospect of becoming,*

er legte jährlich zurück[11] und hatte die Aussicht[12], durch Thätigkeit ein vermögender Mann zu werden, da der Boden ergiebig war und der Graf ihn nicht drückte.

Indem er mit seiner Frau nach seinen Feldern ging, schaute er fröhlich um sich und sagte: „Wie ist doch diese Gegend hier so ganz anders[13], Brigitte, als diejenige, in der wir sonst wohnten. Hier ist es so grün, das ganze Dorf prangt von dichtgedrängten Obstbäumen, der Boden ist voll schöner Kräuter und Blumen, alle Häuser sind freundlich und reinlich, die Einwohner wohlhabend, ja mir dünkt[14], die Wälder hier sind schöner und der Himmel blauer, und so weit nur das Auge reicht, sieht man seine Lust und Freude an[15] der freigebigen Natur."

„So wie man nur[16]," sagte Brigitte, „dort jenseit des Flusses ist, so befindet man sich wie auf einer andern Erde — alles so traurig und dürr; jeder Reisende behauptet aber auch, daß unser Dorf weit und breit in der Runde[17] das schönste sei."

„Bis auf[18] jenen Tannengrund," erwiederte der Mann; „schau einmal dorthin zurück, wie schwarz und traurig der abgelegene Fleck in der ganzen heitern Umgebung liegt: hinter den dunklen Tannenbäumen die rauchige Hütte, die verfallenen Ställe, der schwermüthig vorüberfließende Bach."

„Es ist wahr," sagte die Frau, indem Beide still standen, „so oft man sich jenem Platze nur nähert[19], wird man traurig und beängstigt, man weiß selbst nicht warum. Wer nur die Menschen eigentlich sein mögen[20], die dort wohnen, und warum sie sich doch nur so von Allen in der Gemeinde entfernt halten, als wenn sie kein gutes Gewissen hätten."

„Armes Gesindel," erwiederte der junge Pachter, „dem Anscheine nach[21] Zigeunervolk, die in der Ferne rauben und betrü-

---

Gr. p. 474. [13] So ganz anders, als diejenige, *so entirely different from that;* sonst, *formerly.* [14] *Yea, it seems to me, the woods here are fairer, &c.* [15] Sieht man seine Lust und Freude an, *one is delighted and rejoiced in beholding this bountiful nature.* [16] *But as soon as you get on the other side of that river, you find yourself* (lit. *one finds himself*), *as it were* (wie). [17] Weit und breit in der Runde, *far and wide around.* [18] Bis auf, *except.* [19] *As often as one does but approach that place.* [20] *I wonder who those people can be;* und warum sie sich doch nur so entfernt halten, *and why they keep themselves thus aloof*

gen und hier vielleicht ihren Schlupfwinkel haben. Mich wundert nur[22], daß die gnädige Herrschaft sie duldet."

"Es können auch wohl[23]," sagte die Frau weichmüthig, "arme Leute sein, die sich ihrer Armuth schämen; denn[24] man kann ihnen doch eben nichts Böses nachsagen; nur ist es bedenklich, daß sie sich nicht zur Kirche halten[25], und man auch eigentlich nicht weiß, wovon sie leben; denn der kleine Garten, der noch dazu[26] ganz wüst zu liegen scheint, kann sie unmöglich ernähren, und Felder haben sie nicht."

"Weiß der liebe Gott[27]," fuhr Martin fort[28], indem sie weiter gingen, "was sie treiben mögen; kommt doch auch kein Mensch[29] zu ihnen; denn der Ort, wo sie wohnen, ist ja wie verbannt und verhext, so daß auch[30] die vorwitzigsten Burschen sich nicht hingetrauen."

Dieses Gespräch setzten sie fort, indem sie sich in das Feld wandten. Jene finstere Gegend, von welcher sie sprachen, lag abseits vom Dorfe. In einer Vertiefung, welche Tannen umgaben[31], zeigte sich eine Hütte und verschiedene fast zertrümmerte[32] Wirthschaftsgebäude; nur selten sah man Rauch dort aufsteigen[33], noch seltener wurde[34] man Menschen gewahr[34]; jezuweilen hatten Neugierige[35], die sich etwas näher gewagt[36], auf der Bank vor der Hütte einige abscheuliche Weiber in zerlumptem Anzuge wahrgenommen[34], auf deren Schooße[37] eben so häßliche und schmutzige Kinder sich wälzten; schwarze Hunde liefen vor dem Reviere; in Abendstunden ging wohl[38] ein ungeheurer Mann, den Niemand kannte, über den Steg des Baches und

---

[21] Dem Anscheine nach, *to all appearance.* [22] For es wundert mich nur, *I only wonder, am surprised;* Gr. p. 158, obs. B. [23] *They may perhaps.* [24] For *after all* (doch), *one can't say any thing bad of them exactly* (eben). [25] *That they do not adhere to* (*attend*) *the church;* und man auch eigentlich nicht weiß, *and* (*that*) *one does not really know.* [26] Noch dazu, *besides* (*being small*). [27] *God knows.* [28] Fortfahren, *to continue.* [29] *For* (doch auch) *no human being comes near them.* [30] *Even;* sich nicht hingetrauen, *do not venture to go there.* [31] *Which was surrounded by firs.* [32] Fast zertrümmerten, *almost in ruins.* To be rendered *after* Wirthschaftsgebäude. [33] Dort aufsteigen, *rising there* (see p 44, note 4). [34] Gewahr werden or wahrnehmen, *to perceive, see.* [35] *Curious persons.* [36] Supply hatten, *had ventured.* [37] *Upon whose laps equally* (eben so) *ugly and dirty children were rolling* (sich wälzten). [38] Ging

verlor sich[39] in die Hütte hinein; dann sah man in der Finsterniß sich verschiedene Gestalten wie Schatten um ein ländliches Feuer bewegen[40]. Dieser Grund, die Tannen und die verfallene Hütte machten wirklich[41] in der heitern grünen Landschaft gegen die weißen Häuser des Dorfes und gegen das prächtige neue Schloß den sonderbarsten Abstich.

Die beiden Kinder hatten jetzt die Früchte verzehrt. Sie verfielen darauf[42], in die Wette zu laufen, und die kleine behende Marie gewann dem langsameren Andres immer den Vorsprung ab[43]. „So ist es keine Kunst!" rief endlich dieser aus; „aber laß es uns einmal in die Weite[44] versuchen; dann wollen wir sehen, wer gewinnt!" — „Wie du willst," sagte die Kleine, „nur nach dem Strome dürfen wir nicht[45] laufen." — „Nein," erwiederte Andres, „aber dort auf jenem Hügel steht der große Birnbaum, eine Viertelstunde von hier; ich laufe hier links um den Tannengrund vorbei[46], du kannst rechts in das Feld hinein rennen, daß wir nicht eher als oben zusammen kommen[47], so sehen wir dann, wer der Beste ist."

„Gut[48]," sagte Marie und fing schon an zu laufen, „so hindern wir uns auch nicht auf demselben Wege, und der Vater sagt ja, es sei[49] zum Hügel hinauf gleich weit, ob man diesseits, ob man jenseits der Zigeunerwohnung geht." Andres war schon vorangesprungen[50], und Marie, die sich rechts wandte, sah ihn nicht mehr. „Er ist eigentlich dumm," sagte sie zu sich selbst; „denn ich dürfte nur den Muth fassen[51], über den Steg bei der Hütte

---

wohl, *sometimes would go.* [39] Verlor sich, lit. *lost himself,* i. e. *disappeared,* from verlieren. [40] Sich verschiedene Gestalten ... bewegen, *different forms flitting* (lit. *moving*) *like shades around a rural fire.* [41] Machten wirklich ... den sonderbarsten Abstich, *really formed the strangest contrast with* (gegen) *the white houses of the village and gorgeous new castle in the lively green landscape* (Landschaft). [42] *They hit upon the thought of running a race* (in die Wette zu laufen). [43] Gewann (gewinnen) immer den Vorsprung ab, *always got the start of.* [44] In die Weite, *for some distance.* [45] Dürfen wir nicht, *we must not.* [46] *I will run here to the left* (links) *around the fir ground.* [47] *So that* (daß) *we shall not meet* (zusammen kommen) *until we are at the top* (nicht eher als oben); so sehen wir dann, *thus we shall see then.* [48] *Very well.* [49] *That it is* (es sei) *equally far* (gleich weit) *to the hill-top* (den Hügel hinauf). [50] Voranspringen, *to start ahead.* [51] *For I need only* (dürfte nur) *take courage to*

vorbei und drüben wieder über den Hof hinaus zu laufen, so käme[52] ich gewiß viel früher an." Schon stand sie vor dem Bache und dem Tannenhügel. „Soll ich? Nein, es ist doch zu schrecklich," sagte sie.

Ein kleines weißes Hündchen stand jenseits und bellte aus Leibeskräften[53]. Im Erschrecken[54] kam das Thier ihr wie ein Ungeheuer vor[55], und sie sprang zurück. „O weh!" sagte sie, „nun ist der Junge weit voraus[56], während ich hier stehe und überlege." Das Hündchen bellte immer fort[57], und da sie es genauer betrachtete, kam es ihr nicht mehr fürchterlich, sondern im Gegentheil ganz allerliebst vor; es hatte ein rothes Halsband um[58] mit einer glänzenden Schelle, und so wie[59] es den Kopf hob[60] und sich im Bellen schüttelte, erklang[61] die Schelle äußerst lieblich. „Ei, es will nur gewagt sein[62]!" rief die kleine Marie; „ich renne, was ich kann[63], und bin schnell, schnell jenseits wieder hinaus[64]; sie können mich doch eben nicht gleich von der Erde auffressen[65]!" Somit sprang das muntere muthige Kind auf den Steg, rasch an dem kleinen Hunde vorüber[66], der still ward und sich an sie schmeichelte[67]; und nun stand sie im Grunde, und rund umher verdeckten die schwarzen Tannen die Aussicht nach ihrem elterlichen Hause und der übrigen Landschaft.

Aber wie war sie verwundert! Der bunteste, fröhlichste Blumengarten umgab sie, in welchem Tulpen, Rosen und Lilien mit den herrlichsten Farben leuchteten; blaue und goldrothe Schmetterlinge wiegten sich in den Blüthen; in Käfigen aus glänzendem Drahte hingen an den Spalieren vielfarbige Vögel, die herrliche Lieder sangen, und Kinder in weißen kurzen Röckchen mit gelockten gelben Haaren und blauen Augen sprangen umher; einige

---

run (zu laufen) *over the foot-bridge past the cottage* (über den Steg bei der Hütte vorbei) *and on the other side* (drüben) *again over the yard* (über den Hof hinaus). 52 Ankommen, *to arrive.* 53 Aus Leibes Kräften, *with all its might.* 54 *In her fright.* 55 Vorkommen, *to appear.* 56 Weit voraus, *far in advance of me.* 57 *Kept barking incessantly.* 58 Hatte ... um, *had about* (*its neck*). 59 So wie, *when, as.* 60 Heben, *to raise.* 61 Erklingen, *to resound;* äußerst lieblich, *most sweetly.* 62 Lit. *it only wants to be ventured,* i. e. *it only requires courage.* 63 *As hard as I can.* 64 Jenseits wieder hinaus, *out at the other end* 65 *They won't be able to eat me up* (doch eben nicht auffressen) *so all of a sudden, I imagine* (gleich von der Erde). 66 Rasch an ... vorüber, *hastily by.* 67 Sich

spielten mit kleinen Lämmern, andere fütterten die Vögel, oder sammelten Blumen und schenkten sie einander; andere wieder aßen Kirschen, Weintrauben und röthliche Aprikosen. Keine Hütte war zu sehn[68], aber wohl stand ein großes schönes Haus mit eherner Thür und erhabenem Bildwerk[69] leuchtend in der Mitte des Raumes. Marie war vor Erstaunen außer sich[70] und wußte sich nicht zu finden. Da sie aber nicht blöde war, ging sie gleich zum ersten Kinde, reichte ihm die Hand und bot[71] ihm guten Tag.

„Kommst du, uns auch einmal zu besuchen?" sagte das glänzende Kind; „ich habe dich draußen rennen und springen sehn; aber vor unserm Hündchen hast du dich gefürchtet." — „So seid ihr wohl[72] keine Zigeuner und Spitzbuben," sagte Marie, „wie Andres immer spricht? O freilich ist der nur dumm[73] und redet viel in den Tag hinein." — „Bleib' nur bei uns," sagte die wunderbare Kleine, „es soll dir schon gefallen[74]." — „Aber wir laufen ja in die Wette." — „Zu ihm kommst du noch früh genug zurück. Da nimm und iß!" Marie aß und fand die Früchte so süß, wie sie noch keine geschmeckt hatte, und Andres, der Wettlauf und das Verbot ihrer Eltern waren gänzlich vergessen.

Eine große Frau in glänzendem Kleide trat herzu[75] und fragte nach dem fremden Kinde. „Schönste Dame," sagte Marie, „von ungefähr bin ich hereingelaufen[76], und da wollen sie mich hier behalten." — „Du weißt, Zerina," sagte die Schöne, „daß es ihr nur kurze Zeit erlaubt ist; auch hättest du mich erst fragen sollen[77]." — „Ich dachte," sagte das glänzende Kind, „weil sie doch schon über die Brücke gelassen war, könnte ich es thun; auch haben[78] wir sie ja oft im Felde laufen sehn, und du hast dich selber

---

an sie schmeichelte, *fawningly flattered her.* [68] *Was to be seen;* aber wohl stand, *but, on the contrary, there stood.* [69] Erhabenem Bildwerk, *embossments* [70] Vor Erstaunen außer sich, *lost in amazement;* und wußte sich nicht zu finden, *knew not what to make of this.* [71] *Bid her*, from bieten. [72] So seid ihr wohl, *and are you then.* [73] Ist der nur dumm, *he is but a dunce;* in den Tag hinein reden, *to talk at random, nonsense.* [74] Es soll dir schon gefallen, *you will undoubtedly be pleased.* [75] *Came up.* [76] Von ungefähr, *by mere chance have I come in here.* [77] Hättest du sollen, *you should have.* [78] Auch haben wir sie ja oft . . . laufen sehen, *and, as you well know* (ja), *we have often seen her running*

über ihr munteres Wesen gefreut[79]; wird sie uns doch früh genug verlassen müssen." — „Nein, ich will hier bleiben," sagte Marie, „denn hier ist es schön; auch finde ich hier das beste Spielzeug und dazu Erdbeeren und Kirschen; draußen ist es nicht so herrlich."

Die goldbekleidete Frau entfernte sich lächelnd, und viele von den Kindern sprangen jetzt um die fröhliche Marie mit Lachen her, neckten sie und ermunterten sie zu Tänzen; andere brachten ihr Lämmer oder wunderbares Spielgeräth; andere machten auf Instrumenten Musik und sangen dazu. Am liebsten aber hielt sie sich zu der Gespielinn[80], die ihr zuerst entgegen gegangen war, denn sie war die freundlichste und holdseligste von allen. Die kleine Marie rief einmal über das andere[81]: „Ich will immer bei euch bleiben, und ihr sollt meine Schwestern sein," worüber[82] alle Kinder lachten und sie umarmten.

„Jetzt wollen wir ein schönes Spiel machen," sagte Zerina. Sie lief eilig in den Palast und kam mit einem goldenen Schächtelchen zurück, in welchem sich glänzender Samenstaub befand[83]. Sie faßte hinein mit den kleinen Fingern[84] und streute einige Körner auf den grünen Boden. Alsbald sah man das Gras wie in Wogen rauschen, und nach wenigen Augenblicken schlugen[85] glänzende Rosengebüsche aus der Erde, wuchsen schnell empor[86] und entfalteten sich plötzlich, indem der süßeste Wohlgeruch den Raum erfüllte. Auch Marie faßte von dem Staube[87], und als sie ihn ausgestreut hatte, tauchten[88] weiße Lilien und die buntesten Nelken hervor[88]. Auf einen Wink Zerina's verschwanden[89] die Blumen wieder und andere erschienen[90] an ihrer Stelle.

Ludwig Tieck.

---

about, &c. [79] *And you have often yourself been delighted with her sprightliness of demeanour* (muntres Wesen); *at any rate* (doch), *she will be obliged to leave us quite soon enough* (früh genug). [80] *But she was fondest of the society of her playmate*, lit. *she adhered to her most willingly* (am liebsten), *who first had gone to meet her* (entgegen gegangen war). [81] Einmal über das andere, *again and again.* [82] *At which.* [83] Sich befand, *there was.* [84] *She took hold of* (*the pollen*) *within* (faßte hinein) *with her little fingers.* [85] Schlugen aus der Erde, *sprouted, sprung up out of the ground.* [86] Emporwachsen, *to grow up* [87] *Took some of the pollen.* [88] Hervortauchen, *to emerge, come forth.* [89] Verschwinden, *to vanish.* [90] Erscheinen, *to appear*

Vierter Abschnitt.

1. Abschied vom Leben[1].

Sonnett.

Die Wunde brennt; die bleichen Lippen beben. —
Ich fühl's an meines Herzens matterm Schlage[2],
Hier steh' ich an den Marken meiner Tage. —
Gott, wie du willst! Dir hab' ich mich ergeben.

Viel gold'ne Bilder sah ich um mich schweben;
Das schöne Traumbild wird zur[3] Todtenklage. —
Muth! Muth! — Was ich so treu im Herzen trage,
Das muß ja doch[4] dort ewig mit mir leben! —

Und was ich hier als Heiligthum[5] erkannte,
Wofür ich rasch und jugendlich entbrannte[6],
Ob ich's nun Freiheit, ob ich's Liebe nannte[7]:

Als lichten Seraph seh' ich's vor mir stehen; —
Und wie die Sinne[8] langsam mir vergehen,
Trägt mich ein Hauch zu morgenrothen Höhen.

Theodor Körner.

1.

[1] This sonnet has usually appended to its title "Farewell to Life:" "When, severely wounded, I was lying in a forest, helpless and in expectation of death." [2] An meines Herzens matterm Schlag, *by the fainter beating of my heart.* [3] Wird zur, *becomes, is changed into.* [4] Das muß ja doch, *that surely must;* dort, *yonder*, i. e. *in another world, beyond the grave.* [5] Als Heiligthum, *as sacred.* The more common signification of the word is *sanctuary.* [6] *For which* (wofür) *I glowed with youthful and impatient ardour,* lit *impatiently and youthfully.* [7] Supply oder, *or: whether I named it liberty or* (*whether I named it*) *love.* [8] Und wie die Sinne . . . mir, *as my senses.*

2. An den Unsichtbaren.

Du, den wir suchen auf so finstern Wegen,
Mit forschenden Gedanken nicht erfassen[1].
Du hast dein heilig Dunkel einst verlassen
Und tratest sichtbar deinem Volk entgegen[2].

Welch süßes Heil, dein Bild sich einzuprägen[3],
Die Worte deines Mundes aufzufassen!
O selig, die[4] an deinem Mahle saßen!
O selig, der an deiner Brust gelegen!

D'rum war es auch kein seltsames Gelüste[5],
Wenn Pilger ohne Zahl vom Lande stießen[6],
Wenn Heere kämpften an der fernsten Küste,

Nur um[7] an deinem Grabe noch zu beten[7],
Und um in frommer Inbrunst noch zu küssen
Die heil'ge Erde, die dein Fuß betreten[8].

Ludwig Uhland.

---

3. Der Himmel ein Brief.

Der Himmel ist, in Gottes Hand gehalten,
Ein großer Brief von azurblauem Grunde,
Der seine Farbe hielt[1] bis diese Stunde,
Und bis an[2] der Welt Ende sie wird halten.

In diesem großen Briefe ist enthalten
Geheimnißvolle Schrift aus Gottes Munde;
Allein[3] die Sonne ist darauf das runde
Glanzsiegel, das den Brief nicht läßt entfalten[4].

2.

[1] The relative (den) of the first line belongs also to the second: *whom with searching thoughts we do not comprehend.* [2] Tratest entgegen, *didst go to meet.* [3] Sich einzuprägen, *to imprint upon one's mind.* [4] *Those who.* The antecedent and the relative are in German often merged into one word; so in the next line der is for derjenige, welcher, *he who;* an deiner Brust gelegen, *leaned against thy bosom,* referring to St. John. [5] *And therefore it was no strange desire (odd fancy).* [6] Vom Lande stoßen, *to set sail.* [7] Um zu beten, *in order to pray.* [8] Supply hatte, *had trodden, walked upon.*

Wenn nun die Nacht das Siegel nimmt[5] vom Briefe,
Dann lies't das Auge dort in tausend Zügen
Nichts als[6] nur *eine* große Hieroglyphe.

Gott ist die Lieb', und Liebe kann nicht lügen!
Nichts als dies Wort, doch das von solcher Tiefe,
Daß Niemand es auslegen kann zur Gnügen[7].

Friedrich Rückert.

---

4. Musik.

Ich bin ein Engel, Menschenkind, das wisse,
Mein Flügelpaar klingt in dem Morgenlichte,
Den grünen Wald erfreut mein Angesichte[1],
Das Nachtigallenchor gibt seine Grüße.

Wem ich der Sterblichen[2] die Lippe küsse,
Dem[3] tönt die Welt ein göttliches Gedichte;
Wald, Wasser, Feld und Luft spricht ihm Geschichte,
Im Herzen rinnen Paradiesesflüsse.

3.

[1] Der seine Farbe hielt, *which kept its colour.* [2] Bis an, *till* or *to*, is stronger than the simple bis. [3] *But.* The German language has three conjunctions which are rendered in English by *but;* viz. aber, allein, and sondern. „Aber denotes the limitation of an antecedent by the consequent in the most indefinite way, and only implies that the consequent is *different* from what is comprehended in the antecedent, e. g. er spricht deutsch, aber nicht geläufig, he speaks German, but not fluently. Allein, on the other hand, expresses a decided *negation* of what might be inferred from the antecedent, [as in this case a negation of the possibility of deciphering the contents of the letter, which might be inferred from the preceding sentence.] Sondern is only employed after a negation in the antecedent."—BECKER See also Gr. p. 18. [4] *Which does not let the letter be unfolded.* [5] 3d pers. sing. pres ind. of nehmen; lies't, the same, from lesen. [6] Nichts als, *nothing but.* [7] Zur Gnügen, *sufficiently, to satisfaction.*

4.

[1] *My countenance gladdens the green wood.* The inversion of this sentence would in English only be possible by making the verb passive: *the green wood is gladdened by my countenance.* [2] Wem der Sterblichen, lit. *to whom of mortals,* i. e. *to whatsoever mortal.* [3] Dem is the correlative of

Die ew'ge Liebe, welche nie vergangen[4],
Erscheint ihm im Triumph auf allen Wogen;
Er nimmt den Tönen ihre dunkle Hülle.[5]

Da regt sich, schlägt in Jubel auf die Stille[6],
Zur spiel'nden Glorie wird der Himmelsbogen:
Der Trunk'ne[7] hört, was alle Engel sangen.

Ludwig Tieck.

---

5. Des Fischers Haus[1].

Ballade.

Sein Haus hat der Fischer gebaut,
Es stehet dicht an[2] den Wellen;
In der blauen Fluth sich's beschaut,
Als spräch' es[3]: wer kann mich fällen?

Die Mauern, die[4] sind so dicht,
Voll Korn und Wein sind die Räume;
Es[5] zittert das Sonnenlicht
Herunter durch Blüthenbäume.

---

wem: *to him the world is as* (lit. *sounds*) *a god-like poem* (ein göttliches Gedichte). [4] Supply ist, lit. *which never has failed*, i. e. *always is unchanging.* [5] *He divests the tones* (nimmt den Tönen) *of their dark veil*, i. e. *he penetrates into their significancy.* [6] *Then silence (itself) is roused* (die Stille regt sich), *and breaks forth into shouts of joy* (schlägt in Jubel auf), *the arch of heaven* (der Himmelsbogen) *becomes an echoing glory* (wird zur spiel'nden Glorie). [7] *The enraptured mortal.*

5.

[1] The incident on which this ballad is based is mentioned by the author himself in his book „der Bodensee nebst dem Rheinthale" (The Lake of Constance and the Valley of the Rhine). "In the year 1692, during a heavy gale and an almost imperceptible earthquake, the shore at Gottlieben (a place in the canton of Thurgovia) for a distance of three leagues, together with four houses, was swallowed up by the lake (of Constance). The general belief was, that it had been undermined by carps and trout." [2] Dicht an, *close to.* [3] *As if it would say.* [4] Demonstrative, *they.* [5] Exple-

Und Reben winken herein
Von grünen, schirmenden Hügeln,
Die lassen den Nord nicht ein[6],
Die umhaucht nur der West mit den Flügeln.

Und am Ufer der Fischer steht,
Es[5] spielt sein Netz in den Wellen;
Umsonst ihr euch wendet und dreht,
Ihr Karpfen, ihr zarten Forellen!

Sein frevelnder Arm euch zieht
Im engen Garn ans Gestade;
Kein armes Fischlein entflieht,
Das kleinste nicht[7] findet Gnade.

Aufsteiget kein Wasserweib
Euch zu retten, ihr Stillen, ihr Guten!
Und lockt mit dem seligen Leib[8]
Ihn hinab in die schwellenden Fluthen.

„Ich bin der Herrscher im See,
Ein König im Reiche der Wogen!"
So spricht er und schnellt in die Höh'[9]
Den schweren Angel im Bogen.

Und euer Leben ist aus[10];
Der Fischer mit frohem Behagen,
Er tritt in das stattliche Haus,
An den harten Stein euch zu schlagen[11].

Er legt sich auf weichen Pfühl,
Von Gold und Beute zu träumen; —
O Nacht, so sicher und kühl,
Wo Hamen und Angel säumen!

---

tive; das Sonnenlicht, is the subject nominative. [6] *They* (i. e. die Reben) *let not the north wind in* (den Nord nicht ein), *the zephyr* (der West) *but fans them with its wings.* [7] *Not even the smallest.* [8] Und lockt mit dem seligen Leib, &c., *and allures him with her beautiful body down into the heaving flood*, a supposed allusion to Goethe's Fischer. [9] Schnellt in die Höh', *jerks up (on high)*; im Bogen, lit. *in an arch*, i. e. the weight of the fish on the hook is so great as to bend the pole into an arch. [10] *Is at an end, is gone.* [11] Sup-

Da[12] regt sich das Leben im Grund,
Da wimmelt's von Karpf' und Forelle,
Da nagt's mit geschäftigem Mund,
Und schlüpft unters Ufer im Quelle.

Und frühe beim Morgenroth
Der Fischer kommt mit den Flechten;
Am Tage[13] drohet der Tod,
Die Rache schafft in den Nächten[14].

Von Jahr zu Jahr sie[15] nicht ruht,
Die Alten zeigen's den Jungen,
Bis daß[16] die schweigende Fluth
Ist unter das Haus gedrungen;

Bis daß in sinkender Nacht,
Wo der Fischer träumt auf dem Pfühle,
Das Haus, das gewaltige, kracht,
Versinkt in der Wogen Gewühle.

Ausgießet sich[17] Korn und Wein,
Es[18] öffnet der See den Rachen,
Es schlingt den Mörder hinein,
Er hat nicht Zeit zum Erwachen.

Die Gärten, die Bäume zugleich,
Sie schwinden, sie setzen sich nieder[19],
Es spielen im freien Reich
Die Fische, die fröhlichen, wieder.

Gustav Schwab.

---

ply um: um euch zu schlagen, *(in order) to dash you against, &c.* [12] *Then the life in the deep is busily astir* (regt sich), *there it swarms with* (da wimmelt's von) *&c.* [13] Am Tage, *during the day.* [14] *Revenge is at work* (die Rache schafft) *at night.* [15] I. e. die Rache. [16] Bis daß, *till;* ist gedrungen, *has penetrated,* from dringen. [17] *Is poured out, spilt.* By its position *before* the subject, the predicate is made emphatic. [18] The es here and in the last stanza is expletive. In the following line (es schlingt) we may either supply der See after the verb, and thus make the es expletive also, or the es may be regarded as the representative of the subject which is intentionally left indefinite, i. e. a mysterious power of nature here represented as in a hostile conflict with man, its enemy: *it swallows the murderer down.* [19] Sich niedersetzen is here *to sink* or *to settle down.*

6. Der Reiter und der Bodensee[1].

Ballade.

Der Reiter reitet durch's helle Thal,
Auf Schneefeld schimmert der Sonne Strahl.

Er trabet im Schweiß durch den kalten Schnee,
Er will noch heut an[2] den Bodensee;

Noch heut mit dem Pferd in den sichern Kahn,
Will drüben landen[3] vor Nacht noch an[3].

Auf schlimmem Weg, über Dorn und Stein,
Er braus't[4] auf rüstigem Roß feldein.

Aus den Bergen heraus ins ebene Land,
Da sieht er den Schnee sich dehnen[5] wie Sand.

Weit hinter ihm schwinden Dorf und Stadt,
Der Weg wird eben, die Bahn wird glatt.

In weiter Fläche[6] kein Bühl, kein Haus;
Die Bäume gingen[7], die Felsen aus[7];

So flieget er hin[8] eine Meil' und zwei,
Er hört in den Lüften der Schneegans Schrei;

Es[15] flattert das Wasserhuhn empor,
Nicht anderen[9] Laut vernimmt sein Ohr;

Keinen Wandersmann sein Auge schaut,
Der ihm den rechten Pfad vertraut[10].

6.

[1] Der Bodensee, the Lake of Constance, situate upon the border of Germany and Switzerland, is the largest lake in these two countries, having 16 leagues in length, 4 in width, and 350 fathoms in depth (in its deepest part). It is but very seldom that it is entirely frozen over. The incident which forms the subject of this ballad is said to have occurred in 1695. Er will noch heut an, *to-day yet he wishes to reach.* [3] Anlanden, *to land;* drüben, *on the other side.* [4] *He flies.* The verb is usually applied to the roaring or blustering of the wind. [5] Sich dehnen, *expand (lie smooth) like the sand.* [6] Supply *is* or *appears.* [7] Ausgehen, here *to be at an end, to disappear.* [8] *Thus flies he on.* [9] *No other.* [10] Der ihm vertraut, lit. *who confides to him.*

Fort geht's wie auf Sammt auf dem weichen Schnee,
Wann rauscht das Wasser, wann glänzt der See[11]?

Da bricht der Abend, der frühe, herein;
Von Lichtern blinket ein ferner Schein[12].

Es[15] hebt aus dem Nebel sich Baum an Baum[13]
Und Hügel schließen den weiten Raum.

Er spürt auf dem Boden Stein und Dorn,
Dem Rosse gibt er den scharfen Sporn[14].

Und Hunde bellen empor am Pferd,
Und es[15] winkt im Dorf ihm der warme Herd.

„Willkommen am Fenster, Mägdelein,
An den See[16], an den See, wie weit mag's sein?"

Die Maid, sie staunet den Reiter an:
„Der See liegt hinter dir und der Kahn.

Und deckt' ihn[17] die Rinde von Eis nicht zu,
Ich spräch', aus dem Nachen stiegest du."

Der Fremde schaudert, er athmet schwer:
„Dort hinten die Ebne, die ritt ich her[18]!"

Da recket die Magd die Arm' in die Höh:
„Herr Gott, so rittest du über den See.

An den Schlund, an die Tiefe bodenlos,
Hat gepocht des rasenden Hufes Stoß[19];

Und unter dir zürnten die Wasser nicht?
Nicht kracht' hinunter die Rinde dicht[20]?

---

i. e. *shows him.* [11] This is the query the horseman puts to himself. [12] *And a lustre from distant lights appears* (lit. *twinkles*). [13] *Tree by tree rises forth from the mist.* [14] *He clapped the sharp spur to his horse.* [15] Expletive. [16] *To the lake.* [17] The sentence is conditional: *And if the rind of ice did not cover it* (i. e. *the boat*), *I should say* (ich spräch'), *that thou wert just from the boat* (aus dem Nachen stiegest du). [18] *Over yonder plain behind me I rode hither.* [19] *The mad hoof's blow did rap at* (*the door of*) *the abyss, the bottomless deep* (an den Schlund, &c.). [20] *Did not the thick rind break with a crash?*

Und du wardst nicht die Speise der stummen Brut
Der hungrigen Hecht'[21] in der kalten Fluth?"

Sie rufet das Dorf herbei zu der Mähr'[22],
Es stellen die Knaben sich um sie her;

Die Mütter, die Greise, sie sammeln sich:
„Glückseliger Mann, ja segne du dich[23]!

Herein zum Ofen, zum dampfenden Tisch,[24]
Brich mit uns vom Brod und iß vom Fisch!"

Der Reiter erstarret auf seinem Pferd,
Er hat nur das erste Wort gehört.

Es stocket sein Herz, es sträubt sich sein Haar[25],
Dicht hinter ihm[26] grinzt noch die grause Gefahr.

Es siehet sein Blick nur den gräßlichen Schlund,
Sein Geist versinkt in den schwarzen Grund.

Im Ohr ihm donnert's[27] wie krachend Eis,
Wie die Well' umrieselt ihn kalter Schweiß.

Da seufzt' er, da sinkt er vom Roß herab,
Da ward ihm[28] am Ufer ein trocken Grab.

G. Schwab.

---

7. Der Jüngling.

Ode.

Schweigend sahe der Mai[1] die bekränzte
Leichtwehende Lock' im Silberbach[2];
Röthlich war sein Kranz, wie des Aufgangs[3],
Er sah sich und lächelte sanft.

---

[21] The gen. pl. *of the hungry pike.* [22] Herbei zu der Mähr, *to hear the account;* stellen sich um sie her, *station themselves,* i. e. *collect about her.* [23] *Call thyself happy, congratulate thyself.* [24] Lit. *to the steaming table,* in allusion to the food that is on it. [25] *His heart stops beating, his hair stands erect.* [26] *Close behind him.* [27] *In his ear it thunders like, &c.* [28] *He obtained, found,* lit. *there was to him.*

Wüthend kam ein Orkan am Gebirg her[4]!
Die Esche, die Tann' und Eiche brach,
Und mit Felsen stürzte der Ahorn
Vom bebenden Haupt des Gebirgs.

Ruhig schlummert'[5] am Bache der Mai ein[5],
Ließ rasen[6] den lauten Donnersturm!
Lauscht' und schlief, beweht[7] von der Blüthe,
Und wachte mit Hesperus auf[8].

Itzo fühlst du noch nichts von dem Elend[9],
Wie Grazien lacht das Leben dir[10].
Auf und waffne dich mit der Weisheit!
Denn, Jüngling, die Blume verblüht[11]!

Klopstock.

8. Die beiden Musen[1].

Ode.

Ich sah, o sagt mir, sah ich, was jetzt geschieht?
Erblickt' ich Zukunft? mit der britannischen
Sah ich in Streitlauf Deutschland's Muse
Heiß zu den krönenden Zielen fliegen.

Zwei Ziele grenzten[2], wo sich der Blick verlor,
Dort an[2] die Laufbahn. Eichen beschatteten
Des Hains das eine[3]; nah' dem andren
Weheten Palmen im Abendschimmer.

7.

[1] *May* is here personified: the young man, or the representative of youth generally, the spring-time of life. [2] Die bekränzte leichtwehende Lock', &c., *his wreath-encircled, gently waving lock in the silver brook.* [3] Wie des Aufgangs, *like that of the rising east.* [4] Am Gebirg' her, *along the mountain.* [5] Einschlummern, *to fall asleep.* [6] Ließ rasen, *suffered . . . to rage.* [7] *Fanned.* [8] *And awoke with (the rising of) Hesperus*, i. e. *the evening-star.* [9] Noch nichts von dem Elend, *as yet nothing of misery.* [10] *Like the Graces life smiles upon thee* (lacht dir). [11] *Will fade*, the pres. for the future.

8.

[1] *The two Muses.* The use of beide, *both*, instead of zwei, is not unfrequent. [2] Grenzten . . . an, *bordered upon*, i. e. *bounded.* [3] I. e. Ziel, *the one*

Gewohnt des Streitlaufs, trat die von Albion[4]
Stolz in die Schranken, so wie sie kam, da sie
Einst mit der Mäonid', und jener
Am Kapitol in den heißen Sand trat.

Sie sah die junge bebende Streiterinn;
Doch diese bebte männlich, und glühende,
Siegswerthe Röthen überströmten
Flammend die Wang', und ihr goldenes Haar flog.

Schon hielt[5] sie mühsam in der empörten Brust
Den engen Athem; hing schon hervorgebeugt[6]
Dem Ziele zu; schon hub[7] der Herold
Ihr die Drommet', und ihr trunkner Blick schwamm.

Stolz auf die kühne, stolzer auf sich, bemaß[8]
Die hohe Brittinn, aber mit edlem Blick,
Dich, Thuiskone: „Ja bei Barden
Wuchs[9] ich mit dir in dem Eichenhain auf[9];

Allein die Sage kam mir, du seist nicht mehr[10]!
Verzeih, o Muse, wenn du unsterblich bist,
Verzeih, daß ich's erst jetzo[11] lerne;
Doch an dem Ziele nur will ich's lernen!

(goal); des Hains. This separation of the genitive from its governing word (Eichen) is very unusual and harsh. It is entirely inadmissible in prose, and can only be excused in the boldest poetical diction of the ode. The works of Klopstock abound in daring inversions and in the most unusual constructions, and in these respects he has no doubt tested the power of the language to its utmost. [4] *She from Albion proudly entered the lists* (trat in die Schranken), *just as she came* (so wie sie kam), *when erewhile she entered the hot arena* (in den heißen Sand trat) *with the Mæonian muse* (mit der Mäonid') *and with that from the Capitol*, i. e. *the Roman*. Mæonia, in Asia Minor, was one of the countries which claimed the honour of having given birth to Homer. [5] Halten, *to hold*. [6] *Bent forward, she already was intent upon the goal* (hing dem Ziele zu). [7] Heben, *to raise*; ihr, *for her*; und ihr trunkner Blick schwamm, *and her eyes swam intoxicated with delight*. [8] Bemessen, *to scan*. The object of the verb is dich in the third line. [9] Aufwachsen, *to grow up*. [10] *Thou wast no more.* [11] Erst jetzo, *not till now, now for the first*

Dort steht es! Aber siehst du das weitere,
Und seine Kron' auch? Diesen gehaltenen Muth[12]
Dies stolze Schweigen, diesen Blick, der
Feurig zur Erde sich senkt, die kenn' ich[13]!

Doch wäg's noch einmal, eh zu gefahrvoll dir
Der Herold tönet. War es nicht ich[14], die schon
Mit der an Thermopyl die Bahn maß?
Und mit der hohen der sieben Hügel?"

Sie sprach's. Der ernste, richtende Augenblick
Kam mit dem Herold näher. „Ich liebe dich!"
Sprach schnell mit Flammenblick Teutona,
„Brittinn, ich liebe dich mit Bewundrung!

Doch dich nicht heißer, als die Unsterblichkeit
Und jene Palmen! Rühre[15], dein Genius
Gebeut er's, sie vor mir; doch faß' ich,
Wenn du sie fassest, dann gleich die Kron' auch.

Und, o wie beb' ich! o ihr Unsterblichen!
Vielleicht erreich' ich früher das hohe Ziel!
Dann mag[16], o dann an meine leichte
Fliegende Locke dein Athem hauchen!"

Der Herold klang! sie flogen mit Adlereil.
Die weite Laufbahn stäubte[17], wie Wolken, auf.
Ich sah: Vorbei der Eiche wehte[18]
Dunkler der Staub, und mein Blick verlor sie.

Klopstock.

---

time. [12] *This calm courage.* [13] Die kenn' ich, *I know them.* [14] *Was it not I who already measured the course,* i. e. *strove for the prize* (die Bahn maß) *with the one from Thermopilæ and with the lofty one of the seven hills.* These are again circumlocutions for the Grecian and the Roman muses. [15] Rühre ... sie vor mir, *touch them* (i. e. die Palmen) *before me, if thy genius commands it; but if thou seizest them* (wenn du sie fassest), *I will then at once seize the crown too* (faß' ich dann gleich die Kron' auch). [16] *Then, O then, may thy breath* (dein Athem) *attain* (lit. *breathe upon*) *my loose-streaming tresses.* [17] *The wide career smoked up like clouds.* [18] *Past the oak billowed* (wehte).

6

9. Des Sängers Fluch.

B: lade

Es stand[1] in alten Zeiten ein Schloß so hoch und hehr,
Weit glänzt es über die Lande bis an das blaue Meer,
Und rings[2] von duft'gen Gärten ein blüthenreicher Kranz,
Drin[3] sprangen frische Brunnen in Regenbogenglanz.

Dort saß ein stolzer König, an Land und Siegen reich;
Er saß auf seinem Throne so finster und so bleich.
Denn was er sinnt, ist Schrecken, und was er blickt, ist Wuth,
Und was er spricht, ist Geißel, und was er schreibt, ist Blut.

Einst zog[4] nach diesem Schlosse ein edles Sängerpaar,
Der Ein' in goldnen Locken, der Andre grau von Haar;
Der Alte mit der Harfe, der saß[5] auf schmuckem Roß,
Es[6] schritt ihm frisch zur Seite der blühende Genoß.

Der Alte sprach zum Jungen: „Nun sei bereit, mein Sohn!
Denk unsrer tiefsten Lieder, stimm an[7] den vollsten Ton;
Nimm alle Kraft zusammen[8], die Lust und auch den Schmerz!
Es gilt uns[9] heut zu rühren des Königs steinern Herz."

Schon stehn die beiden Sänger im hohen Säulensaal,
Und auf dem Throne sitzen der König und sein Gemahl;
Der König furchtbar prächtig[10] wie blut'ger Nordlichtschein,
Die Königinn süß und milde, als blickte Vollmond drein[11].

Da schlug[12] der Greis die Saiten, er schlug sie wundervoll,
Daß reicher, immer reicher der Klang zum Ohre schwoll[13],
Dann strömte himmlisch helle[14] des Jünglings Stimme vor[15],
Des Alten Sang dazwischen wie dumpfer Geisterchor[16].

9.

[1] *There stood.* On this use of the es see Gr. p. 429, obs. 7. [2] The verb must be supplied: *and around it there was*, or, *it was encircled by, a bloomy wreath of fragrant gardens* (ein blüthenreicher Kranz von duft'gen Gärten). [3] For darin, *within them.* [4] Ziehen, *to journey, to go.* [5] Der saß, *he sat.* [6] Is expletive: *his youthful companion walked briskly by his side* (schritt ihm frisch zur Seite). [7] Anstimmen, *to begin* (in singing). [8] Lit. *take all your powers together.* i. e. *exert your utmost power.* [9] *It concerns us, the question, our aim*

Sie singen von Lenz und Liebe, von sel'ger goldner Zeit
Von Freiheit, Männerwürde, von Treu' und Heiligkeit,
Sie singen von allem Süßen, was Menschenbrust durchbebt,
Sie singen von allem Hohen, was Menschenherz erhebt.

Die Höflingsschaar im Kreise verlernet jeden Spott,
Des Königs trotz'ge Krieger sie beugen sich vor Gott,
Die Königinn, zerflossen in Wehmuth und in Lust[17],
Sie wirft den Sängern nieder die Rose von ihrer Brust.

„Ihr habt mein Volk verführet, verlockt ihr nun mein Weib?"
Der König schreit es wüthend, er bebt am ganzen Leib,
Er wirft sein Schwert, das blitzend des Jünglings Brust durch-
dringt,
Draus[18], statt der goldnen Lieder, ein Blutstrahl hochauf springt.

Und wie vom Sturm zerstoben[19] ist all der Hörer Schwarm,
Der Jüngling hat verröchelt in seines Meisters Arm,
Der schlägt um ihn den Mantel[20] und setzt ihn auf das Roß,
Er bind't ihn aufrecht feste, verläßt mit ihm das Schloß.

Doch vor dem hohen Thore, da hält[21] der Sängergreis,
Da faßt er seine Harfe, sie aller Harfen Preis[22];
An einer Marmorsäule, da hat er sie zerschellt,
Dann ruft er, daß es schaurig durch Schloß und Gärten gellt:

„Weh' euch, ihr stolzen Hallen! nie töne süßer Klang[23]
Durch eure Räume wieder, nie Saite noch Gesang,
Nein, Seufzer nur und Stöhnen und scheuer Sklavenschritt,
Bis euch zu Schutt und Moder der Rachegeist zertritt!

---

is. [10] Furchtbar is an adverb, see Gr. p. 413, 3d: *fearfully splendid, in fearful splendour.* [11] *As if the full moon looked on.* [12] Schlagen, *to strike.* [13] Schwellen, *to swell.* [14] *With heavenly clearness.* [15] May be taken in the sense of hervor, *forth.* [16] *Like a distant* (lit. *low, muffled*) *spirit-chorus.* [17] Zerflossen in Wehmuth und in Lust, *dissolved in sadness and pleasure* [18] Daraus, *out of which* (i. e. die Brust), *instead of the golden songs, a stream of blood gushes forth* (hochauf springt). [19] *And as if scattered by the storm;* zerstoben from zerstieben, *to dissipate, scatter like dust.* [20] Der schlägt um ihn den Mantel, *he wrapped around him, enveloped him, in his cloak.* [21] *There stops* (hält) *the gray-haired minstrel.* [22] Sie aller Harfen Preis, *that*

Weh euch, ihr duft'gen Gärten im holden Maienlicht!
Euch zeig' ich dieses Todten entstelltes Angesicht,
Daß ihr darob verdorret[24], daß jeder Quell versiegt,
Daß ihr in künft'gen Tagen versteint, verödet liegt.

Weh dir, verruchter Mörder, du Fluch des Sängerthums!
Umsonst sei all dein Ringen nach Kränzen blut'gen Ruhms[25],
Dein Name sei vergessen, in ew'ge Nacht getaucht,
Sei[26] wie ein letztes Röcheln in leere Luft verhaucht!"

Der Alte hat's gerufen, der Himmel hat's gehört,
Die Mauern liegen nieder[27], die Hallen sind zerstört,
Noch eine hohe Säule zeugt von verschwundner Pracht,
Auch diese, schon geborsten, kann stürzen über Nacht.

Und rings, statt duft'ger Gärten, ein ödes Heideland:
Kein Baum verstreuet Schatten, kein Quell durchdringt den Sand,
Des Königs Namen meldet kein Lied, kein Heldenbuch;
Versunken und vergessen! das ist des Sängers Fluch.

Ludwig Uhland.

---

10. Arion[1].

Romanze.

Arion war der Töne Meister[2],
Die Zither lebt' in seiner Hand;
Damit ergötzt' er[3] alle Geister,
Und gern empfing[4] ihn jedes Land.
Er schiffte goldbeladen
Jetzt von Tarent's Gestaden,
Zum schönen Hellas heimgewandt.

---

prize (i. e. *most excellent*) *of all harps.* [23] *May never again sweet notes resound, &c.* [24] *That ye may wither beholding it* (darob, lit. *at it*). [25] *In vain be all thy striving for wreaths of bloody fame.* [26] *Be, like a dying groan* (letztes Röcheln), *lost in the empty air.* [27] *The walls are lying low.*

10.

[1] The fable, on which this ballad is founded, is recorded in the histories of Herodotus, book i, chap. 23, 24, the substance of which account is as fol-

Zum Freunde zieht ihn sein Verlangen,
Ihn liebt der Herrscher von Korinth.
Eh' in die Fremd' er ausgegangen[5],
Bat der ihn brüderlich gesinnt:
„Laß dir's[6] in meinen Hallen
Doch ruhig wohlgefallen!
Viel kann verlieren, wer gewinnt."

Arion sprach: „Ein wandernd Leben
Gefällt der freien Dichterbrust.
Die Kunst, die mir ein Gott gegeben,
Sie sei auch[7] vieler Tausend Lust.
An wohlerworbnen Gaben[8]
Wie werd' ich einst mich laben,
Des weiten Ruhmes froh bewußt!"

Er steht im Schiff am zweiten Morgen,
Die Lüfte wehen lind und warm.

---

lows: Arion, a native of Methymna, in Lesbos, was the most eminent musician and lyric poet of his day. After having sojourned for a long time at the court of Periander, tyrant of Corinth, his warm friend and patron, he felt desirous of visiting Italy and Sicily. He accordingly went to these countries, contrary to the advice of his friend, and, after amassing great wealth, he embarked again at Tarentum for home in a Corinthian ship. The mariners, allured by his riches, determined his destruction, giving him the alternative either of killing himself on board and then enjoying the benefit of a burial on shore, or of plunging into the sea immediately. He chose the latter, arrayed himself in his richest attire, and, after performing the so-called Orthian strain, he took the fatal leap. But a dolphin, charmed by his music, took him on his back and conveyed him safely to Tænarus, &c. Herodotus says, that Periander put the mariners to death. The poet deems banishment among barbarians, where "naught beautiful would ever charm their souls," the severest punishment that could be inflicted on them. [2] Gen. pl. *master of tones*, i. e. of music and of poetry, which among the ancients were combined. [3] *Wherewith he delights.* [4] Empfangen, *to receive.* [5] Supply war: *before he had gone abroad* (in die Fremd'); bat der ihn, &c., *he* (i. e. *the tyrant of Corinth*) *begged him with brotherly mind.* [6] Laß dir's doch ruhig wohlgefallen, *pray, do be quietly contented.* [7] *Let it* (i. e. die Kunst) *also be the delight of many thousands.* [8] *How I will on some future day* (einst) *enjoy* (mich laben) *the well-earned gifts* (an wohlerworbnen Gaben) *delighting in the consciousness* (froh bewußt) *of far-spread fame* (des weiten

„O Periander, eitle Sorgen[9].
Vergiß sie nun in meinem Arm!
Wir wollen mit Geschenken
Die Götter reich bedenken,
Und jubeln in der Gäste Schwarm.“ —

Es[10] bleiben Wind und See gewogen,
Auch nicht[11] ein fernes Wölkchen graut[12];
Er hat nicht allzuviel den Wogen,
Den Menschen allzuviel vertraut[13].
Er hört die Schiffer flüstern,
Nach seinen Schätzen lüstern;
Doch bald umringen sie ihn laut.

„Du darfst, Arion, nicht mehr leben:
Begehrst du[14] auf dem Land' ein Grab,
So mußt du hier den Tod dir geben;
Sonst wirf dich in das Meer hinab.“ —
„So wollt ihr mich verderben?
Ihr mögt mein Gold erwerben,
Ich kaufe[15] gern mein Blut euch ab[15].“ —

„Nein, nein, wir lassen dich nicht wandern,
Du wärst ein zu gefährlich Haupt[16].
Wo blieben wir[17] vor Periandern,
Verriethst du, daß wir dich beraubt?
Uns kann dein Gold nicht frommen[18],
Wenn, wieder heimzukommen,
Uns nimmermehr die Furcht erlaubt.“ —

Ruhmes). [9] *Needless* (*was thy*) *anxiety*, i. e. *for my safety*. [10] Expletive [11] *Not even.* [12] Lit. *turns gray*, i. e. *dims the sky*. [13] Vertraut belongs to both lines: *he has not confided too much to the waves*, (but) *to man*. [14] *If thou desirest to be buried on shore* (auf dem Land' ein Grab), *thou must kill thyself here* (hier den Tod dir geben); sonst, *else, otherwise*. [15] Abkaufen, *to purchase;* euch, *from you*. [16] *Head* in the sense of *person*. [17] *Where would we be safe;* verriethst du, *shouldst thou betray, disclose*. [18] *Thy money cannot profit us* (uns nicht frommen), *if fear shall never more permit us* (uns nimmermehr die Furcht erlaubt) *to return to our home* (wieder heimzukommen).

„Gewährt mir denn noch eine Bitte,
Gilt, mich zu retten, kein Vertrag[19]:
Daß ich nach Zitherspieler Sitte,
Wie ich gelebet, sterben mag.
Wenn ich mein Lied gesungen,
Die Saiten ausgeklungen[20],
Dann fahre hin des Lebens Tag.“ —

Die Bitte kann sie nicht beschämen,
Sie denken nur an den Gewinn.
Doch solchen Sänger zu vernehmen,
Das reizet ihren wilden Sinn.
„Und wollt ihr ruhig lauschen,
Laßt mich die Kleider tauschen;
Im Schmuck nur reißt Apoll mich hin[21].“

Der Jüngling hüllt die schönen Glieder
In Gold und Purpur wunderbar,
Bis auf[22] die Sohlen wallt hernieder
Ein leichter faltiger Talar;
Die Arme zieren Spangen,
Um Hals und Stirn und Wangen
Fliegt duftend das bekränzte Haar.

Die Zither ruht in seiner Linken,
Die Rechte hält das Elfenbein;
Er scheint erquickt die Luft zu trinken[23],
Er strahlt im Morgensonnenschein.
Es[10] staunt der Schiffer Bande;
Er schreitet vorn zum Rande,
Und sieht ins blaue Meer hinein.

---

19 Gilt kein Vertrag, *if no compromise to save me can avail me, if you will listen to no compromise.* 20 *And if my chords have ceased to vibrate* (ausgeklungen, i. e. haben); dann fahre hin, *then farewell to.* 21 Hinreißen, *to inspire*, lit. *to carry away: Apollo inspires me only* (*when I am robed*) *in my best attire* (im Schmuck). 22 Bis auf, *down to.* 23 *He appears with delight* (erquickt)

Er sang: „Gefährtinn meiner Stimme[24]!
Komm, folge mir ins Schattenreich!
Ob auch[25] der Höllenhund ergrimme,
Die Macht der Töne zähmt ihn gleich.
Elysiums Heroen[26],
Dem dunkeln Strom entflohen!
Ihr Friedlichen, schon grüß' ich euch!

Doch könnt ihr mich des Grams entbinden?
Ich lasse meinen Freund[27] zurück.
Du gingst[28], Eurydicen zu finden;
Der Hades barg[29] dein süßes Glück.
Da wie ein Traum zerronnen[30],
Was dir dein Lied gewonnen,
Verfluchtest du der Sonne Blick.

Ich muß hinab, ich will nicht zagen,
Die Götter schauen aus der Höh'.
Die ihr[31] mich wehrlos habt erschlagen,
Erblasset, wenn ich untergeh'!
Den Gast, zu euch gebettet,
Ihr Nereiden[32], rettet!" —
So sprang er in die tiefe See.

Ihn decken alsobald die Wogen,
Die sichern Schiffer segeln fort.
Delphine waren nachgezogen[33],
Als lockte sie ein Zauberwort;
Eh' Fluthen ihn ersticken,
Beut[34] einer ihm den Rücken,
Und trägt ihn sorgsam hin zum Port.

---

to drink the air. [24] I. e. *his cithern.* [25] Ob auch, *although* or *what if.* There is here an allusion to Orpheus who, by the sweet notes of his lyre, lulled even Cerberus to sleep. [26] *Ye heroes of Elysium, who have escaped* (entflo-hen) *the dismal stream,* i. e. *Cocytus.* [27] I. e. *Periander.* [28] *Thou didst go.* This and the rest of the stanza is addressed to Orpheus. [29] Bergen, *to conceal, hide.* [30] *When, like a dream, had vanished* (zerronnen) *she whom* (lit. *what*) *thy song had won, thou didst curse the light of the sun.* [31] *Ye who.*

Wo der Delphin sich sein entladen[35],
Der[36] ihn gerettet uferwärts,
Da wird[37] dereinst an Felsgestaden
Das Wunder aufgestellt in Erz.
    Jetzt, da sich jedes trennte[38]
    Zu seinem Elemente,
Grüßt ihn Arion's volles Herz:

„Leb' wohl, und könnt' ich[39] dich belohnen,
Du treuer, freundlicher Delphin!
Du kannst nur hier, ich dort nur wohnen,
Gemeinschaft ist uns nicht verlieh'n[40].
    Dich wird[41] auf feuchten Spiegeln
    Noch Galatea zügeln,
Du wirst sie stolz und heilig[42] ziehn."

Arion eilt nun leicht von hinnen[43],
Wie einst er in die Fremde fuhr[44];
Schon glänzen ihm Korinthus' Zinnen,
Er wandelt singend durch die Flur.
    Mit Lieb' und Lust geboren,
    Vergißt er, was verloren[45],
Bleibt ihm der Freund, die Zither, nur.

---

32 *Ye Nereides, save your guest* (rettet den Gast). 33 From nachziehen: *dolphins had followed them, as if charmed by a magic spell* (als lockte sie ein Zauberwort). 34 Beut (from bieten, poetical form for bietet) einer ihm den Rücken, *one of them offers him his back* (*to ride on*). 35 Sich sein entladen, *had discharged*, i. e. *landed him.* 36 Refers to Delphin: *who safely had brought him ashore* (uferwärts). 37 *There shall, at a future day* (dereinst), *a monument of this miracle* (das Wunder) *be reared of brass* (aufgestellt in Erz). A brazen statue, representing the poet on the dolphin's back, was subsequently consecrated in the temple of Neptune at Tænarus. 38 *When they parted, each* (jedes) *to his element.* 39 *Could I but, would that I could.* 40 Lit. *fellowship is not granted us*, i. e. *there can be none between us.* 41 *Thee Galatæa will yet rein* (zügeln) *over the smooth mirrors of the deep* (auf feuchten Spiegeln, lit *upon moist mirrors*). Galatæa is one of the Nereides or sea-nymphs 42 Among the ancients, dolphins were regarded as sacred to the sea-divinities: *thou, her consecrated servant, wilt convey her proudly* (stolz). 43 Von hinnen, *from hence.* 44 Fahren, here simply *to journey.* 45 Supply ist: *he forgets what he has lost;* bleibt ihm . . . nur, lit. *if there only remains to him,*

Er tritt hinein: „Vom Wanderleben
Nun ruh' ich, Freund, an deiner Brust.
Die Kunst, die mir ein Gott gegeben[46],
Sie wurde vieler Tausend Lust.
Zwar falsche Räuber haben
Die wohlerworbnen Gaben;
Doch bin ich mir des Ruhms bewußt[47]."

Dann spricht er von den Wunderdingen,
Daß Periander staunend horcht.
„Soll jenen solch ein Raub gelingen[48]?
Ich hätt' umsonst die Macht geborgt.
Die Thäter zu entdecken,
Mußt du dich hier verstecken,
So nah'n sie wohl sich unbesorgt[49]." —

Und als im Hafen Schiffer kommen,
Bescheidet er sie zu sich her[50].
„Habt vom Arion ihr vernommen?
Mich kümmert[51] seine Wiederkehr." —
„Wir ließen recht im Glücke[52]
Ihn in Tarent zurücke." —
Da, siehe! tritt Arion her[53].

Gehüllt sind seine schönen Glieder
In Gold und Purpur wunderbar,
Bis auf die Sohlen wallt hernieder
Ein leichter faltiger Talar;
Die Arme zieren Spangen,
Um Hals und Stirn und Wangen
Fliegt duftend das bekränzte Haar.

---

i. e. *provided he only retains his friend, the lyre.* [46] Supply hat: *has given.* [47] *Still I am conscious of my fame.* [48] *Shall they succeed in such a robbery!* (*If they did*) *I would have borrowed* (i. e. *usurped*) *my power in vain* (umsonst). Cypselus, the father of Periander, had obtained the government of Corinth by usurpation, hence the use of the term *borrowed.* [49] *Thus they will, no doubt, approach* (nahn sie wohl sich) *without suspicion* (unbesorgt). [50] *He summons them* (bescheidet sie) *to appear before him* (zu sich her). [51] *I am anxious about.* [52] *We left him in the best of health and fortune* (recht im Glü-

Die Zither ruht in seiner Linken,
Die Rechte hält das Elfenbein.
Sie müssen ihm zu Füßen sinken,
Es trifft sie, wie des Blitzes Schein[54].
„Ihn wollten wir ermorden;
Er ist zum Gotte worden[55]!
O schläng' uns nur die Erd' hinein[56]!"

„Er lebet noch, der Töne Meister[57]!
Der Sänger steht in heil'ger Hut.
Ich rufe nicht[58] der Rache Geister,
Arion will nicht euer Blut.
Fern mögt ihr zu Barbaren,
Des Geizes Knechte, fahren;
Nie labe Schönes euern Muth[59]!"

August Wilhelm Schlegel.

---

*1. Die sterbende Blume[1].

Hoffe! du erlebst es noch,
Daß der Frühling wiederkehrt.
Hoffen alle Blumen doch[2],
Die des Herbstes Wind verheert,
Hoffen mit der stillen Kraft
Ihrer Knospen winterlang,
Bis sich wieder regt der Saft[3]
Und ein neues Grün entsprang. —

---

cke). [53] Tritt her, *steps forth, enters.* [54] Lit. *it hits them like the lightning's shine,*i.e. *they stand as if transfixed by a thunderbolt.* [55] *He has become a god.* [56] The subjunctive here expresses a wish: *would that earth would swallow us up.* [57] This last stanza is the language of Periander. [58] *I invoke not* [59] *Never may aught beautiful delight your souls* (lit. *courage*).

11.

[1] This poem consists of a dialogue between the poet or some other person and a dying flower, in which at first the repinings of the latter at her cruel fate, which would presently doom her to annihilation, and at last her resignation and grateful acknowledgment of all she had received from the great Source of terrestrial light and life, are most beautifully delineated. Rückert

„Ach, ich bin kein starker Baum,
Der ein Sommertausend lebt,
Nach verträumtem Wintertraum[4]
Neue Lenzgedichte webt.
Ach, ich bin die Blume nur,
Die des Maies Kuß geweckt[5],
Und von der nicht bleibt die Spur[6],
Wie das weiße Grab sie deckt.“ —

Wenn du dann die Blume bist,
O bescheidenes Gemüth,
Tröste dich, beschieden ist[7]
Samen allem, was da blüht.
Laß den Sturm des Todes doch[8]
Deinen Lebensstaub verstreun,
Aus dem Staube wirst du noch
Hundertmal dich selbst erneu'n. —

„Ja, es werden nach mir blühn
Andre, die mir ähnlich sind;
Ewig ist das Ganze grün[9],
Nur das Einzle welkt geschwind.
Aber sind sie[10], was ich war,
Bin ich selber es nicht mehr;
Jetzt nur bin ich ganz und gar,
Nicht zuvor und nicht nachher.

---

has justly acquired a very high reputation as a lyric poet, and this piece may serve as a pretty fair specimen of his style and genius. [2] Doch is one of those particles which are not easily translated. It here implies a *supposition*, namely, that the statement given in the sentence is something well known: *do not all the trees hope? dost thou not know that they do?* implying that she does. [3] *Until their sap stirs again and a new verdure buds forth;* entsprang is properly the imperf. of entspringen. [4] Lit. *after its dreamed winter-dream*, i. e. *after its winter-dream is over.* [5] Supply hat: *which the kiss of May has waked*, i. e. *called into existence.* [6] *And of which* (und von der) *no trace remains, as soon as* (wie) *&c.* [7] Beschieden ist Samen, *seed is allotted, assigned;* was da, *whatever.* [8] Laß doch . . . zerstreun, *do let . . . scatter, never mind if . . . does scatter.* [9] *The whole* (das Ganze), *forever green, it's only the individual* (das Einzle) *that quickly fades.* [10] Supply *if: if they*

Wenn einst sie der Sonne Blick
Wärmt, der[1] jetzt noch mich durchflammt,
Lindert das nicht mein Geschick,
Das mich nun zur Nacht verdammt.
Sonne, ja du äugelst[12] schon
Ihnen in die Ferne zu[12];
Warum noch mit frost'gem Hohn
Mir aus Wolken lächelst du?

Weh' mir, daß ich dir vertraut[13],
Als mich wach geküßt dein Strahl[14],
Daß ins Aug' ich dir geschaut,
Bis es mir das Leben stahl[15]!
Dieses Lebens armen Rest[16]
Deinem Mitleid zu entziehn,
Schließen will ich krankhaft fest
Mich in mich und dir entfliehn.

Doch du schmelzest[17] meines Grimms
Starres Eis in Thränen auf[17];
Nimm mein fliehend Leben, nimm's,
Ewige, zu dir hinauf!
Ja, du sonnest[18] noch den Gram
Aus der Seele mir zuletzt;
Alles, was von dir mir kam,
Sterbend dank' ich dir es jetzt:

Aller Lüfte Morgenzug[19],
Dem ich sommerlang gebebt,
Aller Schmetterlinge Flug,
Die um mich in Tanz geschwebt,

---

are, what I was, then I myself am so no more, now only I really am (bin ich ganz und gar). [11] Refers to Blick: *which now still flashes through me.* [12] Zuäugeln, *to ogie* (with the dative); in die Ferne, *from afar.* [13] Supply habe, [14] *When thy ray did kiss me awake,* i. e. *into life* (wach geküßt). [15] Stehlen, *to steal.* [16] *To withdraw* (zu entziehn) *the poor remnant of this life from thy sympathy* (deinem Mitleid), *I will with feverish firmness* (krankhaft fest) *wrap myself up in self* (mich in mich schließen) *and escape from thee* (dir entfliehn). [17] Aufschmelzen, *to melt.* [18] *Yes, thou wilt at last yet sun* (sonnest noch zuletzt)

Augen, die mein Glanz erfrischt,
Herzen, die mein Duft erfreut,
Wie[20] aus Duft und Glanz gemischt,
Du mich schufst, dir dank ich's heut'.

Eine Zierde deiner Welt,
Wenn auch eine kleine nur[21],
Ließest du mich blühn im Feld
Wie die Stern' auf höhrer Flur.
Einen[22] Odem hauch' ich noch,
Und er soll kein Seufzer sein,
Einen Blick zum Himmel hoch
Und zur schönen Welt hinein.

Ew'ges Flammenherz der Welt,
Laß verglimmen mich an dir[23]!
Himmel, spann dein blaues Zelt,
Mein vergrüntes[24] sinket hier.
Heil, o Frühling, deinem Schein,
Morgenluft, Heil deinem Wehn!
Ohne Kummer schlaf' ich ein,
Ohne Hoffnung aufzustehn[25]."

Friedrich Rückert.

---

my grief out of my soul (aus der Seele mir). [19] *The morning course of every breeze*, or simply, (*for*) *all the morning breezes ;* dem ich sommerlang gebebt, i. e. habe, *to which I trembled all summer*. In the following lines the auxiliary is likewise to be supplied with geschwebt, erfrischt and erfreut. [20] *As a mixture of fragrance and splendour* (aus Duft und Glanz gemischt), *thou didst create me* (du mich schufst) ; *for all this I thank thee to-day* (dir dank ich's heut'). [21] Wenn auch eine kleine nur, *though it was but a small* (*humble*) *one.* [22] Einen . . . noch, *but one more.* [23] Lit. *let me expire on thee*, i. e. *do thou receive my expiring breath*. The verb verglimmen is properly applied to the gradual going out or extinction of a flame. [24] I. e. Zelt: *my faded one is sinking here.* [25] *Without the hope of rising again.*

Vierter Abschnitt.

12. Der Taucher[1].

Ballade.

„Wer wagt es, Rittersmann oder Knapp'[2],
Zu tauchen in diesen Schlund?
Einen goldenen Becher werf ich hinab;
Verschlungen schon hat ihn der schwarze Mund[3].
Wer mir[4] den Becher kann wieder zeigen,
Er mag ihn behalten; er ist sein eigen."

12.

[1] Like most poems of the kind, this ballad is founded on, or rather occasioned by, a historical event. Tieck in his „Wassermensch," Kircher in his „Unterirdische Welt" (quoted by Götzinger), and Alexander ab Alexandro in his "*Dies geniales*" (quoted by Schmidt), make mention of a Nicolas, surnamed the Fish, who, from a singular constitution of his nature, found the watery element so congenial, nay, necessary to his existence, that he could hardly live for a day without being in the sea. Many wonderful incidents are recorded of him, such as swimming from one island to another (in the Mediterranean) on an errand of carrying letters, swimming 500 stadia in a heavy gale, hailing and stopping with mariners on the high sea, &c. &c. This diving feat is said to have occurred on some great festival. The king is Frederick of Naples and Sicily, about A. D. 1500, who, curious to become acquainted with the mysterious depths of Charybdis, prevailed on Nicolas to explore it. The historical diver, in every other respect quite an ordinary man, is remarkable only for his extraordinary skill, which was natural to him; he dives, moreover, from purely selfish motives, for the gold that is offered him, and perishes without our sympathy. Schiller's hero, on the other hand, is one of the retinue of the king, adorned with all the ornaments of youth, of beauty, of a generous ambition, and undaunted courage, in a word, he is an *ideal, a poetical* character, and as such addresses our warmest sympathies and admiration. The king's daughter, as the prize of the second plunge, is also purely an addition of the poet. Thus we see, that in producing this admirable poem, the author has exercised that unquestionable prerogative of every true artist, in handling materials derived from history or tradition, namely, to add or reject wherever and whatever his design may require him to add or reject; thus making the event merely the basis on which he rears an ideal structure, perfect as a whole and harmonious in all its parts. Bulwer is the author of a very spirited English version of this poem, from which several passages (distinguished by quotation marks) are given in the notes. [2] Rittersmann oder Knapp, *be he knight or squire.* [3] Verschlungen schon, &c., *the dark mouth has already devoured it;* verschlungen

Der König spricht es und wirft von der Höh'[5]
Der Klippe, die schroff und steil
Hinaus hängt in die unendliche See,
Den Becher in der Charybde Geheul[6].
„Wer ist der Beherzte, ich frage wieder,
Zu tauchen in diese Tiefe nieder?"

Und die Ritter, die Knappen um ihn her[7]
Vernehmen's und schweigen still,
Sehen hinab in das wilde Meer,
Und Keiner den Becher gewinnen will.
Und der König zum dritten Mal[8] wieder fraget:
„Ist Keiner, der sich hinunter waget?"

Doch Alles noch stumm bleibt wie zuvor;
Und ein Edelknecht, sanft und keck[9],
Tritt aus[10] der Knappen zagendem Chor,
Und den Gürtel wirft er, den Mantel weg[11].
Und alle die Männer umher und Frauen
Auf den herrlichen Jüngling verwundert schauen.

Und wie er tritt an des Felsen Hang[12]
Und blickt in den Schlund hinab:
Die Wasser[13], die sie hinunterschlang,
Die Charybde jetzt brüllend wieder gab,
Und wie mit des fernen Donners Getose,
Entstürzen sie schäumend dem finsteren Schooße.

---

from verschlingen. [4] *Whoever.* [5] Von der Höh' der Klippe, &c., *from the lofty cliff which rugged and steep* (schroff und steil) *hangs over the verge* (hinaushängt in) *of the endless sea.* [6] *Into the howling Charybdis,* lit. *the howling of Charybdis.* [7] Um ihn her, *around him.* [8] Zum dritten Mal, *for the third time.* [9] Sanft und keck, *gentle, though fearless.* [10] Tritt aus, &c., *steps out of the tremulous train of the squires.* [11] Lit. *and the girdle he throws, the mantle away,* "*unbuckles his girdle and doffs his mantle.*" [12] *And as he stepped to the marge of the rock* (an des Felsen Hang). [13] Lit. *the waters, which she before had engulfed* (die sie hinunterschlang), *the Charybdis now roaringly threw up again* (brüllend wieder gab), "*and as with the distant thunder's rumbling* (des fernen Donners Getose), *from its gloomy lap* (dem finsteren Schooße), *they*

Und es wallet und siedet und brauset und zischt[14],
Wie wenn Wasser mit Feuer sich mengt.
Bis[15] zum Himmel spritzet der dampfende Gischt,
Und Fluth auf Fluth sich ohn' Ende drängt,
Und will sich nimmer erschöpfen und leeren,
Als wollte das Meer noch ein Meer gebären.

Doch endlich, da legt sich die wilde Gewalt,
Und schwarz aus dem weißen Schaum
Klafft hinunter[16] ein gähnender Spalt,
Grundlos, als ging's[17] in den Höllenraum,
Und reißend sieht man die brandenden Wogen
Hinab in den strudelnden Trichter gezogen[18].

Jetzt schnell, eh' die Brandung wiederkehrt,
Der Jüngling sich Gott befiehlt,
Und — ein Schrei des Entsetzens wird rings gehört,
Und schon hat ihn der Wirbel hinweggespült[19],
Und geheimnißvoll über den kühnen Schwimmer
Schließt sich der Rachen[20]; er zeigt sich nimmer.

Und stille wird's[21] über dem Wasserschlund,
In der Tiefe nur brauset es hohl[22],
Und bebend hört man von Mund zu Mund:
„Hochherziger Jüngling, fahre wohl!"

---

came foaming and tumbling" (entstürzen sie schäumend). [14] This description of the whirlpool has been greatly admired, and is so much the more remarkable, as Schiller had never seen any real phenomenon of the kind, not even a waterfall. It reminds us of Homer's spirited delineation of Charybdis (Odyssey, book xii., v. 234–243), which the poet had made an object of special study, and to which he expresses his indebtedness. So vivid and truthful is this conception, that Goethe, on observing the Falls of the Rhine, called them a verification of the words: „und es wallet und siedet und brauset und zischt, and it bubbles and seethes, and it hisses and roars." [15] The rest of this stanza is rendered by Bulwer thus: "*and the spray of its wrath to the welkin up soars, and flood upon flood hurries on, never ending, and it never* WILL *rest, nor from travail be free, like a sea that is labouring the birth of a sea.*" [16] Klafft hinunter ein gähnender Spalt, *down cleaves a yawning chasm.* [17] *As if it went.* [18] Hinab . . . gezogen, *drawn down into the gurgling funnel.* [19] *And already the eddy has swept him away* (hinweggespühlt). [20] Schließt sich der Rachen, *the giant-mouth* (*gorge*) *closes;* nimmer is here *no more*

Und hohler und hohler hört man's heulen,
Und es harrt noch[23] mit bangem, mit schrecklichem Weilen.

„Und wärfst du[24] die Krone selber hinein
Und sprächst: Wer mir bringet die Kron',
Er soll sie tragen und König sein!
Mich gelüstete nicht[25] nach dem theuern Lohn.
Was die heulende Tiefe da unten verhehle,
Das erzählt keine lebende, glückliche Seele.

Wohl manches Fahrzeug[26], vom Strudel gefaßt,
Schoß gäh[27] in die Tiefe hinab;
Doch zerschmettert nur[28] rangen sich Kiel und Mast
Hervor aus dem alles verschlingenden Grab." —
Und heller und heller, wie Sturmessausen,
Hört man's näher und immer näher brausen.

Und es wallet und siedet und brauset und zischt,
Wie wenn Wasser mit Feuer sich mengt.
Bis zum Himmel spritzet der dampfende Gischt,
Und Well' auf Well' sich ohn' Ende drängt,
Und wie mit des fernen Donners Getose,
Entstürzt es brüllend dem finstern Schooße.

Und sieh! aus dem finster fluthenden Schooß[29]
Da hebt sich's[30] schwanenweiß,
Und ein Arm und ein glänzender Nacken wird bloß,
Und es rudert mit Kraft und mit emsigem Fleiß,
Und er ist's, und hoch in seiner Linken
Schwingt er den Becher mit freudigem Winken.

---

[21] Und stille wird's, *silence reigns.* [22] Brauset es hohl, *it roars hollow and fell.* [23] Und es harrt noch mit, &c., *and it waits yet with anxious and frightful suspense.* The es in this line has reference to the spectators above; in the preceding lines it is again that mysterious es referred to before, representing here the *unknown cause* of the frightful commotion below. [24] *And if thou shouldst fling.* This is the language of one of the spectators, whom the poet introduces, to fill up the mute interval between the plunge and the re-appearance of the diver. [25] Mich gelüstete nicht nach, *I would not covet.* [26] *Full many a bark.* [27] *Darted headlong.* [28] *Yet bits only of the shivered keel and mast* (zerschmettert nur . . . Kiel und Mast) *would escape* (rangen sich hervor

Und athmete lang, und athmete tief,
Und begrüßte das himmlische Licht.
Mit Frohlocken es Einer dem Anderen rief:
„Er lebt! Er ist da! Es behielt ihn nicht!
Aus dem Grab, aus der strudelnden Wasserhöhle
Hat der Brave gerettet die lebende Seele.“

Und er kommt; es umringt ihn die jubelnde Schaar
Zu des Königs Füßen er sinkt.
Den Becher reicht er ihm knieend dar,
Und der König der lieblichen Tochter winkt.
Die füllt ihn mit funkelndem Wein bis zum Rande,
Und der Jüngling sich also zum König wandte:

„Lang lebe der König! Es freue sich[31],
Wer da athmet im rosigen Licht!
Da unten aber[32] ist's fürchterlich,
Und der Mensch versuche[33] die Götter nicht,
Und begehre nimmer und nimmer zu schauen,
Was sie gnädig bedecken mit Nacht und Grauen! —

Es riß mich hinunter blitzesschnell,
Da stürzt' mir[34] aus felsichtem Schacht
Wildfluthend entgegen ein reißender Quell;
Mich packte des Doppelstroms wüthende Macht,
Und wie einen Kreisel mit schwindelndem Drehen[35]
Trieb mich's um, ich konnte nicht widerstehen.

Da zeigte mir Gott, zu dem ich rief,
In der höchsten schrecklichen Noth,
Aus der Tiefe ragend ein Felsenriff;
Das erfaßt' ich behend und entrann[36] dem Tod.

---

from the all-devouring grave. [29] Aus dem finster fluthenden Schooß, lit. *from the dark billowing lap, "from the heart of that far floating gloom."* [30] *There it rises.* [31] Es freue sich, wer da athmet, *happy is he* (lit. *let him rejoice*) *who breathes in this rosy light.* [32] *But under there.* [33] Und der Mensch versuche nicht, *let man not tempt.* The verb is in the imperative. [34] *Then plunged upon me* (stürzt' mir entgegen) *the gush of a torrent* (ein reißender Quell), *wildly heaving* (wildfluthend) *out of the rocky shaft* (aus felsichtem Schacht) [35] *And like a top* (Kreisel), *with dizzy whirling* (mit schwindelndem Drehen),

Und da hing[37] auch der Becher an spitzen Korallen
Sonst wär' er ins Bodenlose gefallen[38].

Denn unter mir lag's noch bergetief
In purpurner Finsterniß da,
Und ob's hier dem Ohre gleich ewig schlief[39],
Das Auge mit Schaudern hinuntersah,
Wie's[40] von Salamandern und Molchen und Drachen
Sich regt' in dem furchtbaren Höllenrachen.

Schwarz wimmelten da[41] in grausem Gemisch,
Zu scheußlichen Klumpen geballt,
Der stachlichte Roche, der Klippenfisch,
Des Hammers gräuliche Ungestalt,
Und dräuend wies[42] mir die grimmigen Zähne
Der entsetzliche Hai, des Meeres Hyäne[43].

Und da hing ich[44], und war's mir mit Grausen bewußt,
Von der menschlichen Hülfe so weit,
Unter Larven die einzige fühlende Brust,
Allein in der gräßlichen Einsamkeit,
Tief unter dem Schall der menschlichen Rede,
Bei den Ungeheuern der traurigen Oede.

Und schaudernd dacht' ich's, da kroch's heran[45],
Regte hundert Gelenke zugleich[46],
Will schnappen nach mir; in des Schreckens Wahn
Laß ich los[47] der Koralle umklammerten Zweig,
Gleich faßt mich der Strudel mit rasendem Toben;
Doch es war mir zum Heil[48], er riß mich nach oben.'

---

it spun me about (trieb mich's um). [36] Entrinnen, *to escape.* [37] Hängen, *to hang.* [38] Sonst wär er ... gefallen, *else it would have gone down;* ins Bodenlose, *into the bottomless, eternally.* [39] Lit. *and although* (obgleich), *to the ear, here it slept for ever,* i. e. *though all was here dead to the ear,* the monsters of the deep having no voice. [40] Wie's ... sich regt, *how it moves, is alive,* i. e. *what a groping, crawling.* [41] *Darkly swarmed there in frightful medley* (in grausem Gemisch), *clumped together in hideous masses* (zu scheußlichen Klumpen geballt). [42] Weisen, *to show.* [43] *The hyena of ocean.* [44] *And there hung I with the fearful consciousness* (und war's mir mit Grausen

Der König darob sich verwundert schier[49],
Und spricht: „Der Becher ist dein!
Und diesen Ring noch bestimm' ich dir,
Geschmückt mit dem köstlichsten Edelgestein:
Versuchst du's noch einmal[50] und bringst mir Kunde,
Was du sahst auf des Meeres tiefunterstem[51] Grunde."

Das hörte die Tochter mit weichem Gefühl,
Und mit schmeichelndem Munde sie fleht:
„Laßt, Vater, genug sein das grausame Spiel!
Er hat euch bestanden, was Keiner besteht[52],
Und könnt ihr des Herzens Gelüsten nicht zähmen,
So mögen die Ritter den Knappen beschämen."

Drauf der König greift nach[53] dem Becher schnell,
In den Strudel ihn schleudert hinein;
„Und schaffst du[54] den Becher mir wieder zur Stell',
So sollst du der trefflichste Ritter mir sein,
Und sollst sie als Ehgemahl heut' noch umarmen,
Die jetzt für dich bittet mit zartem Erbarmen."

Da ergreift's ihm die Seele mit Himmelsgewalt[55],
Und es blitzt aus den Augen ihm kühn,
Und er siehet erröthen die schöne Gestalt;
Und sieht sie erbleichen und sinken hin;
Da treibt's ihn, den köstlichen Preis zu erwerben,
Und stürzt sich hinunter auf Leben und Sterben[56].

---

bewußt, lit. *and was conscious of it with a shudder*) ; *that I was removed*, is to be supplied; von der menschlichen Hülfe so weit, *from all human help so far*. [45] Da kroch's heran, *then* IT *crawled up near*. We have here again the frightful, indefinite es spoken of above, by which the poet gives a vague outline of the ill-shaped and terrific monster, the polypus of the ancients [46] *Moved a hundred limbs at once, would snap at me* (will schnappen nach mir). [47] *I let go* (laß ich los) *the bough of the coral* (der Koralle Zweig), *to which I had clung* (umklammert). [48] *It was for my safety* (mir zum Heil); er riß mich nach oben, *it carried* (*swept*) *me upwards*. [49] *Was sheer amazed at it* (darob). [50] *If thou wilt try it once more*. [51] *Deep undermost*. [52] *He hath stood thee what no other would stand*. [53] Greift nach, *seizes, snatches at*. [54] Supply *if* zur Stelle schaffen, *to fetch*. [55] *Then it seizes his soul with a heavenly force*,

Wohl hört man die Brandung, wohl kehrt sie zurück,
Sie verkündigt der donnernde Schall;
Da bückt sich's hinunter mit liebendem Blick[47],
Es kommen, es kommen die Wasser all;
Sie rauschen herauf, sie rauschen nieder,
Den Jüngling bringt keines wieder.

Friedrich Schiller.

---

13. Der Kampf mit dem Drachen[1].

Was[2] rennt das Volk, was wälzt sich dort[3]
Die langen Gassen brausend fort?
Stürzt Rhodus unter Feuers Flammen?
Es rottet sich im Sturm zusammen[4],

---

and it flashed from his eyes (es blitzt aus den Augen ihm) *like fire* (kühn, lit *bold*). [56] Auf Leben und Sterben, *for life or death.* [57] *And it (fondly) bends over with loving look.* The es here stands for the maiden, the king's daughter.

13.

[1] The original event, which forms the basis of this poem, is recorded in the annals of the Order of Malta, by its two most prominent historians, Bosio and Vertot d'Aubœuf. Schiller has, on the whole, made but little alteration in the historical narrative, except that, no doubt for the sake of preserving the unity of the scene, he makes the interval between the punishment and the pardon but momentary, whereas really the knight was degraded from his order and sentenced to imprisonment, and pardoned subsequently only at the urgent intercession of his brother-knights. The evident aim of the poet is to give us a picture of the spirit and character of the earlier Christian chivalry, in which heroic valour was blended with, nay made subordinate to, humility and a childlike, unconditional obedience to law. That this is the leading idea of the piece, may be seen from the fact, that the description of the fight is introduced only by way of episode, and that the relation of grand master, as head and representative of the order, to an individual and culpable member of the same, moreover, the humiliating degradation of the latter and his final pardon, form, as it were, the foreground of the picture.—The grand master's name was Helion de Villeneuve, who occupied this post from 1323 to 1346; that of the hero, Dieudonné de Gozon, who, after the decease of his stern master, was elected in his stead. After his death, the words "Draconis Extinctor" were inscribed on his tomb, and the head of the monster was placed over the city gate, where it could be seen for ages afterwards. The Knights of the Order of St. John the Baptist, also called

Und einen Ritter, hoch zu Roß,
Gewahr' ich aus[5] dem Menschentroß,
Und hinter ihm, welch' Abentheuer!
Bringt man geschleppt[6] ein Ungeheuer;
Ein Drache scheint es von Gestalt,
Mit weitem Krokodilesrachen,
Und Alles blickt verwundert[7] bald
Den Ritter an und bald den Drachen.

Und tausend Stimmen werden laut:
„Das ist der Lindwurm, kommt und schaut,
Der Hirt und Heerden uns verschlungen[8]!
Das ist der Held, der ihn bezwungen[8]!
Viel Andre zogen[9] vor ihm aus,
Zu wagen den gewalt'gen Strauß,
Doch Keinen sah man wiederkehren;
Den kühnen Ritter soll man ehren!"
Und nach dem Kloster geht der Zug,
Wo St. Johann's des Täufers Orden,
Die Ritter des Spitals, im Flug[10]
Zu Rathe sind versammelt worden.

Und vor den edlen Meister tritt
Der Jüngling mit bescheidnem Schritt;
Nachdrängt das Volk mit wildem Rufen,
Erfüllend des Geländers Stufen.
Und jener nimmt das Wort[11] und spricht:

---

the Knights of the Hospital (see the concluding sentence of stanza 2d), were in possession of Rhodes from 1309 till 1522, when the island was recovered by the Saracens. Their subsequent seat was Malta. [2] For warum, *why.* [3] *What rolls through* (was wälzt sich) *yonder long streets* (die langen Gassen fort) *so fast and loud* (brausend, lit. *roaringly*). [4] Lit. *it crowds together like a storm*, i. e. *a mass of people chokes the ways tumultuously.* [5] Is here equivalent to *among.* [6] Lit. *they bring dragged*, simply *they drag.* [7] *And all look* (blickt verwundert an) *with astonishment now* (bald) *at the knight, now* (bald) *at the dragon.* [8] Supply hat: *which has devoured* (verschlungen hat); *who has conquered* (bezwungen hat). [9] Ausziehen, *to set out.* [10] Lit. *in flight*, i. e. *by a sudden call, had been summoned to council.* [11] Das Wort nehmen, *to com-*

„Ich hab' erfüllt die Ritterpflicht.
Der Drache, der das Land verödet,
Er liegt von meiner Hand getödtet.
Frei ist dem Wanderer der Weg;
Der Hirte treibe[12] ins Gefilde;
Froh walle auf dem Felsensteg
Der Pilger zu dem Gnadenbilde."

Doch strenge blickt der Fürst ihn an
Und spricht: „Du hast als Held gethan[13]
Der Muth ist's, der den Ritter ehret,
Du hast den kühnen Geist bewähret;
Doch sprich! Was ist die erste Pflicht
Des Ritters, der für Christum ficht[14],
Sich schmücket mit des Kreuzes Zeichen?"
Und Alle rings herum erbleichen.
Doch er, mit edlem Anstand, spricht,
Indem er sich erröthend neiget:
„Gehorsam[15] ist die erste Pflicht,
Die ihn des Schmuckes würdig zeiget." —

„Und diese Pflicht, mein Sohn," versetzt
Der Meister, „hast du frech verletzt.
Den Kampf, den das Gesetz versaget,
Hast du mit frevlem Muth gewaget!" —
„Herr, richte, wenn du alles weißt,"
Spricht jener mit gesetztem Geist,
„Denn des Gesetzes Sinn und Willen[16]
Vermeint' ich treulich zu erfüllen.
Nicht unbedachtsam zog ich hin,
Das Ungeheuer zu bekriegen;
Durch List und kluggewandten Sinn[17]
Versucht' ich's, in dem Kampf zu siegen.

---

mence speaking. 12 *May drive* (*his flocks*), the subjunctive. 13 *Thou hast acted as a hero should*, or, *thy deed is brave.* 14 Fechten, *to fight.* 15 *Obedience*, *poverty*, and *chastity* were the three vows which the Knights of St. John were obliged to make. 16 *The law's intent and meaning* 17 *With art*

Fünf unsers Ordens waren schon[18],
Die Zierden der Religion,
Des kühnen Muthes Opfer worden,
Da wehrtest du den Kampf dem Orden.
Doch an dem Herzen nagten mir
Der Unmuth und die Streitbegier,
Ja selbst im[19] Traum der stillen Nächte
Fand ich mich keuchend im Gefechte,
Und wenn der Morgen dämmernd kam,
Und Kunde gab[20] von neuen Plagen,
Da faßte mich ein wilder Gram,
Und ich beschloß[21], es frisch zu wagen.

Und zu mir selber sprach ich dann:
Was schmückt den Jüngling, ehrt den Mann,
Was leisteten die tapfern Helden[22],
Von denen uns die Lieder melden?
Die zu der Götter Glanz und Ruhm[23]
Erhub das blinde Heidenthum?
Sie reinigten von Ungeheuern
Die Welt in kühnen Abentheuern,
Begegneten im Kampf den Leu'n
Und rangen[24] mit den Minotauren,
Die armen Opfer zu befrein,
Und ließen sich das Blut nicht dauren[25].

Ist nur der Sarazen es werth,
Daß ihn bekämpft des Christen Schwert?

---

and deep intelligence (kluggewandten Sinn) *I sought to be victorious in the contest* (in dem Kampf zu siegen). [18] Waren schon . . . worden (for geworden) *had already become;* des kühnen Muthes Opfer, *the victims of bold prowess* [19] Selbst im, *even in.* [20] Und Kunde gab, *and brought intelligence.* [21] Beschließen, *to resolve.* [22] *What did those valiant heroes achieve* (leisteten), *of whom songs make mention to us* (von denen uns die Lieder melden). The songs alluded to are the heroic odes and epopees of the Greeks. Their most prominent heroes, who fought with and subdued wild beasts and monsters, are Theseus and Hercules. [23] *Whom the blind pagans* (das blinde Heidenthum) *elevated to the splendour and dignity of gods.* [24] Ringen, *to wrestle*

Bekriegt er[26] nur die falschen Götter?
Gesandt ist er der Welt zum Retter[27]!
Von jeder Noth und jedem Harm
Befreien muß sein starker Arm;
Doch seinen Muth muß Weisheit leiten,
Und List muß mit[28] der Stärke streiten.
So sprach ich oft und zog allein,
Des Raubthiers Fährte zu erkunden.
Da flößte[29] mir der Geist es ein;
Froh rief ich aus: Ich hab's gefunden.

Und trat zu dir und sprach das Wort:
Mich zieht es nach der Heimath fort[30].
Du, Herr, willfahrtest meinen Bitten,
Und glücklich war das Meer durchschnitten[31].
Kaum stieg[32] ich aus am heim'schen Strand,
Gleich ließ ich[33] durch des Künstlers Hand,
Getreu den wohlbemerkten Zügen[34],
Ein Drachenbild zusammenfügen.
Auf kurzen Füßen wird die Last
Des langen Leibes aufgethürmet;
Ein schuppig Panzerhemd umfaßt
Den Rücken, den es furchtbar schirmet.

Lang strecket sich der Hals empor[35],
Und gräßlich, wie ein Höllenthor,
Als schnappt' er gierig nach der Beute[36],
Eröffnet sich des Rachens Weite;
Und aus dem schwarzen Schlunde dräun
Der Zähne stachelichte Reih'n;

---

[25] Sich etwas dauern lassen, *to grudge, to be stingy of anything.* [26] *He*, i. e *the Christian.* [27] *He has been sent to be the deliverer of the world.* [28] Here: *in connection with.* [29] Einflößen, *to suggest.* [30] Lit. *it draws me away to my home*, i. e. *I feel an impulse (inward necessity) to return.* [31] War das Meer durchschnitten, *the sea was passed* (lit. *cut*). [32] Aussteigen, *to disembark, land.* [33] Ließ ich, *I ordered.* [34] The noun (den Zügen) is in the dative: *true to the well-marked features.* [35] *The long neck stretches out before.* [36] *As if it greedily* (gierig) *snapped at its prey, the wide gorge opens* (eröffnet sich des

Die Zunge gleicht des Schwertes Spitze,
Die kleinen Augen sprühen Blitze;
In eine Schlange endigt sich
Des Rückens ungeheure Länge,
Rollt um sich selber fürchterlich,
Daß es um Mann und Roß sich schlänge[37].

Und alles bild' ich nach[38] genau,
Und kleid' es in ein scheußlich Grau;
Halb Wurm erschien's[39], halb Molch und Drache,
Gezeuget in der gift'gen Lache;
Und als das Bild vollendet war,
Erwähl' ich mir ein Doggenpaar,
Gewaltig, schnell, von flinken Läufen[40],
Gewohnt, den wilden Ur zu greifen.
Die hetz' ich auf den Lindwurm an[41],
Erhitze sie zu wildem Grimme,
Zu fassen ihn mit scharfem Zahn,
Und lenke sie mit meiner Stimme.

Und wo des Bauches weiches Vließ[42]
Den scharfen Bissen Blöße ließ,
Da reiz' ich sie, den Wurm zu packen,
Die spitzen Zähne einzuhacken[43].
Ich selbst, bewaffnet mit Geschoß,
Besteige mein arabisch Roß,
Von adelicher Zucht entstammet;
Und als ich seinen Zorn entflammet,
Rasch auf den Drachen spreng' ich's los[44],
Und stachl' es mit dem scharfen Sporn,
Und werfe zielend mein Geschoß,
Als wollt' ich die Gestalt durchbohren.

Rachens Weite). [37] Daß es sich schlänge um, &c., *as if it would coil around* (*seize in its fold*) *both man and horse.* [38] Nachbilden, *to imitate.* [39] *Half worm it seemed* (erschien's), &c. [40] *Strong* (gewaltig), *nimble* (schnell), *fleet* (von flinken Läufen). [41] Die hetz' ich an, *these I let loose on.* [42] *And where the belly's softer fleece advantage gave* (Blöße ließ) *to their sharp bites* (den schar-

Ob auch das Roß sich grauend bäumt[45]
Und knirscht und in den Zügel schäumt,
Und meine Doggen ängstlich stöhnen, —
Nicht rast' ich, bis sie sich gewöhnen.
So üb' ich's aus mit Emsigkeit,
Bis dreimal sich der Mond erneut,
Und als sie jedes recht begriffen[46],
Führ' ich sie her auf schnellen Schiffen.
Der dritte Morgen ist es nun,
Daß mir's gelungen[47], hier zu landen;
Den Gliedern gönnt' ich kaum[48] zu ruhn,
Bis ich das große Werk bestanden[49].

Denn heiß erregte mir das Herz
Des Landes frisch erneuter Schmerz:
Zerrissen fand man jüngst die Hirten,
Die nach dem Sumpfe sich verirrten.
Und ich beschließe rasch die That,
Nur von dem Herzen nehm' ich Rath.
Flugs unterricht' ich meine Knappen,
Besteige den versuchten Rappen,
Und von dem edlen Doggenpaar
Begleitet, auf geheimen Wegen,
Wo meiner That kein Zeuge war,
Reit' ich dem Feinde frisch entgegen.

Das Kirchlein kennst du, Herr, das hoch
Auf eines Felsenberges Joch[50],
Der weit die Insel überschauet,
Des Meisters kühner Geist erbauet.
Verächtlich scheint es, arm und klein;
Doch ein Mirakel schließt es ein,

---

fen Bissen). [43] *To fix* (einzuhacken) *their pointed fangs.* [44] Rasch spreng' ich's los, *I make a sudden charge upon.* [45] *And though* (ob auch) *my charger frightened rears* (sich grauend bäumt). [46] *And when they had thoroughly comprehended, been trained to all* (alles recht begriffen). [47] Daß mir's gelungen, *since I succeeded.* [48] Gönnt ich kaum, *I scarcely allowed.* [49] Supply hatte.

Die Mutter mit dem Jesusknaben,
Den die drei Könige begaben.
Auf dreimal dreißig Stufen steigt
Der Pilgrim nach der steilen Höhe;
Doch[51] hat er schwindelnd sie erreicht,
Erquickt ihn seines Heilands Nähe.

Tief in dem Fels, auf dem es hängt[52],
Ist eine Grotte eingesprengt,
Vom Thau des nahen Moors befeuchtet,
Wohin des Himmels Strahl nicht leuchtet.
Hier hausete der Wurm und lag,
Den Raub erspähend, Nacht und Tag.
So hielt[53] er, wie der Höllendrache,
Am Fuß des Gotteshauses Wache[53],
Und kam der Pilgrim[54] hergewallt
Und lenkte[55] in die Unglücksstraße,
Hervorbrach[56] aus dem Hinterhalt
Der Feind und trug ihn fort[57] zum Fraße.

Den Felsen stieg ich jetzt hinan[58],
Eh' ich den schweren Strauß begann;
Hin kniet' ich vor dem Christuskinde,
Und reinigte mein Herz von Sünde.
Drauf gürt' ich mir[59] im Heiligthum
Den blanken Schmuck der Waffen um,

---

had achieved. [50] *Upon a rocky mountain's brow* (lit. *yoke*). [51] Supply *when. when he has reached its dizzy summit.* [52] *Deep in the rock on which it* (i. e. *the chapel*) *is suspended, there is an excavated* (eingesprengt, lit. *blasted*) *grotto* This grotto was at the foot of a mountain called St. Stephen, a few miles from the city of Rhodes. [53] Wache halten, *to watch, lurk;* Höllendrache may mean either the Cerberus of the ancients, or (more probably) the arch-enemy of the Christians, Satan. [54] *And if the pilgrim came;* hergewallt, *wending his way* (*towards the sanctuary*). [55] Lenkte in, *directed his course into, entered into.* The dangerous road, from the foot of the mountain to the chapel above, had acquired the appellation *Mal passo*, "unlucky pass," in German, Unglücksstraße. [56] Hervorbrechen, *to break forth* [57] Forttragen, *to carry* (*drag*) *away.* [58] Hinansteigen, *to ascend.* [59] *Then* .

Bewehre mit dem Spieß die Rechte,
Und nieder steig' ich zum Gefechte.
Zurücke bleibt der Knappen Troß;
Ich gebe scheidend die Befehle,
Und schwinge mich behend aufs Roß,
Und Gott befehl' ich meine Seele.

Kaum seh' ich mich im ebnen Plan,
Flugs schlagen[60] meine Doggen an,
Und bang beginnt das Roß zu keuchen,
Und bäumet sich und will nicht weichen;
Denn nahe liegt, zum Knäul geballt[61],
Des Feindes scheußliche Gestalt,
Und sonnet sich auf warmem Grunde.
Auf jagen ihn die flinken Hunde;
Doch wenden sie sich pfeilgeschwind,
Als es den Rachen gähnend theilet,
Und von sich haucht den gift'gen Wind,
Und winselnd wie der Schakal heulet.

Doch schnell erfrisch' ich ihren Muth;
Sie fassen ihren Feind mit Wuth,
Indem ich nach des Thieres Lende
Aus starker Faust den Speer versende,
Doch machtlos, wie ein dünner Stab,
Prallt er vom Schuppenpanzer ab.
Und eh' ich meinen Wurf erneuet[62],
Da bäumet sich mein Roß und scheuet
An seinem Basiliskenblick
Und seines Athems gift'gem Wehen,
Und mit Entsetzen springt's zurück,
Und jetzo war's um mich geschehen[63]. —

---

girt about me (gürt' ich mir um). [60] Anschlagen, a hunting term, *to challenge.* [61] *For near by lies in coiled fold* (zum Knäul geballt). [62] *And ere I could renew the throw, my charger rears and takes fright* (bäumet sich und scheuet) *at his basilisk look, &c.* [63] Und jetzo war's um mich geschehen, *and now I was*

Da schwing' ich mich behend vom Roß,
Schnell ist des Schwertes Schneide bloß[64];
Doch alle Streiche sind verloren,
Den Felsenharnisch zu durchbohren.
Und wüthend mit des Schweifes Kraft
Hat es zur Erde mich gerafft;
Schon seh' ich seinen Rachen gähnen,
Es haut nach mir[65] mit grimmen Zähnen:
Als meine Hunde, wuthentbrannt,
An seinen Bauch mit grimm'gen Bissen
Sich warfen, daß es heulend stand,
Von ungeheurem Schmerz zerrissen[66].

Und eh' es ihren Bissen sich
Entwindet[67], rasch erheb' ich mich,
Erspähe mir des Feindes Blöße,
Und stoße tief ihm ins Gekröse,
Nachbohrend bis ans Heft den Stahl.
Schwarzquellend springt des Blutes Strahl.
Hin sinkt es und begräbt im Falle
Mich mit des Leibes Riesenballe,
Daß schnell die Sinne mir vergehn;
Und als ich neugestärkt erwache,
Seh' ich die Knappen um mich stehn,
Und todt im Blute liegt der Drache."

Des Beifalls lang gehemmte Lust
Befreit jetzt aller Hörer Brust,
So wie der Ritter dies gesprochen[68];
Und zehnfach am Gewölb' gebrochen,

---

undone. [64] *Bare*, i. e. *unsheathed.* [65] *It strikes* (lit. *cuts*) *at me with its grim fangs.* [66] *Tormented* (lit. *lacerated*) *with huge pain.* [67] *And ere it could escape* (entwinden, lit. *wrest itself from*) *their fangs, I quickly rise, and, exploring the weak part of the enemy* (des Feindes Blöße), *I thrust deep into his heart* (Gekröse properly the *mesentery* or *epichordis*) *the steel, burying it up to the hilt* (nachbohrend bis ans Heft). [68] *As soon as* (so wie) *the knight had spoken this; and tenfold on the arches broken* (am Gewölb gebrochen), *the sound of mingled voices* (der vermischten Stimmen Schall) *thundering rolls on*

Wälzt der vermischten Stimmen Schall
Sich brausend fort im Wiederhall.
Laut fordern selbst des Ordens Söhne,
Daß man die Heldenstirne kröne,
Und dankbar im Triumphgepräng
Will ihn das Volk dem Volke zeigen;
Da faltet seine Stirne streng
Der Meister und gebietet Schweigen.

Und spricht: „Den Drachen, der dies Land
Verheert, schlugst du mit tapfrer Hand;
Ein Gott bist du dem Volke worden;
Ein Feind kommst du zurück dem Orden,
Und einen schlimmern Wurm gebar
Dein Herz, als dieser Drache war.
Die Schlange, die das Herz vergiftet,
Die Zwietracht und Verderben stiftet,
Das ist der widerspenst'ge Geist,
Der gegen Zucht sich frech empöret,
Der Ordnung heilig Band zerreißt;
Denn er ist's, der die Welt zerstöret.

Muth zeiget auch der Mameluck[69],
Gehorsam ist des Christen Schmuck;
Denn wo der Herr in seiner Größe[70]
Gewandelt hat in Knechtes Blöße,
Da stifteten auf heil'gem Grund
Die Väter dieses Ordens Bund,
Der Pflichten schwerste zu erfüllen,
Zu bändigen den eignen Willen!
Dich hat der eitle Ruhm bewegt;
Drum wende dich aus meinen Blicken[71];
Denn wer[72] des Herren Joch nicht trägt,
Darf sich mit seinem Kreuz nicht schmücken."

(wälzt sich brausend fort) *in (perpetual) echo.* [69] The vagabonds in the Mahomedan armies, composed especially of renegades, were called Mamelukes. [70] *For where our Master in his greatness once walked in deep humility* (Knech-

Da bricht die Menge tobend aus[73];
Gewalt'ger Sturm bewegt das Haus;
Um Gnade flehen alle Brüder;
Doch schweigend blickt der Jüngling nieder.
Still legt er von sich das Gewand,
Und küßt des Meisters strenge Hand
Und geht. Der folgt ihm mit dem Blicke,
Dann ruft er liebend ihn zurücke
Und spricht: „Umarme mich, mein Sohn!
Dir ist der härt're Kampf gelungen[74].
Nimm dieses Kreuz! Es ist der Lohn
Der Demuth, die sich selbst bezwungen[75]."

Friedrich Schiller.

14. Der wilde Jäger.

Ballade.

Der Wild- und Rheingraf[1] stieß ins Horn[2]:
„Halloh, halloh, zu Fuß und Roß!"
Sein Hengst erhob sich wiehernd vorn;
Laut rasselnd stürzt' ihm nach der Troß[3];
Laut klifft'[4] und klafft' es, frei vom Koppel
Durch Korn und Dorn, durch Heid' und Stoppel.

---

tes Blöße), &c. [71] *Therefore haste thee quickly* (wende dich) *from my sight* [72] *He who*; Gr. p. 437, obs. 3. [73] *Then the vast assemblage* (Menge) *bursts out tumultuously* (bricht tobend aus). [74] *Thou hast won* (dir ist gelungen, lit. *hast succeeded in*) *a harder victory.* [75] Supply hat: *which has subdued itself: Take this cross; it is the guerdon of self-subdued humility.*

14.

[1] Wild- und Rheingraf was the title of the Counts of Hundsrück in the north of Germany. The legend of the wild huntsman and of the "raging host" (des wüthenden Heeres) is of a very ancient date, and Grimm in his „Deutsche Mythologie" (German Mythology) page 95, and pages 515, 516, 517, and 518, has shown, that it originated long before the introduction of Christianity. The ancient German, like the ancient Greek, or the Indian savage, was fond of transferring his own occupations and mode of life to his divinities, and hence the rumbling of the awfully fearful forest, when agitated by a storm, was to him the furious chase of Wodan or Wuotan,

Vom Strahl der Sonntagsfrühe war
Des hohen Domes Kuppel blank.
Zum Hochamt rufte dumpf und klar
Der Glocken ernster Feierklang.
Fern tönten lieblich die Gesänge
Der andachtsvollen Christenmenge.

Rischrasch[5]! quer über'n Kreuzweg ging's
Mit Horridoh und Hussasa,
Sieh da! Sieh da! kam rechts und links
Ein Reiter hier, ein Reiter da!
Des Rechten Roß war Silbers Blinken[6],
Ein Feuerfarbner trug den Linken.

Wer waren Reiter links und rechts?
Ich ahnd' es wohl, doch weiß ich's nicht,

---

his chief divinity. After the introduction of Christianity, the ancient deities were converted into evil beings, and thus Wodan's Heer (*Wodan's host*) became wüthendes Heer (*raging, mad host*), consisting of goblins and malignant demons. The story afterwards received its moral aspect by a very natural attempt to account for the *cause* of this wonderful (alleged) phenomenon, so that the wild huntsman finally came to be regarded as a man doomed by heaven to the perpetual hardships of the chase until the day of judgment, to atone for his heavy offences against the laws of God and man. The poet has closely followed the general account; only the appellation "Wild and Rhinegrave" and of course the general arrangement of the plot are his own. In speaking of Bürger, it is here in place to remark, that he is the father of the German ballad, and that he has been so successful in this species of poetry, that none of his followers or imitators have approximated so closely to the spirit and popular tone of the ancient English ballad, as he has. Percy's "Reliques" were his model from which he reproduced many pieces, and by which he tested his own. [2] Ins Horn stoßen, *to blow, wind the (bugle) horn.* [3] Stürzt ihm nach der Troß, *the throng (of serfs) follows* (lit. *plunges after*) *him.* [4] Bürger is very fond of coining words, which by their very sound express the thing he wishes to represent; thus kliffen is made from klaffen by the simple change of a vowel, and means about the same thing, namely, the clatter and yelping of the party, particularly of the dogs: *loudly it yelps and clatters, freed from leashes;* Koppel is the chain and two collars, by means of which a couple of dogs are fastened together. [5] Another instance in illustration of the last remark; the word is simply an emphatic rasch: *with brisk speed athwart* (quer über'n) *the cross-way they go*

Lichthehr erschien der Reiter rechts,
Mit mildem Frühlingsangesicht;
Graß dunkelgelb der linke Ritter,
Schoß Blitz' vom Aug', wie Ungewitter[7].

„Willkommen hier zu rechter Frist[8]!
Willkommen zu der edeln Jagd!
Auf Erden und im Himmel ist
Kein Spiel, das lieblicher behagt[9]!" —
Er rief's, schlug laut sich an die Hüfte[10]
Und schwang den Hut hoch in die Lüfte.

„Schlecht stimmet deines Hornes Klang[11],"
Sprach der zur Rechten, sanften Muths,
„Zu Feierglock' und Chorgesang.
Kehr' um! Erjagst dir heut nichts Guts.
Laß dich den guten Engel warnen,
Und nicht vom Bösen dich umgarnen[12]!"

„Jagt zu, jagt zu[13], mein edler Herr!"
Fiel rasch der linke Ritter drein[14].
„Was Glockenklang? Was Chorgeplärr?
Die Jagdlust mag euch baß[15] erfreun!
Laßt mich, was fürstlich ist, euch lehren,
Und euch von jenem [16]nicht bethören!"

---

[6] Silbers Blinken, *shone like silver, was of a silvery white.* [7] *Shot flashes* (schoß Blitz') *from his eye, like thunder-clouds.* [8] Zu rechter Frist, *in good time, just in the nick of time.* [9] Das lieblicher behagt, lit. *which delights more sweetly,* i. e. *which can match it,* or simply, *more delightful.* [10] Schlug laut sich an die Hüfte, *beat loudly his sides* (for joy) *and waved his hat, &c.* [11] Schlecht stimmet deines Hornes Klang . . . zu, *thy bugle's blast does ill accord with, &c.*, sanften Muths, adverbial genitive, *with placid mind, gently.* [12] *And do not allow thyself* (laß dich nicht) *to be ensnared by the evil one;* after lassen the infinitive has often a passive signification. [13] *On with the chase!* or, *hunt away!* [14] Fiel drein, *interrupted,* corresponding to the phrase in's Wort fallen, p. 7. [15] This word is properly the (obsolete) positive of besser. It seems here to have a comparative force: *more, better: the chase may afford you better pleasure, more delight.* In other parts of this poem its signification is *very, very much.* [16] I. e. the knight on his right hand; bethören, par

„Ha! Wohlgesprochen, linker Mann!
Du bist ein Held nach meinem Sinn.
Wer nicht des Waidwerks pflegen kann,
Der scher' ans Paternoster hin[17]!
Mag's, frommer Narr, dich baß verdrießen,
So will ich meine Lust doch büßen[18]!"

Und hurre, hurre[19] vorwärts ging's,
Feld ein und aus, Berg ab und an.
Stets ritten Reiter rechts und links
Zu beiden Seiten neben an.
Auf sprang ein weißer Hirsch von ferne,
Mit sechzehnzackigem Gehörne.

Und lauter stieß der Graf ins Horn;
Und rascher flog's zu Fuß und Roß;
Und sieh! bald hinten und bald vorn
Stürzt' einer todt dahin vom Troß[20].
‚Laß stürzen! Laß zur Hölle stürzen!
Das darf nicht[21] Fürstenlust verwürzen."

Das Wild duckt sich ins Aehrenfeld
Und hofft da sichern Aufenthalt.
Sieh da! Ein armer Landmann stellt
Sich dar[22] in kläglicher Gestalt.
„Erbarmen, lieber Herr, Erbarmen!
Verschont den sauren Schweiß des Armen!'

Der rechte Ritter sprengt heran[23]
Und warnt den Grafen sanft und gut.
Doch baß hetzt ihn der linke Mann
Zu schadenfrohem Frevelmuth.

---

sive, *to be gulled, fooled.* [17] For der schere sich ans, &c., *let him begone, to say his paternoster.* [18] Büßen, here *to gratify.* [19] Words imitative of the noise and haste of the party: *hurrying, hurrying, onward they go, field in and out, down hill and up, "o'er moss and moor, and holt and hill."* [20] *One (and another) of the retinue* (einer vom Troß) *drops lifeless to the ground* (stürzt todt dahin). [21] Das darf nicht, *that must not.* [22] Stellt sich dar, *steps up to*

Der Graf verschmäht des Rechten Warnen
Und läßt vom Linken sich umgarnen.

„Hinweg, du Hund!“ schnaubt[24] fürchterlich
Der Graf den armen Pflüger an[24].
„Sonst hetz' ich selbst, beim Teufel! dich!
Halloh, Gesellen, drauf und dran[25]!
Zum Zeichen, daß ich wahr geschworen,
Knallt ihm die Peitschen um die Ohren!“

Gesagt, gethan[26]! Der Wildgraf schwang
Sich über'n[27] Hagen rasch voran,
Und hinterher, bei Knall und Klang,
Der Troß mit Hund und Roß und Mann;
Und Hund und Mann und Roß zerstampfte
Die Halmen, daß der Acker dampfte.

Vom nahen Lärm emporgescheucht[28],
Feld ein und aus, Berg ab und an[19]
Gesprengt, verfolgt, doch unerreicht,
Ereilt das Wild des Angers Plan;
Und mischt sich, da[29] verschont zu werden,
Schlau mitten zwischen zahme Heerden.

Doch hin und her[30], durch Flur und Wald,
Und her und hin, durch Wald und Flur,
Verfolgen und erwittern bald
Die raschen Hunde seine Spur.
Der Hirt, voll Angst für seine Heerde,
Wirft vor dem Grafen sich zur Erde.

---

him. [23] Heransprengen, *to ride up to any one.* [24] Einen anschnauben, *to snub, assail any one roughly.* [25] Drauf und dran, *forward, come on!* [26] *So said, so done.* [27] Unusual, for über den: *quickly bounded* (schwang sich rasch) *over the hedge ahead* (voran) *and after him* (hinterher), *&c.* [28] Emporgescheucht, *roused up.* [29] Supply u m: *in order to be spared, find protection there;* mitten zwischen, &c., *right in the midst of domestic herds.* [30] *Yet up and down,*

„Erbarmen, Herr, Erbarmen! Laßt
Mein armes stilles Vieh in Ruh'!
Bedenket, lieber Herr, hier graſ't
So mancher armen Wittwe Kuh.
Ihr Eins und Alles spart der Armen[31]!
Erbarmen, lieber Herr, Erbarmen!"

Der rechte Ritter sprengt heran
Und warnt den Grafen sanft und gut.
Doch baß hetzt ihn der linke Mann
Zu schadenfrohem Frevelmuth.
Der Graf verschmäht des Rechten Warnen
Und läßt vom Linken sich umgarnen.

„Halloh, Gesellen, drauf und dran![25]
Jo! Doho! Hussasasa[32]!" —
Und jeder Hund fiel[33] wüthend an,
Was er zunächst vor sich ersah.
Bluttriefend sank der Hirt zur Erde,
Bluttriefend Stück für Stück die Heerde.

Dem Mordgewühl entrafft sich kaum[34]
Das Wild mit immer schwächerm Lauf.
Mit Blut besprengt, bedeckt mit Schaum,
Nimmt jetzt des Waldes Nacht es auf.
Tief birgt sich's in des Waldes Mitte,
In eines Klausners Gotteshütte.

Risch ohne Rast mit Peitschenknall,
Mit Horridoh und Hussasa,
Und Kliff und Klaff mit Hörnerschall[35],
Verfolgt's der wilde Schwarm auch da.
Entgegen tritt mit sanfter Bitte
Der fromme Klausner vor die Hütte.

---

lit. *hither and thither.* [31] *Spare to the poor their one and all, their only pittance* (ihr Eins und Alles). [32] The cheering of the men and dogs. [33] Anfallen, *to pounce (fall) upon, attack.* [34] *The stag* (das Wild) *with difficulty escapes* (entrafft sich kaum) *the murderous scene* (Mordgewühl), *with ever*

„Laß ab, laß ab von dieser Spur[36]!
Entweihe Gottes Freistatt nicht!
Zum Himmel ächzt die Kreatur
Und heischt von Gott dein Strafgericht.
Zum letzten Male laß dich warnen,
Sonst wird Verderben dich umgarnen."

Der Rechte sprengt besorgt heran
Und warnt den Grafen sanft und gut.
Doch baß hetzt ihn der linke Mann
Zu schadenfrohem Frevelmuth.
Und wehe! Trotz des Rechten Warnen
Läßt er vom Linken sich umgarnen!"

„Verderben hin, Verderben her[37]!
Das," ruft er, „macht mir wenig Graus[38].
Und wenn's im dritten Himmel wär',
So acht' ich's keine Fledermaus[39].
Mag's Gott und dich, du Narr, verdrießen[40],
So will ich meine Lust doch büßen!"

Er schwingt die Peitsche, stößt in's Horn:
„Halloh, Gesellen, drauf und dran!"
Hui, schwinden Mann und Hütte vorn,
Und hinten schwinden Roß und Mann;
Und Knall und Schall und Jagdgebrülle
Verschlingt auf einmal Todtenstille.

Erschrocken blickt der Graf umher;
Er stößt ins Horn, es tönet nicht;
Er ruft und hört sich selbst nicht mehr,
Der Schwung der Peitsche sauset nicht;

---

weaker course. [35] *And yelp and clatter and bugle's knell.* [36] ***Desist, desist from this pursuit.*** [37] *What care I for perdition,* or, *perdition or none!* [38] Macht mir wenig Graus, *inspires me with but little dread, does not trouble me much.* [39] Lit. *I wouldn't mind it a bat* (Fledermaus), something like the English, *I wouldn't care a fig for it.* [40] Mag's . . . verdrießen, *though it may*

Er spornt sein Roß in beide Seiten
Und kann nicht vor- nicht rückwärts[41] reiten.

Drauf wird es düster um ihn her,
Und immer düstrer wie ein Grab.
Dumpf rauscht es wie ein fernes Meer.
Hoch über seinem Haupt herab
Ruft furchtbar, mit Gewittergrimme,
Dies Urthel eine Donnerstimme:

„Du Wüthrich, teuflischer Natur,
Frech gegen Gott und Mensch und Thier
Das Ach und Weh der Kreatur[42]
Und deine Missethat an ihr
Hat laut dich vor Gericht gefodert,
Wo hoch der Rache Fackel lodert.

Fleuch[43], Unhold, fleuch, und werde jetzt,
Von nun an bis in Ewigkeit[44],
Von Höll' und Teufel selbst gehetzt!
Zum Schreck' der Fürsten jeder Zeit,
Die, um verruchter Lust zu frohnen,
Nicht Schöpfer noch Geschöpf verschonen!"

Ein schwefelgelber Wetterschein[45]
Umzieht hierauf des Waldes Laub.
Angst rieselt ihm durch Mark und Bein;
Ihm wird[46] so schwül, so dumpf und taub.
Entgegen weht ihm kaltes Grausen,
Dem Nacken folgt Gewittersausen.

---

offend; so . . . doch, *still, for all that.* [41] See note 1, p. 94. [42] *The groaning* (Ach und Weh) *of creation and thy abuse of it* (Missethat an ihr) *have loudly summoned thee to judgment* (vor Gericht gefordert), *where the torch of vengeance blazes high.* [43] The poetical form for the imperative fliehn, *flee.* [44] Von nun an, &c., *henceforth to all eternity.* [45] *Hereupon* (hierauf) *a flash of lurid glare* (schwefelgelber, lit. *of sulphury yellow*) *encircles* (umzieht) *the foliage of the forest;* Angst rieselt ihm durch, &c., *fear creeps over his every limb* (lit. *drizzles through his marrow and bone*). [46] Ihm wird, *he begins to*

Das Grausen weht, das Wetter saus't,
Und aus der Erd' empor[47], huhu!
Fährt[47] eine schwarze Riesenfaust;
Sie spannt sich auf, sie krallt sich zu[48];
Hui! will sie ihn beim Wirbel packen[49];
Hui! steht sein Angesicht im Nacken.

Es flimmt und flammt rund um ihn her,
Mit grüner, blauer, rother Gluth;
Es wallt um ihn ein Feuermeer;
Darinnen wimmelt Höllenbrut.
Jach fahren tausend Höllenhunde[50],
Laut angehetzt, empor vom Schlunde.

Er rafft sich auf[51] durch Wald und Feld
Und flieht, laut heulend Weh und Ach;
Doch durch die ganze weite Welt
Rauscht bellend ihm die Hölle nach,
Bei Tag tief durch der Erde Klüfte,
Um Mitternacht hoch durch die Lüfte.

Im Nacken bleibt sein Antlitz stehn,
So rasch die Flucht ihn vorwärts reißt[52].
Er muß die Ungeheuer sehn,
Laut angehetzt vom bösen Geist;
Muß sehn das Knirschen und das Jappen
Der Rachen, welche nach ihm schnappen. —

Das ist des wilden Heeres Jagd,
Die bis zum jüngsten Tage währt[53],
Und oft dem Wüstling noch bei Nacht
Zu Schreck und Graus vorüber fährt[54].

---

feel. [47] Fährt empor, *there suddenly rises, starts forth.* [48] *It opens* (spannt sich auf), *it clinches* (krallt sich zu). [49] Will sie ihn packen, *it would seize him.* [50] *Up start a thousand dogs of hell, amid loud cheerings* (laut angehetzt), *forth from the abyss* (empor vom Schlunde). [51] *He hurries away.* [52] *However fast* (so rasch) *the flight forces him along.* [53] Bis zum jüngsten Tage, *till the last* (lit. *youngest*) *day, the day of judgment.* [54] Vorüber fährt, *passes by,* i. e

Das könnte, müßt' er sonst nicht schweigen[55],
Wohl manches Jägers Mund bezeugen.

G. A. Bürger.

---

15. Reineke Fuchs[1].

Wie Reineke seinen Oheim Braun empfängt und belohnt.

Also wandelte Braun auf seinem Weg zum Gebirge
Stolzen Muthes[2] dahin, durch eine Wüste, die groß war,
Lang und sandig und breit; und als er sie endlich durchzogen[3],
Kam er gegen die Berge, wo Reineke pflegte zu jagen;
Selbst noch Tages zuvor[4] hatt' er sich dorten erlustigt.
Aber der Bär ging weiter nach Malepartus, da hatte
Reineke schöne Gebäude. Von allen Schlössern und Burgen,
Deren ihm viele gehörten[5], war Malepartus die beste.
Reineke wohnte daselbst, sobald er Uebles besorgte[6].

---

appears. [55] Müßt' er sonst nicht schweigen, *were he not bound to keep it secret*, i. e. from fear of incurring the wrath of the wild huntsman.

15.

[1] Reynard the fox is the name of an Apologue or Comic Epos, originally written in the Low-German, and at one time extensively known, not only throughout Germany, but also, in vernacular versions, throughout France and England. There are several German translations of it, among which Goethe's in hexameters and Soltau's in doggrel are prominent. The extract here given is from book ii., and treats of Bruin the bear's reception at nephew Reynard's castle Malepartus. The substance of the first book is as follows: One Whitsuntide, King Noble, the lion, was sitting in solemn court, surrounded by the chief vassals of his crown from all parts of the land. Charges, numerous and heavy, were forthwith preferred against Reynard, the arch-knave, who cunningly had stayed away. Hinze the cat, Lampe the hare, Isegrim the wolf, and Chanticleer the cock, each with his peculiar eloquence presented his complaints to the king—one seeking redress for violence done to his person, another claiming satisfaction for an outrage on his honour, and a third demanding revenge on the villain for wilfully murdering his relatives and children "with intent to eat." The indignant king is determined to put a stop to this, and forthwith despatches Bruin, the bear, an uncle of Reynard's, to summon the criminal to court. His arrival at Malepartus and the success of his mission are found in the fragment. [2] Genitive absolute, *with proud mind, haughtily.* [3] Supply hat, *had crossed it.* [4] Selbst noch Tages zuvor, *as recently as the day before*, or, *it was but the day before that, &c.* [5] *Of which he owned a large number.* [6] Sobald

Braun erreichte das Schloß und fand die gewöhnliche Pforte
Fest verschlossen[7]. Da trat er davor und besann sich ein wenig[8]
Endlich rief er und sprach: „Herr Oheim, seid ihr zu Hause?
Braun, der Bär, ist gekommen, des Königs gerichtlicher Bote.
Denn es hat der König geschworen[9], ihr sollet bei Hofe
Vor Gericht euch stellen; ich soll euch holen[10], damit ihr
Recht zu nehmen und Recht zu geben Keinem verweigert,
Oder es soll euch das Leben kosten; denn bleibt ihr dahinten[11],
Ist mit Galgen und Rad euch gedroht. Drum wählet das Beste,
Kommt und folget mir nach, sonst möcht' es euch übel bekommen[12]!"
Reineke hörte genau vom Anfang zum Ende die Rede,
Lag und lauerte still und dachte: „Wenn es gelänge[13],
Daß ich dem plumpen Kumpan die stolzen Worte bezahlte?
Laßt uns die Sache bedenken." Er ging in die Tiefe der Wohnung,
In die Winkel des Schlosses; denn künstlich war es gebauet.
Löcher fanden sich hier[14] und Höhlen mit vielerlei Gängen,
Eng und lang, und mancherlei Thüren zum Oeffnen und Schließen,
Wie es Zeit war und Noth[15]. Erfuhr er[16], daß man ihn suchte
Wegen schelmischer That, da fand er die beste Beschirmung.
Auch aus Einfalt[17] hatten sich oft in diesen Mäandern
Arme Thiere gefangen, willkommene Beute dem Räuber.
Reineke hatte die Worte gehört, doch fürchtet' er klüglich,
Andre möchten noch neben dem Boten im Hinterhalt liegen.
Als er sich aber versichert[18], der Bär sei einzeln gekommen,

---

Uebels besorgte, *as soon as he had any apprehensions of trouble.* [7] Verschließen, *to lock up.* [8] Besann sich ein wenig, *hesitated a while.* [9] *For the king has sworn that you should* (ihr sollet) *appear at court to answer to charges* (bei Hof vor Gericht euch stellen). [10] Ich soll euch holen, *I am to fetch you.* [11] Bleibt ihr dahinten, *if you stay away;* ist euch gedroht, *you are threatened.* [12] Sonst möcht' es euch übel bekommen, lit. *else it might not agree with you,* i. e. *you might have to suffer for it.* [13] Wenn es gelänge, daß ich bezahlte, *suppose I succeeded in paying.* [14] Fanden sich hier, *there were here,* i. e. *in the house.* [15] *As time and necessity might require.* [16] *If he heard.* [17] *And out of simplicity poor animals had often been caught* (hatten sich gefangen) *in these mazes* (in diesen Mäandern), *a welcome prey for the robber.* [18] *But wher*

Ging er listig hinaus und sagte: ‚Werthester Oheim,
Seid willkommen! Verzeiht mir; ich habe Vesper gelesen,
Darum ließ ich euch warten. Ich dank' euch, daß ihr gekommen;
Denn es nutzt mir gewiß bei Hofe, so darf ich es hoffen.
Seid zu jeglicher Stunde, mein Oheim, willkommen! Indessen[19]
Bleibt der Tadel für den, der euch die Reise befohlen;
Denn sie[20] ist weit und beschwerlich. O Himmel, wie ihr erhitzt seid!
Eure Haare sind naß, und euer Odem beklommen.
Hatte der mächtige König sonst keinen[21] Boten zu senden,
Als den edelsten Mann, den er am meisten erhöhet?
Aber so sollt' es wohl sein zu meinem Vortheil[22]; ich bitte,
Helft mir am Hofe des Königs, wo man mich übel verläumdet.
Morgen setzt' ich mir vor[23], trotz meiner mißlichen Lage,
Frei nach Hofe zu gehn, und so gedenk' ich noch immer;
Nur für heute bin ich zu schwer, die Reise zu machen:
Leider hab ich zuviel von einer Speise gegessen,
Die mir übel bekommt; sie schmerzt mich gewaltig im Leibe[24]."
Braun versetzte darauf: „Was war es, Oheim?" — Der Andre
Sagte dagegen: „Was könnt' es euch helfen, und wenn[25] ich's erzählte?
Kümmerlich frist' ich mein Leben[26]; ich leid' es aber geduldig:
Ist ein armer Mann doch kein Graf[27]; und findet zuweilen[28]
Sich für uns und die Unsern nichts Besseres, müssen wir freilich
Honigscheiben verzehren, die sind wohl immer zu haben.

---

he had satisfied himself that the bear had come alone. [19] *However, it is (remains) his fault* (bleibt der Tadel für den), *who sent you on this errand* (der euch die Reise befohlen). [20] I. e. die Reise; *for the journey is long and tedious.* [21] Sonst keinen, *no other.* [22] *But it was thus to be, I suppose* (wohl), *for my advantage.* [23] *To-morrow I purposed going to court of my own accord* (frei nach Hofe zu gehen), *in spite of my critical situation* (trotz meiner mißlichen Lage), *and this is still my intention* (so gedenk' ich noch immer). [24] *It gives me a dreadful pain in my bowels.* [25] Und wenn, &c., *even if I should tell you.* [26] *But scantily* (kümmerlich) *do I prolong my existence.* [27] *For a poor man is no count, you know,* a proverb. [28] Und finden sich zuweilen, &c., *and if at times nothing better* (nichts Besseres) *can be found for us and ours* (uns und die Unsern), *then we must live on honey-comb* (Honigscheiben verzehren), *and this*

Doch ich esse sie nur aus Noth; nun bin ich geschwollen[29].
Wider Willen schluckt' ich das Zeug, wie sollt' es gedeihen?
Kann ich es immer vermeiden, so bleibt mir's ferne vom Gaumen."
„Ei, was hab' ich gehört!" versetzte der Braune. „Herr Oheim,
Ei, verschmähet ihr so den Honig, den Mancher begehret[30]?
Honig, muß ich euch sagen, geht über[31] alle Gerichte,
Wenigstens mir; o schafft mir davon[32], es soll euch nicht reuen!
Dienen werd' ich euch wieder[33]." — „Ihr spottet," sagte der Andre.
„Nein, wahrhaftig!" verschwur sich der Bär[34], „es ist ernstlich gesprochen."
„Ist dem also[35]," versetzte der Rothe, „da kann ich euch dienen;
Denn der Bauer Rüsteviel wohnt am Fuße des Berges.
Honig hat er. Gewiß mit allem euren Geschlechte[36]
Saht ihr niemal so viel beisammen." Da lüstet' dem Braunen
Uebermäßig nach dieser geliebten Speise. „O, führt mich,"
Rief er, „eilig dahin! Herr Oheim, ich will es gedenken.
Schafft mir Honig, und wenn ich auch nicht gesättiget werde[37]!"
„Gehen wir," sagte der Fuchs, „es soll an Honig nicht fehlen[38].
Heute bin ich zwar schlecht zu Fuße; doch[39] soll mir die Liebe,
Die ich euch lange gewidmet, die sauren Tritte versüßen.
Denn ich kenne niemand von allen meinen Verwandten,
Den ich verehrte, wie euch! Doch kommt! ihr werdet dagegen
An des Königes Hof am Herrentage mir dienen,
Daß ich der Feinde Gewalt und ihre Klagen beschäme.
Honigsatt mach' ich euch heute, so viel ihr immer nur tragen
Möget[40]." — Es meinte der Schalk die Schläge der zornigen Bauern.

---

can always be had (sind wohl immer zu haben). [29] *Now I am bloated.* [30] Den Mancher begehret, *which many a man would like to get, is fond of.* [31] Geht über, *excels, is better than all other dishes* (alle Gerichte). [32] *Do procure me some of it.* [33] *I will return you the favour.* [34] Verschwur sich der Bär, *the bear affirmed with an oath.* [35] *If that is so.* [36] *I assure you* (gewiß), *that neither you nor all your race ever saw such a quantity of it together* (so viel beisammen). [37] Und wenn ich auch nicht, &c., *even though I should not get enough of it.* [38] *There shall be no want of honey.* [39] *Yet the love, which I long have borne you* (die ich euch lange gewidmet), *shall sweeten* (soll versüßen), *&c.* [40] So viel als ihr immer, &c., *as much as you'll want to carry.*

Reineke lief ihm zuvor[41] und blindlings folgte der Braune.
„Will mir's gelingen[42]," so dachte der Fuchs, „ich bringe dich heute
Noch zu Markte, wo dir ein bitt'rer Honig zu Theil wird[43]."
Und sie kamen zu Rüsteviel's Hofe; das freute den Bären,
Aber vergebens, wie Thoren sich oft mit Hoffnung betrügen.
Abend war es geworden, und Reineke wußte, gewöhnlich[44]
Liege Rüsteviel nun in seiner Kammer zu Bette,
Der ein Zimmermann war, ein tüchtiger Meister. Im Hofe
Lag ein eichener Stamm; er hatte, diesen zu trennen[45],
Schon zwei tüchtige Keile hineingetrieben, und oben
Klaffte gespalten der Baum fast ellenweit. Reineke merkt' es,
Und er sagte: „Mein Oheim, in diesem Baume befindet
Sich des Honiges mehr, als ihr vermuthet; nun stecket
Eure Schnautze hinein[46], so tief ihr möget. Nur rath' ich,
Nehmt nicht gierig zuviel, es möcht' euch übel bekommen."
„Meint ihr," sagte der Bär, „ich sei ein Vielfraß? Mit nichten!
Maaß ist überall gut bei allen Dingen[47]." Und also
Ließ der Bär sich bethören[48] und steckte den Kopf in die Spalte
Bis an die Ohren[49] hinein und auch die vordersten Füße.
Reineke machte sich d'ran[50], mit vielem Ziehen und Zerren
Bracht' er die Keile heraus. Nun war der Braune gefangen,
Haupt und Füße geklemmt; es half kein Schelten[51], noch Schmeicheln.
Vollauf hatte der Braune zu thun[52], so stark er und kühn war,
Und so hielt der Neffe mit List den Oheim gefangen.

---

[41] *Reynard went ahead* (in advance of him). [42] *If I succeed.* [43] *Where a bitter honey will fall to your lot, where the honey you'll get will taste bitter.* [44] Gewöhnlich liege Rüsteviel nun, &c., *that Rustefill usually was by this time a bed in his chamber* (in seiner Kammer zu Bette). [45] Diesen zu trennen, *to split it;* schon zwei tüchtige Keile hineingetrieben, *already driven two powerful wedges into it.* [46] *Now thrust your snout into it as far as you choose* (so tief ihr möget). [47] *Moderation is always prudent in all things.* [48] Ließ sich bethören, *suffered himself to be gulled.* [49] Bis an die Ohren, *up to his ears* [50] *Reynard set to work* (machte sich d'ran), *and by dint of much pulling and tugging* (Ziehen und Zerren), *he got out the wedges* (bracht' er die Keile heraus). [51] *No scolding or flattering was of any avail* (es half kein, &c.). [52] Vollauf zu thun haben, *to have one's hands full, plenty to do;* so stark er und kühn war, *strong*

Heulend plärrte der Bär, und mit den hintersten Füßen
Scharrt' er grimmig und lärmte so sehr, daß Rüsteviel aufsprang.
Was es wäre[53], dachte der Meister, und brachte sein Beil mit,
Daß man bewaffnet ihn fände[54], wenn Jemand zu schaden gedächte.
Braun befand sich indeß in großen Aengsten; die Spalte
Klemmt' ihn gewaltig, er zog und zerrte brüllend vor Schmerzen.
Aber mit alle der Pein war nichts gewonnen[55]; er glaubte
Nimmer von dannen zu kommen[56]; so meint' auch Reineke freudig.
Als er Rüsteviel sah von ferne schreiten, da rief er:
„Braun, wie steht es? Mäßiget euch und schonet des Honigs!
Sagt, wie schmeckt es? Rüsteviel kommt und will euch bewirthen;
Nach der Mahlzeit bringt er ein Schlückchen[57], es mag euch bekommen!"
Da ging Reineke wieder nach Malepartus, der Veste.

Göthe.

---

16. Auferstehung.

Unter tausend frohen Stunden,
So[1] im Leben ich gefunden,
Blieb nur eine mir getreu[2], —
E i n e, wo in tausend Schmerzen
Ich erfuhr[3] in meinem Herzen,
Wer für uns gestorben sei.

Meine Welt war mir zerbrochen,
Wie von einem Wurm gestochen[4]

---

and bold as he was. [53] *What could it be.* [54] *That he might be found armed and equipped* (bewaffnet), *if any one should meditate mischief* (zu schaden gedächte). [55] Gewinnen, *to gain.* [56] *He thought he would never get off again* (von dannen kommen). [57] *After your dinner he'll bring you a swig* (bringt er ein Schlückchen); es mag euch bekommen, *much good may it do you.*

16.

[1] So is here the ancient and poetical relative *which*, see Gr. p. 435, § 103; with gefunden supply habe, *have found.* [2] Treu bleiben, *to remain true.* [3] Erfahren, *to experience;* wer für uns gestorben sei, *who it was that died for us.* [4] *As if perforated by a worm, worm-eaten* (von einem Wurm gestochen)

Welkte Herz und Blüthe mir;
Meines Lebens ganze Habe,
Jeder Wunsch war mir im Grabe,
Und zur Qual[5] war ich noch hier.

Da ich so im Stillen[6] krankte,
Ewig weint' und weg verlangte
Und nur blieb vor Angst und Wahn[7];
Ward mir[8] plötzlich, wie von oben,
Weg des Grabes Stein geschoben[8]
Und mein Innres aufgethan.

Wen ich sah und wen an seiner
Hand erblickte, frage Keiner[9];
Ewig werd' ich dies nur sehn,
Und von allen Lebensstunden
Wird nur die[10], wie meine Wunden,
Ewig heiter offen stehn.

Novalis.

17. Der Mensch.

In die Welt hinausgestoßen
Steht der Mensch verlassen da:
Winde brausen, Wetter tosen,
Nichts ist seinem Herzen nah.

Liebend rufen ihm die Sterne,
Rufen ihm die Blumen zu[1]:
„Sieh nicht traurig in die Ferne,
Uns[2], o Mensch, gehörest du!"

---

[5] Und zur Qual, *and to my torment.* [6] Im Stillen, *secretly.* [7] *And stayed but from fright and fancy.* [8] Ward . . . weggeschoben, *was removed.* The subject nom. is, der Stein des Grabes; wie von oben, *as if (by some one) from on high.* [9] Frage Keiner, *let no one ask.* [10] Wird nur die, *will but that one.*

17.

[1] Zu belongs to rufen: *with loving sympathy* (liebend) *the stars and flowers call to him: "Look not sorrowing off afar"* (in die Ferne). [2] The dative, *to*

Und er drückt mit tiefem Sehnen
Erd' und Himmel an sein Herz,
Und in warmen, linden Thränen
Lös't die Liebe seinen Schmerz.

Doch der Nord verheert die Auen,
Jedes Blümchen hat sein Grab;
In die Erde, mit Vertrauen,
Steckt er seinen Wanderstab.

Und mit hoffendem Gemüthe
Schaut er auf zum Sternenchor,
Und es bricht[3] die zarte Blüthe
Aus dem dürren Holz hervor[3].

Seines Wegs Gefährten fliehen,
Geben[4] der Gefahr ihn Preis[4],
Niemand theilet seine Mühen,
Und ihn drückt des Alters Eis.

Aengstlich sucht[5] er nach der Schwelle,
Wo einst seine Wiege stand,
Aber fremd ist ihm die Stelle,
Niemand beut[6] zum Gruß die Hand.

Und er schaut vertrauend wieder
Zu dem blauen Himmel auf:
Meine Jugend kehrt nicht wieder,
Und vollendet ist mein Lauf.

Vieles wird der Zeit zum Raube[7],
Doch nicht alles kann vergehn;
Einer ist's[8], an den ich glaube,
Einer, den die Sterne sehn.

---

us. [3] Hervorbrechen, here *to bud, sprout forth*; es is not rendered. [4] Preis geben, *to expose, abandon*; der Gefahr, *to danger*, dative. [5] Nach etwas suchen, *to look for, search after*. [6] The poetical form of the third pers. sing. pres. ind. of bieten, *to offer*. [7] *Much becomes the prey of time*. [8] Einer ist's,

Lieben kann ich, glauben, hoffen;
Tief im Dunkel glänzt ein Licht,
Und ich seh' den Himmel offen,
Wenn das Herz im Tode bricht[9].

Aloys Schreiber.

ONE *there is, in whom I trust, believe.* [9] *When my heart shall cease to beat* (im Tode bricht, lit. *breaks in death*).

Fünfter Abschnitt.

1. Aphorismen.

Von Jean Paul.

1. Ideal und Wirklichkeit.

Liefert das Leben von unseren idealen Hoffnungen und Vorsätzen etwas Anderes als eine prosaische, unmetrische, ungereimte Uebersetzung?

2. Gott.

Gott ist das Licht, das selber nie gesehen[1], alles sichtbar macht und sich in Farben verkleidet. Nicht dein Auge empfindet den Strahl, aber dein Herz dessen Wärme.

3. Wahre Größe.

Der eigentliche, ächte Große auf der Erde wäre nur der, der sich gar nichts Böses bewußt wäre[2]; — aber dieser Einzige ist längst gekreuzigt; dennoch geben wir Selbstschmeichler diesen Namen den Fürsten und den Genie's[3].

4. Der Schlaf.

Heiliger Schlaf! Eben darum verglich man dich mit dem Tode[4]. In einer Minute gießest du mehr Lethe über die Gedächtnißtafel des zerritzten Menschen, als das Wachen eines längsten Tages. — Und dann kühlst du die auftobende, entbrannte Brust, und der Mensch stehet auf, wieder der Morgensonne würdig. Sei mir gesegnet, bis dein traumloser Bruder kommt, der noch viel schöner und länger besänftigt.

1

[1] *Which, though itself never seen.* [2] Der sich gar nichts, &c., *who is conscious of no wrong, is entirely free from any consciousness of sin.* [3] On this form of the plural see Gr. p. 400, § 42, 3d. The article before Fürsten and Genie's serves simply to point out the case (dat. pl.). [4] Eben darum, *for this very*

5. Der Freund.

Jeder Freund ist des andern Sonne und Sonnenblume zugleich; er zieht und er folgt.

6. Versöhnlichkeit.

Wenn du vergibst, so ist der Mensch, der in dein Herz Wunden macht, der Seewurm, der die Muschelschaale zerlöchert, welche die Oeffnungen mit Perlen verschließet.

7. Der Wasserfall mit dem Regenbogen.

O wie schwebet auf dem grimmigen Wassersturm der Bogen des Friedens so fest! So steht Gott am Himmel, und die Ströme der Zeiten stürzen und reißen, und auf allen Wellen schwebet der Bogen seines Friedens.

8. Die Blumen auf dem Sarge der Jungfrau.

Streuet nur Blumen auf sie, ihr blühenden Freundinnen! Ihr brachtet ja sonst ihr Blumen[5] bei den Wiegenfesten. Jetzt feiert sie ihr größtes[6]; denn die Bahre ist die Wiege des Himmels.

9. Erinnerung.

Die Erinnerung ist das einzige Paradies, aus welchem wir nicht getrieben werden können. Sogar die ersten Eltern waren nicht daraus zu bringen[7].

10. Die nächste Sonne.

Hinter den Sonnen ruhen Sonnen im letzten Blau, ihr fremder Strahl fliegt seit Jahrtausenden[8] auf dem Wege zur kleinen Erde, aber er kommt nicht an. O du sanfter, naher Gott, kaum thut[9] ja der Menschengeist sein kleines, junges Auge auf[9], so strahlest du schon hinein[10], o Sonne der Sonnen und Geister!

Von Novalis.

1.

Der Mensch besteht in Wahrheit. Gibt[11] er die Wahrheit

---

reason thou hast been likened unto death (verglich man dich dem Tode). [5] *For ye once were wont to bring her* (ihr brachtet ja ihr) *flowers on her birthday-festivals* (Wiegenfesten). [6] I. e. Wiegenfest. [7] Waren nicht zu bringen, *were not to be got* (lit. *to bring*) *out of it* (daraus), *could not be expelled from it.* [8] Fliegt seit Jahrtausenden, *has been flying for thousands of years on its way to this little earth of ours* (auf dem Wege zur kleinen Erde). [9] Aufthun, *to open* [10] So strahlest du schon hinein, *when thou already shinest into it*

Preis, so gibt er sich selbst Preis. Wer die Wahrheit verräth, verräth sich selbst.

2.

Es gibt nur einen Tempel in der Welt, und das ist der menschliche Körper. Nichts ist heiliger als diese hohe Gestalt.

3.

Es sind nicht[12] die bunten Farben, die lustigen Töne und die warme Luft, die uns im Frühling so begeistern; es ist der stille, weissagende Geist unendlicher Hoffnungen, ein Vorgefühl vieler frohen Tage, des gedeihlichen Daseins so mannigfaltiger Naturen[13]; die Ahnung höherer, ewiger Blüthen und Früchte, und die dunkle Sympathie[14] mit der gesellig sich entfaltenden Welt.

4.

Freiheit und Unsterblichkeit gehört, wie Raum und Zeit, zusammen; wie Welt und Ewigkeit gleichsam Raum und Zeit ausfüllen, so füllt Allmacht und Allgegenwart jene beiden Sphären. Gott ist die Sphäre der Tugènd.

5.

Die Menschheit ist der höhere Sinn unseres Planeten, der Stern, der dieses Glied mit der oberen Welt verknüpft, das Auge, das er[15] gen Himmel hebt.

Von Göthe.

1.

Die Welt ist so leer, wenn man nur Berge, Flüsse und Städte darin denkt; aber hier und da Jemanden zu wissen, der mit uns übereinstimmt, mit dem wir auch stillschweigend fortleben, das macht[16] uns dieses Erdenrund zu[16] einem bewohnten Garten.

2.

Niemand glaube[17], die ersten Eindrücke der Jugend verwischen zu können! — Ist er[18] in einer lieblichen Freiheit, umgeben von

---

[11] Supply *if: if he exposes truth.* [12] *It is not.* [13] Des gedeihlichen Daseins, &c., (*the anticipation of,*) *the thriving existence of such a variety of natures* (i. e. *organizations*). [14] *And the obscure sympathy with the social developments of all nature around us* (der gesellig sich entfaltenden Welt). [15] I. e. unser Planet. [16] Macht ... zu, *converts into,* or simply, *makes.* [17] *Let no one believe.* [18] Ist er ... aufgewachsen, *has he grown up,* i. e. *if he has.* Th

schönen und edlen Gegenständen, in dem Umgange mit guten Menschen aufgewachsen[18], — haben ihm seine Mettler das gelehrt, was er zuerst wissen mußte, um das Uebrige leichter zu begreifen, — hat er gelernt, was er nie zu verlernen braucht, — wurden seine ersten Handlungen so geleitet, daß er das Gute künftig leichter und bequemer vollbringen kann, ohne[19] sich irgend etwas abgewöhnen zu müssen: — so wird dieser Mensch ein reineres, vollkommeneres und glücklicheres Leben führen, als ein Anderer, der seine ersten Jugendkräfte im Widerstand und im Irrthum zugesetzt hat.

Von Heeren.

Unsterblicher Homer! Wenn es dir vergönnt ist, aus einem andern Elysium, als du hier es ahnetest, auf dein Geschlecht hienieden herabzublicken, — wenn du die Völker von Asien's Gefilden bis zu den hercynischen Wäldern zu dem Quell wallfahren siehst, den dein Wunderstab hervorströmen ließ, — wenn es dir vergönnt ist, die ganze Saat des Großen, des Edlen, des Herrlichen zu überschauen, das deine Lieder hervorriefen! — Unsterblicher! — wo auch dein hoher Schatten jetzt weilt — bedarf es mehr zu seiner Seligkeit?!

---

2. Wallenstein's Absetzung.

Wallenstein[1] hatte über eine Armee von beinahe hunderttausend Mann zu gebieten, von denen er angebetet wurde, als das Urtheil der Absetzung ihm verkündigt werden sollte[2]. Die meisten Officiere waren seine Geschöpfe, seine Winke Aussprüche des Schicksals für den gemeinen Soldaten. Grenzenlos war sein Ehrgeiz, unbeugsam

---

entire period is conditional. [19] Ohne . . . zu müssen, *without being obliged to break off from some bad habit.*

2.

[1] Wallenstein was for many years generalissimo of the imperial forces in the thirty years' war. A character, in many respects most extraordinary, on which Schiller dwells with minuteness and evident admiration, both in his classical history of that war and in a dramatical trilogy: "Wallenstein's Camp," "The Piccolomini," and "Wallenstein's Death." [2] Ihm verkün-

sein Stolz, sein gebieterischer Geist nicht fähig, eine Kränkung ungerochen zu erdulden[3]. Ein Augenblick sollte ihn jetzt von der Fülle der Gewalt in das Nichts des Privatstandes herunterstürzen[4]. Eine solche Sentenz gegen einen solchen Verbrecher zu vollstrecken, schien nicht viel weniger Kunst zu kosten, als es gekostet hatte, sie dem Richter zu entreißen[5]. Auch hatte man deßwegen die Vorsicht gebraucht, zwei von Wallenstein's genauesten Freunden zu Ueberbringern dieser schlimmen Botschaft zu wählen, welche durch die schmeichelhaftesten Zusicherungen der fortdauernden kaiserlichen Gnade so sehr als möglich gemildert werden sollte.

Wallenstein wußte längst den ganzen Inhalt ihrer Sendung, als die Abgesandten des Kaisers ihm vor die Augen traten. Er hatte Zeit gehabt, sich zu sammeln, und sein Gesicht zeigte Heiterkeit, während daß[6] Schmerz und Wuth in seinem Busen stürmten. Aber er hatte beschlossen zu gehorchen. Dieser Urtheilsspruch überraschte ihn, ehe zu einem kühnen Schritte die Umstände reif und die Anstalten fertig waren. Seine weitläufigen Güter waren in Böhmen und Mähren zerstreut; durch Einziehung derselben konnte der Kaiser ihm den Nerven seiner Macht zerschneiden. Von der Zukunft erwartete er Genugthuung, und in dieser Hoffnung bestärkten ihn die Prophezeiungen eines italienischen Astrologen, der diesen ungebändigten Geist, gleich einem Knaben, am Gängelbande führte. Seni, so hieß er, hatte es in den Sternen gelesen, daß die glänzende Laufbahn seines Herrn noch lange nicht geendigt sei[7], daß ihm die Zukunft noch ein schimmerndes Glück aufbewahre. Man brauchte die Sterne nicht zu bemühen, um mit Wahrscheinlichkeit vorher zu sagen, daß ein Feind[8] wie Gustav Adolpheinen General wie Wallenstein nicht lange entbehrlich lassen würde.

„Der Kaiser ist verrathen," antwortete Wallenstein den Gesandten, „ich bedaure ihn, aber ich vergeb' ihm. Es ist klar, daß ihn der hochfahrende Sinn des Baiern[9] dominirt. Zwar thut

---

digt werden sollte, *was to be announced to him.* [3] Eine Kränkung, &c., *to submit to (leave) any injury unrevenged.* [4] Sollte ihn jetzt herunterstürzen, *was now to thrust him down.* [5] Sie dem Richter zu entreißen, *to extort it from the judge.* [6] Während daß, *whilst.* [7] Noch lange nicht geendigt sei, *was far from being ended* [8] Daß ein Feind, &c., *that an enemy like Gustavus Adolphus*

mir's wehe[10], daß er mich mit so wenigem Widerstande hingegeben hat, aber ich will gehorchen." Die Abgeordneten entließ er fürstlich beschenkt, und den Kaiser ersuchte er in einem demüthigen Schreiben, ihn seiner Gunst nicht zu berauben und bei den erworbenen Würden zu schützen. Allgemein war das Murren der Armee, als die Absetzung ihres Feldherrn bekannt wurde, und der beste Theil seiner Officiere trat sogleich aus dem kaiserlichen Dienste. Viele folgten ihm auf seine Güter nach Böhmen und Mähren, Andere fesselte er durch beträchtliche Pensionen, um sich ihrer[11] bei Gelegenheit sogleich bedienen zu können.

Sein Plan war nichts weniger als[12] Ruhe, da er in die Stille des Privatstandes zurücktrat. Der Pomp eines Königs umgab ihn in dieser Einsamkeit und schien dem Urtheilsspruche seiner Erniedrigung Hohn zu sprechen[13]. Sechs Pforten führten zu dem Palaste, den er in Prag bewohnte, und hundert Häuser mußten niedergerissen werden, um dem Schloßhofe Raum zu machen. Aehnliche Paläste wurden auf seinen übrigen zahlreichen Gütern erbaut. Cavaliere aus den edelsten Häusern wetteiferten um die Ehre, ihn zu bedienen, und man sah kaiserliche Kammerherren den goldenen Schlüssel zurückgeben, um bei Wallenstein eben dieses Amt zu bekleiden. Er hielt sechzig Pagen, die von den trefflichsten Meistern unterrichtet wurden; sein Vorzimmer wurde stets durch fünfzig Trabanten bewacht. Seine gewöhnliche Tafel[14] war nie unter hundert Gängen, sein Haushofmeister eine vornehme Standesperson. Reis'te er über Land[15], so wurde ihm Geräthe und Gefolge auf hundert sechs- und vierspännigen Wagen nachgefahren; in sechzig Carossen mit fünfzig Handpferden folgte ihm sein Hof. Die Pracht der Livereien, der Glanz der Equipage und der Schmuck der Zimmer war dem übrigen Auf-

---

would not long suffer a general like Wallenstein to be dispensed with. [9] Des Baiern, *of the sovereign of Bavaria.* [10] *'Tis true, I am grieved, it is painful to me.* [11] Um sich, &c., *in order to be able to make immediate use of them when opportunity presented itself* (bei Gelegenheit). [12] Nichtsweniger als, *any thing but.* [13] Hohn sprechen, *to bid defiance to, to scorn.* [14] Seine gewöhnliche Tafel, &c., *his ordinary dinners were never less than a hundred courses* (hundert Gängen). [15] Reis'te er über Land, so wurde, &c., *if he travelled abroad, he was followed by a hundred vehicles, some drawn by six, others by four horses* (hundert sechs- und vierspännigen Wagen), *which served to convey his baggage*

wande gemäß. Sechs Barone und eben so viele Ritter mußten beständig seine Person umgeben, um jeden Wink zu vollziehen, zwölf Patrouillen die Runde um seinen Palast machen[16], um jeden Lärm abzuhalten. Sein immer arbeitender Kopf brauchte Stille, kein Gerassel der Wagen durfte seiner Wohnung nahe kommen und die Straßen wurden nicht selten durch Ketten gesperrt. Stumm, wie die Zugänge zu ihm, war auch sein Umgang. Finster, verschlossen, unergründlich, sparte er seine Worte mehr als seine Geschenke, und das Wenige, was er sprach, wurde mit einem widrigen Tone ausgestoßen. Er lachte niemals, und den Verführungen der Sinne widerstand die Kälte seines Bluts. Immer geschäftig und von großen Entwürfen bewegt, entsagte er allen leeren Zerstreuungen, wodurch Andere das kostbare Leben vergeuden. Einen durch ganz Europa ausgebreiteten Briefwechsel besorgte er selbst[17]; die meisten Aufsätze schrieb er mit eigener Hand nieder[18], um der Verschwiegenheit Anderer so wenig als möglich anzuvertrauen. Er war von großer Statur und hager, von gelblicher Gesichtsfarbe, röthlichen kurzen Haaren, kleinen, aber funkelnden Augen. Ein furchtbarer, zurückschreckender Ernst lag auf seiner Stirn, und nur das Uebermaaß seiner Belohnungen konnte die zitternde Schaar seiner Diener festhalten.

In dieser prahlerischen Dunkelheit erwartete Wallenstein stille, doch nicht müssig, seine glänzende Stunde und der Rache aufgehenden Tag; bald ließ ihn Gustav Adolph's reißender Siegeslauf[19] ein Vorgefühl desselben genießen. Von seinen hochfliegenden Planen ward kein einziger aufgegeben; der Undank des Kaisers hatte seinen Ehrgeiz von einem lästigen Zügel befreit. Der blendende Schimmer seines Privatlebens verrieth den stolzen Schwung seiner Entwürfe, und verschwenderisch wie ein Monarch schien er die Güter seiner Hoffnung schon unter seine gewissen Besitzungen zu zählen.

Friedrich Schiller.

---

and attendants. [16] *Twelve patrols to go the rounds about his palace.* [17] *His correspondence, which extended over all Europe, he carried on himself* [18] *Most of his writing was done by his own hand.* [19] Reißender Siegeslauf, *rapid course of successive victories.*

3. Das Kreuz des Südens.

Seit wir in die heiße Zone eingetreten waren, konnten wir jede Nacht die Schönheit des südlichen Himmels nicht genugsam bewundern, welcher in dem Maaß, als wir nach Süden vorrückten, neue Sternbilder unsern Augen entfaltete. Man hat ein wunderbar bekanntes Gefühl, wenn man bei der Annäherung gegen den Aequator und besonders, wenn man von der einen Hemisphäre in die andere übergeht, allmählich die Sterne niederer werden und zuletzt verschwinden sieht, welche man von seiner ersten Kindheit an kennt[1]. Nichts erinnert einen Reisenden lebhafter an die unermeßliche Entfernung seines Vaterlandes als der Anblick eines neuen Himmels. Die Gruppirung der großen Sterne, einige zerstreute Nebelsterne, welche an Glanz mit der Milchstraße wetteifern, und Räume, welche durch eine außerordentliche Schwärze ausgezeichnet sind, geben dem südlichen Himmel eine eigenthümliche Physiognomie. Dieses Schauspiel setzt selbst die Einbildungskraft derjenigen in Bewegung, welche, ohne Unterricht in den höhern Wissenschaften, das Himmelsgewölbe gern betrachten, wie man eine schöne Landschaft oder eine majestätische Aussicht bewundert. Man hat nicht nöthig Botaniker zu sein, um die heiße Zone bei dem bloßen Anblicke der Vegetation zu erkennen; ohne[2] Kenntniß in der Astronomie erlangt zu haben, ohne[3] mit den Himmelscharten von Flamstrad und la Caille vertraut zu sein, fühlt man, daß man nicht in Europa ist, wenn man das ungeheure Sternbild des Schiffs oder die phosphorescirenden Wolken Magellans am Horizont aufsteigen sieht. Die Erde und der Himmel, alles nimmt[4] in der Aequinoctial-Gegend einen exotischen Charakter an[4].

Die niedern Gegenden der Luft waren seit einigen Tagen mit Dämpfen angeschwängert. Wir sahen erst in der Nacht vom 4ten zum 5ten Julius, im 16ten Grad der Breite, das Kreuz des Sü-

---

3.

[1] Kennt, *has known and still knows;* this is the force of the present in this instance—the English idiom requires the preterite; von seiner ersten Kindheit, *from his earliest childhood.* [2] Ohne . . . erlangt zu haben, *without having acquired.* [3] Ohne . . . vertraut zu sein, *without being familiar with the celestial maps of Flamstrad or la Caille, &c* [4] Annehmen, *to assume*

dens zum ersten Mal deutlich; es war stark geneigt[5] und erschien von Zeit zu Zeit zwischen Wolken, deren Mittelpunkt, von dem Wetterleuchten gefurcht, ein silberfarbenes Licht zurück warf. Wenn es einem Reisenden erlaubt ist, von seinen persönlichen Rührungen zu reden, so setze ich hinzu[6], daß ich in dieser Nacht einen der Träume meiner ersten Jugend in Erfüllung gehen sah.

Wenn man anfängt, den Blick auf geographische Charten zu heften und die Beschreibungen der Reisenden zu lesen, so fühlt man eine Art von Vorliebe für gewisse Länder und Klimata, von welcher man sich in einem höhern Alter nicht wohl Rechenschaft geben kann. Diese Eindrücke haben einen merkbaren Einfluß auf unsere Entschlüsse, und wir suchen uns[7] wie instinktmäßig mit den Gegenständen in Beziehung zu setzen, welche seit langer Zeit einen geheimen Reiz für uns hatten. In einer Epoche, wo ich den Himmel studirte, nicht um mich der Astronomie zu widmen, sondern um die Sterne kennen zu lernen, wurde ich von einer Furcht in Bewegung gesetzt, welche denjenigen unbekannt ist, die eine sitzende Lebensart lieben. Es schien mir schmerzhaft, der Hoffnung zu entsagen, die schönen Sternbilder zu sehen, welche in der Nähe des Südpols liegen. Ungeduldig, die Gegenden des Aequators zu durchwandern, konnte ich die Augen nicht gegen das gestirnte Gewölbe des Himmels erheben, ohne[8] an das Kreuz des Südens zu denken und ohne mir die erhabene Stelle des Dante ins Gedächtniß zurückzurufen, welche die berühmtesten Commentatoren auf dieses Sternbild bezogen haben.

Die Befriedigung, welche wir bei der Entdeckung dieses Kreuzes des Südens empfanden, wurde lebhaft von denjenigen Personen der Schiffmannschaft getheilt, welche die Kolonien bewohnt hatten. In der Einsamkeit der Meere grüßt man einen Stern wie einen Freund, von dem man lange Zeit getrennt war. Bei den Portugiesen und Spaniern scheinen noch besondere Gründe dieses Interesse zu vermehren: ein religiöses Gefühl macht ihnen

---

[5] Stark geneigt, it. *strongly inclined*, i. e. *very low, near its setting.* [6] So setze ich hinzu, *then I would add.* [7] Und wir suchen, &c., *and we seek, as it were instinctively, to place ourselves in some relation with objects, which for a long time, &c.* [8] Ohne an . . . zu denken, *without thinking of;* ohne mir ins

ein Sternbild lieb, dessen Form ihnen das Zeichen des Glaubens ins Gedächtniß ruft, welches von ihren Voreltern in den Wüsten der neuen Welt aufgepflanzt wurde.

Da die beiden großen Sterne, welche die Spitze und den Fuß des Kreuzes bezeichnen, ungefähr die nämliche gerade Aufsteigung[9] haben, so muß das Sternbild in dem Augenblick, wo es durch den Meridian geht, beinahe senkrecht stehen. Diesen Umstand kennen alle Völker, welche jenseit des Wendekreises oder in der südlichen Hemisphäre wohnen. Man hat beobachtet[10], um welche Zeit in der Nacht, in verschiedenen Jahreszeiten, das Kreuz im Süden gerade oder geneigt ist. Es ist dies eine Uhr[11], welche ziemlich regelmäßig, nahe zu um 4 Minuten täglich, vorrückt, und kein anderes Sternbild bietet[12] bei dem bloßen Anblick eine so leicht anzustellende Beobachtung der Zeit dar[12]. Wie oft hörten wir in den Savanen von Venezuela oder in der Wüste, welche sich von Lima nach Truxillo erstreckt, unsern Wegweiser sagen: „Mitternacht ist vorbei, das Kreuz fängt an sich zu neigen.“ Wie oft haben diese Worte uns die rührende Scene ins Gedächtniß gerufen, wo Paul und Virginie, sitzend an der Quelle des Flusses, sich zum letzten Mal unterhalten, und wo der Greis, bei dem Anblick des Kreuzes im Süden, sie erinnert, daß es Zeit ist zu scheiden!

Alexander von Humboldt.

---

4. Die heilige Cäcilia,

Gemälde von Raphael, in Bologna.

Das herrschende Motiv in diesem Bilde ist das hinreißende Gefühl der innigsten Andacht, die, im irdischen Herzen nicht

---

Gedächtniß zurückzurufen, *without recalling to memory.* [9] Gerade Aufsteigung, *right ascension.* [10] *It has been observed*, or, *observations have been made.* When the indefinite pronoun man has a verb in the active, it is generally best rendered by an impersonal passive. [11] Es ist dies, &c., *this is a clock which advances pretty regularly about four minutes a day, nearly.* [12] Darbieten, *to offer, present: and no other constellation presents sc ready an opportunity of observing* (eine so leicht anzustellende Beobachtung) *the time at a simple glance* (beim bloßen Anblick).

mehr Raum findend, in Gesänge ausbricht; sowie man auch wohl auf großen Anbetungsbildern des Perugino alles in eine fromme Begeisterung hinschmelzen sieht. Aber da ist es eine stille Andacht, wie die feierlichen, langezogenen Töne alter Kirchenhymnen; in Raphael's Bilde ist die Beziehung auf Musik noch bestimmter, und es ist die ganze geheimnißvolle Tiefe und Wunderfülle dieser magischen Kunst andeutend[2] hier entfaltet. Der tiefsinnig in sich versunkene Paulus[3], mit dem gewaltigen Schwert zur Linken, erinnert uns an jene alte Kraft der Melodien, welche Thiere bezähmen und Felsen bewegen konnte, aber den Menschensinn zerreißen, den Geist und die Seele durchschneidend. Die harmonische Hoheit der gegenüberstehenden Magdalena, deren vollendete Schönheit[4] in den nach dem Beschauer gewandten Gesichtszügen[3] der Dresdener Madonna auffallend ähnlich ist, erinnert uns an den holden Einklang der in ewigem Frieden beseligten Geister[3], welcher in den Zaubertönen der irdischen Musik zwar schwächer, doch aber noch vernehmlich wiederklingt. Die Seele der in der Mitte stehenden, lobpreisenden Cäcilia[3] ergießt sich in einen Strahl gerade aufwärts, der verklärte Ton dem himmlischen Lichte entgegen. Durch die beiden andern Nebenfiguren, welche den Raum zwischen jenen drei Hauptfiguren ausfüllen, rundet sich das Ganze[5] zum vollen ununterbrochenen Chor. Der kindliche Kreis der kleinen, ganz oben in Wolken schwebenden Engelein[3] ist gleichsam der himmlische Wiederschein und Nachhall des großen Chors. Der klare Vorgrund und die verschiedenen, zerstreut umherliegenden Instrumente[3] stellen[6] uns die ganze, mannigfaltige, wunderbare Welt der Klänge und Töne vor[6], auf deren Boden das kunstreiche Gebäude des heiligen Gesanges ruht

---

4.

[1] *Just as in Perugino's large devotion pictures* (Anbetungsbildern) *we sometimes se every thing melting away into a pious ecstasy.* [2] *Significantly, symoolically* [3] *St. Paul profoundly wrapt up in himself.* In this and in the following sentences marked 3, the pupil will find an application of the principle of syntax explained on page 303 Gr. [4] *The consummate beauty of whose features* (in den . . . Gesichtszügen) *facing the beholder* (nach dem Beschauer gewandt), *resembles so strikingly the Madonna at Dresden, reminds us of* (erinnert uns an), *&c.* [5] *The whole is rounded off into a full unbroken*

und sich aus ihm erhebt[7]. Der Sinn, die Seele des Gemäldes, ist durchaus gefühlvoll, ganz begeistert und musikalisch; die Ausführung im höchsten Grade objektiv und gründlich.

Friedrich Schlegel.

---

5. Die Statue des vatikanischen Apollo.

Die Statue des Apollo ist das höchste Ideal der Kunst unter allen Werken des Alterthums, welche der Zerstörung desselben entgangen sind. Er übertrifft alle andern Bilder desselben, so wie Homer's Apollo den, welchen die folgenden Dichter malen. Ueber die Menschheit erhaben ist sein Gewächs, und sein Stand zeuget von der ihn erfüllenden Größe[1]. Ein ewiger Frühling, wie in dem glücklichen Elysium, bekleidet die reizende Männlichkeit vollkommener Jahre, und spielet mit sanfter Zärtlichkeit auf dem stolzen Gebäude seiner Glieder.

Geh' mit deinem Geiste in das Reich unkörperlicher Schönheiten, und versuche ein Schöpfer einer himmlischen Natur zu werden, und den Geist mit Bildern, die sich über die Materie erheben, zu erfüllen. Denn hier ist nichts Sterbliches, noch was die menschliche Dürftigkeit erfordert. Keine Adern noch Sehnen erhitzen und regen diesen Körper, sondern ein himmlischer Geist, der sich wie ein sanfter Strom ergossen[2], hat gleichsam die ganze Umschreibung dieser Figur erfüllet. Er hat den Python, wider welchen er erst seinen Bogen gebraucht, verfolgt, und sein mächtiger Schritt hat ihn erreicht und erlegt. Von der Höhe seiner Genügsamkeit geht sein erhabener Blick, wie ins Unendliche, weit über seinen Sieg hinaus[3]. Verachtung sitzt auf seinen Lippen, und der Unmuth, welchen er in sich zieht[4], blähet sich in den Nü-

---

circle, (Chor, lit. *choir*). [6] Stellen uns ... vor, *represent to us*. [7] Und sich aus ihm erhebt, *and out of which (soil) it rises*.

5.

[1] Und sein Stand, &c., *and his* (very) *attitude* (Stand) *gives witness of the greatness, with which he is filled*. [2] Supply hat: *but a heavenly spirit, which has poured itself forth, like a gentle stream, has, as it were, filled the entire contour of this figure*. [3] Weit über seinen Sieg hinaus, *far beyond his victory*. [4] Welchen er in sich zieht, lit. *which he draws into himself*, i. e. *which he sup-*

stern seiner Nase, und tritt bis in die stolze Stirn hinauf[5]. Aber der Friede, welcher in einer seligen Stille auf derselben schwebt, bleibt ungestört, und sein Auge ist voll Süßigkeit, wie unter den Musen, die ihn zu umarmen wünschen. In allen uns übrig gebliebenen Bildern des Vaters der Götter, welche die Kunst verehrt, nähert er sich nicht der Größe, in welcher er sich dem Verstande des göttlichen Dichters[6] offenbarte, wie hier in dem Gesichte des Sohnes[7], und die einzelnen Schönheiten der übrigen Götter treten hier[8], wie bei der Pandora, in Gemeinschaft zusammen[8].

Eine Stirn Jupiter's, die mit der Göttinn der Weisheit schwanger ist, und Augenbraunen, die durch ihr Winken seinen Willen erklären; Augen der Königinn der Göttinnen mit Großheit gewölbet, und ein Mund, um den die höchste Anmuth schwebt. Sein weiches Haar spielet wie die zarten und flüssigen Schlingen edler Weinreben, gleichsam von einer sanften Luft bewegt, um dieses göttliche Haupt. Es scheinet gesalbt mit dem Oele der Götter, und von den Grazien mit holder Pracht auf seinen Scheitel gebunden.

Ich vergesse alle andere über den Anblick dieses Wunderwerks der Kunst, und ich nehme selbst einen erhabenen Stand, um mit Würdigkeit anzuschauen. Mit Verehrung scheinet sich meine Brust zu erweitern und zu erheben, wie diejenige[9], die ich vom Geiste der Weissagung angeschwellt sehe, und ich fühle mich im Geiste weggerückt nach Delos und in die lycischen Haine, Orte, die Apollo mit seiner Gegenwart beehrte; denn mein Bild scheint Leben und Bewegung zu bekommen, wie des Pygmalion Schönheit; wie ist es möglich, es zu malen und zu beschreiben? die Kunst selbst müßte mir rathen und die Hand führen, die ersten Züge, die ich hier entworfen, künftig auszuführen. Ich lege den Begriff, welchen ich von diesem Bilde gegeben, zu dessen Füßen,

---

presses. [5] Tritt bis in die Stirn hinauf, *rises up into his haughty forehead.* [6] The poet is Homer, whose ideal of Jupiter, the father of the gods, has never been equalled by any work of art. [7] I. e. Apollo, the son of Jupiter and Latona. [8] Treten hier in . . . Gemeinschaft zusammen, *are here blended into one, as in the case of Pandora.* [9] *Like that which I see swelled by the spirit of prophecy* Apollo was the god of divination. [10] It was a custom among the an

wie die Kränze derjenigen, welche das Haupt der Gottheiten, die sie krönen wollten, nicht erreichen konnten[10].

Johann Joachim Winckelmann.

---

6. Der Dom zu Köln.

Wir gingen in den Dom und blieben darin, bis wir im tiefen Dunkel nichts mehr unterscheiden konnten. So oft ich Köln besuche, gehe ich immer wieder in diesen herrlichen Tempel, um die Schauer des Erhabenen zu fühlen. Vor der Kühnheit der Meisterwerke stürzt der Geist voll Erstaunen und Bewunderung zur Erde, dann hebt er sich wieder[1] mit stolzem Flug über das Vollbringen hinweg, das nur eine Idee eines verwandten Geistes war. Je riesenmäßiger die Wirkungen menschlicher Kräfte uns erscheinen, desto höher schwingt sich das Bewußtsein des wirkenden Wesens in uns über sie hinaus[2]. Wer ist der hohe Fremdling[3] in dieser Hülle, daß er so in mannigfaltigen Formen sich offenbaren, diese redenden Denkmäler von seiner Art, die äußern Gegenstände zu ergreifen und sich anzueignen, hinterlassen kann? Wir fühlen Jahrhunderte später dem Künstler nach und ahnen die Bilder seiner Phantasie, indem wir diesen Bau durchwandern.

Die Pracht des himmelan sich wölbenden Chors[4] hat eine majestätische Einfalt, die alle Vorstellung übertrifft. In ungeheurer Länge stehen die Gruppen schlanker Säulen da, wie Bäume eines uralten Forstes; nur am höchsten Gipfel sind sie in eine Krone von Aesten gespalten, die sich mit ihren Nachbarn in spitzen Bogen wölbt und dem Auge, das ihnen folgen will, fast unerreichbar ist.

---

cients to crown the statues of their divinities on festive occasions. If the image was too high to admit of coronation, the wreath was laid at its feet.

6.

[1] Dann hebt er sich wieder, &c., *then it rises again, in proud flight, beyond the accomplished work* (über das Vollbringen hinweg), *which was but an idea of a kindred spirit.* [2] Ueber sie hinaus, *above, beyond them ;* sie refers to Wirkungen. [3] *Who is the lofty stranger in this mortal coil, that he should be able to reveal himself in such a variety of forms,* (in so mannigfaltigen Formen sich offenbaren), *and to leave behind him these speaking monuments* (redenden Denkmäler), *of the manner in which he seizes (apprehends) outward objects, and makes them his own* (sich anzueignen). [4] *The splendour of the heaven-ward ris-*

Laßt sich auch schon das Unermeßliche[5] des Weltalls nicht im beschränkten Raum versinnlichen, so liegt gleichwohl in diesem kühnen Emporstreben der Pfeiler und Mauern das Unaufhaltsame, welches die Einbildungskraft so leicht in das Grenzenlose verlängert. Die griechische Baukunst ist unstreitig der Inbegriff des Vollendeten, Uebereinstimmenden, Beziehungsvollen, Erlesenen, mit einem Worte des Schönen. Hier indessen, an den gothischen Säulen, die, einzeln genommen, wie Rohrhalme schwanken würden und nur, in großer Anzahl zu einem Schafte vereinigt, Masse machen und ihren graden Wuchs behalten können; unter ihren Bogen, die gleichsam auf nichts ruhen, luftig schweben, wie die schattenreichen Wipfelgewölbe des Waldes — hier schwelgt der Sinn im Uebermuth des künstlerischen Beginnens. Jene griechischen Gestalten scheinen sich an alles anzuschließen, was da ist, an alles, was menschlich ist; diese stehen, wie Erscheinungen aus einer andern Welt, wie Feenpaläste da, um Zeugniß zu geben von der schöpferischen Kraft im Menschen, die[6] einen isolirten Gedanken bis auf das Aeußerste verfolgen und das Erhabene selbst auf einem excentrischen Wege zu erreichen weiß.

Es ist sehr zu bedauern, daß ein so prächtiges Gebäude unvollendet bleiben muß. Wenn schon der Entwurf, in Gedanken ergänzt, so mächtig erschüttern kann, wie hätte nicht die Wirklichkeit uns hingerissen!

Ich erzähle dir nichts von den berüchtigten heiligen drei Königen[7] und dem sogenannten Schatz in ihrer Kapelle; nichts von den Hautelissetapeten und der Glasmalerei auf den Fenstern im Chor; nichts von der unsäglich reichen Kiste von Gold und Silber,

---

ing arches of the choir, lit. *the heaven-ward arching choir*. [5] This somewhat obscure sentence is rendered thus: *Though it be true, that the infinity of the universe* (das Unermeßliche des Weltalls), *cannot be represented to the senses within the limits of finite space* (läßt sich nicht im beschränkten Raume versinnlichen), *yet there is in these boldly towering piers and walls an irresistible something* (das Unaufhaltsame), *which the imagination so easily prolongs into the infinite* (so leicht ins Grenzenlose verlängert). [6] *Which can pursue an isolated thought to its utmost limit* (bis aufs Aeußerste), *and reach the sublime, even though its road be indirect and eccentric* (selbst auf einem excentrischen Wege). [7] Den heiligen drei Königen, lit. *the three saintly kings*, i. e. *the Magi of the East.*

worin die Gebeine des heiligen Engelbert's ruhen, und ihrer wunderschönen ciselirten Arbeit, die man heutigen Tages schwerlich nachzuahmen im Stande wäre. Meine Aufmerksamkeit hatte einen wichtigern Gegenstand: einen Mann von der beweglichsten Phantasie und von zartestem Sinne, der zum ersten Mal in diesen Kreuzgängen den Eindruck des Großen in der gothischen Baukunst empfand, und bei dem Anblick des mehr als hundert Fuß hohen Chors vor Entzücken wie versteinert war. O, es war köstlich, in diesem klaren Anschauen die Größe des Tempels noch einmal, gleichsam im Wiederscheine, zu erblicken! Gegen das Ende unseres Aufenthalts weckte die Dunkelheit in den leeren, einsamen, von unsern Tritten wiederhallenden Gewölben, zwischen den Gräbern der Kurfürsten, Bischöfe und Ritter, die da in Stein lagen, manches schaurige Bild der Vorzeit in seiner Seele.

Georg Forster.

---

7. Aus den Abderiten[1].

Die Athenienser waren von jeher[2] ein sehr munteres und geistreiches Volk, und sind es noch, wie man sagt. Athenienser, nach Jonien versetzt, gewannen unter dem schönen Himmel, der dieses von der Natur verzärtelte Land umfließt, wie Burgunderreben durch Verpflanzung aufs Vorgebirge. Vor allen andern Völkern des Erdbodens waren die jonischen Griechen die Günstlinge der Musen. Homerus selbst war, der größten Wahrscheinlichkeit nach[3], ein Jonier. Die erotischen Gesänge, die milesischen Fabeln (die Vorbilder unserer Novellen und Romane) erkennen Jonien für ihr Vaterland. Der Horaz der Griechen, Alcäus, die glühende Sappho, Anakreon der Sänger, Aspasia die Lehrerinn, Apelles der Maler waren aus Jonien; Anakreon sogar ein geborner Tejer[4]. Dieser Letzte mochte etwa ein Jüngling von

---

7.

[1] This is the title of a satirical romance by Wieland. Abdēra was a city of Thrace, which, though the birth place of Democritus, Protagoras and other distinguished men, had become proverbially notorious for the stupidity of its inhabitants. [2] Waren von jeher, *have ever been.* [3] The preposition nach often follows the case which it governs; lit. *according to the greatest probability, most probably.* [4] Ein geborner Tejer, *a Teian by birth.* Wenn anders, *if in-*

achtzehn Jahren sein (wenn anders[5] Barnes recht gerechnet hat), als seine Mitbürger nach Abdera zogen. Er zog mit ihnen; und zum Beweise, daß er seine den Liebesgöttern geweihte Leyer nicht zurückgelassen, sang er dort das Lied an ein thracisches Mädchen (in Barnesens Ausgabe das ein und sechzigste), worin ein gewisser wilder thracischer Ton mit der jonischen Grazie, die seinen Liedern eigen ist, auf eine ganz besondere Art absticht.

Wer sollte nun nicht denken, die Tejer — in ihrem ersten Ursprunge Athenienser — so lange Zeit in Jonien einheimisch — Mitbürger eines Anakreon's — sollten auch in Thracien den Charakter eines geistreichen Volkes behauptet haben? Allein (was auch die Ursache davon gewesen sein mag) das Gegentheil ist außer Zweifel. Kaum wurden die Tejer zu [6]Abderiten, so schlugen sie aus der Art[7]. Nicht, daß sie ihre vormalige Lebhaftigkeit ganz verloren und sich in Schöpse verwandelt hätten, wie Juvenal[8] sie beschuldigt. Ihre Lebhaftigkeit nahm nur eine wunderliche Wendung, und ihre Einbildung gewann einen so hohen Vorsprung über ihre Vernunft[9], daß es dieser niemals wieder möglich war, sie einzuholen.

Es mangelte den Abderiten nie an[10] Einfällen; aber selten paßten ihre Einfälle auf die Gelegenheit, wo sie angebracht wurden, oder kamen erst, wenn die Gelegenheit vorbei war. Sie sprachen viel, aber immer, ohne sich einen Augenblick zu bedenken, was sie sagen sollten oder wie sie es sagen wollten. Die natürliche Folge hiervon war, daß sie selten den Mund aufthaten, ohne etwas Albernes zu sagen. Zum Unglück erstreckte sich die schlimme Gewohnheit auf ihre Handlungen; denn gemeiniglich schlossen sie den Käficht erst, wenn der Vogel entflogen war. Dies zog[11] ihnen den Vorwurf der Unbesonnenheit zu[11]; aber die Erfahrung bewies, daß es ihnen nicht besser ging, wenn sie sich besannen. Machten sie (welches ziemlich oft begegnete) irgend einen sehr

---

deed, provided ; Barnes is a well-known Commentator and Editor of classical authors. [6] *Scarcely had the Teians become.* [7] Aus der Art schlagen, *to degenerate.* [8] Juvenal, the Latin satirist, calls Abdera *vervecum patriam, the native land of blockheads.* [9] *Their imagination got so far in advance of* (gewann einen so hohen Vorsprung) *their reason.* [10] *The Abderites were never in want of* [11] Dies zog ihnen zu, *this brought upon them.* [12] Machten sie ir-

dummen Streich[12], so kam es immer daher, wei. sie es gar zu gut machen wollten; und wenn sie in den Angelegenheiten ihres gemeinen Wesens recht lange und ernstliche Berathschlagungen hielten, so konnte man sicher drauf rechnen, daß sie unter allen möglichen Entschließungen die schlechteste ergreifen würden. Zum Exempel: Es fiel ihnen ein, daß eine Stadt wie Abdera billig auch einen schönen Brunnen haben müsse. Er sollte in die Mitte ihres großen Marktplatzes gesetzt werden[13], und zur Bestreitung der Kosten wurde eine neue Auflage gemacht. Sie ließen einen berühmten Bildhauer von Athen kommen[14], um eine Gruppe von Statuen zu verfertigen, welche den Gott des Meeres, auf einem von vier Seepferden gezogenen Wagen mit Nymphen, Tritonen und Delphinen umgeben, vorstellte. Die Seepferde und Delphine sollten eine Menge Wassers aus ihrer Nase hervorspritzen. Aber wie Alles fertig stand, fand sich[15], daß kaum Wasser genug da war, um die Nase eines einzigen Delphins zu befeuchten; und als man das Werk spielen ließ, sah es nicht anders aus, als ob alle diese Seepferde und Delphine den Schnupfen hätten. Um nicht ausgelacht zu werden, ließen sie also die ganze Gruppe in ihr Zeughaus bringen, und so oft man solche einem Fremden wies, bedauerte der Aufseher des Zeughauses sehr ernsthaft im Namen der löblichen Stadt Abdera, daß ein so herrliches Kunstwerk aus Kargheit der Natur unbrauchbar bleiben müsse.

Ein andermal erhandelten sie eine sehr schöne Venus von Elfenbein, die man unter die Meisterstücke des Praxiteles zählte. Sie war ungefähr fünf Fuß hoch und sollte[16] auf einen Altar der Liebesgöttinn gestellt werden. Als sie angelangt war, gerieth ganz Abdera in Entzücken über die Schönheit ihrer Venus, denn die Abderiten gaben sich für[18] feine Kenner und schwärmerische Liebhaber der Künste aus. „Sie ist zu schön," riefen sie einhellig, „um an einem niedrigen Platze zu stehen. Ein Meisterstück, das der Stadt so viel Ehre macht und so viel gekostet hat, kann

---

gend einen sehr dummen Streich, *if they ever became guilty of a very silly trick.* [13] Er sollte... gesetzt werden, *it was to be placed.* [14] Kommen lassen, *to send for* [15] Fand sich, *it was found.* [16] Sollte gestellt werden, *was to be placed.* [17] In Entzücken gerathen, *to become enraptured, transported with joy.* [18] Gaben sich für ..aus, *pretended to be.* [19] Dem Fremden .. in die Augen fällt, *meets the*

nicht zu hoch aufgestellt werden; sie muß das Erste sein, was dem Fremden[19] beim Eintritt in Abdera in die Augen fällt.“ Diesem glücklichen Gedanken zufolge stellten sie das kleine niedliche Bild auf einen Obelisk von achtzig Fuß; und wiewohl es nun unmöglich war, zu erkennen, ob es eine Venus oder eine Wassernymphe vorstellen sollte, so nöthigten sie doch alle Fremden zu gestehen, daß man nichts Vollkommeneres sehen könne.

Uns dünkt, diese Beispiele beweisen schon mehr als zu viel, daß man den Abderiten kein Unrecht that, wenn man sie für warme Köpfe hielt. Aber wir zweifeln sehr, ob sich ein Zug denken läßt, der ihren Charakter stärker zeichnen könne als dieser: daß sie, nach dem Zeugniß des Justinus, die Frösche in und um ihre Stadt dergestalt überhand nehmen ließen[20], daß sie selbst endlich genöthigt waren, ihren quäkenden Mitbürgern Platz zu machen und bis zu Austrag der Sache sich unter dem Schutze des Königs Kassander an einen dritten Ort zu begeben. Dieses Unglück befiel die Abderiten nicht ungewarnt. Ein weiser Mann, der sich unter ihnen befand, sagte ihnen lange zuvor, daß es endlich so kommen würde. Der Fehler lag in der That blos an den Mitteln, wodurch sie dem Unglück steuern wollten, wiewohl sie nie dazu gebracht werden konnten, dies einzusehen. Was ihnen gleichwohl die Augen hätte öffnen sollen, war, daß sie kaum etliche Monate von Abdera weggezogen waren, als eine Menge von Kranichen aus der Gegend von Geranien ankamen und ihnen alle ihre Frösche so rein wegputzten, daß eine Meile rings um Abdera nicht einer übrig blieb, der[21] dem wiederkehrenden Frühling Βρεκεκεξ Κοαξ Κοαξ entgegen gesungen hätte.

Christoph Martin Wieland.

---

eye of the stranger (attracts the attention). [20] Die Frösche ... überhand nehmen ließen, *suffered the frogs to increase, get the upper hand;* dergestallt, *to such an extent.* [21] Der dem wiederkehrenden Frühling, &c., *who could have hailed* (or simply, *to hail*) *the return of spring by singing his Brekekex Koax Koax.* This is a comical imitation of the croaking of frogs, and is borrowed from Aristophanes.

8. Der Bergmann[1].

„Herr," sagte der Alte, indem er sich zu Heinrich wandte, „der Bergbau muß von Gott gesegnet werden! denn es gibt keine Kunst, die ihre Theilhaber glücklicher und edler machte, die mehr den Glauben an eine himmlische Weisheit und Fügung erweckte und die Unschuld und Kindlichkeit des Herzens reiner erhielte, als der Bergbau. Arm wird der Bergmann geboren und arm gehet er wieder dahin. Er begnügt sich zu wissen, wo die metallischen Mächte gefunden werden, und sie zu Tage zu fördern[2]; aber ihr blendender Glanz vermag nichts über[3] sein lautres Herz. Unentzündet von gefährlichem Wahnsinn, freut er sich mehr über ihre wunderlichen Bildungen und die Seltsamkeiten ihrer Herkunft und ihrer Wohnungen, als über ihren alles verheißenden Besitz. Sie haben für ihn keinen Reiz mehr, wenn sie Waaren geworden sind, und er sucht sie lieber unter tausend Gefahren und Mühseligkeiten in den Vesten der Erde, als daß er ihrem Rufe in die Welt folgen und auf der Oberfläche des Bodens durch täuschende, hinterlistige Künste nach ihnen trachten sollte. Jene Mühseligkeiten erhalten sein Herz frisch und seinen Sinn wacker, er genießt seinen kärglichen Lohn mit inniglichem Danke und steigt jeden Tag mit verjüngter Lebensfreude aus den dunkeln Grüften seines Berufes. Nur er kennt[4] die Reize des Lichts und der Ruhe, die Wohlthätigkeit der freien Luft und Aussicht um sich her; nur ihm schmeckt Trank und Speise recht erquicklich und andächtig wie der Leib des Herrn[5]; und mit welchem liebevollen und empfänglichen Gemüth tritt er nicht unter seines Glei-

---

8.

[1] This is an extract from Heinrich von Ofterdingen, an unfinished novel by Novalis, which is supposed to have been intended as an apotheosis of Poetry. A company of travellers on foot, among whom was young Henry, the hero of the piece, had been attentively listening to an aged miner, one of the party, who not without much warmth and emotion, had been giving them an account of his past life, and now goes on to conclude his story by an equally enthusiastic encomium of his occupation. [2] Sie zu Tage zu fördern, *to bring them to light.* [3] Vermag nichts über, *has no power over.* [4] Nur er kennt, *'tis he only that knows.* [5] I. e. the Sacrament. [6] Er gewöhnt sich nicht, &c., *he does not accustom himself to an obtuse indifference towards these super-*

chen, oder herzt seine Frau und Kinder und ergötzt sich dankbar an der schönen Gabe des traulichen Gesprächs!

„Sein einsames Geschäft sondert ihn vom Tage und dem Umgange mit Menschen einen großen Theil seines Lebens ab. Er gewöhnt sich nicht[6] [illegible] einer stumpfen Gleichgültigkeit gegen diese überirdischen, tiefsinnigen Dinge, und behält die kindliche Stimmung, in der ihm alles mit seinem eigenthümlichsten Geiste und in seiner ursprünglichen bunten Wunderbarkeit erscheint. Die Natur will nicht der ausschließliche Besitz eines Einzigen sein. Als Eigenthum verwandelt sie sich in ein böses Gift, was die Ruhe verscheucht, und die verderbliche Lust, alles in diesen Kreis des Besitzers zu ziehn, mit einem Gefolge von unendlichen Sorgen und wilden Leidenschaften herbeilockt. So untergräbt sie[7] heimlich den Grund des Eigenthümers, und begräbt ihn bald in den einbrechenden Abgrund, um aus Hand in Hand zu gehen[8] und so ihre Neigung, Allen anzugehören, allmählig zu befriedigen.

„Wie ruhig arbeitet dagegen der arme, genügsame Bergmann in seinen tiefen Einöden, entfernt von dem unruhigen Tumult des Tages und einzig von Wißbegier und Liebe zur Eintracht beseelt. Er gedenkt in seiner Einsamkeit mit inniger Herzlichkeit seiner Genossen und seiner Familie, und fühlt immer erneuert die gegenseitige Unentbehrlichkeit und Blutsverwandtschaft der Menschen. Sein Beruf lehrt ihn unermüdliche Geduld und läßt nicht zu, daß sich seine Aufmerksamkeit in unnütze Gedanken zerstreue. Er hat mit einer wunderlichen, harten und unbiegsamen Macht zu thun, die nur durch hartnäckigen Fleiß und beständige Wachsamkeit zu überwinden ist. Aber welches köstliche Gewächs blüht ihm auch in diesen schauerlichen Tiefen, das wahrhafte Vertrauen zu seinem himmlischen Vater, dessen Hand und Fürsorge ihm alle Tage in unverkennbaren Zeichen sichtbar wird. Wie unzählige Mal habe ich nicht vor Ort[9] gesessen, und bei dem Schein meiner

---

sensuous and profound things, and he retains that child-like tone of mind in which everything appears to him in its own most peculiar spirit (i. e. *significancy*), *and in the wonderful variety of its primeval splendour* (in seiner ursprünglichen unten Wunderbarkeit). [7] Refers to Natur. [8] Um aus Hand in Hand zu gehen, &c., *in orde to pass from hand to hand, and thus by degrees to gratify her ination, to ecome the property of all* (Allen anzugehören). [9] Vor Ort, *at the*

Lampe das schlichte Kruzifix mit der innigsten Andacht betrachtet! da habe ich erst den heiligen Sinn dieses räthselhaften Bildnisses recht gefasst und den edelsten Gang[10] meines Herzens erschürft, der mir eine ewige Ausbeute gewährt hat."

Der Alte fuhr nach einer Weile fort und sagte: „Wahrhaftig, das muß ein göttlicher Mann gewesen sein, der den Menschen zuerst die edle Kunst des Bergbaues gelehrt und in dem Schooße der Felsen dieses ernste Sinnbild des menschlichen Lebens verborgen hat. Hier ist der Gang mächtig und gebrech[11], aber arm; dort drückt ihn der Felsen in eine armselige, unbedeutende Kluft zusammen, und gerade hier brechen die edelsten Geschicke ein. Andere Gänge verunedeln ihn, bis sich ein verwandter Gang freundlich mit ihm schaart, und seinen Werth unendlich erhöht. Oft zerschlägt er sich vor dem Bergmann in tausend Trümmern[12]; aber der Geduldige läßt sich nicht schrecken, er verfolgt ruhig seinen Weg und sieht seinen Eifer belohnt, indem er ihn bald wieder in neuer Mächtigkeit und Höflichkeit ausrichtet[13]. Oft lockt ihn ein betrügliches Trumm aus der wahren Richtung; aber bald erkennt er den falschen Weg, und bricht mit Gewalt querfeldein, bis er den wahren erzführenden Gang wiedergefunden hat. Wie bekannt wird hier nicht der Bergmann mit allen Launen des Zufalls, wie sicher aber auch, daß Eifer und Beständigkeit die einzigen untrüglichen Mittel sind, sie zu bemeistern, und die von ihnen hartnäckig vertheidigten Schätze zu heben[14]."

„Es fehlt euch gewiß nicht," sagte Heinrich, „an ermunternden Liedern. Ich sollte meinen, daß euch euer Beruf unwillführlich

---

end of my gallery, the word is here used in a technical signification. [10] Gang, among miners is *a metallic vein;* erschürfen, is also a mining term, *to discover.* [11] *Here the vein is huge and brittle, but poor; there a rock compresses it into a paltry and insignificant fissure* (Kluft), *and it is just here that the noblest lodes commence* (gerade hier brechen die edelsten Geschicke ein). [12] Oft zerschlägt er sich, &c., *often it is dashed into a thousand pieces before the miner.* [13] Indem er ihn, &c., *when soon he discovers it* (i. e. *the vein*) *again in a new thickness and richness;* the verb ausrichten, which literally signifies *to straighten*, is among miners *to discover.* Mächtigkeit and Höflichkeit are also technical, the former being *the thickness* (lit. *hugeness*) of a vein, the latter its *richness* (lit. *courtesy, affability*). [14] Und die von ihnen, &c., *and to dig up the treasures so obstinately defended by them* (i. e. by the caprices of fortune). **On this construction** see Gr. p. 303. [15] Euch einen Gesang zum Besten geben

zu Gesängen begeistern und die Musik eine willkommene Begleiterinn der Bergleute sein müßte."

„Da habt ihr wahr gesprochen," erwiederte der Alte; „Gesang und Zitherspiel gehört zum Leben des Bergmanns, und kein Stand kann mit mehr Vergnügen die Reize derselben genießen, als der unsrige. Musik und Tanz sind eigentliche Freuden des Bergmanns; sie sind wie ein fröhliches Gebet, und die Erinnerungen und Hoffnungen desselben helfen die mühsame Arbeit erleichtern und die lange Einsamkeit verkürzen.

„Wenn es euch gefällt, so will ich euch gleich einen Gesang zum Besten geben[15], der fleißig in meiner Jugend gesungen wurde.

„Der ist der Herr der Erde,
Wer ihre Tiefen mißt,
Und jeglicher Beschwerde
In ihrem Schooß vergißt.

Wer ihrer Felsenglieder
Geheimen Bau versteht,
Und unverdrossen nieder
Zu ihrer Werkstatt geht.

Er ist mit ihr verbündet
Und inniglich vertraut,
Und wird von ihr entzündet,
Als wär' sie seine Braut.

Er sieht ihr alle Tage
Mit neuer Liebe zu,
Und scheut nicht Fleiß noch Plage,
Sie läßt ihm keine Ruh.

Die mächtigen Geschichten
Der längst verflossnen Zeit
Ist sie ihm zu berichten
Mit Freundlichkeit bereit.

Der Vorwelt heil'ge Lüfte
Umwehn sein Angesicht,
Und in die Nacht der Klüfte
Strahlt ihm ein ew'ges Licht.

Er trifft auf allen Wegen
Ein wohlbekanntes Land,
Und gern kommt sie entgegen
Den Werken seiner Hand.

Ihm folgen die Gewässer
Hülfreich den Berg hinauf;
Und alle Felsenschlösser
Thun ihre Schätz' ihm auf.

Er führt des Goldes Ströme
In seines Königs Haus,
Und schmückt die Diademe
Mit edeln Steinen aus.

Zwar reicht er treu dem König
Den glückbegabten Arm,
Doch fragt er nach ihm wenig
Und bleibt mit Freuden arm.

Sie mögen sich erwürgen[16]
Am Fuß um Gut und Geld;
Er bleibt auf den Gebirgen
Der frohe Herr der Welt."

Novalis.

---

[15] [illegible] favour you with a song. [16] *Let them butcher each other at the foot (of the mountain) &c.*

9. Das Kind mit dem Löwen[1].

Novelle.

In das friedliche Thal einreitend, seiner labenden Kühle nicht achtend, waren sie kaum[2] einige Schritte von der lebhaften Quelle des nahe fließenden Baches herab[2], als die Fürstinn ganz unten im Gebüsche des Wiesenthals etwas Seltsames erblickte, das sie alsobald für den Tiger erkannte; heranspringend, wie sie ihn vor Kurzem gemalt gesehen, kam er entgegen[3]; und dieses Bild zu den furchtbaren Bildern, die sie so eben beschäftigten, machte den wundersamsten Eindruck. „Flieht! gnädige Frau," rief Honorio, „flieht!" Sie wandte das Pferd um, dem steilen Berg zu[4], wo sie herabgekommen waren. Der Jüngling aber, dem Unthier entgegen, zog die Pistole und schoß, als er sich nahe genug glaubte; leider jedoch war gefehlt, der Tiger sprang seitwärts, das

---

9.

[1] The young princess, escorted by Honorio, her equery and page, is just returning from an horseback excursion to the ruins of an ancient family castle. Her prince-uncle, who had been one of the small party, had just left them and hastened back to the city to aid in the extinction of a fire, which had broken out right in the midst of the market-place (where just then a fair was holding), and which threatened ruin to the entire city. The first part of the Novelle consists of a description of the preparations for a chase which the prince, attended by a numerous hunting-train, was about to undertake—of the departure of the party—of the occupations of the princess at home, and of the motives which induced her to visit the ruins. The ruins themselves are also described at length, both as sketched by the painter and as actually seen by the princess and her escort. A most masterly translation of the entire piece may be found in Fraser's Magazine, Vol. vi. No. xxxiv., 1832; and also in Carlyle's Miscellaneous Essays.—Göschel in his lecture on this Novelle (Unterhaltungen zur Schilderung Göth'scher Dicht- und Denkweise, 2ter Band, Seite 235), conceives the aim of the poet to be to show forth the power and victory of the True, the Beautiful, and the Good over everything which sets itself up in hostile opposition to them; the key-note or text of the whole being expressed in the concluding verse: "So have tamed and firmly iron'd, to a poor child's feeble knee, him, the forest's lordly tyrant, Song and Piety."
[2] Waren sie kaum . . . herab, *they had scarcely descended.* [3] Heranspringend, &c., *springing on, as she but a short while ago* (vor Kurzem) *had seen him painted, he came towards her.* On their way to the ruins of the castle they had passed through the city, right over the crowded market-place, where among other curiosities, the frightful pictures of wild beasts then exhibited, had attracted their attention. [4] Dem steilen Berg zu, *towards the steep hill*

Pferd stutzte, das ergrimmte Thier aber verfolgte seinen Weg, aufwärts unmittelbar der Fürstinn nach[5]. Sie sprengte, was das Pferd vermochte, die steile, steinige Strecke hinan[6], kaum fürchtend, daß ein zartes Geschöpf, solcher Anstrengung ungewohnt, sie nicht aushalten werde. Es übernahm sich[7], von der bedrängten Reiterinn angeregt, stieß am kleinen Gerölle des Hanges an und wieder an, und stürzte zuletzt nach heftigem Bestreben kraftlos zu Boden. Die schöne Dame, entschlossen und gewandt, verfehlte nicht, sich strack auf die Füße zu stellen, auch das Pferd richtete sich auf, aber der Tiger nahte schon, obgleich nicht mit heftiger Schnelle; der ungleiche Boden, die scharfen Steine schienen seinen Antrieb zu hindern, und nur daß Honorio unmittelbar hinter ihm herflog[8], neben ihm gemäßigt heraufritt, schien seine Kraft aufs Neue anzuspornen und zu reizen. Beide Renner erreichten zugleich den Ort, wo die Fürstinn am Pferde stand, der Ritter beugte sich herab, schoß und traf mit der zweiten Pistole das Ungeheuer durch den Kopf, daß es sogleich niederstürzte, und ausgestreckt in seiner Länge[9] erst recht die Macht und Furchtbarkeit sehen ließ, von der nur noch das Körperliche übrig geblieben da lag. Honorio war vom Pferde gesprungen und kniete schon auf dem Thiere, dämpfte seine letzten Bewegungen und hielt den gezogenen Hirschfänger in der rechten Hand. Der Jüngling war schön, er war herangesprengt[10], wie ihn die Fürstinn oft im Lanzen- und Ringelspiel[11] gesehen hatte.

„Gebt ihm den Rest[12],“ sagte die Fürstinn, „ich fürchte, er beschädigt euch noch mit den Krallen.“ — „Verzeiht!“ erwiederte der Jüngling, „er ist schon todt genug, und ich mag das Fell nicht

---

[5] Unmittelbar der Fürstinnnach, *straight after the princess.* [6] Die steile steinige Strecke hinan, *up the steep stony space.* [7] *It overdid itself, spurred on by the distressed princess, and stumbled again and again* (stieß . . . an und wieder an) *on the loose gravel of the steep* (am kleinen Gerölle des Hanges). [8] Und nur daß, &c., *and only Honorio flying close after him, riding with checked speed by his side* (neben ihn gemäßigt herauf ritt) *appeared to goad and provoke his force anew.* [9] *Stretched out in full length, first clearly disclosed* (erst recht sehen ließ) *the might and terror of which only the bodily hull* (das Körperliche) *was left lying* (übrig geblieben da lag), [10] Er war herangesprengt, *he had come dashing on.* [11] Im Lanzen- und Ringelspiel, *in the sports of the lance and the ring.* [12] *Give him the rest,* i. e. *make an end of him* [13] Deßhalb aber, &c., *but on*

verderben das nächsten Winter auf eurem Schlitten glänzen soll." — „Frevelt nicht!" sagte die Fürstinn; „Alles, was von Frömmigkeit im tiefen Herzen wohnt, entfaltet sich in solchem Augenblick." — „Auch ich," rief Honorio, „war nicht frömmer als jetzt eben, deßhalb aber denke ich ans Freudigste[13], ich blicke dieses Fell nur an, wie es euch zur Lust begleiten kann." — „Es würde mich immer an diesen schrecklichen Augenblick erinnern," versetzte sie. — „Ist es doch[14]," erwiederte der Jüngling, „ein unschuldigeres Triumphzeichen, als wenn die Waffen erschlagener Feinde vor dem Sieger her zur Schau getragen wurden." — „Ich werde mich an eure Kühnheit und Gewandtheit dabei erinnern[15], und darf nicht hinzusetzen, daß ihr auf meinen Dank und auf die Gnade des Fürsten lebenslänglich rechnen könnt. Aber steht auf; schon ist kein Leben mehr in dem Thiere, bedenken wir das Weitere[16], vor allen Dingen steht auf!" — „Da ich nun einmal kniee," versetzte der Jüngling, „da ich mich in einer Stellung befinde, die mir auf jede andere Weise untersagt wäre, so laßt mich bitten von der Gunst, von der Gnade, die ihr mir zuwendet[17], in diesem Augenblicke versichert zu werden. Ich habe schon so oft euern hohen Gemahl gebeten um Urlaub und Vergünstigung einer weitern Reise. Wer das Glück hat an eurer Tafel zu sitzen, wen ihr beehrt, eure Gesellschaft unterhalten zu dürfen, der muß die Welt gesehen haben." — „Steht auf!" wiederholte die Fürstinn, „ich möchte nicht gern[18] gegen die Ueberzeugung meines Gemahls irgend etwas wünschen und bitten; allein wenn ich nicht irre, so ist die Ursache, warum er euch bisher zurückhielt, bald gehoben[19]. Seine Absicht war, euch zum selbstständigen Edelmann herangereift zu sehen[20], der sich und ihm auch auswärts Ehre machte, wie bisher am Hofe, und ich dächte, eure That wäre ein so empfeh-

---

that account I think of what is joyfullest, I look at this skin only as it can attend you to do you pleasure. [14] *And yet it is.* [15] Ich werde mich an . . dabei erinnern, *I shall call to mind at the sight of it, &c.* [16] Bedenken wir das Weitere, *let us be thinking of the rest, of what comes next.* [17] So laßt mich bitten, &c., *let me beg this moment to become assured* (versichert zu werden) *of the favour and condescension which you vouchsafe me* (die ihr mir zuwendet). [18] Ich möchte nicht gerne, *I would not willingly*, or, *I were loth.* [19] Heben, here *to remove, put an end to.* [20] Euch zum, &c., *to see you ripened into a complete,*

lender Reisepaß, als ein junger Mann nur in die Welt mitnehmen kann."

Daß anstatt einer jugendlichen Freude eine gewisse Trauer über sein Gesicht zog, hatte die Fürstinn nicht Zeit zu bemerken, noch er seiner Empfindung Raum zu geben; denn hastig den Berg herauf, einen Knaben an der Hand[21], kam eine Frau, geradezu auf die Gruppe los, die wir kennen, und kaum war Honorio sich besinnend aufgestanden, als sie sich heulend und schreiend über den Leichnam her warf, und an dieser Handlung[22], sowie an einer, obgleich reinlich anständigen, doch bunten und seltsamen Kleidung sogleich errathen ließ, sie sei die Meisterinn und Wärterinn dieses dahin gestreckten Geschöpfes[23], wie denn der schwarzäugige, schwarzlockige Knabe, der eine Flöte in der Hand hielt, gleich der Mutter weinend, weniger heftig, aber tief gerührt, neben ihr kniete.

Den gewaltsamen Ausbrüchen der Leidenschaft dieses unglücklichen Weibes folgte, zwar unterbrochen, stoßweise, ein Strom von Worten, wie ein Bach sich in Absätzen von Felsen zu Felsen stürzt[24]. Eine natürliche Sprache, kurz und abgebrochen, machte sich eindringlich und rührend; vergebens würde man sie in unsere Mundarten übersetzen wollen, den ungefähren Inhalt dürfen wir nicht verfehlen[25]. „Sie haben dich ermordet, armes Thier! ermordet ohne Noth! Du warst zahm und hättest dich gern ruhig niedergelassen und auf uns gewartet; denn deine Fußballen schmerzten dich, und deine Krallen hatten keine Kraft mehr! Die heiße Sonne fehlte dir, sie zu reifen. Du warst der schönste deines Gleichen[26]; wer hat je einen königlichen Tiger so herrlich ausgestreckt im Schlafe gesehen, wie du nun hier liegst, todt, um nicht wieder aufzustehen! Wenn du des Morgens aufwachtest beim frühen Tagschein und den Rachen aufsperrtest, ausstreckend die

---

independent nobleman. [21] *With a boy at her hand*, the accusative absolute, Gr. p. 467; geradezu auf die Gruppe los, *straight up to the group.* [22] Und an dieser Handlung, &c., *and by this action, as well as by her cleanly decent, though party-coloured and unusual dress, you would immediately suppose her to be* (errathen ließ, sie sei, lit. *let you guess that she was*), &c. [23] Dieses dahin gestreckten Geschöpfes, *of this outstretched*, i. e. *lifeless creature.* [24] Wie ein Bach &c., *as a stream leaps intermittingly* (in Absätzen) *from rock to rock.* [25] Den ungefähren Inhalt, &c., *the approximate purport we must not omit.* [26] *Thou wast the fairest of thy kind.* [27] Wenn schon, *though.* [28] Uns, uns

rothe Zunge, so schienst du uns zu lächeln, und, wenn schon[27] brüllend, nahmst du doch spielend dein Futter aus den Händen einer Frau, von den Fingern eines Kindes! Wie lange begleiteten wir dich auf deinen Fahrten, wie lange war deine Gesellschaft uns wichtig und fruchtbar! Uns! uns[28], ganz eigentlich kam die Speise von den Fressern und süße Labung von den Starken. So wird es nicht mehr sein! Wehe, wehe!"

Sie hatte nicht ausgeklagt, als[29] über die mittlere Höhe des Bergs am Schlosse herab Reiter heransprengten, die alsobald für das Jagdgefolge des Fürsten erkannt wurden, er selbst voran[30]. Sie hatten, in den hintern Gebirgen jagend, die Brandwolken aufsteigen sehen und durch Thäler und Schluchten[31], wie auf gewaltsam hetzender Jagd, den graden Weg nach diesem traurigen Zeichen genommen. Ueber die steinige Blöße einhersprengend[32] stutzten und starrten sie, nun die unerwartete Gruppe gewahr werdend, die sich auf der leeren Fläche merkwürdig auszeichnete. Nach dem ersten Erkennen verstummte man[33], und nach einigem Erholen ward, was der Anblick nicht selbst ergab, mit wenigen Worten erläutert. So stand der Fürst vor dem seltsamen unerhörten Ereigniß, einen Kreis umher[34] von Reitern und Nacheilenden zu Fuße. Unschlüssig war man nicht, was zu thun sei; anzuordnen, auszuführen war der Fürst beschäftigt, als ein Mann sich in den Kreis drängte, groß von Gestalt, bunt und wunderlich gekleidet wie Frau und Kind. Und nun gab[35] die Familie zusammen Schmerz und Ueberraschung zu erkennen[35]. Der Mann

---

&c., *to us, to us, in very truth* (ganz eigentlich), *meat came from the eater and sweetness out of the strong.* [29] *She had not done wailing, when, &c.* [30] Die alsobald, &c., *which immediately were recognized as the hunting-train of the prince, he himself at their head.* [31] Und durch Thäler und Schluchten, &c., *and through dale and ravine, as if in a furious chase* (auf gewaltsam hetzender Jagd), *had taken the shortest road towards this mournful sign.* [32] *Riding in full speed over the rocky baldness* (of the hill) *they stopped and stared* (stutzten und starrten) *as they now perceived* (nun . . . gewahr werdend). [33] *After the first recognition there was a dead pause* (verstummte man), *and after they had somewhat recovered from it* (nach einigem Erholen), *then what the scene itself did not reveal* (was der Anblick nicht selbst ergab), *was explained in a few words.* [34] Einen Kreis umher, &c., the accusative absolute, compare note **21**, *a circle around him of riders and followers, who had hurried after on foot* (Nacheilenden zu Fuße). [35] Gab . . . zu erkennen, *manifested.* [36] *Well then,*

aber gefaßt, stand in ehrfurchtsvoller Entfernung vor dem Fürsten und sagte: „Es ist nicht Klagenszeit; ach, mein Herr und mächtiger Jäger, auch der Löwe ist los, auch hier nach dem Gebirg' ist er hin, aber schont ihn, habt Barmherzigkeit, daß er nicht umkomme, wie dies gute Thier." — „Der Löwe?" sagte der Fürst; „hast du seine Spur?" — „Ja, Herr! Ein Bauer dort unten, der sich ohne Noth auf einen Baum gerettet hatte, wies mich weiter hier links hinauf, aber ich sah den großen Trupp Menschen und Pferde vor mir, neugierig und hülfsbedürftig eilte ich hierher." — „Also," beorderte der Fürst[36], „muß die Jagd sich auf diese Seite ziehen; ihr ladet eure Gewehre, geht sachte zu Werk, es ist kein Unglück, wenn ihr ihn in die tiefen Wälder treibt; aber am Ende, guter Mann, werden wir euer Geschöpf nicht schonen können; warum wart ihr unvorsichtig genug, sie entkommen zu lassen?" — „Das Feuer brach aus," versetzte jener, „wir hielten uns still und gespannt, es verbreitete sich schnell, aber fern von uns, wir hatten Wasser genug zu unserer Vertheidigung, aber ein Pulverschlag flog auf[37], und warf die Brände bis an uns heran, über uns weg; wir übereilten uns, und sind nun unglückliche Leute."

Noch war der Fürst mit Anordnungen beschäftigt, aber einen Augenblick schien alles zu stocken, als oben vom alten Schloß herab eilig ein Mann heranspringend gesehen ward, den man bald für den angestellten Wächter erkannte, der die Werkstätte des Malers[38] bewachte, indem er darin seine Wohnung nahm und die Arbeiter beaufsichtigte. Er kam außer Athem springend, doch hatte er bald mit wenigen Worten angezeigt, oben hinter der höhern Ringmauer habe[39] sich der Löwe im Sonnenschein gelagert, am Fuße einer hundertjährigen Buche, und verhalte sich ganz ruhig. Aergerlich aber schloß[40] der Mann: „Warum habe ich gestern

---

commanded the prince, the party must draw to this the (left) *side.* [37] Aber ein Pulverschlag flog auf, &c, *but an explosion took place, and hurled the brands on to us, and over our heads* (über uns weg). [38] This painter is introduced in the first part of the piece. He was engaged in taking sketches of the ruins of the ancient castle, and for this purpose had fixed his residence there. [39] The conjunction *that* must here be supplied: *that up there the lion had laid himself down, behind the ringwall, in the sunshine, &c.* [40] Schließen

meine Büchse in die Stadt getragen, um sie ausputzen zu lassen[41], er wäre nicht wieder aufgestanden, das Fell wäre doch mein gewesen, und ich hätte mich dessen[42], wie billig, zeitlebens gebrüstet."

Der Fürst, dem seine militärischen Erfahrungen auch hier zu Statten kamen, da er sich wohl schon in Fällen gefunden hatte, wo von mehreren Seiten unvermeidliches Uebel herandrohte, sagte hierauf: „Welche Bürgschaft gebt ihr mir, daß, wenn wir eures Löwen schonen, er nicht im Lande unter den Meinigen Verderben anrichtet?" — „Hier diese Frau und dieses Kind," erwiederte der Vater hastig, „erbieten sich, ihn zu zähmen, ihn ruhig zu erhalten, bis ich den beschlagenen Kasten[43] herauf schaffe, da wir ihn dann unschädlich und unbeschädigt wieder zurück bringen werden."

Der Knabe schien seine Flöte versuchen zu wollen, ein Instrument von der Art, das man sonst die sanfte, süße Flöte zu nennen pflegte; sie war kurz geschnäbelt[44] wie die Pfeifen; wer es verstand, wußte die anmuthigsten Töne daraus hervorzulocken[45]. Indeß hatte der Fürst den Wärtel gefragt, wie der Löwe hinaufgekommen. Dieser aber versetzte: „Durch den Hohlweg, der, auf beiden Seiten vermauert[46], von jeher der einzige Zugang war, und der einzige bleiben soll; zwei Fußpfade, die noch hinauf führten, haben wir dergestalt entstellt, daß Niemand als durch jenen ersten engen Anweg zu dem Zauberschlosse gelangen könne, wozu[47] es Fürst Friedrich's Geist und Geschmack ausbilden will."

Nach einigem Nachdenken, wobei[48] sich der Fürst nach dem Kinde umsah, das immer sanft gleichsam zu präludiren fortgefahren hatte[49], wendete er sich zu Honorio und sagte: „Du hast heute viel geleistet, vollende das Tagewerk. Besetze den schmalen Weg, haltet eure Büchsen bereit, aber schießt nicht eher, als bis ihr das Geschöpf nicht sonst zurückscheuchen könnt; allenfalls macht ein Feuer an, vor dem er sich fürchtet, wenn er herunter will. Mann

---

here *to conclude.* [41] Um sie ausputzen zu lassen, *to get it cleaned.* [42] Und ich hätte, &c., *and I might have justly* (wie billig) *plumed myself on it all my life* (zeitlebens). [43] Den beschlagenen Kasten, *the cage;* herauf schaffen, *to bring up.* [44] Kurz geschnäbelt, *short-beaked.* [45] Wußte . . . daraus hervorzulocken, *could bring out of it.* [46] Der, auf beiden Seiten, &c., *which, walled in on both sides, has ever* (von jeher) *been the only entrance, and is still to remain the only one* (der einzige bleiben soll). [47] *Which Prince Frederick's spirit and talent is intending to make of it,* i. e. a fairy castle. [48] *During which.* [49] Das im-

und Frau mögen für das Uebrige stehen[50].“ Eilig schickte Honorio sich an, die Befehle zu vollziehen.

Das Kind verfolgte seine Melodie, die keine war, eine Tonfolge ohne Gesetz, und vielleicht eben deßwegen so herzergreifend; die Umstehenden schienen wie bezaubert von der Bewegung einer liederartigen Weise, als der Vater mit anständigem Enthusiasmus zu reden anfing und fortfuhr: „Gott hat dem Fürsten Weisheit gegeben, und zugleich die Erkenntniß, daß alle Gotteswerke weise sind, jedes nach seiner Art. Seht den Felsen, wie er fest steht und sich nicht rührt, der Witterung trotzt und dem Sonnenschein; uralte Bäume zieren sein Haupt, und so gekrönt schaut er weit umher; stürzt aber ein Theil herunter[51], so will es nicht bleiben, was es war, es fällt zertrümmert in viele Stücke und bedeckt die Seite des Hanges. Aber auch da wollen sie nicht verharren, muthwillig springen sie tief hinab, der Bach nimmt sie auf, zum Flusse trägt er sie. Nicht widerstehend, nicht widerspenstig, eckig, nein, glatt und abgerundet gewinnen sie schneller ihren Weg und gelangen von Fluß zu Fluß, endlich zum Ocean, wo die Riesen in Schaaren daher ziehen und in der Tiefe die Zwerge wimmeln. Doch wer preis't den Ruhm des Herrn, den die Sterne loben von Ewigkeit zu Ewigkeit? Warum seht ihr aber im Fernen umher[52]? Betrachtet hier die Biene, noch spät im Herbst sammelt sie emsig und baut sich ein Haus, winkel- und wagerecht[53], als Meister und Geselle; schaut die Ameise da! sie kennt ihren Weg und verliert ihn nicht, sie baut sich eine Wohnung aus Grashalmen, Erdbröslein und Kiefernadeln, sie baut es in die Höhe und wölbet es zu[54]; aber sie hat umsonst gearbeitet, denn das Pferd stampft und scharrt alles aus einander, seht hin! es zertritt ihre Balken und zerstreut ihre Planken, ungeduldig schnaubt es und kann nicht rasten; denn der Herr hat das Roß zum Gesellen des

---

mer, &c., *who still had gone on as if softly preluding.* [50] *The man and woman may take charge of the rest.* [51] *But if a part rushes down, it will not remain what it was, but falls, dashed into many pieces, and covers the side of the declivity* (die Seite des Hangs). [52] Im Fernen umher, *far into the distance.* [53] Winkel- und wagerecht, lit. *rectangular and perpendicular*, i. e. *of nicely exact dimensions.* On the compound winkel- und wagerecht, see note 1, p. 94.; als Meister und Geselle, *herself both architect and workman.* [54] Sie

Windes gemacht und zum Gefährten des Sturmes, daß es den Mann dahin trage, wohin er will, und die Frau, wohin sie begehrt; aber im Palmenwald trat er auf, der Löwe, ernsten Schrittes[55] durchzog er die Wüste, dort herrscht er über alles Gethier und nichts widersteht ihm. Doch der Mensch weiß ihn zu zähmen, und das grausamste der Geschöpfe hat Ehrfurcht vor dem Ebenbilde Gottes, wornach auch die Engel gemacht sind, die dem Herrn dienen und seinen Dienern. Denn in der Löwengrube scheute sich Daniel nicht; er blieb fest und getrost, und das wilde Brüllen unterbrach nicht seinen frommen Gesang."

Diese mit dem Ausdruck eines natürlichen Enthusiasmus gehaltene Rede[56] begleitete das Kind hie und da mit anmuthigen Tönen; als aber der Vater geendigt hatte, fing es mit reiner Kehle, heller Stimme und geschickten Läufen zu intoniren an[57], worauf der Vater die Flöte ergriff, im Einklang sich hören ließ das Kind aber sang:

„Aus den Gruben, hier im Graben,
Hör' ich des Propheten Sang;
Engel schweben, ihn zu laben,
Wäre da dem Guten bang[58]?
Löw' und Löwinn, hin und wieder[59],
Schmiegen sich um ihn heran;
Ja, die sanften frommen Lieder
Haben's ihnen angethan!"

Der Vater fuhr fort, die Strophe mit der Flöte zu begleiten, die Mutter trat hie und da als zweite Stimme mit ein[60].

Eindringlich aber ganz besonders war, daß das Kind die Zeilen der Strophe nunmehr zu anderer Ordnung durch einander schob[61],

---

baut es, &c., *she builds it aloft and arches it in.* [55] Ernsten Schrittes, *with majestic step.* [56] *This speech delivered with the expression of a natural enthusiasm.* [57] Fing es mit reiner Kehle, &c., *he, with a pure melodious voice commenced his tune* (zu intoniren), *whereupon the father took up the flute, and accompanied in unison* (im Einklang). [58] Wäre da dem Guten bang? *could the good man there be afraid?* [59] *Lion and lioness, up and down, press around him lovingly;* haben's ihnen angethan, *have made them so.* [60] Die Mutter, &c., *and the mother here and there joined in* (trat . . . mit ein) *as a second.* [61] Daß das Kind, &c., *that the child now would shuffle the lines of the strophe into a new arrangement* (durch einander schob), *and thereby if not produce a new sense,*

und dadurch wo nicht einen neuen Sinn hervorbrachte, doch das Gefühl in und durch sich selbst aufregend erhöhte.

„Engel schweben auf und nieder,
Uns in Tönen zu erlaben,
Welch ein himmlischer Gesang!
In den Gruben, in dem Graben
Wäre da dem Kinde bang?
Diese sanften, frommen Lieder
Lassen Unglück nicht heran[62]:
Engel schweben hin und wieder,
Und so ist es schon gethan."

Hierauf mit Kraft und Erhebung[63] begannen alle drei:

„Denn der Ew'ge herrscht auf Erden,
Ueber Meere herrscht sein Blick;
Löwen sollen Lämmer werden,
Und die Welle schwankt zurück[64].
Blankes Schwert erstarrt im Hiebe[65];
Glaub' und Hoffnung sind erfüllt;
Wunderthätig ist die Liebe,
Die sich im Gebet enthüllt."

Alles war still, hörte, horchte, und nur erst als die Töne verhallten, konnte man den Eindruck bemerken und allenfalls beobachten. Alles war wie beschwichtigt; jeder in seiner Art gerührt. Der Fürst, als wenn er erst jetzt das Unheil übersähe, das ihn vor Kurzem bedroht hatte, blickte nieder auf seine Gemahlinn, die, an ihn gelehnt[66], sich nicht versagte, das gestickte Tüchlein hervorzuziehen und die Augen damit zu bedecken. Es that ihr wohl[67], die jugendliche Brust von dem Drucke erleichtert zu fühlen, mit dem die vorhergehenden Minuten sie belastet hatten. Eine vollkommene Stille beherrschte die Menge, man schien die Gefahren vergessen zu haben, unten den Brand[68] und von oben das Erstehen eines bedenklich ruhenden Löwen.

---

yet heighten the emotion by exciting it in and through itself. [62] Heranlassen, *to suffer to approach, to let come nigh.* [63] *Hereupon with emphasis and elevation.* [64] Zurückschwanken, lit. *to reel back*, i. e. *to recede.* [65] *Glittering sword sinks powerless* (erstarrt) *in its aim.* [66] Die, an ihn gelehnt, &c., *who, leaning on him, did not forbear* (versagte sich nicht) *to take out her embroidered handkerchief, and to cover her eyes therewith.* [67] *It did her good, it was a pleasure to her* [68] Unten den Brand, &c., *the conflagration below and above the rising of*

Durch einen Wink, die Pferde näher herbeizuführen, brachte der Fürst zuerst wieder in die Gruppe Bewegung, dann wendete er sich zu dem Weibe und sagte: „Ihr glaubt also, daß ihr[69] den entsprungenen Löwen, wo ihr ihn antrefft, durch euern Gesang, durch den Gesang dieses Kindes, mit Hülfe dieser Flötentöne beschwichtigen und ihn sodann unschädlich, sowie unbeschädigt in seinen Verschluß wieder zurückbringen könntet[69]?" Sie bejahten es, versichernd und betheuernd; der Castellan wurde ihnen als Wegweiser zugegeben. Nun entfernte der Fürst mit Wenigen sich eiligst, die Fürstinn folgte langsamer mit dem übrigen Gefolge; Mutter aber und Sohn stiegen steiler gegen den Berg hinan[70].

Vor dem Eintritt in den Hohlweg, der den Zugang zu dem Schloß eröffnete, fanden sie die Jäger beschäftigt, dürres Reisig zu häufen, damit sie auf jeden Fall[71] ein großes Feuer anzünden könnten. — „Es ist nicht Noth," sagte die Frau, „es wird ohne das alles in Güte geschehen[72]. Weiter hin, auf einem Mauerstücke sitzend, erblickten sie Honorio, seine Doppelbüchse in den Schooß gelegt[73], auf einem Posten, als wie zu jedem Ereigniß gefaßt. Aber die Herankommenden schien er kaum zu bemerken, er saß wie in tiefen Gedanken versunken, er sah umher wie zerstreut[74]. Die Frau sprach ihn an mit Bitte, das Feuer nicht anzünden zu lassen, er schien jedoch ihrer Rede wenig Aufmerksamkeit zu schenken[75]; sie redete lebhaft fort und rief: „Schöner junger Mann, du hast meinen Tiger erschlagen, ich fluche dir nicht; schone meinen Löwen, guter junger Mann, ich segne dich."

Honorio schaute gerad' vor sich hin[76], dorthin, wo die Sonne auf ihrer Bahn sich zu senken begann. — „Du schaust nach Abend," rief die Frau, „du thust wohl daran[77], dort gibt's viel zu thun; eile nur, säume nicht, du wirst überwinden. Aber zuerst überwinde dich selbst." Hierauf schien er zu lächeln, die Frau stieg weiter,

---

the dubiously reposing lion. [69] Daß ihr beschwichtigen könntet, *that you could appease, &c.* [70] Stiegen steiler, &c., *mounted up to the steeper part of the hill.* [71] Auf jeden Fall, the same as allenfalls above: *in any case.* [72] *It will all go peaceably* (in Güte) *without that.* [73] Seine Doppelbüchse, &c., *his double-barrel lying in his lap; in a position, as if prepared for every emergency.* [74] Wie zerstreut, *as if wandering in mind.* [75] Aufmerksamkeit schenken, *to pay attention;* lebhaft, *with liveliness.* [76] Gerade vor sich hin, *straight out before him* [77] Du thust wohl daran, *it's well that thou dost so.* [78] Konnte sich aber, &c.,

konnte sich aber nicht enthalten nach dem Zurückbleibenden nochmals umzublicken; eine röthliche Sonne überschien sein Gesicht, sie glaubte nie einen schönern Jüngling gesehen zu haben.

„Wenn euer Kind," sagte nunmehr der Wärtel, „flötend und singend, wie ihr überzeugt seid, den Löwen anlocken und beruhigen kann, so werden wir uns desselben sehr leicht bemeistern[79], da sich das gewaltige Thier ganz nah' an die durchbrochenen Gewölbe hingelagert hat, durch die wir, da das Hauptthor verschüttet ist, einen Eingang in den Schloßhof gewonnen haben. Lockt[80] ihn das Kind hinein, so kann ich die Oeffnung mit leichter Mühe schließen, und der Knabe, wenn es ihm gut däucht, durch eine der kleinen Wendeltreppen, die er in der Ecke sieht, dem Thiere entschlüpfen. Wir wollen uns verbergen, aber ich werde mich so stellen[81], daß meine Kugel jeden Augenblick dem Kinde zu Hülfe kommen kann." — „Die Umstände sind alle nicht nöthig, Gott und Kunst, Frömmigkeit und Glück müssen das Beste thun."— „Es sei[82]," versetzte der Wärtel, „aber ich kenne meine Pflichten. Erst führ' ich euch durch einen beschwerlichen Stieg auf das Gemäuer hinauf, gerade dem Eingang gegenüber[83], den ich erwähnt habe; das Kind mag hinabsteigen, gleichsam in die Arena des Schauspiels und das besänftigte Thier dort hereinlocken." Das geschah; Wärtel und Mutter sahen versteckt von oben herab, wie das Kind die Wendeltreppen hinunter in dem klaren Hofraum sich zeigte und in der düstern Oeffnung gegenüber verschwand, aber sogleich seinen Flötenton hören ließ[84], der sich nach und nach verlor und endlich verstummte. Die Pause war ahnungsvoll genug, den alten mit Gefahr bekannten Jäger beengte der seltene menschliche Fall[85]. Er sagte sich, daß er lieber persönlich dem

---

but could not refrain from looking back at him once more. [79] So werden wir, &c., *we shall then very easily get the mastery of him, since the powerful animal has couched himself* (hingelagert hat) *quite close to the perforated vaults* (durchbrochenen Gewölbe) *through which, the main door-way being blocked up* (da das Hauptthor verschüttet ist), *we have gained an entrance into the castle-court* [80] Supply *if.* [81] *I shall put myself into such a position.* [82] *Let it be so,* or *may be.* [83] Auf das Gemäuer hinauf, gerade dem Eingang gegenüber, *to the top of the wall, just opposite the entrance.* [84] Aber sogleich, &c., *but forthwith made his flute give note, which by degrees grew fainter* (sich nach und nach verlor) *and at last died away altogether* (verstummte). [85] Der seltene

gefährlichen Thiere entgegen ginge; die Mutter jedoch, mit heiterm Gesicht, übergebogen horchend[86], ließ nicht die mindeste Unruhe bemerken.

Endlich hörte man die Flöte wieder, das Kind trat aus der Höhle hervor mit glänzend befriedigten Augen, der Löwe hinter ihm drein[87], aber langsam und, wie es schien, mit einiger Beschwerde. Er zeigte hie und da Lust sich niederzulegen, doch der Knabe führte ihn im Halbkreise durch die wenig entblätterten, buntbelaubten Bäume[88], bis er sich endlich in den letzten Strahlen der Sonne, die sie durch eine Ruinenlücke hereinsandte, wie verklärt niedersetzte und sein beschwichtigendes Lied abermals begann, dessen Wiederholung wir uns auch nicht entziehen können.

„Aus den Gruben, hier im Graben,
Hör' ich des Propheten Sang;
Engel schweben, ihn zu laben;
Wäre da dem Guten bang?
Löw' und Löwinn, hin und wieder,
Schmiegen sich um ihn heran;
Ja, die sanften frommen Lieder
Haben's ihnen angethan."

Indessen hatte sich der Löwe ganz knapp an[89] das Kind hingelegt und ihm die schwere rechte Vordertatze auf den Schooß gehoben, die der Knabe fortsingend anmuthig streichelte, aber gar bald bemerkte[90], daß ein scharfer Dornzweig zwischen die Ballen eingestochen war. Sorgfältig zog er die verletzende Spitze hervor, nahm lächelnd sein buntseidenes Halstuch vom Nacken, und verband die gräuliche Tatze des Unthiers, so daß die Mutter sich vor Freuden mit ausgestreckten Armen zurückbog[91] und vielleicht an-

---

menschliche Fall, *this singular event.* [86] Uebergebogen horchend, *bending over to listen.* [87] *The lion after him.* [88] Durch die wenig entblätterten, &c., *through the few disleaved many-tinted trees, till finally in the last rays of the sun, which it sent in through a gap in the ruins, he sat down, as if transfigured* (wie verklärt), *and again began his pacifying song, the repetition of which we also cannot forbear.* [89] Ganz knapp an, *quite close to.* [90] Aber gar bald bemerkte, daß, &c., *but very soon observed that a sharp thorn branch had stuck itself in between the balls.* [91] So daß die Mutter, &c., *so that the mother for joy bent herself back with outstretched arms, and perhaps, according to custom,* (angewohnter Weise) *would have clapped and shouted applause, had she not been reminded*

gewohnter Weise Beifall gerufen und geklatscht hätte, wäre sie nicht durch einen derben Faustgriff des Wärtels erinnert worden, daß die Gefahr nicht vorüber sei. Glorreich sang das Kind weiter, nachdem es mit wenigen Tönen vorgespielt hatte:

„Denn der Ew'ge herrscht auf Erden,
Ueber Meere herrscht sein Blick.
Löwen sollen Lämmer werden,
Und die Welle schwankt zurück.
Blankes Schwert erstarrt im Hiebe[65],
Glaub' und Hoffnung sind erfüllt;
Wunderthätig ist die Liebe,
Die sich im Gebet enthüllt."

Ist es möglich, zu denken[92], daß man in den Zügen eines so grimmigen Geschöpfes, des Tyrannen der Wälder, des Despoten des Thierreiches, einen Ausdruck von Freundlichkeit, von dankbarer Zufriedenheit habe spüren können, so geschah es hier, und wirklich sah[93] das Kind in seiner Verklärung aus[93] wie ein mächtiger siegreicher Ueberwinder, jener[94] zwar nicht wie der Ueberwundene, denn seine Kraft blieb in ihm verborgen, aber doch wie der Gezähmte, wie der dem eigenen friedlichen Willen Anheimgegebene[95]. Das Kind flötete und sang so weiter, nach seiner Art die Zeilen verschränkend und neue hinzufügend[96]:

„Und so geht mit guten Kindern
Seliger Engel gern zu Rath[97],
Böses Wollen zu verhindern,
Zu befördern schöne That.
So beschwören, fest zu bannen[98]
Lieben Sohn ans zarte Knie,
Ihn, des Waldes Hochtyrannen,
Frommer Sinn und Melodie."

Göthe.

(wäre sie nicht . . . erinnert worden), &c. [92] *If it is possible to imagine.* [93] Aussehen, *to appear.* [94] *The former*, i. e. *the lion.* [95] Wie der dem, &c., *like one given up to his own peaceful will.* [96] Nach seiner Art, &c., *after his fashion shuffling the lines, and adding new ones.* [97] Zu Rathe gehen, *to deliberate, ad vise.* [98] The subject of this somewhat involved sentence is the last line, frommer Sinn und Melodie, *thus pious mind and melody subdue and firmly chain, as a dear son, to a feeble knee, him, the lordly tyrant of the forest.*

10. Die nächtliche Wasserfahrt bei Neapel.

Als die Dämmerung einbrach, fuhren wir sanft am Ufer hin[1]. Die Gegend verschwamm sanft in Abendluft[2], und eine frische Kühlung stieg aus den leiseplätschernden Fluthen. Nach und nach verhallten die Töne am Ufer entlang; ein Stern nach dem andern trat aus dem ersterbenden Glanz, und eine heilige Stille schwebte auf den Wassern, nur durch den eintönigen Ruderschlag unterbrochen, und wann hie und da ein Bewohner der Tiefe emporsprang.

Jetzt ward Feuer gemacht. Hell spielte der Schein über die Wellen hin; unzählige weiße Mücken, gelockt von der Wärme und dem Glanz, stürzten sich in das leuchtende Grab, um wieder als Köder den Fischen ein Grab zu werden. Und sieh, ein prächtiges Schauspiel begann. Durch den Dampf am Berge hoben sich die Funken empor[3] wie Leuchtkugeln, die in hoher Luft verschwanden oder glänzend wieder niederstiegen. Zuweilen, und gewöhnlich in der Dunkelheit, wird der ganze Dampf zur Flamme. Von Zeit zu Zeit wirft der Berg dann einen Steinregen aus, und diese glühende Masse bildet die leuchtenden Funken. Majestätisch spiegelt sich die große Herrlichkeit in der bebenden Fluth, und es ist, als ob sich die Tiefe öffnet, und Flammen herausfahren. Nach und nach wird der Rauch glänzender, erst in der Höhe, dann tiefer unten; wie eine silberne Wolke schwebte er um den Berg; ein Windstoß theilte ihn, und jetzt trat der Mond in freundlicher Größe und Herrlichkeit empor, ein entzückendes Schauspiel! Heiter schwamm er nun höher[4], und das zitternde Silber goß sich auf den Golf, wie Licht über einen faltigen Mantel, aus.

Wie wir nun ruhig dahin glitten in den freundlichen Strahlen,

---

10.

[1] Fuhren wir sacht' am Ufer hin, *we slowly sailed along the shore.* [2] *The landscape was swimming (floating) in a gentle evening-breeze.* [3] *Through the smoke of the mountain* (i. e. *the Vesuvius*) *sparks mounted up, like fire-balls, which (either) vanished high in the air* (in hoher Luft), *or descended again in a luminous track* (glänzend). [4] *Serenely it* (i. e. *the moon*) *now ascended (swam) higher, and its tremulous silver poured itself upon the gulf, like light upon the*

und das schlummernde Ufer mit seinen Wäldern und Hügeln in zweifelhafter Dämmerung verworren da lag, unter mir die schaukelnde bewegliche Welle, über mir die ewigen Gestirne und das unermeßliche Gewölbe der Nacht, — da stieg[5] die Erinnerung auf den zitternden Strahlen zu mir nieder[5], und mein Geist sammelte euch um sich, meine lieben Entfernten. —

Im Osten ward es schon immer röther; nur der Morgenstern funkelte noch hell, und von den Wassern stieg ein leichter Nebel auf. Da landeten wir wieder mit reichen Schätzen, und wie neugeboren ging ich durch das bethaute Gebüsch und die schlummernden Hütten. Nach und nach erwachte das Leben; die Schatten der Nacht schwanden und es regte sich wieder. O daß der Traum meines Lebens sei wie diese Nacht, mein Erwachen wie dieser Morgen!

Wilhelm Heinse.

---

11. Zwei Gegenstände der Bewunderung und Ehrfurcht[1].

Zwei Dinge erfüllen das Gemüth mit immer neuer und zunehmender Bewunderung und Ehrfurcht, je öfter und anhaltender sich das Nachdenken damit beschäftigt: der bestirnte Himmel über mir, und das moralische Gesetz in mir. Beide darf ich nicht als in Dunkelheiten verhüllt, oder im Ueber-

---

many folds of a mantle. [5] Da stieg die Erinnerung ... nieder, *then memory descended.*

11.

[1] This and the last two pieces are inserted for the purpose of giving the learner of maturer mind a specimen or two of the philosophical style of the Germans. The extracts from Kant are perhaps the only passages in all his works that approximate at all to eloquence. Always cool, deliberate, subtle, logical even to rigour, and clear, too, except where obscurity arises from a natural imbecility in the use of language—he calmly pursues his analysis of the intellectual and moral constitution of man, incapable of being moved by aught around him or within him, save by the contemplation of the "starry heavens above us and the moral law within us." Fichte, on the other hand, is always bold, fiery, and eloquent. The extract is charac-

schwenglichen[2], außer meinem Gesichtskreise, suchen und blos vermuthen; ich sehe sie vor mir und verknüpfe sie unmittelbar mit dem Bewußtsein meiner Existenz. Das erste fängt von dem Platze an, den ich in der äußeren Sinnenwelt einnehme, und erweitert die Verknüpfung, darin ich stehe, ins unabsehlich-Große[3] mit Welten über Welten und Systemen von Systemen, überdem noch[4] in grenzenlose Zeiten ihrer periodischen Bewegung, deren Anfang und Fortdauer. Das zweite fängt von meinem unsichtbaren Selbst, meiner Persönlichkeit an, und stellt mich in einer Welt dar, die wahre Unendlichkeit hat, aber nur dem Verstande spürbar ist, und mit welcher (dadurch aber auch zugleich mit allen jenen sichtbaren Welten) ich mich, nicht wie dort in blos zufälliger, sondern allgemeiner und nothwendiger Verknüpfung erkenne. Der erstere Anblick einer zahllosen Weltenmenge vernichtet gleichsam meine Wichtigkeit, als eines thierischen Geschöpfs, das die Materie, daraus es ward, dem Planeten, (einem bloßen Punkt im Weltall), wieder zurückgeben muß, nachdem es eine kurze Zeit mit Lebenskraft versehen gewesen. Der zweite erhebt dagegen meinen Werth, als einer Intelligenz, unendlich, durch meine Persönlichkeit, in welcher das moralische Gesetz[5] mir ein von der Thierheit und selbst von der ganzen Sinnenwelt unabhängiges Leben offenbart, wenigstens so so viel sich aus[6] der zweckmäßigen Bestimmung meines Daseins durch dieses Gesetz, welche nicht auf Bedingungen und Grenzen dieses Lebens eingeschränkt ist, sondern ins Unendliche geht, abnehmen läßt[6].

Immanuel Kant.

---

teristic of him. [2] Im Ueberschwenglichen, *in the transcendent, in that which is beyond my grasp.* [3] Ins unabsehlich-Große, *into the unbounded distant*, or, *far beyond the reach of my sight.* [4] Ueberdem noch, lit. *besides yet, moreover.* [5] In welcher das moralische, &c., *in which* (i. e. *personality*) *the moral law reveals to me a life independent not only of my animal existence* (der Thierheit), *but even of the entire world of sense* (Sinnenwelt). [6] Wenigstens so viel sich aus ... abnehmen läßt, *at least, as far we can judge from, &c.*

12. Pflicht.

Pflicht! du erhabener großer Name, der du nichts Beliebtes, was Einschmeichlung bei sich führt, in dir fassest[1], sondern Unterwerfung verlangst, doch auch nichts drohest, was natürliche Abneigung im Gemüthe erregte[2] und schreckte, um den Willen zu bewegen, sondern blos ein Gesetz aufstellst, welches von selbst im Gemüthe Eingang findet, und doch sich selbst wider Willen Verehrung (wenngleich nicht immer Befolgung) erwirbt, vor dem alle Neigungen verstummen, wenn sie gleich in Geheim ihm entgegen wirken, welches ist der deiner würdige Ursprung[3], und wo findet man die Wurzel deiner edeln Abkunft, welche alle Verwandtschaft mit Neigungen stolz ausschlägt, und von welcher Wurzel abzustammen die unnachläßliche Bedingung desjenigen Werths ist[4], den sich Menschen allein selbst geben können?

Es kann nichts Minderes sein, als was den Menschen über sich selbst (als einen Theil der Sinnenwelt) erhebt, was ihn an eine Ordnung der Dinge knüpft, die nur der Verstand denken kann, und die zugleich die ganze Sinnenwelt[5], mit ihr das empirisch-bestimmbare Dasein des Menschen in der Zeit und das Ganze aller Zwecke unter sich hat[5]. Es ist nichts Anderes, als die **Persönlichkeit**, d. i. die Freiheit und Unabhängigkeit von dem Mechanismus der ganzen Natur, doch zugleich als ein Vermögen eines Wesens betrachtet[6], welches eigenthümlichen, nämlich von seiner eigenen Vernunft gegebenen reinen praktischen

---

12.

[1] Der du nichts Beliebtes rc. in dir fassest, *thou who containest no ingratiating element* (nichts Beliebtes, lit. *nothing popular, favourite*), *which addresses man by courting his favour* (was Einschmeichelung bei sich führt, lit. *which brings along with it insinuation*). [2] Was ... erregte, *which would excite.* The clause is parenthetical. [3] *Which is the origin worthy of thee.* [4] Und von welcher Wurzel, &c., *and to spring from which root is the indispensable condition of that worth, &c.* [5] Und die zugleich ... unter sich hat, *and which* (*order of things*) *has control over the entire phenomenal world* (Sinnenwelt), *and with it over the empirically determinable* (i. e. *physical*) *existence of man* (empirisch-bestimmbare Dasein des Menschen), *and over the totality of final causes* (das Ganze aller Zwecke). [6] Doch zugleich als ein Vermögen eines Wesens betrachtet, welches ... unterworfen ist, *at the same time, however, considered as the faculty of a being, which is subject to peculiar laws* (eigenthümlichen Gesetzen), *&c.* In the ethical system of Kant, Vernunft is equivalent

Gesetzen, die Person also, als zur Sinnenwelt gehörig, ihrer eignen Persönlichkeit unterworfen ist, sofern sie zugleich zur intelligiblen Welt gehört; da es denn nicht zu verwundern ist[7], wenn der Mensch, als zu beiden Welten gehörig, sein eigenes Wesen, in Beziehung auf seine zweite und höchste Bestimmung, nicht anders als mit Verehrung und die Gesetze derselben mit der höchsten Achtung betrachten muß.

Immanuel Kant.

---

13. Die Bestimmung des Menschen.

Wir erblicken außer uns eine Verbindung, in welcher Keiner für sich selbst arbeiten kann, ohne für alle Andere zu arbeiten, oder für den Anderen arbeiten, ohne zugleich für sich selbst zu arbeiten, indem der glückliche Fortgang eines Mitgliedes glücklicher Fortgang für alle ist; ein Anblick, der schon durch die Harmonie, die wir in dem Allermannigfaltigsten erblicken, innig wohlthut, und unsern Geist mächtigst erhebt. Das Interesse steigt, wenn man einen Blick auf sich selbst thut und sich als Mitglied dieser großen innigen Verbindung betrachtet. Das Gefühl unsrer Würde und unsrer Kraft steigt, wenn wir uns sagen, was Jeder unter uns sich sagen kann: „Mein Dasein ist nicht vergebens und zwecklos; ich bin ein nothwendiges Glied der großen Kette, die von der Entwickelung des ersten Menschen zum vollen Bewußtsein seines Daseins bis in die Ewigkeit hinausgeht.

Alles, was jemals groß und weise und edel unter den Menschen war, diejenigen Wohlthäter des Menschengeschlechtes, deren Namen ich in der Weltgeschichte aufgezeichnet finde, und die mehren, deren Verdienste ohne ihre Namen vorhanden sind, — sie alle haben für mich gearbeitet; ich bin in ihre Ernte gekommen; ich betrete auf der Erde, die sie bewohnten, ihre Segen verbreitenden Fußstapfen. Ich kann, sobald ich will, die erhabene Aufgabe, die sie sich aufgegeben hatten, ergreifen, unser gemeinsames Bruder-

---

to the *Conscience* of other systems. [7] Da es denn nicht zu verwundern ist, *and hence it is no matter of surprise.*

geschlecht immer weiser und glücklicher zu machen; ich kann da fortbauen, wo sie aufhören mußten; ich kann den herrlichen Tempel, den sie unvollendet lassen mußten, seiner Vollendung näher bringen. „Aber ich werde aufhören müssen, wie sie," dürfte sich Jemand sagen. O, es ist der erhabenste Gedanke unter allen; ich werde, wenn ich jene erhabne Aufgabe übernehme, nie vollendet haben; ich kann also, so gewiß die Uebernehmung derselben meine Bestimmung ist, ich kann nie aufhören zu wirken, und mithin nie aufhören zu sein.

Das, was man Tod nennt, kann mein Werk nicht abbrechen; denn mein Werk soll vollendet werden, mithin ist meinem Dasein keine Zeit bestimmt — und ich bin ewig. Ich habe mit der Unternehmung jener großen Aufgabe die Ewigkeit an mich gerissen. Ich hebe mein Haupt kühn empor zu dem drohenden Felsengebirge, und zu dem tobenden Wassersturze und zu den krachenden, in einem Feuermeer schwimmenden Wolken, und sage: „Ich bin ewig, und ich trotze eurer Macht! Brecht alle herab auf mich; und du Erde und du Himmel, vermischt euch im wilden Tumulte! und ihr Elemente alle, schäumet und tobet, und zerreibet im wilden Kampfe das letzte Sonnenstäubchen des Körpers, den ich mein nenne! mein Wille allein mit seinem festen Plane soll kühn und triumphirend über den Trümmern des Weltalls schweben; denn ich habe meine Bestimmung ergriffen, und die ist dauernder als ihr; sie ist ewig, und ich bin ewig, wie sie."

Johann Gottlieb Fichte.

Deutschland's Sprache.

Daß keine, welche lebt, mit Deutschland's Sprache sich
In den zu kühnen Wettstreit wage!
Sie ist — damit ich's kurz, mit ihrer Kraft es sage —
An mannigfalt'ger Uranlage
Zu immer neuer und doch deutscher Wendung reich;
Ist, was wir selbst in jenen grauen Jahren,
Da Tacitus uns forschte, waren:
Gesondert, ungemischt und nur sich selber gleich.

Klopstock

DICTIONARY

OF

WORDS NOT GIVEN OR RENDERED IN THE NOTES

EXPLANATION OF ABBREVIATIONS AND SIGNS.

adj., adjective.
adv., adverb.
art., article.
comp., comparative.
conj., conjunction.
dim., diminutive.
f., noun feminine.
imp., impersonal.
imper., imperative.
int., interjection.
ir., irregular.
lit., literally.
m., noun masculine.
n., noun neuter.
num., numeral.
part., participle.
pl., plural.
prep., preposition.
pron., pronoun.
pron. pers., pronoun personal
pron. poss., " possessive
pron. rel., " relative.
subst., substantive.
sup., superlative.
v. a., verb active.
v. n., verb neuter.
v. refl., verb reflexive.

The syllables and letters es, s, en, n, designate the genitive singular, and e, en, er, n, the nominative plural of nouns.

— denotes the repetition of the word at the head of the article.

* indicates that the radical vowel of the noun is modified in the plural.

A.

Abbild, *n.* (es, *pl.* er) picture, image, portrait.

Abbrechen, *v. ir. a.* to break off, to cut short.

Abbringen, *v. ir. a.* to get off, dissuade, divert from.

Abderiten, *pl.* the Abderites, inhabitants of Abdéra.

Abend, *m.* (s, *pl.* e) evening, west; am —, in the evening; nach —, towards the west.

Abendschimmer, *m.* twinkling, glimmering of evening.

Abendstunde, *f.* (*pl.* n) evening-hour.

Abendwind, *m.* (es, *pl.* e) west wind, evening air.

Abendwolke, *f.* (*pl.* n) evening-cloud.

Abentheuer, *n.* (s, *pl.* —) adventure, strange event.

Aber, *conj.* but, however.

Aberglaube, *m.* (ns) superstition.

Abgebrochen, *part. adj.* broken, discontinuous.

Abgelegen, *adj.* retired, secluded, distant.

Abgeordnete, *m.* (n, *pl.* n) deputy, delegate.

Abgerundet, *part. adj.* rounded, made round.

Abgesandte, *m.* (n, *pl.* n) ambassador, envoy.

Abgrund, *m.* (es, *pl.* e*) precipice, abyss, gulf.

Abhauen, *v. ir. a.* to cut off; sie hieb die Zehe ab, she cut off the toe.

Abhalten, *v. ir. a.* to keep off or at a distance.

Abkunft, *f.* descent, family, origin

Abmalen, *v. a.* to depict, paint.

Abneigung, *f.* (*pl.* en) aversion.

Abprallen, *v. n.* to rebound, recoil, fly back.

Abrathen, *v. ir. a.* to dissuade, dehort.

Abschaffen, *v. a.* to dispense with, give up keeping, abolish.

Abscheulich, *adj.* horrid, detestable.

Abschied, *m.* (es, *pl.* e) farewell; — nehmen, to take leave.

Abschnitt, *m.* (es, *pl.* e) section (of a book).

Abschrecken, *v. a.* to deter, discourage.

Abschüssig, *adj.* steep, precipitous.

Abseits, *adv.* aside, apart.

Absetzung, *f.* deposition (from office), degradation.

Absicht, *f.* (*pl.* en) design, intention, aim.

Absichtlich, *adv.* designedly, intentionally.

Absondern, *v. a.* to separate, seclude.

Abstammen, *v. n.* to descend, to be derived.

Abstechen, *v. ir. n.* to contrast, set off.

Abwenden, *v. ir. a.* to turn away.

Abwesenheit, *f.* absence.

Abwischen, *v. a.* to wipe off.

Ach! *int.* oh! ah! alas! — Gott! good God! good heavens!

Acht, *num.* eight.

Aecht, *adj.* genuine, real, true.

Achten, *v. a.* to heed, mind.

Achtung, *f.* regard, respect; — geben, to observe, watch.

Aechzen, *v. n.* to groan, sigh, moan.

Achtzehn, *num.* eighteen.

Achtzig, *num.* eighty.

Acker, *m.* (s, *pl.* —*) piece of land, field.

Adelig, *adj.* noble, of noble descent.

Ader, *f.* (*pl.* n) vein.

Adlereil, *f.* eagle-speed.

Aglaia, *f.* Aglaia, one of the Graces.

Ahnden, } *v. a.* to divine, forebode,
Ahnen, } surmise, have a presentiment of

Ahnherr, *m.* (n, *pl.* en) ancestor, grandsire.

Aehnlich, *adj.* similar, like, resembling.

Ahnung, *f.* (*pl.* en) presentiment, divining.

Ahnungsvoll, *adj.* bodeful, ominous.

Ahorn, *m.* maple-tree, maple.

Aehrenfeld, *n.* (es, *pl.* er) the corn-field.

Albern, *adj.* foolish, silly, absurd.

Alcäus, *m.* Alcæus (a Greek poet).

Alexander, *m.* Alexander (the Great).

All (—er, alle, alles), *adj.* all, every; alle Jahr, every year; vor allen Dingen, first of all; sie alle, all of them; das alles, all that.

Allein, *adv.* alone, only, single; *conj* but. See page 112, note 3.

Allemal, *adv.* every time, always.

Allenfalls, *adv.* in every case, at all events.

Allerdings, *adv.* by all means, surely, of course.

Allerliebst, *adv.* ganz —, most charmingly, most lovely.

Allermannigfaltigste, das, *adj. subst.* things the most various, the greatest possible variety of things.

Allgemein, *adj.* universal, general.

Allgegenwart, *f.* omnipresence.

Allmacht, *f.* omnipotence.

Allmählig, *adv.* gradually, by degrees.

Allzuviel, *adv.* altogether too much.

Als, *conj.* than (*after a comparative*); except, besides; as, like; when (*conj. of time*); as if (ob *or* wenn *being understood*).

Alsbald, see alsobald.

Alsdann, *adv.* then, in that case.

Also, *adv.* so, thus, in this manner; *conj.* therefore, then.

Alsobald, *adv. or* alsbald, immediately, directly.

Alt, *adj.* aged, old; ancient, antique; der Alte, the old man; die Alte, the old woman.

Altar, *m.* (es, *pl.* e*) altar.

Alter, *n.* (s, *pl.* —) age, old age.

Altern, *v. n.* to grow old.

Alterthum, *n.* (s, *pl.* er*) antiquity.

Aelteste, *sup. of* alt, oldest, eldest.

Am *or* an dem, at the, near the, &c.; *also with sup.*; *as*, am meisten, the most.

Ameise, *f.* (*pl.* n) ant.

Amt, *n.* (es, *pl.* er*) office, charge, employment.

An, *prep.* (*dat. or acc.*) at, near, by, with, to, towards, against, on, in; bis an, up to, as far as, till; — etwas gehen, to set about *or* begin.

Anakreon, *m.* Anacreon (a Greek poet).

Anbeten, *v. a.* to worship, adore.

Anbinden, *v. ir. a.* to tie, fasten.

Anblick, *m.* (s, *pl.* e) view, sight, spectacle; beim —, at the sight.

Anblicken, *v. a.* to glance at, look at.

Anbringen, *v. ir. a.* to bring in, apply.

Anbruch, *m.* beginning, break (of day).

Andacht, *f.* devotion.

Andachtsvoll, } *adj.* devout, de-
Andächtig, } votional; *adv.* devoutly.

Andenken, *n.* (s) remembrance, token.

Ander, *adj.* second; other, different; am —n Tage, the next day; nichts —es, nothing else; etwas —s als, any thing else but; ein —mal, at another time.

Aendern, *v. refl.* to change, reform, amend.

Anders, *adv.* otherwise, in another manner, differently; nicht — als, in no other manner than; just as; — werden, to amend.

Andres *for* Andreas, Andrew.

Aneignen, *v. a.* to appropriate.

Anfall, *m.* (es, *pl.* e*) assault, attack.

Anfang, *m.* (s, *pl.* e*) beginning commencement.

Anfangen, *v. ir. a. & n.* ich fing an, angefangen, to begin, commence; to bring about; to manage go about, to do.

Anfüllen, *v. refl.* to fill up, to be filled, replenished; angefüllt, *part* filled stocked.

Angehören, *v. n.* to appertain, belong to (*with the dat.*).

Angel, *f.* (*pl.* n) fishing-hook, angle.

Angelegenheit, *f.* (*pl.* en) affair, concern, business.

Angehetzt, *part.* cheered, incited (of hounds in the chase).

Angenehm, *adj.* pleasant, agreeable.

Anger, *m.* (s, *pl.* —) grass-plot, meadow, pasture.

Angeschwängert, *part.* impregnated (of the atmosphere).

Angesicht, *n.* (s, *pl.* er) face, countenance, look; von —, by sight, to the eye.

Angestellt, *part.* employed, appointed.

Angreifen, *v. ir. a.* to attack; set about; lay hold of.

Angriff, *m.* (es, *pl.* e) assault, attack.

Angst, *f.* (*pl.* e*) distress, anxiety, anguish; in Aengsten, in distress.

Aengstlich, *adj.* uneasy, anxious; *adv.* anxiously, timidly.

Aengstlichkeit, *f.* anxiety, timidity.

Anhaltend, *adv.* continuously, perseveringly.

Anhöhe, *f.* (*pl.* n) eminence, hill.

Ankommen, *v. ir. n.* to arrive, to come at, to approach; es kommt darauf an, it depends upon it (*or* this).

Ankömmling, *m.* (s, *pl.* e) stranger, new comer.

Anlangen, *v. n.* to arrive.

Anlocken, *v. a.* to entice, allure.

Anmachen, *v. a.* to make; kindle (a fire).

Anmaßend, *adv.* arrogantly, presumptuously.
Anmuth, *f.* grace, gracefulness, charm.
Anmuthig, *adj.* graceful, sweet; *adv.* gracefully, sweetly, delightfully.
Annäherung, *f.* (*pl.* en) approximation, approach.
Anordnen, *v. a.* to order, regulate, arrange.
Anordnung, *f.* (*pl.* en) regulation, arrangement; ordering.
Anpacken, *v. a.* to lay hold of, gripe, seize.
Anprobiren, *v. a.* to try on (a shoe).
Anrichten, *v. a.* to prepare, do; Verderben —, to work destruction.
Anrühren, *v. a.* to handle, touch.
Anschauen, *v. a.* to look at, contemplate, view.
Anschauen, *n.* (s) contemplation.
Anschein, *m.* (es) appearance.
Anschicken, *v. refl.* to bestir one's self, to set about, begin.
Anschließen, *v. ir. refl.* to join, to be connected with, linked to.
Ansehen, *v. ir. a.* to look upon *or* at, to see.
Ansehen, *n.* (s) look, appearance.
Anspornen, *v. a.* to spur on, to clap spurs to.
Ansprechen, *v. ir. a.* to address, accost.
Anstalt, *f.* (*pl.* en) preparation, direction.
Anstand, *m.* (es) propriety, good grace.
Anständig, *adj.* becoming, dignified.
Anstatt, *prep. gov. the gen.* in lieu, instead of.
Anstaunen, *v. a.* to gaze *or* stare at.
Anstrengung, *f.* exertion, labour.
Antlitz, *n.* (es) visage, countenance.
Antreffen, *v. ir. a.* to meet with, find.
Antrieb, *m.* (es) impetuosity.
Antworten, *v. a.* to answer, reply.
Anvertrauen, *v. a.* to entrust, confide to.
Anweg, *m.* (es, *pl.* e) passage, entrance.
Anzahl, *f.* number, quantity.
Anzeichen, *n.* (s, *pl.* —) sign, symptom, omen.
Anzeigen, *v. a.* to make known, signify, indicate.
Anziehen, *v. ir. a.* to put on (clothes).
Anzug, *m.* (es, *pl.* e*) dress, attire.
Anzünden, *v. a.* to kindle, light.
Apfel, *m.* (s, *pl.* —*) apple.
Apelles, *m.* Apelles, a painter.
Aphorismen, *pl.* Aphorisms.
Apollo, *m.* Apollo.
Aprikose, *f.* (*pl.* n) apricot.
Aequator, *m.* equator.
Aequinoctial=Gegend, *f.* the region about the equinox.
Arabisch, *adj.* Arabian, Arabic.
Arbeit, *f.* (*pl.* en) labour, work, task, employment.
Arbeiten, *v. n.* to labour, work.
Arbeiter, *m.* (s, *pl.* —) labourer, workman.
Arena, *f.* arena.
Arg, *adj.* bad, wicked.
Aerger, *m.* chagrin, anger, vexation.
Aergerlich, *adj.* angry, fretful; *adv.* with an air of vexation, fretfully.
Arm, *m.* (es, *pl.* e) arm; branch.
Arm, *adj.* poor, indigent; der —e, the poor man; die —en, the poor.
Armee, *f.* (*pl.* n) army.
Armselig, *adj.* poor, paltry, miserable.
Armuth, *f.* poverty, penury.
Art, *f.* (*pl.* en) kind, sort, manner; aller —, of all kinds; jeder nach seiner —, each in his way; auf eine ganz besondere —, in quite a peculiar manner.
Artig, *adj.* fine, pretty.
Asche, *f.* ashes.

Aschenputtel, *f.* Cinderella; cinder-wench, slut.

Asien, *n.* Asia.

Aspasia, *f.* Aspasia, the wife of Pericles.

Ast, *m.* (es, *pl.* e*) branch, bough.

Astrolog, *m.* (en) astrologer.

Astronomie, *f.* astronomy.

Astronomisch, *adj.* astronomical.

Athem, *m.* (s) breath; außer —, out of breath.

Athen, *n.* ('s) Athens.

Athenienser, *m.* (s, *pl.* —) Athenian.

Athmen, *v. n.* to breath, respire.

Auch, *conj.* also, too, likewise, even; noch —, neither; wenn —, even if; (*after pronouns and adjectives*) even, however; wer ... auch, whoever; so spät ... auch, however late.

Au (e), *f.* (*pl.* n) brook; green, meadow.

Auf, *prep.* (*with the dat. & acc.*) upon, on, in, at; to, towards, into, for; — einmal, all at once; —s Neue, anew; —s Freundlichste, in the most cordial manner. (See Gr. p. 416, § 86.)

Auf, *adv.* up, upwards; — und nieder (ab), up and down; — daß, in order that, that; *int.* Auf! up!

Aufbewahren, *v. a.* to save, preserve, keep.

Aufbrennen, *v. ir. n.* to burn *or* blaze up suddenly; —d, *part. adj.* easily excited, passionate.

Aufenthalt, *m.* (es) stay, sojourn, retreat.

Auferstehung, *f.* resurrection; —sminute, moment of resurrection.

Auffallend, *adv.* strikingly, remarkably.

Auffassen, *v. a.* to take *or* catch up; to comprehend.

Auffordern, *v. a.* to ask, call upon (to dance).

Aufgabe, *f.* (*pl.* n) problem; task.

Aufgeben, *v. ir. a.* to give up, abandon; to propose (a problem), to set (a task).

Aufgehen, *v. ir. n.* to rise, come forth; to dawn.

Aufgeschüttet, *part. adj* laid up in store, stored up.

Aufhalten, *v. ir. a.* to stop, detain, keep back.

Aufhören, *v. n.* to discontinue, end, cease.

Aufjagen, *v. a.* to rouse, start up.

Auflage, *f.* (*pl.* n) assessment (of taxes), tax, impost.

Aufmerksamkeit, *f.* attention.

Aufnahme, *f.* reception.

Aufnehmen, *v. ir. a.* to take up to receive; to design, sketch.

Aufpflanzen, *v. a.* to plant, raise (a standard, &c.).

Aufrecht, *adv.* erect, straight, upright.

Aufregen, *v. a.* to stir up, rouse, agitate.

Aufrichten, *v. refl.* to rise, get up.

Aufruhr, *m.* (s) rebellion, insubordination.

Aufs, *for* auf das.

Aufsatz, *m.* (es, *pl.* e*) writing, essay, paper.

Aufseher, *m.* (s, *pl.* —) overseer, warden.

Aufsperren, *v. a.* to open (wide)

Aufspringen, *v. ir. n.* to spring *or* start up.

Aufstehen, *v. ir. n.* to get up, rise.

Aufsteigen, *v. ir. n.* to ascend, mount, rise.

Aufstellen, *v. a.* to set *or* put up; to propose, lay down (a principle).

Aufthun, *v. ir. a. & refl.* to open.

Aufthürmen, *v. a.* to pile up, heap up

Auftobend, *part. adj.* tumultuous agitated.

Auftreten, *v. ir. n.* to step forth to make one's appearance.

Aufwand, *m* (es) expenditure, extravagance.

Aufwarten, *v. n.* to wait or, attend.

Aufwärts *adv.* upwards, upward

Aufzeichnen, *v. a.* to record, note

Auge, *n.* (s, *pl.* n) eye; vor die —n treten, to appear before any one.

Augenblick, *m.* (s) moment, trice, instant.

Augenblicklich, *adv.* instantly, in a moment.

Augenbraune, *f.* (*pl.* n) eye-brow.

Aus, *prep.* (*gov. the dat.*) out of, from, through, by; — Angst, out of fear; *adv.* over, at an end.

Ausbeute, *f.* profit, share (in mining).

Ausbrechen, *v. ir. n.* to break out, burst forth, take vent.

Ausbruch, *m.* (s, *pl.* e*) outbreak, breaking out; sally.

Ausdruck, *m.* (s, *pl.* e*) expression.

Ausführen, *v. a.* to carry out, execute, perform, finish.

Ausführung, *f.* execution (of a design).

Ausfüllen, *v. a.* to fill, fill up.

Ausgabe, *f.* edition (of a book).

Ausgestickt, *part. adj.* embroidered.

Ausgestreckt, *part. adj.* stretched out.

Ausgezeichnet, *part. adj.* distinguished, eminent, superior.

Aushalten, *v. ir.* to hold out, endure, stand.

Auslachen, *v. a.* to laugh at, deride; ausgelacht werden, to be laughed at.

Auslegen, *v. a.* to lay out, to explain, interpret.

Auslesen, *v. ir. a.* to pick out, gather up.

Auspicken, *v. a.* to peck out.

Ausrufen, *v. ir. n.* to exclaim, cry out.

Ausruhen, *v. n.* to rest, repose.

Ausschlagen, *v. ir. n.* to refuse, reject, decline.

Ausschließlich, *adj.* exclusive.

Ausschmücken, *v. a.* to embellish, adorn, decorate.

Aussehen, *v. ir. n.* to appear, look; es sah nicht anders aus, als ob, &c., it looked exactly as if, &c. (page 188).

Außer, *prep.* (*gov. the dat.*) out of, without, except, outside; beside, besides; — Athem, out of breath; — sich, out of one's senses; *conj.* except, save, unless.

Außerdem, *adv.* besides, moreover.

Außerhalb, *prep.* (*gov. the gen.*) out of, without.

Außerordentlich, *adj.* extraordinary.

Aeußer, *adj.* outward, external; bis aufs —ste, to the utmost.

Aussicht, *f.* (*pl.* en) prospect, view.

Ausspruch, *m.* (es, *pl.* e*) sentence, decision.

Ausstattung, *f.* portion, dowry.

Ausstoßen, *v. ir. a.* to throw *or* thrust out; to utter.

Ausstrecken, *v. a.* to stretch forth *or* out.

Ausstreuen, *v. a.* to strew, scatter.

Aussuchen, *v. a.* to select, choose, pick out.

Austrag, *m.* issue, decision; bis zu — der Sache, till the matter would be decided. (Page 189.)

Austreten, *v. ir. n.* to leave, quit, resign (an office).

Ausüben, *v. a.* to practise, exercise.

Auswärts, *adv.* outwards, abroad, in foreign parts.

Ausweichen, *v. ir. n.* to turn out, give way.

Auswerfen, *v. ir. a.* to throw up, cast out.

Auszeichnen, *v. refl.* to be prominent; to distinguish one's self.

Axt, *f.* axe, hatchet.

Azurblau, *adj.* of an azure blue

B.

Bach, *m.* (es, *pl.* e*) brook, rivulet.

Backen, *m.* (s, *pl.* —) cheek.

Bad, *n.* (es) bath.

Bahre, *f.* bier.

Baiern, *n.* (s) Bavaria.

Bald, *adv.* soon, shortly, nearly,

balb . . . balb, now . . . now, at one time . . . at another.

Balken, m. (s, pl. —) beam.

Ballade, f. (pl. n) ballad.

Balsam, m. (s) balm.

Band, n. (es, pl. e) tie, bond.

Bande, f. band, crew, set.

Bändigen, v. a. to curb, subdue, conquer.

Bang(e), adj. anxious, timid, fearful.

Bank, f. (pl. e*) bench, seat.

Bannen, v. a. to confine or chain (as if by a spell).

Bär, m. (en) bear.

Barbar, m. (en) barbarian.

Barde, m. (n) the bard.

Barmherzigkeit, f. mercy, pity, compassion.

Baron, m. (s, pl. e) baron.

Bart, m. (es, pl. e*) beard.

Base, f. (pl. n) aunt, cousin.

Baß, adv. very much, greatly.

Bau, m. (es) edifice, structure.

Baukunst, f. architecture.

Bauch, m. (es) belly.

Bauen, v. a. to build, frame, construct.

Bauer, m. (s, pl. n) farmer, peasant, countryman.

Baum, m. (es, pl. e*) tree.

Bäumchen, dim. n. (s, pl. —) little tree.

Bäumen, v. refl. to rear, prance.

Beängstigt, part. adj. worried, uneasy, frightened.

Beaufsichtigen, v. a. superintend, oversee.

Beben, v. n. to tremble, shake; —d, trembling, agitated.

Beblümen, v. a. to embellish or deck with flowers.

Becher, m. (s, pl. —) cup beaker, goblet.

Bedacht, m. (es) prudence, consideration.

Bedächtig, adv. carefully, circumspectly.

Bedauern, v. a. to lament, deplore, mourn for; es ist zu —, it is to be lamented, it is a pity.

Bedecken, v. a to cover, hide, secure, shelter.

Bedenken, bedachte, bedacht, v. a to consider, reflect upon, weigh Jemanden —, to remember with intent to reward (page 126); sich — to hesitate, bethink one's self.

Bedenken, n. (s) hesitation, scruple; ohne —, without any hesitation.

Bedenklich, adj. doubtful, suspicious; adv. dubiously, with a suscious mien.

Bedienen, v. a. to serve, wait upon, attend.

Bedingung, f. (pl. en) condition

Bedrohen, v. a. to threaten.

Bedürfen, v. ir. a. & imp. to need, to be in want of, to lack.

Beehren, v. a. to honour (with any thing), confer honour upon.

Beengen, v. a. to straiten, embarrass.

Beet, n. (es, pl. e) bed (in gardens).

Befallen, befiel, befallen, v. a. to attack, befall.

Befehl, m. (es, pl. e) order, command, injunction.

Befehlen, befahl, befohlen, v. ir. a. to command, bid, charge; der Jüngling sich Gott befiehlt, the youth commends himself to God.

Befeuchten, v. a. to moisten, wet, water.

Befinden, befand befunden, v. refl. to find one's self, to be; to reside. P. 189.

Befolgen, v. a. to obey, follow.

Befolgung, f. obedience, observance.

Befördern, v. a. to further, promote.

Befreien, v. a. to deliver, free, rescue; to rid of.

Befriedigen, v. a. to satisfy, content; appease.

Befriedigung, f. satisfaction.

Begaben, v. a. to endow; to honour with gifts

Begeben, begab, begeben, *v. ir. refl.* to betake one's self to, repair to; sich an einen dritten Ort —, to repair to a third (*i. e.* to another) place, p. 189; to come to pass, happen; es begab sich, it happened.

Begegnen, *v. n. gov. the dat.* to meet, encounter; to happen to, to befall; to treat, receive (well *or* ill).

Begehen, *v. ir. a.* to perpetrate, commit.

Begehren, *v. a.* to wish, desire; to crave.

Begeistern, *v. a.* to animate, inspire with enthusiasm *or* ecstasy.

Begeistert, *part.* ganz —, full of ecstasy.

Beginnen, begann, begonnen, *v. ir. n.* to begin, commence.

Beginnen, *n.* (s) undertaking.

Begleiten, *v. a.* to accompany, attend, escort.

Begleiter, *m.* (s, *pl.* —) attendant, guide, companion; —inn, female companion.

Begleitung, *f.* escort, retinue.

Begnügen, *v. refl.* to be contented, to acquiesce.

Begraben, *v. ir. a* to bury.

Begreifen, begriff, begriffen, *v. ir. a.* to apprehend, understand.

Begriff, *m.* (es, *pl.* e) conception, idea.

Begrüßen, *v. a.* to salute, greet.

Behagen, *n.* (s) pleasure, ease, comfort.

Behalten, behielt, behalten, *v. a.* to keep, retain.

Behaupten, *v. a.* to assert, maintain.

Behauptung, *f.* assertion.

Behend, *adj.* agile, quick; *adv.* quickly, nimbly.

Beherrschen, *v. a.* to rule, sway.

Beherzt, *adj.* courageous, brave.

Bei, *prep. gov. the dat.* near, by; with *or* among (persons); at the house of, at, present at, in, on, upon; about, close to; bei Tag und Nacht, by day and night; bei der Hand nehmen, to take by the hand.

Beide, *adj.* both; die —n, both the the two; jene —n, those two.

Beifall, *m.* (s) approbation, applause.

Beil, *n.* (es) hatchet.

Beim, *for* bei dem.

Beinah (e), *adv.* nearly, almost.

Beispiel, *n.* (es, *pl.* e) example, pattern.

Beißen, biß, gebissen, *v. n.* to bite, snap at; in etwas —, to taste or partake of, p. 87.

Beistehen, *v. ir. n.* (*with the dat.*) to stand by, to succour, assist.

Bejahen, *v. a.* to affirm, answer yes

Bekämpfen, *v. a.* to fight with subdue, encounter.

Bekannt, *adj.* (well) known; familiar, acquainted with; der —e, the acquaintance.

Bekleiden, *v. a.* to dress, clothe; to fill *or* occupy a post, p 176.

Beklommen, *adj.* contracted; euer Odem ist —, you are out of breath, p. 164.

Bekommen, bekam, bekommen, *v. a.* to receive, get, obtain; *v. n.* to agree with one's health; übel —, not to agree with any one.

Bekränzt, *part. adj.* crowned, wreath-encircled.

Bekriegen, *v. a.* to make war upon.

Belasten, *v. a.* to load, burden.

Beleben, *v. a.* enliven, quicken, animate.

Bellen, *v. n.* to bark, yelp; im —, while barking.

Belohnen, *v. a.* to reward, requite.

Belohnung, *f.* (*pl.* en) remuneration.

Bemeistern, *v. a.* to master, conquer; gain the mastery over.

Bemerken, *v. a.* to mark, perceive; — lassen, to discover, show

Bemühen, *v. a.* to trouble; sich — to endeavour, strive.

Beneiden, *v. a.* to envy.
Beobachten, *v. a.* to observe.
Bequem, *adj.* comfortable, easy; *adv.* comfortably.
Berathschlagung, *f.* (*pl.* en) deliberation, consultation.
Berauben, *v. a* to rob, deprive of.
Bereichern, *v. a.* to enrich.
Bereit, *adj.* ready, prepared; — halten, to keep in readiness.
Bereuen, *v. a.* to regret, repent of.
Berg, *m.* (es, *pl.* e) hill, mountain; — ab, down hill; — an, up hill.
Bergbau, *m.* (s) mining.
Bergetief, *adj.* mountain-deep.
Bergmann, *m.* (s, *pl.* Bergleute) miner.
Bergen, barg, geborgen, *v. refl.* to conceal, hide one's self.
Bericht, *m.* (es, *pl.* e) information, report.
Berichten, *v. a.* to inform of, report.
Berüchtigt, *adj.* famous, celebrated.
Beruf, *m.* (es) vocation, employment.
Beruhigen, *v. a. & refl.* to quiet, pacify; compose.
Berühmt, *adj.* renowned, eminent.
Berühren, *v. a.* to touch.
Besänftigen, *v. a.* to appease, calm; pacify.
Beschädigen, *v. a.* to injure, damage, hurt.
Beschäftigen, *v. a.* to busy, engage one's attention; sich mit etwas —, to be busy *or* occupied with.
Beschäftigt, *part. adj.* occupied, engaged.
Beschämen, *v. a.* to shame, abash.
Beschatten, *v. a.* to shade, overshadow.
Beschauen, *v. a.* to behold, view, gaze at.
Bescheiden, *adj.* modest.
Bescheinen, *v. a.* to shine upon.
Beschenken, *v. a.* to favour one with gifts; fürstlich beschenkt, with princely presents, p. 176.
Beschirmung, *f.* protection.
Beschließen, beschloß, beschlossen *v. a.* to resolve upon, determine.
Beschreiben, *v. ir. a.* to describe
Beschreibung, *f.* (*pl.* en) description, account.
Beschuldigen, *v. a.* to accuse; charge with.
Beschützen, *v. a.* to protect, defend, guard.
Beschützer, *m.* (s) protector, guardian.
Beschwerde, *f.* (*pl.* n) hardship, difficulty; mit einiger —, with some difficulty.
Beschwerlich, *adj.* difficult, tedious.
Beschwichtigen, *v. a.* to hush up, appease.
Beschwören, *v. ir. a.* to conjure.
Beseelt, *part. adj.* animated, inspired.
Beseligt, *part. adj.* made blessed, happy.
Besetzen, *v. a.* to occupy, seize, secure.
Besinnen, besann, besonnen, *v. refl.* to bethink one's self; to consider, deliberate.
Besitz, *m.* (es) possession.
Besitzer, *m.* (s) proprietor, owner.
Besitzung, *f.* (*pl.* en) estate, possession.
Besonder, *adj.* special, peculiar, particular.
Besonders, *adv.* particularly, especially; ganz —, in quite a peculiar degree, p. 202.
Besorgen, *v. a.* to attend to; conduct, manage.
Besorgt, *part. adj.* apprehensive, anxious.
Besprengt, *part. adj.* besprinkled; drenched.
Besser, (*comp. of* gut) *adj. & adv* better; desto —, so much the better; sie wollen es nicht —, they wish it no better.
Bessern, *v. refl.* to amend, reform
Besserung, *f.* amendment, reformation.

Beständig, *adj.* continua., constant; *adv.* continually.

Beständigkeit, *f.* constancy, perseverance.

Bestärken, *v. a.* to confirm, strengthen.

Beste, der, die, das, *adj.* (*super. of* gut) best; das —, the best part, the most; am —n, aufs —, *adv.* in the best manner, best.

Bestehen, bestand, bestanden, *v. n.* (in etwas) to be, subsist *or* consist in, p. 172; to last, endure; *v. a.* to undergo, to stand, encounter.

Besteigen, bestieg, bestiegen, *v. a.* to ascend, mount, bestride (a horse).

Bestimmen, *v. a.* to define, determine; (Einem etwas) to design, destine, set aside for.

Bestimmt, *part. adj.* definite, determined, precise.

Bestimmung, *f.* determination, destiny; die — des Menschen, the destination of man.

Bestirnt, *adj.* starry.

Bestreben, *n.* (s) effort, endeavour.

Bestreitung, *f.* bearing *or* defraying (of expenses).

Besuchen, *v. a.* to visit; to frequent.

Besudelt, *part. adj.* defiled.

Beten, *v. n.* to pray.

Bethaut, *part. adj.* bedewed, dew-covered.

Betheuern, *v. a.* to assert solemnly, affirm, assure.

Betrachten, *v.* to look on, gaze at, to view, contemplate.

Beträchtlich, *adj.* considerable, large.

Betragen, *n.* (s) conduct, deportment.

Betreten, betrat, betreten, *v. a.* to tread in (the footsteps of another); to enter upon (a path).

Betrübniß, *f.* sadness, grief.

Betrügen, betrog, betrogen, *v. a.* to delude, cheat, deceive.

Betrüglich, *adj.* delusive, deceitful.

Bett, *n.* (es) bed; in kein — kommen, to get no bed to sleep in, p. 67.

Betten, *v. a.* to bed; zu euch gebettet, bedded, lodged among you, p. 128.

Beugen, *v. refl.* to bend, bow.

Beute, *f.* booty, prey.

Beutel, *m.* (s) purse.

Bewachen, *v. a.* to watch over, keep, guard.

Bewaffnet, *part. adj.* armed.

Bewähren, *v. a.* to prove, try certify.

Bewegen, *v. a.* to move, agitate, shake; to induce; bewegt, agitated excited.

Beweglich, *adj.* moveable, excitable.

Bewegung, *f.* (*pl.* en) motion, movement; in — setzen, to stir up, move, excite.

Bewehren, *v. a.* to arm.

Beweinen, *v. a.* to weep over, lament.

Beweis, *m.* evidence, proof; zum — daß . . ., as an evidence that . . .

Beweisen, bewies, bewiesen, *v. a* to show, demonstrate, prove.

Bewirthen, *v. a.* to entertain treat.

Bewirthung, *f.* entertainment.

Bewohnen, *v. a.* to inhabit, live in; bewohnt, inhabited.

Bewohner, *m.* (s, *pl.* —) inhabitant, inmate.

Bewunderung, *f.* admiration.

Bewußt, *adj.* conscious *or* aware of; known.

Bewußtsein, *n.* (s) consciousness.

Bezähmen, *v. a.* to tame; to curb, restrain.

Bezaubert, *part. adj.* fascinated, enchanted.

Bezeichnen, *v. a.* to designate, mark.

Bezeugen, *v. a.* certify, attest.

Beziehen, bezog, bezogen, *v. a.* (auf etwas), to refer to, make an appeal to.

Beziehung, *f.* reference, relation; in — auf, with reference to.

Beziehungsvolle, *n. adj. subst.* (n) the Significant.

Bezwingen, bezwang, bezwungen, *v. a.* to subdue, overcome.

Biene, *f.* (*pl.* n) bee.

Bild, *n.* (es, *pl.* er) image, figure, picture, painting.

Bildhauer, *m.* (s) sculptor, statuary.

Bilden, *v. a.* to form, fashion.

Bildniß, *n.* (es, *pl.* e) image, figure.

Bildung, *f.* formation, structure.

Billig, *adj.* fair, equitable; *adv.* equitably, fairly, justly.

Binden, band, gebunden, *v. a.* to tie, fasten, bind; an etwas —, to bind *or* link to.

Birne, *f.* (*pl.* n) pear; Birnbaum, *m.* (es, e*) pear-tree.

Bis, *adv.* to, till, until; — an, — auf, — nach, — zu, to, even to, as far as (a place), up to; *conj.* till, until

Bischof, *m.* (es, *pl.* e*) bishop.

Bisher, *adv.* hitherto, till now, thus far.

Biß, *m.* (es, *pl.* e) bite, biting.

Bitte, *f.* (*pl.* n) request, entreaty, solicitation.

Bitten, bat, gebeten, *v. a.* to entreat, beg, request, ask; für Einen —, to intercede for any one.

Blähen, *v. refl.* swell, to be inflated.

Blank, *adj.* bright, shining.

Blatt, *n.* (es, *pl.* er*) leaf (of a tree); newspaper.

Blau, *adj.* blue; (in poetry) azure, cerulean.

Blau, *n.* (es) blue (colour), *fig.* sky; im letzten —, in the remotest æther, p. 172.

Bleiben, blieb, geblieben, *v. n.* to remain, stay, continue; stehen —, to stand still, stop.

Bleich, *adj.* pale, wan; faint.

Blenden, *v. a.* to blind, dazzle; —d, dazzling, striking.

Blick, *m.* (es, *pl.* e) glance, look, eye; einen — thun, to cast the eye upon, to glance at.

Blicken, *v. a.* to look, glance; auf etwas —, to glance at; was er blickt, ist Wuth, his every look is rage, p 122.

Blind, *adj.* blind; —heit, *f.* blindness.

Blindlings, *adv.* blindly; unsuspectingly, implicitly.

Blitz, *m.* (es, *pl.* e) flash, lightning.

Blitzesschnell, *adv.* with the rapidity of lightning.

Blitzen, *v. n.* to flash; —d, darting flashing.

Blöde, *adj.* timid, diffident, bashful

Blos, *adv.* simply, merely, only.

Bloß, *adj.* bare, uncovered, naked simple, mere.

Blöße, *f.* nakedness; weak *or* unprotected part; indigence, humility (in Knechtes —, p. 152).

Blühen, *v. n.* to blow, bloom, blossom.

Blühend, *part. adj.* blooming; flourishing.

Blümchen, *n. dim.* (s, *pl.* —) floweret.

Blume, *f.* (*pl.* n) flower.

Blumengarten, *m.* (s) flower-garden.

Blumig, *adj.* flowery, florid.

Blut, *n.* (es) blood.

Bluthund, *m.* (es, *pl.* e) blood-hound, *fig.* tyrant.

Blutsverwandtschaft, *f.* consanguinity, relationship.

Bluttriefend, *part. adj.* overflowing with blood, reeking in blood.

Bluten, *v. n.* to bleed.

Blüthe, *f.* (*pl.* n) blossom, bloom, flower.

Blüthenbaum, *m.* (s) tree in blossom, blooming tree.

Blutig, *adj.* bloody, stained with blood.

Boden, *m.* (s) soil, ground; floor; bottom; zu —, to the ground.

Bogen, *m.* (s, *pl.* —) any thing bent, bow; arch; der — des Friedens,

the bow of peace, *i. e.* the rainbow.

Böhmen, *n.* ('s) Bohemia.

Bologna, *n.* Bologna.

Borgen, *v. a.* to borrow.

Born, *m.* (es) fount, spring.

Böse (bös), *adj.* bad, wicked; evil; hurtful; *adv.* ill, wickedly, badly; der Böse, the evil one.

Bosheit, *f* malice, wickedness.

Botaniker, *m.* (s) botanist.

Bote, *m.* (n) messenger.

Botschaft, *f.* message, intelligence, news.

Brand, *m.* fire, conflagration; —wolken, *pl.* fire-vapours, clouds of smoke.

Branden, *v. n.* to surge, break (of the waves).

Brandung, *f.* surf, breakers.

Braten, *m.* (s) roast meat; piece of meat (generally).

Brauch, *m.* (s, *pl.* e*) custom, usage.

Brauchen, *v. a.* to need, want, lack, to have occasion for; to use, employ.

Braun, *adj.* brown; Braun *or* der —e, Bruin, name of the bear.

Brausen, *v. n.* to roar, rush, bellow, thunder (of a storm).

Braut, *f.* bride, betrothed.

Bräutigam, *m.* (s) bridegroom.

Brautleute, *pl.* bride and bridegroom.

Brav, *adj.* brave, valiant.

Brechen, brach, gebrochen, *v. a. & n.* to break, to sever; to interrupt; to violate (a law); to force one's way.

Breit, *adj.* broad, wide, large.

Breite, *f.* breadth; latitude.

Brennen, brannte, gebrannt, *v. n.* to burn; to scorch; *v. a. reg.* to burn.

Brief, *m.* (es, *pl.* e) letter.

Briefwechsel, *m.* (s) correspondence.

Brigitte, *f.* Bridget.

Bringen, brachte, gebracht, *v. a.* to bring, carry; — lassen, to send for to have brought; Einen zu etwas bringen, to bring one to a thing, to prevail upon; sie konnten nie dazu gebracht werden, they never could be prevailed upon, p. 189; etwas über Einen —, to bring upon, to cause, p. 100.

Britannisch, *adj.* British, Britannic

Britte, *m.* (n) Briton.

Brittinn, *f.* Britoness.

Brod, *n.* (es, *pl.* e) bread.

Brücke, *f.* bridge.

Bruder, *m.* (s, *pl.* —*) brother.

Brudergeschlecht, *n.* (s) race of brothers, human family.

Brüderlich, *adj.* brotherly, brotherlike, fraternal.

Brüllen, *v. n.* to roar, bellow; das —, the roaring, bellowing.

Brunnen, *m.* (s, *pl.* —) well, spring, fountain.

Brust, *f.* breast, bosom; heart.

Brut, *f.* brood; race.

Bube, *m.* (n) boy, lad.

Buch, *n.* (es, *pl.* er*) book.

Buche, *f.* beech, beech-tree.

Büchse, *f.* rifle.

Bücken, *v. refl.* to bow, stoop, bend over.

Bühl, *m.* (s) hillock, hill.

Bund, *m.* union, league, covenant.

Bunt, *adj.* checkered, variegated, party-coloured.

Buntbelaubt, *adj.* having many-tinted leaves, many-tinted.

Buntseiden, *adj.* party-coloured silken.

Burg, *f.* (*pl.* en) stronghold, castle.

Burgkapelle, *f.* castle-chapel.

Bürgschaft, *f.* surety, security, bail.

Burgunderreben, *pl.* Burgundy grape-vines.

Bursche, *m.* (n) lad, fellow, companion.

Bürsten, *v. a.* to brush.

Busch, *m.* (es, *pl.* e*) bush, thicket.

Busen, *m.* (s) bosom, breast, heart.

Büßen, *v.* to atone for; seine Lust —, to gratify one's desire *or* pleasure.

Butter *f.* butter.

C.

Cäcilia, *f.* die heilige —, Saint Cæcilia.

Carosse, *f.* (*pl.* n) carriage of state.

Castellan, *m.* (s) castellan.

Cavalier, *m.* (s, *pl.* e) cavalier; nobleman.

Charakter, *m.* (s, *pl.* e) character, disposition; dignity.

Charte, *f.* (*pl.* n) chart, map.

Chor, *m.* (es, *pl.* e*) choir; train, circle; *n.* the choir (of a church edifice).

Chorgeplärr, *n.* (s) bawling of a choir (in contempt for Chorgesang).

Chorgesang, *m.* (s) choral song, sacred chant *or* anthem.

Christ, *m.* (en, *pl.* en) Christian.

Christenmenge, *f.* multitude *or* assembly of Christians.

Christus, *m.* (*acc.* Christum, see Gr. p. 401, § 44) Christ.

Christuskind, *n.* (es) the infant Christ.

Ciselirt, *part. adj.* carved; —e Arbeit, carved work.

Citrone, *f.* (*pl.* n) citron, lemon.

Commentator, *m.* (s, *pl.* en) commentator.

D.

Da, 1. *adv.* (*of place*) there; here; (*of time*) then, at that time, thereupon; *after a relative it is often expletive, as on p.* 28, der da trinkt, who drinks; alles, was da ist (p. 185), all that exists, all that is.

Da, 2. *conj.* when, as, since, whilst, because, whereas.

Dabei, *adv.* there, near it; with it; at the same time; — stehen, to stand by.

Dach, *n.* (es, *pl.* er*) roof.

Dadurch, *adv.* thereby, by that, by means of it; through it.

Dafür, *adv.* for it, for that *or* this.

Dagegen, *adv.* in return, in exchange; on the other hand.

Daheim, *adv.* at home.

Daher, 1. *adv.* thence, along; from that circumstance; for that reason; — ziehen, to move along *or* on, p. 201; 2. *conj.* hence, therefore.

Dahin, *adv.* thither, there, to that place, to it, along; — gehen, to pass away, to die, p. 190.

Damals, *adv.* then, at that time.

Dame, *f.* lady (of rank), dame.

Damit, 1. *adv.* therewith, with it (that, this *or* them), by it; 2. *conj.* that, in order that.

Dämmernd, *part. adj.* dawning, early, p. 145.

Dämmerung, *f.* twilight (of evening *or* morning); dawn.

Dampf, *m.* (es, *pl.* e*) steam, vapour, fume, smoke.

Dampfwolken, *pl.* vapour-clouds.

Dampfen, *v. n.* to steam, smoke reek, fume.

Dämpfen, *v. a.* to quench, suppress, smother.

Danach, *adv.* after that, thereupon then.

Daniel, *m.* (s) Daniel.

Dank, *m.* (es) thanks, gratitude; Einem — sagen, to thank, return thanks to any one, p. 92.

Dankbar, *adj.* grateful, thankful; *adv.* thankfully.

Danken, *v. a.* to thank, return thanks.

Dann, *adv.* then, at that time; thereupon.

Dante, *m.* Danté (an Italian poet).

Darauf, *adv.* thereupon, upon *or* on it, upon that; to that; afterwards, then.

Daraus, *adv.* therefrom; out of it (this, that), of it; daraus es ward (p. 210), out of which it was made.

Darin, *adv.* therein, in it (this, that); — ich stehe (p. 210), in which I stand.

Darinnen, *adv.* within it, within

Darnach, *see* danach.

Darreichen, *v. a.* to reach; tender, present.

Darstellen, *v. a.* to represent, exhibit.

Darum (d'rum), *adv.* for that; for that reason, on that account; therefore.

Dasein, *n.* (s) existence.

Dasein, *v. ir. n.* to be present, to exist.

Daselbst, *adv.* in that place, there.

Daß, *conj.* that; so that (*when used for* so daß); — nicht, that not, lest.

Däuchten, *v. imp.* to seem, appear; es däuchte ihm, it seemed to him, p. 36; wenn es ihm gut däucht, if he sees fit, if he pleases, p. 205.

Dauernd, *part. adj.* lasting, enduring.

Daumen, *m.* (s) thumb.

Dauphin, *m.* Dauphin, eldest son of the king of France.

Davon, *adv.* thereof, of it (this, that); whereof; from it.

Davor, *adv.* before it (this, that); for it, from it; at it.

Dazu, *adv.* to it (this, that); for that, for that purpose; moreover, into the bargain, besides.

Dazwischen, *adv.* between it *or* them; des Alten Sang —, the old man's voice accompanied, p. 122.

Decken, *v. a.* to cover; to lay *or* spread (a cloth).

Dein, deine, dein, *pron. poss.* thy; der deine *or* deinige, thine.

Deiner, (*gen. of* du), of thee, of you.

Delos, *n.* Delos, an island sacred to Apollo.

Delphin, *m.* (s, *pl.* e) dolphin.

Demuth, *f.* humility, meekness.

Demüthig, *adj.* humble, submissive; *adv.* humbly, submissively.

Denken, dachte, gedacht, 1. *v. n.* to think, to suppose; ich dächte, I should think; an etwas —, *or* denken, (*with the genitive*) to think of, remember; 2. *v. a.* to conceive, imagine, fancy; ob sich ein Zug — läßt (p. 189), whether a trait can be imagined *or* conceived of.

Denn, *conj.* for, then; pray *or* pray tell me (*in interrogative sentences.*)

Dennoch, *conj.* yet, still, notwithstanding, nevertheless.

Der, die, das, 1. *art.* the; 2. *pron. dem.* this, that; he, she, it; 3 *pron. rel.* who, which, that.

Derb, *adj.* hard, severe, uncouth.

Dergestalt, *adv.* in such a manner so.

Derjenige, diejenige, dasjenige, *pron. deter.* he, she, that; diejenigen, those.

Derselbe, dieselbe, dasselbe, *pron.* the same; he, she, it.

Deßhalb, *adv.* therefore; on that account; for that reason.

Despot, *m.* (en, *pl.* en) despot, tyrant.

Deßwegen, *see* deßhalb.

Deuten, 1. *v. n.* auf Einen —, to point to *or* at; 2. *v. a.* to interpret, explain.

Deutlich, *adj.* clear, distinct; *adv* clearly, distinctly.

Deutsch, *adv.* German.

Deutschland, *n.* ('s) Germany.

Diadem, *n.* (es, *pl.* e) diadem crown.

Dicht, *adj.* dense, solid, massy.

Dichter, *m.* (s, *pl.* —) poet.

Dichterbrust, *f.* poet's breast, heart.

Dichtgedrängt, *part. adj.* closely pressed *or* crowded together.

Dieb, *m.* (es, *pl.* e) thief, robber.

Dienen, *v. n.* Einem —, to serve wait on one; to oblige; bei Einem —, to be in one's service.

Diener, *m.* (s, *pl.* —) servant, attendant, valet; minister.

Dienst, *m.* (es, *pl.* e) service; employment, office.

Dies, *for* dieses; auch —, this too.

Diesseits, *adv.* on this side.

Dieser, diese, dieses, *pron. dem.* this the latter (*when opposed to* jener).

Ding, *n.* (es, *pl.* e) thing, matter; vor allen —en, first of all; guter —e sein, to be of good cheer.

Doch, *conj*. yet, still, nevertheless, for all that, after all, at least, but; *it is expletive on page* 104: wie ist doch ꝛc.; *and on page* 108: weil sie doch ꝛc.

Dogge, *f*. (*pl*. n) bull-dog, hound.

Doggenpaar, *n*. (s) pair of bull-dogs.

Dom, *m*. (es) dome, cathedral.

Dominiren, *v*. *a*. to rule, lord it over.

Donner, *m*. (s, *pl*. —) thunder.

Donnerstimme, *f*. voice of thunder

Donnersturm, *m*. (es) thunder-storm, tempest.

Donnern, *v*. *n*. to thunder; —d, thundering.

Doppelstrom, *m*. (s) double stream, eddy, whirlpool.

Dorf, *n*. (es, *pl*. er*) village.

Dorn, *m*. (es, *pl*. en) thorn.

Dornenhecke, *f*. (*pl*. en) hedge of thorns.

Dornröschen, *n*. (s) (*fictitious name*) the sleeping Beauty.

Dort, *adv*. there, yonder, in that place; — unten, down there; nicht wie dort (p. 210), not as in the former case; — her, thence, from that place; — hin, thither, in that direction, to that place.

Drache, *m*. (n, *pl*. n) dragon.

Drachenbiln, d. (es) form *or* image of a dragon.

Draht, *m*. (es) wire.

Drängen, *v*. *refl*. to press, throng.

Dräuen (dräun), *see* drohen.

Drauf, *for* darauf.

Draußen, *adv*. without, out of doors; on the outside (of any enclosed place).

Drehen, *v*. *a*. to turn, twist; sich —, to turn about, to revolve.

Drei, *num*. three.

Dreihundert, *num*. three hundred.

Dreimal *adv*. three times.

Dreißig, *num*. thirty.

Dringen, drang, gedrungen, *v*. *n*. to press forward, penetrate; to enter by force.

Dritte (der, die, das), third.

Drohen, *v*. *n*. to menace, threaten; doch auch nichts drohest, nor dost thou, on the other hand, threaten (make use of threats), p. 211.

Drohend, *part*. *adj*. threatening, impending.

Drommete, *f*. (*pl*. n) trumpet.

Druck, *m*. (es) pressure.

Drücken, *v*. *a*. to press, weigh down, lie heavy upon; to oppress, vex; —d, oppressive.

Drum, *for* darum.

Ducken, *v*. *refl*. to duck, nide (by stooping).

Duft, *m*. (es, *pl*. e*) odour, fragrance.

Duften, *v*. *n*. to emit odours, to exhale fragrance.

Duftend, } **Duftig**, } *adj*. odourous, fragrant.

Dulden, *v*. *a*. to suffer, tolerate.

Dumm, *adj*. stupid, silly, foolish.

Dumpf, *adj*. moist, damp; hollow, dull, dead (of sounds); in a low tone.

Dunkel, *n*. (s) darkness, obscurity.

Dunkel, *adj*. dark, gloomy, dusky, overcast, dim.

Dunkelgelb, *adj*. dark-yellow; o, a pale, ghastly complexion, p. 155.

Dünken, *v*. *imp*. to seem, appear; uns dünkt, it seems to us.

Dünn, *adj*. thin, slender, small; frail.

Durch, *prep*. (*gov. the acc*.) through; by, by means of, by dint of; during, throughout; das ganze Jahr —, throughout the entire year.

Durchaus, *adv*. throughout, entirely, quite.

Durchbeben, *v*. *a*. to agitate, thrill.

Durchbohren, *v*. *a*. to perforate pierce; penetrate.

Durchdringen, *v*. *ir*. *a*. to press through, pierce, penetrate.

Durchflammen, *v*. *a*. to flash through, to fire, animate.

Durchirren, *v. a.* to wander over, stray through.

Durchschneidend, *part.* cutting through, piercing.

Durchschweifen, *v. a.* to wander over, to roam through.

Durchwandern, *v. a.* to wander over, to walk *or* travel through.

Durchziehen, *v. ir. a.* to march through, traverse; durchzog er die Wüste, he marched over the desert, p. 202.

Dürfen, durfte, gedurft, *pres. ind.* ich darf; *v. n.* (*auxiliary*) to be permitted, allowed; to be able (can, may, could, might); to need; ich darf nicht hinzusetzen, I need not add (p. 196); dürfte sich Jemand sagen, some one might say, p. 213.

Dürftigkeit, *f.* neediness, want, imperfection.

Dürr, *adj.* dry, arid; withered; barren.

Durst, *m.* (es) thirst; — haben, to be thirsty.

Durstig, *adj.* thirsty, dry.

Düster, *adj.* dusky, gloomy, dismal.

E.

Eben, *adj.* even, smooth, flat, level; *adv.* just, even, exactly; — dieses, this very (p. 176); — so viele, just as many, p. 177.

Ebenbild, *n.* (es) likeness, image.

Ebenfalls, *adv.* likewise, too, also.

Eberhard, *m.* Everard.

Edel, *adj.* noble; precious (of stones); delicious, superior (of wines).

Edelgestein, *n.* (s) } precious
Edelstein, *m.* (s, *pl.* e) } stone; jewel.

Edmund, *m.* (s) Edmund.

Ehe, *conj.* & *adv.* before, ere; eher, sooner; nicht eher als bis . . . , not until . . . , p. 200.

Ehgemahl, *n.* (s) spouse.

Ehern, *adj.* of brass, brazen.

Ehre, *f* honour; glory; Einem — machen, to do honour *or* credit to any one.

Ehren, *v. a* to honour; to revere, esteem.

Ehrerbietig, *adj.* reverent, respectful; *adv.* reverently, respectfully.

Ehrfurcht, *f.* reverence, veneration.

Ehrfurchtsvoll, *adj.* reverential, respectful.

Ehrgeiz, *m.* (es) ambition

Ehrlich, *adj.* honest, honourable; *adv.* honestly, honourably.

Ei, *inter.* (expressive of surprise, wonder, joy, &c.), eigh! ay! why! ei, ei, ay, ay, p. 86.

Eiche, *f.* (*pl.* n) oak-tree, oak.

Eichen, *adj.* oaken, of oak.

Eichenhain, *m.* (s, *pl.* e) grove of oaks.

Eichhörnchen, *n.* (s) squirrel.

Eichwald, *m.* (es) oak forest.

Eifer, *m.* (s) zeal; eagerness, ardour.

Eigen, *adj.* own; sein —, his own; peculiar to (*with the dat.*).

Eigenthum, *n.* (s) property.

Eigenthümer, *m.* (s) owner, proprietor.

Eigenthümlich, *adj.* peculiar, proper.

Eigentlich, *adj.* proper, real, true; *adv.* properly, really, truly.

Eilen, *v. n.* to hasten, to hie.

Eilend (eilends), *adv.* hastily, speedily.

Eilig, *adv.* hastily; —st, with all possible speed.

Ein, eine, ein, *art.* a, an; *num.* one; one and the same; *adv.* in, into.

Einander, *pron.* each other, one another.

Einbildung, *f* imagination; conceit, thought.

Einbildungskraft, *f.* imagination (faculty of the mind).

Einbrechen, ich brach ein, eingebrochen, *v. n.* to break in (into); to break, give way, to fall (p. 191); to approach, begin, p. 208.

Eindringlich, *adj.* affecting, impressive.

Eindruck, *m.* (s) impression.

Einer, eine, eines, *num.* one (see Gr. p. 421, § 77); Einer, *indefinite pron.* some one, any one.

Einfall, *m.* (s, *pl.* e*) thought, sally, fancy, idea.

Einfallen, fiel, gefallen, *v. n.* to fall in *or* into; to come into one's mind, to occur (*with the dat. of the person*).

Einfalt, *f.* simplicity.

Einfluß, *m.* (sses) influence.

Eingang, *m.* (es) entry, entrance.

Einhacken, *v. a.* to cut into, to fix (the teeth) into any thing.

Einheimisch, *adj.* domestic; settled, at home.

Einhellig, *adv.* unanimously.

Einhergehen, *v. ir. n.* to walk along, to go on.

Einholen, *v. a.* to overtake (in a race).

Einig, *adj.* agreed, united (in opinion).

Einiger, einige, einiges, some, any, a little; in einiger Entfernung, at some distance; *pl.* einige, some, several; — Tage, several days.

Einklang, *m.* (es) unison, harmony.

Einladen, lud, geladen, *v. a.* to invite, to ask.

Einmal, once, one time; once upon a time; auf —, all of a sudden, suddenly; noch —, once more.

Einnehmen, nahm, genommen, *v. a.* to occupy, assume (a position).

Einöde, *f.* solitude, desert.

Einreiten, *v. n.* to enter (on horseback), to ride in.

Einsam, *adj.* solitary, lonely, retired.

Einsamkeit, *f.* solitude, loneliness.

Einschlafen, schlief, geschlafen, *v. n.* to fall asleep.

Einschließen, schloß, geschlossen, *v. a.* to include, enclose.

Einschmeicheln, *v. refl.* to creep into favour, insinuate one's self.

Einschränken, *v. a.* (auf etwas) to limit, confine, restrict to any thing.

Einsehen, *v. ir. a.* to see, to understand.

Einsmals, *adv.* once, at one time.

Einst, *adv.* once, at one time (either past or future); formerly; at some future time.

Einstellen, *v. a.* to suspend, interrupt.

Einstöckig, *adj.* one-storied, of one story.

Eintauschen, *v. a.* to exchange, to truck.

Eintönig, *adj.* monotonous.

Eintracht, *f.* unanimity, concord, harmony.

Eintreten, trat, getreten, *v. n.* to step into, to enter.

Eintritt, *m.* (es) entering, entrance; beim —, on entering; vor dem —, before entering.

Einwilligen, *v. n.* to assent to, consent to.

Einwilligung, *f.* consent.

Einwohner, *m.* (s, *pl.* —) inhabitant.

Einzeln, *adj.* single, individual; *adv.* one by one, singly.

Einziehung, *f.* confiscation.

Einzig, *adj.* single, only; ein —er, a single individual; der —e, the only one; *adv.* only, solely.

Eis, *n.* (ses) ice; des Alters —, the hoariness of age, the burden of old age.

Eisern, *adj.* made of iron, iron.

Eitel, *adj* void, vain, idle.

Element, *n.* (es, *pl.* e) element.

Elfen, *pl.* elves, fairies.

Elfenbein, *n.* (s) ivory; the ivory stick with which the lyre was struck (among the ancients), the plectrum, p. 127.

Ellenweit, *adv.* to the width of an ell, an ell wide.

Eltern, *pl.* parents.

Elterlich, *adj.* belonging to one's parents, parental.
Elysium, *n.* (s) Elysium.
Emil, *m.* (s) Emelius.
Empfangen, empfing, empfangen, *v. a.* to receive, to welcome.
Empfänglich, *adj.* susceptible, sensible.
Empfehlen, *v. ir. a.* to recommend; —d, *part. adj.* recommendatory.
Empfinden, empfand, empfunden, *v. a.* to perceive, to feel, experience.
Empfindung, *f.* feeling, emotion.
Empor, *adv.* up, upwards, aloft.
Emporheben, hob, gehoben, *v. a.* to raise aloft.
Emporspringen, sprang, gesprungen, *v. n.* to jump *or* spring up.
Emportreten, trat, getreten, *v. n.* to step up, to rise.
Empören, *v. refl.* to rebel, to rise up against.
Empört, *part. adj.* rebellious; agitated, tumultuous.
Emsig, *adj.* active, busy, assiduous; *adv.* busily, diligently, intently.
Ende, *n.* (s) end; conclusion; limit, bound; end of life; am —, in the end, after all.
Endigen, *v. a.* to put an end to; to finish; to conclude; *v. refl.* to end, cease.
Endlich, *adv.* finally, at last, at length.
Eng, *adj.* tight, narrow; contracted.
Engel, *m.* (s, *pl.* —) angel.
Engelbert, *m.* der heilige —, Saint Engelbert.
Engelein, *n.* (s, *pl.* —) little angel.
Engländer, *m.* (s) Englishman.
Englisch, *adj.* English.
Enkel, *m.* (s, *pl.* —) grandchild.
Entbinden, entband, entbunden, *v. a.* (Einen von etwas) to deliver *or* free from; to release, absolve.
Entblättert, *part. adj.* disleaved, stripped of leaves.
Entbrannt, *part. adj.* inflamed.
Entdecken, *v. a.* to discover, descry.
Entdeckung, *f.* discovery.
Entfalten, *v. a.* to unfold, develop, disclose; *v. refl.* to be unfolded, developed.
Entfernen, *v. a.* to put away; *v. refl.* to start off, leave, withdraw; (von etwas) to diverge, deviate from.
Entfernt, *part. adj.* remote, distant; meine lieben —en, my distant loved ones, p. 209.
Entfernung, *f.* remoteness, distance.
Entflammen, *v. a.* to inflame.
Entfliegen, entflog, entflogen, *v. n.* to fly away, escape.
Entfliehen, entfloh, entflohen, *v. n.* to flee, escape.
Entgegen, *adv.* (*with the dative*) towards; against, contrary; —gehen, to go to meet, to go towards; —kommen, to come to meet; to assist, aid; —treten, to step towards, go to meet; —wirken, (Einem) to oppose, act in opposition to.
Entgegengesetzt, *adj.* opposite, opposed.
Entgehen, entging, entgangen, *v. n.* to escape from (*with the dat.*).
Enthalten, enthielt, enthalten, *v a.* to contain, include, hold; sich — to refrain, forbear, abstain from (*with the gen.*)
Enthaltsamkeit, *f.* abstinence abstemiousness.
Enthüllen, *v. refl.* to unveil, reveal one's self.
Enthusiasmus, *m* enthusiasm.
Entkommen, *v. ir. n.* to get loose escape.
Entlang, *adv.* (*with the gen. & dat.*) along; dem Ufer —, along the shore.
Entlassen, entließ, entlassen, *v. a* to dismiss.
Entnervt, *part. adj.* enervated debilitated.

Entquillen, *v. ir. n.* to stream forth, gush out.

Entrücken, *v. a.* to take away, remove.

Entsagen, *v. a.* to renounce, give up, resign.

Entschließen, *v. ir. refl.* to resolve.

Entschließung, *f.* (*pl.* en) resolution, determination, purpose.

Entschlossen, *part. adj.* resolute, determined.

Entschluß, *m.* (sses, *pl.* sse*) resolve, resolution.

Entsetzen, *n.* (s) horror, amazement.

Entsetzlich, *adj.* terrific, horrific, frightful.

Entsprungen, *part. adj.* escaped; den —en Löwen, the loose, runaway lion.

Entstammen, *v. n.* to descend from.

Entstellen, *v. a.* to disfigure, deface; entstellt, disfigured.

Entstürzen, *v. n.* to rush out, gush forth.

Entweder, *conj.* either.

Entweihen, *v. a.* to desecrate, profane.

Entwerfen, entwarf, entworfen, *v. a.* to project, design, sketch.

Entwickelung, *f.* evolution, development.

Entwischen, *v. n.* to steal away, escape.

Entwurf, *m.* (es) design, plan, sketch.

Entzücken, *n.* (s) ecstasy, rapture, transport.

Entzückend, *part. adj.* ravishing, transporting.

Entzückt, *part. adj.* enraptured, transported.

Entzünden, *v. a.* to enkindle, inflame, inspire.

Entzwei, *adv.* in two, asunder; —schlagen, to knock to pieces, to break.

Epheu, *n.* (s) ivy.

Epoche, *f.* epoch, period.

Equipage, *f.* (*pronounced as in French*) equipage.

Er, *pron. pers.* he, see Gr. p. 427.

Erbarmen, *m.* (s) compassion, pity, mercy.

Erbärmlich, *adv.* miserably, pitifully.

Erbauen, *v. a.* to erect, build up.

Erbieten, erbot, erboten, *v. refl.* to offer, engage, promise.

Erblassen, *v. n.* to grow *or* turn pale.

Erbleichen, erblich, erblichen, *v. n.* to grow pale; to die.

Erblicken, *v. a.* perceive, descry, behold.

Erbse, *f.* (*pl.* n) pea.

Erdbeere, *f.* (*pl.* n) strawberry.

Erdbröslein, *n.* (s, *pl.* —) little earth-crumb.

Erde, *f.* earth, ground, soil; auf—n, on earth; zur —, to the ground.

Erdenrund, *m.* (es) } terrestrial
Erdkreis, *m.* (ses) } sphere, globe, earth.

Erdrücken, *v. a.* to choke, stifle.

Ereigniß, *n.* (sses) occurrence, incident, event.

Ereilen, *v. a.* to reach, gain (a place).

Erfahren, erfuhr, erfahren, *v. a.* to learn, hear of.

Erfahrung, *f.* experience.

Erfassen, *v. a.* to lay hold of, to grasp.

Erfordern, *v. a.* to require, demand.

Erfreuen, *v. a.* to delight, gladden; *v. refl.* to rejoice in; to enjoy (*with the gen.*).

Erfrischen, *v. a.* to refresh, renew.

Erfrischung, *f.* refreshment.

Erfüllen, *v. a.* to fill, fill up; to fulfill, accomplish, perform.

Erfüllung, *f.* in — gehen, to be fulfilled, accomplished.

Ergänzt, *part.* completed.

Ergeben, ergab, ergeben, *v. refl.* to surrender, to commit one's self, give one's self up tc (*with the dat.*).
Ergiebig, *adj.* productive, rich, fertile.
Ergießen, ergoß, ergossen, *v. refl.* to overflow; to break *or* pour forth.
Ergötzen, *v. refl.* to take delight *or* pleasure in (an etwas).
Ergreifen, ergriff, ergriffen, *v. a.* to lay hold of, seize, take, catch; to adopt, make use of.
Ergrimmen, *v. n.* to grow furious, to rage, chafe; ergrimmt, infuriated, enraged.
Erhaben, *adj.* sublime, exalted, lofty; das —e, the Sublime.
Erhalten, erhielt, erhalten, *v. a.* to keep, preserve, save; to get, receive, obtain.
Erhandeln, *v. a.* to obtain by bargaining, to acquire.
Erheben, erhob, erhoben, *v. a.* to raise, lift up; to enhance, increase, elevate; *v. refl.* to arise; to rise *or* soar aloft; to prance, rear (of a horse).
Erhellen, *v. a.* to illumine, enlighten.
Erhitzen, *v. a.* to heat, inflame, incite, enrage.
Erhöhen, *v. a.* to raise, elevate, exalt.
Erholen, *v. refl.* to recover, to come to one's self again.
Erhören, *v. a.* to hear, to grant (a request).
Erinnern, *v. a.* to remind, to put in mind of; sich —, to remember.
Erinnerung, *f.* recollection, remembrance, memory.
Erjagen, *v. a.* to get by hunting.
Erkalten, *v. n.* to grow cold; to die.
Erkennen, erkannte, erkannt, *v. a.* to perceive, apprehend distinguish, acknowledge; Einen für etwas —, to acknowledge, recognise *or* own as.
Erkenntniß, *f.* knowledge.
Erklären, *v. a.* to explain; to announce, declare.
Erkunden, *v. a.* to explore.
Erkundigen, *v. refl.* (*with* nach) to ask after; to find *or* spy out.
Erlaben, *v. a.* to refresh.
Erlaubt, *part. adj.* lawful, permitted; daß es ihr nur kurze Zeit — ist, that she is permitted (to remain) but a short time (p. 108); wenn es mir — ist, if I am permitted.
Erleben, *v. a.* to experience, to live to see (the time).
Erlegen, *v. a* to kill, slay.
Erleichtern, *v. a.* to ease, lighten, alleviate; erleichtert, relieved, eased, &c.
Erlesene, das, *n.* the Select, Choice.
Erlöschen erlosch, erloschen, *v. n.* to go out, become extinct.
Erlustigen, *v. refl.* to amuse *or* divert one's self.
Ermattet, *part. adj.* wearied, exhausted.
Ermorden, *v. a.* to murder, to kill maliciously.
Ermuntern, *v. a.* to animate, encourage; —d, animating, cheering
Ernähren, *v. a.* to nourish, keep, support.
Erneuen *or* erneuern, *v. a.* to renew, repair; sich —, to be renewed, reproduced, to rise anew.
Erneuert, **Erneuet**, } *part. adj.* renewed, fresh, new, recent.
Erniedrigung, *f.* degradation, abasement.
Ernst, *m.* (es) earnest, severity, sternness.
Ernst, ernsthaft, *adj.* serious, momentous, grave, stern; *adv.* earnestly, &c.
Ernstlich, *adj.* earnest, serious, ardent; *adv.* in earnest, seriously, eagerly.
Ernte, *f.* (*pl.* n) harvest; ich bin in ihre — gekommen, I reap where they have sowed, p. 212.
Erobern, *v. a.* to conquer, to gain by force.

Eröffnen, *v. a. & refl.* to open.
Erotisch, *adj.* die —en Gesänge, erotic, amatory songs.
Erquicken, *v. a.* to refresh, quicken, re-animate; —d, refreshing, quickening.
Erregen, *v. a.* to stir up, excite, move.
Erreichen, *v. a.* to reach, attain, overtake; to arrive at.
Erröthen, *v. n.* to blush, to colour.
Erschaffen, erschuf, erschaffen, *v. a.* to create, produce.
Erscheinen, erschien, erschienen, *v. n.* to appear; to become apparent, manifest.
Erscheinung, *f.* (*pl.* en) appearance; vision.
Erschlagen, erschlug, erschlagen, *v. a.* to kill, slay.
Erschöpfen, *v. a.* to drain, exhaust; sich —, to be drained, exhausted.
Erschrecken, erschrak, erschrocken, *v. n.* to be alarmed, frightened.
Erschrocken, *part. adj.* frightened, terror-struck.
Erschüttern, *v. a.* to shake, agitate (the mind).
Ersehen, ersah, ersehen, *v. a.* to descry, perceive, see.
Erspähen, *v. a.* to espy; lurk for, watch.
Erst, *adj.* first; meine erste Jugend, my earliest youth; foremost; das —e, the first thing; *adv.* first; for the first time; at first; before; not till, not before; only, but; erst wenn, not until.
Erstaunen, *v. n.* (über etwas) to be amazed, surprised, astonished.
Erstaunen, *n.* (s) amazement, astonishment.
Ersterben, erstarb, erstorben, *v. n.* to die; to fade.
Ersticken, *v. a.* to suffocate, to choke; to drown.
Erstlich, *adv.* first, in the first place.
Erstlinge, *pl.* first fruits; firstlings.
Erstrecken, *v. refl.* (auf etwas) to extend over; to reach.
Ersuchen, *v. a.* to ask, entreat, request.
Erwachen, *v. n.* to wake up, awake das —, the rising (from death), resurrection.
Erwachsen, *v. ir. n.* to grow up; zu etwas —, to rise to, become.
Erwählen, *v. a.* to choose; select.
Erwähnen, *v. a.* to make mention of; to mention (*with the gen.*).
Erwarten, *v. a.* to expect, look for; to await.
Erwecken, *v. a.* to awaken; to stir up, excite; to cause, produce.
Erweitern, *v. a.* to extend, enlarge; sich —, to expand, enlarge.
Erwerben, erwarb, erworben, *v. a* to gain, get, acquire; und doch sich selbst Verehrung erwirbt, and yet acquires reverence for itself, p. 211.
Erwiedern, *v. a.* to reply, answer.
Erwittern, *v. a.* to scent, discover.
Erworben, *part. adj.* acquired, earned.
Erz, *n.* (es) metal, brass.
Erzführend, *adj.* metalliferous.
Erzählen, *v. a.* to relate, tell, recount.
Erzählung, *f.* (*pl.* en) narrative, narration.
Es, *pron. pers.* it; so; (*in an indefinite sense*) there, they; es waren ihrer dreizehn, there were thirteen of them; und sind es noch, and are still so, p. 186; *it is very often expletive, simply representing the subject which is placed after its verb,* see Gr. p. 429, obs. 7.
Esche, *f.* ash-tree, ash.
Essen, aß, gegessen, *v. a.* to eat.
Essen, *n.* (s) food, victuals, meal; dish.
Etliche, *num.* some, several.
Etwa, *adv.* perhaps, nearly, about.
Etwas, *pron.* something, anything *adj.* some, any; a little; *adv* somewhat, a little.
Euch, *pron. pers.* you, yourself; to you, to yourself, Gr. p. 427.

Euer, *pron. poss.* **your; der —e** *or* eurige, yours.

Eumäus, *m.* Eumæus, the steward of Ulysses.

Euphrosyne, *f.* Euphrosyne, one of the Graces, sister to Aglaia and Thalia.

Europa, *n.* (s *or* ens) Europe.

Eurydice, *f.* Eurydice, wife of Orpheus.

Ewig, *adj.* everlasting, eternal; der —e, the Eternal; *adv.* eternally, for ever, perpetually.

Ewigkeit, *f.* eternity; von — zu —, for ever and ever, to all eternity.

Exempel, *n.* (s) example; zum —, for example, for instance.

Existenz, *f.* existence.

Exotisch, *adj.* exotic, exotical.

F.

Fabel, *f.* (*pl.* n) fable.

Fackel, *f.* (*pl.* n) torch; taper.

Faden, *m.* (s, *pl.* —*) thread; vom —drehen, by twisting thread, p. 83.

Fähig, *adj.* capable, susceptible.

Fahne, *f.* (*pl.* n) flag, colours.

Fahren, fuhr, gefahren, *v. a.* to convey, carry; *v. n.* to move, go, pass; to start, rush; to ride in a carriage; to sail *or* row; to fare (well *or* ill); fahre wohl! farewell!

Fahrt, *f.* (*pl.* en) passage, journey.

Fährte, *f.* (*pl.* n) trace, track.

Fahrzeug, *n.* (s) vessel, bark.

Fall, *m.* (es, *pl.* e*) fall; accident, case; situation.

Fallen, fiel, gefallen, *v. n.* to fall; to drop (of a curtain); to sink, subside.

Fällen, *v. a.* to fell; to ruin, destroy; to lay low.

Falsch, *adj.* false; spurious, wrong; malicious, treacherous.

Falschheit, *f.* falseness, treachery, guile.

Falten, *v. a.* to fold; die Stirne —, to knit the brow, to frown.

Faltig, *adj.* having folds; plaited.

Familie, *f.* (*pl.* n) family.

Fangen, fing, gefangen, *v. a.* to take, catch, seize, capture.

Farbe, *f.* (*pl.* n) colour, hue, tint, complexion.

Fassen, *v. a.* to grasp, lay hold on, seize; to hold, contain; to comprehend, understand.

Fassung, *f.* self-command, composure.

Fast, *adv.* nearly, almost.

Faul, *adj.* lazy, indolent.

Faulheit, *f.* laziness, indolence, sloth.

Faust, *f.* (*pl.* e*) fist; hand.

Faustgriff, *m.* (s) gripe (with the fist).

Feder, *f.* (*pl.* n) feather; pen.

Feenpalast, *m.* (es, *pl.* e*) fairy-palace.

Fehltritt, *m.* (s, *pl.* e) false step; error, fault.

Fehlen, *v. n.* to miss, fail; (es) war gefehlt, he had missed his aim, p. 194; to be wanting to; to want, lack (*with dat. of the person*); es fehlt euch gewiß nicht an, &c., I am sure you cannot want, p. 192; die heiße Sonne fehlte dir, the hot sun was wanting to thee, p. 197.

Fehler, *m.* (s, *pl.* —) fault, error, defect.

Feierglocke, *f.* (*pl.* n) festive bell.

Feierklang, *m.* (s) festal *or* solemn sound.

Feierlich, *adj.* festive, solemn; *adv.* solemnly.

Feiern, *v. a.* to celebrate, keep holy; to spend.

Feigenbaum, *m.* (s, *pl.* e*) fig-tree.

Fein, *adj.* fine, nice, delicate; subtle, critical.

Feind, *m.* (es, *pl.* e) enemy, foe.

Feindlich, *adj.* hostile, inimical.

Feld, *n.* (es, *pl.* er) field; plain; aufs —, into the field.

Feldbau, *m.* (s) agriculture, husbandry.

Feldbrunnen, *m.* (s) field-spring *or* well.

Feldein, feldeinwärts, *adv.* across the fields.

Feldherr, *m.* (n, *pl.* en) general, commander.

Feldstein, *m.* (s) common stone (such as are found in the field).

Fell, *n.* (s, *pl.* e) skin, fur, hide.

Fels, *m.* (ens, *pl.* en) } rock; cliff.
Felsen, *m.* (s, *pl.* —) }

Felsengestad, *n.* (es, *pl.* e) rocky shore.

Felsengebirge, *n.* (s, *pl.* —) chain of rocky mountains.

Felsenglied, *n.* (es, *pl.* er) rocky limb *or* member (of the earth).

Felsenharnisch, *m.* (es, *pl.* e) rocky armour.

Felsenpfad, *m.* (es) rocky *or* rugged path.

Felsenriff, *m.* (s) reef; ledge of rocks.

Felsenschloß, *n.* (sses, *pl.* sser*) rocky castle.

Felsensteg, *m.* (es) *see* Felsenpfad.

Fenster, *n.* (s, *pl.* —) window; am —, at the window; ans —, to the window; vor das —, up to the window, p. 81.

Fern, *adj.* & *adv.* far, distant, remote; von —e, at a distance, from afar; nah und fern, near and far, every where.

Ferne, *f.* distance, remoteness; in der —, at a distance, afar off.

Ferse, *f.* (*pl.* n) heel.

Fertig, *adj.* ready, done, prepared.

Fesseln, *v. a.* to fetter, chain.

Fest, feste, *adj.* fast, firm, steady, strong; *adv.* fast, firmly, strongly; —halten, to hold fast, to keep, detain; —machen, to fasten, make fast; —stehen, to stand fast *or* firm.

Fest, *n.* (es, *pl.* e) festival, feast.

Festgesang, *m.* (s) festive song.

Fett, *n.* (es) fat, grease.

Feucht, *adj.* humid, damp.

Feuer, *n.* (s) fire; ardour, spirit.

Feuerfarben, *adj.* flame-coloured (of a horse).

Feuermeer, *n.* (s) sea *or* large mass of fire.

Feurig, *adj.* fiery; sparkling.

Fieber, *n.* (s) fever; das — haben, to be sick of a fever.

Fieberhaft, *adj.* feverish

Finden, fand, gefunden, *v. a.* to find, meet with; *v. refl.* to be found, to be; to be placed *or* situated; da er sich wohl schon in Fällen gefunden hatte, since he had already been placed in situations, p. 200.

Finger, *m.* (s, *pl.* —) finger.

Finster, *adj.* dark; dim, gloomy; morose, sullen; die Finstere, the dark *or* obscured one, p. 59.

Finsterniß, *f.* darkness, gloom.

Firmament, *n.* (s) sky, firmament.

Fisch, *m.* (es, *pl.* e) fish.

Fischer, *m.* (s, *pl.* —) fisherman, fisher.

Fischlein, *n.* (s, *pl.* —) little fish.

Fläche, *f.* (*pl.* n) level, expanse, plain.

Flachs, *m.* (es) flax.

Flackern, *v. n.* to flare, flicker, blaze.

Flamme, *f.* flame, blaze.

Flammen, *v. n.* to flame, blaze, burn; —d, flaming, glowing.

Flammenblick, *m.* (s) flaming *or* piercing look.

Flammenherz, *n.* (ens) flaming heart, flame-heart.

Flasche, *f.* (*pl.* n) bottle, flask.

Flattern, *v. n.* to flit, flutter, flicker.

Flechte, *f.* (*pl.* n) fish-basket made of osiers.

Fleck, *m.* (es) spot; small place.

Flehen, *v. a.* to implore, beseech.

Fleisch, *n.* (es) meat, flesh.

Fleiß, *m.* (es) diligence, industry, assiduity.

Fleißig, *adj.* diligent, industrious sedulous; [illegible] diligently; often, frequently.

Fliege, *f.* (*pl* [illegible] v.

Fliegen, flog, geflogen, *v. n.* to fly; to flow, stream (of the hair).

Fliehen, floh, geflohen, *v. n.* to flee, escape, run away; —d, fleeing, escaping.

Fließen, floß, geflossen, *v. n.* to flow, to run; —d, flowing, running.

Flimmen, *v. n* to glisten, glimmer, scintillate.

Flink, *adj.* brisk, nimble, fleet.

Flöte, *f.* (*pl.* n) flute.

Flötenton, *m.* (s, *pl.* e*) flute-note.

Flöten, *v. n.* to play on the flute, to flute.

Fluch, *m.* (es, *pl.* e*) curse.

Fluchen, *v. n.* to curse, execrate (*with the dat.*).

Flug, *m.* (es) flight; soaring.

Flügel, *m.* (s, *pl.* —) wing.

Flügelpaar, *n.* (s) pair of wings.

Flugs, *adv.* speedily, instantly.

Flur, *f.* (*pl.* en) plain, field.

Fluß, *m.* (sses, *pl.* sse*) river.

Flüssig, *adj.* fluid, fusible; pliable, p. 183.

Flüstern, *v. a.* to whisper.

Fluth, *f.* (*pl.* en) flood, tide; *pl.* billows, floods.

Folge, *f.* consequence.

Folgen, *v. n.* to go *or* walk behind, to follow (*with the dat.*); to keep up with, p. 72.

Folgend, *part. adj.* subsequent, following.

Fordern, fodern, *v. a.* to demand, to ask.

Forelle, *f.* (*pl.* n) trout.

Form, *f.* (*pl.* en) form, shape, figure.

Forschen, *v. a.* to search into, examine, scrutinize.

Forst, *m.* (es) forest.

Fort, *adv.* away, gone; on; continually; immediately.

Fortbauen, *v. a.* to continue to build, to build on

Fortdauer, *f.* continuation, endurance.

Fortdauern, *v. n.* to continue, endure.

Fortfahren, fuhr, gefahren, *v. n.* to continue, go on.

Fortgang, *m.* progress; der glückliche —, the good success.

Fortgehen, ging, gegangen, *v. n.* to go away, to depart.

Fortleben, *v. n.* to live on

Fortreden, *v. n.* to speak on

Fortreiten, *v. n.* to ride away.

Fortsegeln, *v. n.* to sail on.

Fortsetzen, *v. a.* to continue, carry on, prolong.

Frage, *f.* (*pl.* n) question.

Fragen, *v. a. & n.* to ask, interrogate; nach Einem —, to inquire after any one; nach etwas —, to care for, to mind.

Frankreich, *n.* ('s) France.

Franzmann, *m.* (*in jest or contempt*) *for* Franzose.

Franzose, *m.* (n, *pl.* n) Frenchman

Frau, *f.* (*pl.* en) woman; lady; wife.

Fräulein, *n.* (s, *pl.* —) young lady (of rank), miss.

Frech, *adj.* shameless, insolent, audacious; *adv.* impudently, insolently.

Frei, *adj.* free; independent; clear; open; *adv.* freely, &c.

Freiheit, *f.* freedom, liberty.

Freilich, *adv.* indeed, certainly, it is true, to be sure.

Freistatt, *f.* asylum, sanctuary.

Fremd, *adj.* foreign, strange; belonging to other people; der —e, ein —er, *adj. subst.* foreigner, stranger, visitor.

Fremde, *f.* foreign parts; in die — gehen, to go abroad; in der — sein, to be abroad, in foreign parts.

Fremdling, *m.* (s, *pl.* e) foreigner, stranger.

Fressen, fraß, gefressen, *v. a.* to eat (said of animals); to devour.

Fresser, *m.* (s, *pl.* —) eater.

Freude, *f.* (*pl.* n) joy, gladness, delight, pleasure; vor —n, for joy; mit tausend —n, with the greatest pleasure; most cheerfully, p. 85.

Freudenthräne, *f.* (*pl.* n) tear of joy.

Freudig, *adj.* joyous, joyful, glad; *adv.* gladly, joyfully.

Freuen, *v. refl.* to rejoice, to be glad; sich über etwas —, to be glad of, rejoice in, (*also with the gen.*) to enjoy; *v. a. imp.* to afford pleasure *or* joy; es freut mich, I am glad, delighted.

Freund, *m.* (es, *pl.* e) friend.

Freundinn, *f.* (*pl.* en) female friend.

Freundlich, *adj.* friendly, kind; affable, courteous; pleasant (to the eye), agreeable, cheerful (p. 104); *adv.* kindly, affably, courteously.

Freundlichkeit, *f.* kindness, civility, affability.

Freundschaft, *f.* friendship; kindness; relations, kindred, p. 83.

Frevel, } *adj.* wanton, inso-
Frevelhaft, } lent, wicked, criminal.

Frevelmuth, *m.* malicious disposition, wantonness.

Freveln, *v. n.* to act wickedly; to talk irreverently, to sport; frevelt nicht, sport not (p. 196); —d, *part. adj.* wanton, criminal.

Friede, *m.* (ns) peace; tranquility, harmony.

Friedlich, *adj.* peaceable; tranquil, quiet; ihr —en, ye peaceful (blessed) ones, p. 128.

Friedrich, *m.* ('s) Frederick.

Frisch, *adj.* fresh; recent, new; brisk, gay; hale, sound; *adv.* recently, newly; lively, resolutely, gaily.

Froh, *adj.* glad, gladsome, happy, joyful.

Fröhlich, *adj.* joyful, merry, cheerful; pleasant, delightful; *adv.* joyfully, merrily, gladsomely.

Frohlocken, *n.* (s) shouting, exulting, triumph.

Frohlockend, *part. adj.* exulting, rejoicing.

Fröhnen, *v. n.* (Einem), to be a slave to; to humour, gratify, p. 160.

Fromm, *adj.* pious, good, religious; der —e, the good man.

Frömmigkeit, *f.* piety.

Frosch, *m.* (es, *pl.* e*) frog.

Frostig, *adj.* frosty, cold, chilly.

Frucht, *f.* (*pl.* e*) fruit; Frucht= und Blumengarten, kitchen and flower-garden, p. 103.

Fruchtbar, *adj.* fruitful, fertile.

Fruchtgewinde, *n.* fruit-wreath, festoon.

Früh, *adj. & adv.* early (in the morning); soon; premature; das —e Veilchen, the premature violet.

Früher, *comp. of* früh, earlier, sooner.

Frühling, *m.* (s) spring, vernal season.

Frühlingsangesicht, *n.* (es) a vernal, *i. e.* youthful *or* blooming countenance.

Fuchs, *m.* (es) fox.

Fügung, *f.* dispensation, providence.

Fühlen, *v. a.* to feel, to perceive.

Führen, *v. a.* to carry, bring; to conduct, lead; ein Leben —, to live *or* lead a life, p. 174.

Führer, *m.* (s) leader, guide.

Führerinn, *f.* conductress, guide

Fülle, *f.* abundance, fulness.

Füllen, *v. a.* to make full, to fill.

Fünf, *num.* five.

Fünfhundert, *num.* five hundred.

Fünfte, *num.* the fifth.

Fünfzehn, *num.* fifteen.

Fünfzehnte, *num.* fifteenth.

Fünfzig, *num.* fifty.

Funke, *m.* (ns, *pl.* n) spark.

Funkeln, *v. n.* to glitter, twinkle, sparkle; —d, glittering, twinkling.

Für, *prep.* (*gov. the acc.*) for, in favour of; to; instead of; as (*chiefly with verbs*): erkennen Jonien für ihr Vaterland, recognize Ionia *as* their native land, p. 186.

Furcht, *f.* fear, dread, fright.

Furchtbar, *adj.* fearful, frightful, formidable

Fürchten, *v. a.* to fear, dread, apprehend; du weißt, wie viel du von ihnen zu — hast, you know how much (mischief) you have to apprehend from them (p. 18); sich vor etwas —, to be afraid of, to fear.

Fürchterlich, *adj.* terrible, frightful, hideous; *adv.* terribly, &c.

Fürsorge, *f.* care; providence.

Fürst, *m.* (en, *pl.* en) prince, sovereign.

Fürstenlust, *f.* princely pleasure.

Fürstinn, *f.* princess.

Fürstlich, *adj.* princely, belonging to a prince.

Fuß, *m.* (es, *pl.* e*) foot; base; zu Fuß(e) gehen, to walk *or* go afoot, on foot; zu seinen Füßen, at his feet (p. 91); a foot (measure): fünf — hoch, five feet high (p. 188); ein Obelisk von achtzig —, an obelisk of eighty feet, p. 189.

Fußball(en), *m.* (s, *pl.* en) ball of the foot, foot-ball.

Fußboden, *m.* (s) floor (of a room).

Fußpfad, *m.* (es) foot-path.

Fußstapfe, *m.* (ns, *pl.* n) foot-step, track.

Fußsteig, *m.* (es) *see* Fußpfad.

Futter, *n.* (s) food; feed, fodder.

Füttern, *v. a.* give food to; to feed; füttere mich zu Tode, feed me to death, p. 20.

G.

Gabe, *f.* (*pl.* n) gift; present; endowment.

Gähnen, *v. n.* to yawn, gape.

Galgen, *m.* (s) gallows, gibbet.

Gang, *m.* (es, *pl.* e*) walking; step, pace; passage, way; course; (*in mining*) a vein.

Gängelband, *n.* (s) leading strings; am — führen, to lead about like a child.

Gans, *f.* (*pl.* e*) goose.

Gänsefettbrod, *n.* (es) goose-fat and bread (eaten like bread and butter).

Ganz, *adj.* whole, complete, entire, all; den —en Tag, all day long; *adv.* wholly, entirely, quite; perfectly, fully; very, very much; — allein, quite alone, all alone; — ruhig, very quietly; — und gar, entirely, completely.

Ganze, *n.* (n) the whole; the universe.

Gänzlich, *adv.* totally, entirely, wholly.

Gar, *adv.* very, quite, fully, entirely; at all; — sehr, very much; — nicht, not at all.

Garn, *n.* (es) yarn; net.

Garstig, *adj.* foul; ugly, deformed.

Garten, *m.* (s, *pl.* —*) garden.

Gast, *m.* (es, *pl.* e*) guest; stranger, visitor.

Gastfrei, *adj.* hospitable.

Gastfreundschaft, *f.* hospitality.

Gastgeschenk, *n.* (s, *pl.* e) a present made by the host to his guest *or* vice versâ.

Gaumen, *m.* (s) roof of the mouth, palate.

Gebären, gebar, geboren, *v. a.* to bring forth; give birth to.

Gebäude, *n.* (s, *pl.* —) building, structure, edifice.

Gebein, *n. pl.* die Gebeine, the bones; corpse, remains.

Geben, gab, gegeben, *v. a.* to give; to confer; *v. imp.* to be, to exist; es gibt, there is, there are (*with the acc.*).

Geber, *m.* (s, *pl.* —) donor, giver.

Gebet, *n.* (es, *pl.* e) prayer.

Gebetbuch, *n.* (s) prayer-book.

Gebieten, gebot, geboten, *v. a.* to bid, command, order; über etwas zu — haben, to have the command of, p. 174.

Gebieter, *m.* (s) commander, lord, master.

Gebieterisch, *adj.* imperious; haughty.

Gebilde, *n.* (s, *pl.* —) work; creation.

Gebirge, *n.* (s, *pl.* —) a chain of mountains, ridge of hills.

Gebogen, *part. adj.* bent, curved.

Geboren, *part. adj.* born.

Geborsten, *part. adj.* burst, broken.

Gebot, *n.* (es, *pl.* e) command, precept.

Gebrauch, *m.* (es, *pl.* e*) use; employment.

Gebrüder, *pl.* brothers (two *or* more.

Gebückt, *part. adj.* bent down; dejected, depressed.

Geburtstag, *m.* (s) natal day, birth-day.

Gebüsch, *n.* (es) thicket, wood, grove.

Gedächtniß, *n.* (sses) memory, recollection; ins — rufen, to call to mind.

Gedächtnißtafel, *f.* memory-tablet.

Gedanke, *m.* (ns, *pl.* n) thought; idea.

Gedeihen, gedieh, gediehen, *v. n.* to grow, thrive, prosper; to agree with, to do good to (*with the dat.*).

Gedenken, gedachte, gedacht, *v. n.* to think of, remember (*with the gen.*); to purpose, intend; *v. a.* to remember (with intent to requite), p. 165.

Geduld, *f.* endurance, patience.

Geduldig, *adj.* patient, indulgent; der —e, the patient one; *adv.* patiently.

Gefahr, *f.* danger, jeopardy, peril.

Gefahrvoll, *adj.* dangerous, fraught with danger.

Gefährlich, *adj.* dangerous, perilous.

Gefährte, *m.* (n, *pl.* n) } companion, associate.
Gefährtinn, *f.* (*pl.* en) }

Gefallen, gefiel, gefallen, *v. n.* (*gov. the dat.*) to please; bis es euch gefällt, until it pleases you, until it is your pleasure, p. 48.

Gefallen, *m.* (s) favour, kindness.

Gefällig, *adj.* pleasing, kind, obliging.

Gefaßt, *part. adj.* calm, collected, prepared.

Gefecht, *n.* (es, *pl.* e) fight, fray combat.

Gefild(e), *n.* (es, *pl.* e) fields, plain.

Gefolge, *n.* (s) retinue, suit, train.

Gefühl, *n.* (s, *pl.* e) feeling, sensation; sense; heart.

Gefühlvoll, *adj.* full of feeling; tender.

Gefurcht, *part. adj.* furrowed.

Gegen, *prep.* (*gov. the acc.*) towards, to; against; compared with; nearly (with numerals).

Gegend, *f.* (*pl.* en) region, parts; district, neighbourhood.

Gegenseitig, *adj.* mutual, reciprocal.

Gegenstand, *m.* (es, *pl.* e*) object subject.

Gegentheil, *n.* (s) contrary; im — on the contrary.

Gegenüber, *prep.* (*with the dat.*) opposite, over against; *adv.* on the opposite side.

Gegenüberstehend, *adj.* standing on the opposite side, opposite.

Gegenwart, *f.* presence; the present (time).

Gegner, *m.* (s, *pl.* —) adversary, opponent.

Gehege, *n.* (s) enclosure, fence, hedge.

Geheim, *adj.* secret, hidden; unknown, clandestine; in *or* ins —, secretly; *adv.* secretly, privately.

Geheimnißvoll, *adj.* mysterious; *adv.* mysteriously.

Gehen, ging, gegangen, *v. n.* to go, to walk; geh' deinen Weg, go thy way, depart from me, p. 16; *v. imp.* to be, to fare; es ging ihnen nicht besser, they did not fare any better, p. 187.

Gehemmt, *part. adj.* checked, suppressed, restrained.

Gehör, *n.* (es) hearing; — geben, to give ear, to listen; der Fremde gab kein — mehr, the stranger would listen to nothing further, p. 50.

Gehorchen, *v. n.* to obey, submit to (*with the dat.*).

Gehören, *v. n.* to be the property of any one, to belong *or* appertain to (*with the dat.*).

Gehörig, *adj.* belonging to; proper, due.

Gehörn, *n.* (es, *pl.* e) horns *or* antlers (of a stag).

Gehorsam, *m.* (s) obedience, allegiance.

Geißel, *f.* (*pl.* n) whip, scourge.

Geist, *m.* (es, *pl.* er) spirit, mind, soul.

Geistreich, *adj.* spirited, ingenious, witty.

Geiz, *m.* (es) avarice.

Geländer, *n.* (s) bannister; staircase.

Gelangen, *v. n.* (zu etwas *or* wohin) to reach, arrive at; to obtain; attain.

Geläute, *n.* (s) ringing *or* tolling of bells; peal.

Gelb, *adj.* yellow.

Gelblich, *adj.* yellowish.

Geld, *n.* (es, *pl.* er) money.

Gelegenheit, *f.* (*pl.* en) occasion, opportunity.

Gelenk, *n.* (es, *pl.* e) joint; limb, p. 140.

Geliebt, *part. adj.* beloved, loved; mein —er, my beloved one.

Gelingen, gelang, gelungen, *v. n.* to prosper, succeed, speed (*with the dat.*); es gelingt mir, I succeed.

Gellen, *v. n.* to emit a shrill sound; to yell; reverberate.

Geloben, *v. a.* to promise (solemnly), to vow.

Gelockt, *adj.* curly, formed into curls *or* ringlets (of the hair).

Gelten, galt, gegolten, *v. n.* to be worth, to cost; to avail, to be of good effect; *v. imp.* es gilt, it concerns, the question *or* aim is.

Gelüst, *n.* (es, *pl.* e) desire, passion.

Gemach, *n* (es, *pl* er*) room, apartment.

Gemahl; der —, the husband, con sort; das —, the spouse, wife.

Gemahlinn, *f.* spouse, lady.

Gemälde, *n.* (s, *pl.* —) painting, picture.

Gemäß, *adj.* suitable, conformable; *adv.* agreeably to (*with the dat*).

Gemein, *adj.* common; ordinary; low, vulgar.

Gemeinde, *f.* (*pl.* n) community; parish.

Gemeiniglich, *adj.* usually, commonly.

Gemeinsam, *adj.* common, mutual.

Gemüth, *n.* (es, *pl.* er) soul, heart, disposition, mind.

Gen *for* gegen, *prep.* (*with the acc.*) towards, to.

Genau, *adj.* near, intimate; exact; *adv.* closely, minutely, exactly; clearly, distinctly, precisely.

Geneigt, *part. adj.* inclined; prone; bent.

Genesung, *f.* convalescence, re covery.

Genie, *n.* (s, *pl.* 's) genius, man of genius.

Genießen, genoß, genossen, *v. a.* to enjoy; partake of (food *or* drink).

Genius, *m.* (*pl.* Genien, Gr. p. 400, § 42, 2d) genius, guardian spirit.

Genoß, *m.* (ssen, *pl.* ssen) companion, consort, associate.

Genug, *adv.* enough, sufficient.

Genugsam, *adv.* enough, sufficiently.

Genugsamkeit, *f.* sufficiency.

Genügsam, *adj.* contented, moderate, sober.

Genugthuung, *f.* satisfaction.

Genuß, *m.* (sses, *pl.* sse*) enjoyment partaking of (food *or* drink).

Geographisch, *adj.* geographical.

Georg, *m.* George.

Gerade, (grade) *adj.* straight, erect, upright; perpendicular; *adv.* directly; exactly, just; just then (of time).

Geranien, *n.* ('s) Gerania, a mountain in Greece.

Geraſſel, *n.* (s) clatter, rattling.
Geräth(e) *n.* (es, *pl.* e) furniture; effects, baggage.
Geräumig, *adj.* large, spacious, ample.
Gerecht, *adj.* just, righteous.
Gerechtigkeit, *f.* justice, righteousness.
Gericht, *n.* (es, *pl.* e) court of justice, tribunal.
Gerichtlich, *adj.* judicial.
Gern, *adv.* willingly, fain, gladly, cheerfully; — eſſen, to be fond of (eating); — betrachten, to be fond of contemplating.
Geröll, *n.* (es) any thing that rolls, loose stones *or* gravel.
Gerührt, *part. adj.* moved, affected.
Geſandte, *m.* (n, *pl.* n) messenger, ambassador.
Geſang, *m.* (es, *pl.* e*) singing, song; hymn, anthem.
Geſchäft, *n.* (es, *pl.* e) business; employment, occupation; task.
Geſchäftig, *adj.* busy, active, employed.
Geſchehen, geſchah, geſchehen, *v. n.* to happen, to come to pass; to take place, to be done.
Geſchichte, *f.* (*pl.* n) history.
Geſchick, *n.* fate, lot, destiny; (*in mining*) metallic vein, lode.
Geſchickt, *adj.* skilful, dexterous, clever.
Geſchlecht, *n.* (es, *pl.* er) race, kind.
Geſchmückt, *part. adj.* adorned.
Geſchöpf, *n.* (es, *pl.* e) creature.
Geſchoß, *n.* (ſſes, *pl.* ſſe) missile; dart, javelin.
Geſchwind, *adj.* swift, fast, rapid; *adv.* quickly, fast, hastily.
Geſegnet, *part. adj.* blessed.
Geſell(e) *m.* (en, *pl.* en) comrade, companion, fellow; Hallo, —en! hurrah, my boys!
Geſellen, *v. refl.* (ſich zu Einem) to follow *or* join another, to associate one's self with.
Geſellſchaft, *f.* company, society.
Geſetz, *n.* (es, *pl.* e) law; rule, statute.
Geſetzt, *adj.* sedate, staid, grave.
Geſicht, *n.* (es) sight; face, countenance; eye.
Geſichtsfarbe, *f.* complexion.
Geſichtskreis, *m.* (es) horizon; sphere of knowledge.
Geſindel, *n.* (s) rabble; armes — miserable rabble, p. 104.
Geſondert, *part. adj.* distinct, separate.
Geſpalten, *part. adj.* cleft, split.
Geſpannt, *part. adj.* intense; eager, intent.
Geſpräch, *n.* (es) conversation, discourse.
Geſprengt, *part. adj.* rent asunder; urged *or* driven on.
Geſtade, *n.* (s) shore, bank, coast.
Geſtalt, *f.* (*pl.* en) stature, figure, shape; mien, look; groß von —, of large stature.
Geſtehen, geſtand, geſtanden, *v. a* to confess, acknowledge, grant.
Geſtern, *adv.* yesterday.
Geſtirn, *n.* (es, *pl.* e) constellation, star.
Geſtirnt, *adj.* studded with stars, starry.
Geſtorben, *part. adj.* dead, deceased.
Geſucht, *part. adj.* sought after; *see* ſuchen.
Geſund, *adj.* healthy, sound; wholesome.
Gethan, *see* thun; geſagt, —, so said, so done.
Gethier, *n.* (s) alles —, all the beasts, p. 201.
Getoſe, *n.* (s) roaring, rumbling (of water, &c.).
Getreulich, *adv.* faithfully, truly.
Getroſt, *adj.* of good cheer; confident.
Getröſtet, *part. adj* comforted, consoled.
Getümmel, *n.* (s) tumult, confusion.

Gewächs, *n.* (es, *pl.* e) any thing that grows, plant; growth, p 182.
Gewaffen, *n.* (*unusual, for* Waffen) weapons, arms.
Gewahr werden, *v.* to descry, perceive.
Gewahren, *v. a.* to perceive, descry, discover.
Gewähren, *v. a.* to grant, vouchsafe, give; to afford, yield.
Gewalt, *f.* power, might; force, violence.
Gewaltig, *adj.* powerful, mighty, potent; huge; violent; *adv.* powerfully, mightily.
Gewaltsam, *adj.* violent.
Gewand, *n.* (es) garment; attire, robe.
Gewandt, *part. adj.* quick, adroit, dexterous.
Gewandtheit, *f.* dexterity.
Gewässer, *n.* (s, *pl.* —) flood, waters.
Gewebe, *n.* (s) texture, web.
Gewehr, *n.* (s, *pl.* e) gun, piece.
Geweiht, *part. adj.* dedicated, devoted.
Gewicht, *n.* (es) weight.
Gewinn, *m.* (s) gain, profit.
Gewinnen, gewann, gewonnen, *v. a.* to win, gain; acquire, get.
Gewiß, *adj.* certain, sure; certain, some; gewisse Länder, certain countries (p. 179); *adv.* certainly, surely, no doubt, undoubtedly; so — (als), as sure as.
Gewissen, *n.* (s) conscience.
Gewitter, *n.* (s, *pl.* —) thunderstorm.
Gewittergrimm, *m.* (s) tempest's rage *or* fury.
Gewittersausen, *n.* howling, roaring *or* bellowing of a thunderstorm.
Gewogen, *adj.* (*gov. the dat.*) favourable, propitious, friendly.
Gewöhnen, *v. a.* to accustom; sich an etwas —, to accustom, inure *or* habituate one's self to any thing.
Gewohnheit, *f.* (*pl.* en) habit, practice, usage.
Gewöhnlich, *adj.* customary, usual, ordinary; *adv.* usually, commonly.
Gewohnt, *adj.* (*with the gen.*) accustomed *or* used to.
Gewölbe, (s, *pl.* —) arch, vault.
Gewühl, (s) tumult, commotion; throng.
Gezähmt, *part. adj.* tamed; der —e one that is tamed *or* subdued.
Gezeugt, *part. adj.* generated, bred
Geziemen, *v. refl. imp.* to become; to be meet *or* fit; wie es dem Landmann geziemt, as it becomes a husbandman, p. 30.
Gezogen, *part. adj.* drawn (of a dagger).
Gierig, *adj.* eager, greedy; *adv.* eagerly, greedily.
Gießen, goß, gegossen, *v. a.* to pour spill, shed.
Gift, *n.* (es) poison.
Giftig, *adj.* poisonous, venomous
Gifttropfen, *m.* (s, *pl.* —) drop of poison.
Gipfel, *m.* (s, *pl.* —) top; peak, summit.
Gischt, *m.* spray, froth.
Glanz, *m.* (es) splendour, brightness, gorgeousness, brilliancy.
Glanzsiegel, *n.* (s) bright seal, seal of splendour.
Glänzen, *v. n.* to glitter, glisten, shine.
Glänzend, *part. adj.* bright, brilliant, glittering.
Glänzendweiß, *adj.* of a brilliant *or* glossy white.
Glas, *n.* (es, *pl.* er*) glass; ein — Bier, a glass of beer, p. 85.
Glasmalerei, *f.* glass-painting.
Glatt, *adj.* smooth, even, polished; — machen, to polish, p. 57.
Glaube *or* **Glauben**, *m.* (ns *or* s) faith, belief.
Glauben, *v. a.* to believe, trust; to suppose, imagine, think; an Einen —, to believe in.

Gleich, 1. *adj.* like, similar; equal; even, smooth; nur sich selber —, only like itself (p. 414); 2. *adv.* equally; directly, immediately, forthwith, presently; quickly; at once; 3. *conj. for* obgleich, although, though.

Gleichen, *in connection with possessive pronouns*, meines, deines, seines —, my, your, his equals *or* like.

Gleichen, glich geglichen, *v. n.* to be like, to resemble (*with the dat.*).

Gleichsam, *adv.* as if, as it were, as though; almost.

Gleichwohl, *adv.* yet, nevertheless, for all that.

Gleiten, glitt, geglitten, *v. n.* to glide; dahin —, to glide along.

Glied, *n.* (es, *pl.* er) member, limb (of the body); link (of a chain).

Glimmen, glomm, geglommen, *v. n.* to glimmer, glow.

Glimmern, *v. n.* to shine faintly; to glimmer.

Glocke, *f.* (*pl.* n) bell.

Glockenklang, *m.* (s) sound of bells.

Glorreich, *adj.* gloriously, triumphantly.

Glück, *n.* (es) fortune; good luck; prosperity, happiness; success.

Glückbegabt, *adj.* fortune-gifted, lucky.

Glücklich, *adj.* fortunate, lucky, happy; prosperous; *adv.* fortunately, luckily; safely.

Glücklicherweise, *adv.* luckily, fortunately.

Glückselig, *adj.* blessed, happy, fortunate.

Glühen, *v. n.* to glow (with heat, with zeal, &c.); to shine; —d, glowing; fiery, violent.

Gluth, *f.* (*pl.* en) heat, ardour, glow, flame; splendour, brightness, p. 43.

Gnade, *f.* grace, kindness, favour; mercy, pardon; um — flehen, to sue for mercy, clemency, p. 153.

Gnadenbild, *n.* (es) miraculous *or* wonder-working image

Gnädig, *adj.* gracious, propitious —e Frau, my lady, your Grace (in addressing a lady of rank).

Gold, *n.* (es) gold.

Goldbekleidet, *adj.* clad *or* arrayed in gold, gold-clad.

Goldbeladen, *adj.* loaded with gold.

Golden, *adj.* gold, golden; of a golden hue.

Goldorange, *f.* (*pl.* n) gold orange, orange of a golden hue.

Goldroth, *adj.* gold-red.

Gothisch, *adj.* Gothic.

Gott, *m.* (es, *pl.* er*) God

Gottesacker, *m.* (s) church-yard, burying-ground.

Gotteshaus, *n.* (es) house of God.

Gotteshütte, *f.* (*pl.* n) sanctuary; tabernacle.

Gotteswerk, *n.* (es, *pl.* e) work of God.

Göttinn, *f.* (*pl.* en) goddess; die Königinn der —en, the queen of goddesses, *i. e.* Juno.

Göttlich, *adj.* divine, godlike.

Grab, *n.* (es, *pl.* er*) grave, tomb.

Grabmal, *n.* (s, *pl.* er*) monument, sepulchre.

Graben, *m.* (s, *pl.* —) trench, ditch, moat.

Grad, *m.* (es) grade; degree; im 16. —e der Breite, in the 16th degree of latitude, p. 178.

Grade, *adv. for* gerade.

Graf, *m.* (en, *pl.* en) count, earl.

Gräflich, *adj.* belonging to a count, the count's.

Gram, *m.* (es) grief, sorrow, melancholy.

Gras, *n.* (es) grass.

Grasen, *v. n.* to graze, to feed.

Grashalm, *m.* (es, *pl.* en) blade of grass.

Graß, } *adj.* frightful, hideous
Gräßlich, } ghastly, horrible.

Grau *adj.* gray; ancient; in jenen —en Jahren, in those ancient times, p. 214.

Grau, *n.* (es) gray (colour)

Grauen, *n.* (s) horror, dread; dismay.

Gräulich, *adj.* horrid, hideous; monstrous.

Graus, *adj.* dismal, fearful, awful.

Graus, *m.* (es) horror, dread, fright.

Grausam, *adj.* cruel, fierce, fell, inhuman.

Grausen, *n.* (s) horror, awe, dismay.

Grazie, *f.* (*pl.* n) grace, charm; one of the Graces.

Greifen, griff, gegriffen, *v. a.* & *n.* to grasp, lay hold of, seize, gripe; in die Tasche —, to put one's hand into one's pocket, p. 89.

Greis, *adj.* hoary, gray-haired.

Greis, *m.* (es, *pl.* e) an old man, grandsire.

Grenze, *f.* (*pl.* n) bound, border, limit, confine.

Grenzenlos, *adj.* boundless.

Grieche, *m.* (n, *pl.* n) a Greek, Grecian.

Griechisch, *adj.* Greek.

Grimm, *m.* (es) rage, fury, wrath.

Grimmig, *adj.* angry, furious, fierce, grim; *adv.* furiously, grimly, fiercely.

Grinzen, *v. n.* to grin, to show one's teeth.

Grob, *adj.* coarse; rude, uncivil.

Grobheit, *f.* (*pl.* en) coarseness, incivility, ill-breeding.

Groß, *adj.* great, big, large, huge; tall, grand; das —e, the grand; vastness, grandeur.

Größe, *f.* greatness; vastness, loftiness, grandeur.

Großheit, *f.* (moral) greatness, nobleness.

Großmüthig, *adj.* magnanimous, high-minded, generous.

Großvater, *m.* (s, *pl.* —*) grandfather, grandsire.

Grube, *f.* (*pl.* n) pit, hole, den.

Gruft, *f.* (*pl.* e*) cavern, den; tomb, sepulchre.

Grün, *adj.* green, verdant.

Grund, *m* (es, *pl.* e*) ground; bottom; valley; cause, reason ground, *i. e.* first *or* original colour, priming, p. 111.

Gründen, *v. a.* to found, establish.

Gründlich, *adj.* well-grounded; thorough, solid.

Grundlos, *adj.* bottomless, fathomless.

Grünen, *v. n.* to be *or* become green; to flourish, thrive.

Gruppe, *f.* (*pl.* n) group; cluster

Gruppirung, *f.* grouping.

Gruß, *m*, (es, *pl.* e*) salutation, greeting, welcome; Niemand beut zum — die Hand, no one offers his hand to welcome him, p. 169.

Grüßen, *v. a.* to greet, salute; to hail.

Gülden, *for* golden, golden.

Gunst, *f.* favour, good will, grace.

Günstling, *m.* (s, *pl.* e) darling, favourite.

Gustav Adolph, Gustavus Adolphus, one of the kings of Sweden.

Gut, *adj.* good; agreeable; friendly, kind; *adv.* well; in a kindly *or* friendly manner; das —e, the good; etwas gar zu — machen wollen, (p. 188) to wish to do a thing unusually well, to make it unusually good; Einem —es thun, to do good, to show kindness to any one.

Gut, *n.* (es, *pl.* er*) good; possession, property; estate, country-seat.

Gütig, *adj.* kind, benign; indulgent.

H.

Ha! *int.* (*expressive of joy or indignation*) ha! ah!

Haar, *n.* (es, *pl.* e) *frequently in the plural*, hair.

Habe, *f.* property, fortune; treasure.

Haben, *v. ir. a.* & *aux.* to have; to possess, to keep.

Hacke, *f.* (*pl.* n) hatchet *or* axe.

Hades, *m.* Hades, the lower world.

Hafen, *m.* (s, *pl.* —*) harbour, port

Hag, *m.* (es, *pl.* e) hedge, fence.

Hager, *adj.* lean, slender, thin.
Hain, *m.* (es, *pl.* e) grove, wood.
Halb, *adj.* half.
Halbkreis, *m.* (es) semicircle.
Hälfte, *f.* half.
Halle, *f.* (*pl.* n) hall; porch.
Halloh! *int.* halloo!
Halm, *m.* (es, *pl.* en) blade *or* spire (of grass); halm, stalk (of corn), straw.
Hals, *m.* (es, *pl.* e*) neck; throat.
Halsband, *n.* (es) collar (of a dog).
Halstuch, *n.* (es, *pl.* er*) neck-cloth, handkerchief.
Halt, *m.* stop, halt; — machen, to stop, make a halt.
Halten, hielt, gehalten, 1. *v. a.* to hold; to keep; to detain; to contain; to keep in employ; — für, to regard *or* consider as, to deem, think; 2. *v. n.* to stop; 3. *v. refl.* to keep one's self, to be; sich stille —, to keep quiet, p. 199.
Hamen, *m.* (s, *pl.* —) draw-net, hoop-net.
Hammer, *m.* (s) hammer; balance-fish.
Hand, *f.* (*pl.* e*) hand; side; an der — nehmen, to take by the hand; an seiner —, at his side, p. 168.
Handpferd, *n.* (es, *pl.* e) led-horse.
Handel, *m.* (s) bargain; affair, matter, p. 87.
Handlung, *f.* (*pl.* en) action; act, deed.
Handwerk, *n.* (es) handicraft, trade, business
Hangen, hing, gehangen, *v. n.* to hang; to adhere; — bleiben, to adhere fast, to get caught *or* entangled.
Hans, *m.* (*contraction and nickname for* Johann) John, Jack.
Harfe, *f.* (*pl.* n) harp.
Harm, *m.* (es) grief, sorrow, harm.
Harmonie, *f.* (*pl.* n) harmony.
Harmonisch, *adj.* harmonious.
Harnisch, *m.* (es, *pl.* e) armour harness.
Hart, *adj.* hard; severe; stubborn, obstinate.
Hartnäckig, *adj.* stubborn, inflexible.
Haselbaum, *m.* (s) } hazel-tree.
Haselbäumchen, *n.* (s) } hazel-tree.
Haselbusch, *m.* (s) hazel-bush.
Haselreis, *n.* (es) hazel-twig.
Hastig, *adj.* hasty; *adv.* hastily, in haste.
Hauch, *m.* (es) breath; breeze.
Hauchen, *v. n.* to breathe; to blow; *v. a.* to exhale; von sich —, to breathe *or* send forth; to emit.
Haufen, (s, *pl.* —) heap, pile; mass (of people).
Häufen, *v. a.* to heap, amass, pile.
Häufig, *adj.* abundant, copious, frequent.
Haupt, *n.* (es, *pl.* er*) head.
Hauptfigur, *f.* principal figure.
Haus, *n.* (es, *pl.* er*) house; family, household; nach —e, home; zu —(e), at home.
Hausen, *v. n.* to live; to dwell.
Haushaltung, *f.* house-keeping, domestic economy.
Haushofmeister, *m.* (s) steward.
Hausvater, *m.* (s, *pl.* —*) father of the family.
Hautelissetapeten, *pl.* tapestry, hangings.
Heben, hob, gehoben, *v. a.* to lift; to raise; to elevate; hebt einmal, just lift it once, p. 87.
Hecke, *f.* (*pl.* n) hedge; enclosure; thicket.
Heer, *n.* (es, *pl.* e) host, army; das wilde *or* wüthende —, the wild chase, Arthur's chase.
Heerde, *f.* (*pl.* n) flock, herd.
Heften, *v. a.* to fasten, tie; den Blick auf etwas —, to fix the eye upon something, p. 179.
Heftig, *adj.* violent, impetuous, vehement; *adv.* violently, vehemently, &c.

Hehr, *adj.* lofty, sublime; holy.

Heide, *f.* } heath.
Heideland, *n.* }

Heil, *n.* (es) happiness; bliss; safety; hail (*with the dat.*); — deinem Schein, hail to thy light, *or* blessed be thy light, p. 134.

Heiland, *m.* (es) Saviour.

Heilen, *v. a.* to heal, cure.

Heilig, *adj.* sacred, holy; der *or* die —e, the saint.

Heiligkeit, *f.* holiness, sanctity.

Heiligthum, *n.* (s, *pl.* er*) sanctuary.

Heim, *adv.* home.

Heimath, *f.* home, native place.

Heimathlich, *adj.* belonging to one's home, native.

Heimgewandt, *adj.* on the way to one's home, homeward-bound.

Heimisch, *adj.* native; am heim'schen Strand, on my native shore, p. 146.

Heimlich, *adj.* secret, clandestine; *adv.* secretly, privately.

Heimtragen, *v. ir. a.* to carry home.

Heimweg, *m.* (es) way home; return.

Heinrich, *m.* Henry.

Heischen, *v. a.* to desire; demand.

Heiß, *adj.* hot; ardent, warm, vehement; *adv.* ardently, vehemently.

Heißhunger, *m.* (s) greediness, insatiate appetite.

Heißen, hieß, geheißen, *v. a.* to name *or* call (p. 82); *v. n.* to be named *or* called.

Heiter, *adj.* serene, clear, bright; cheerful, happy.

Heiterkeit, *f.* serenity; cheerfulness.

Held, *m.* (en, *pl.* en) hero.

Heldenbuch, *n.* (es) book of heroes, a book containing heroic legends *or* exploits.

Heldensprache, *f.* heroic language, language of heroes.

Heldenstirne, *f.* hero's front or brow.

Helfen, half, geholfen, *v. n.* to help, assist, aid (*with the dat.*); to avail, profit; sich zu — wissen, to know how to shift *or* to help one's self, p. 89.

Hell, *adj.* clear, bright, light; *adv.* clearly, brightly.

Hellroth, *adj.* light red.

Hellas, *n.* Hellas, Greece.

Heller, *m.* obole, a small copper coin.

Helm, *m.* (es, *pl.* e) helmet.

Hemisphäre, *f.* hemisphere.

Hemmen, *v. a.* to hinder, check.

Hengst, *m.* (es) stallion; steed.

Her, *adv.* (*implying motion towards the speaker*, Gr. p. 134, obs. A.); hither, here; *it is often expletive:* vor dem Sieger —, before the victor (p. 196); um uns —, around us.

Herab, *adv.* down, downward (*towards the speaker*); am Schloß — down by the castle (p. 198); von oben —, down from above, p. 205.

Herabbeugen, *v. refl.* to bend over, stoop.

Herabblicken, *v. a.* to look down.

Herabgehen, *v. ir. n.* to go down

Herabkommen, *v. ir. n.* to come down, descend.

Herabspringen, sprang, gesprungen, *v. n.* to jump *or* spring down.

Herabwerfen, *v. ir. a.* to throw down; to throw off.

Herandrohen, *v. n.* to threaten, impend.

Herankommen, *v. ir. n* to approach, draw nigh; die —den, the approaching party, p. 204.

Heransprengen, *v. n.* to ride on (towards any one) in full speed, to gallop along.

Heraufspringend, *part. adj.* springing *or* hastening on (towards a person), p. 199.

Herauf, *adv.* up (*towards the speaker*), upwards; den Berg — up the mountain.

Heraus, *adv.* out (*towards the speaker*).

Herausfahren, *v. ir. n.* to start forth; to mount up, p. 208.

Herausgehen, *v. ir. n.* to go out.

Herausträufeln, *v. n.* to drip *or* drop out.

Herbei, *adv.* hither, near, on.

Herbeiführen, *v. a.* to lead *or* bring on.

Herbeilocken, *v. a.* to entice, allure; to bring on.

Herbeischaffen, *v. a.* to procure; to get.

Herberge, *f.* shelter; quarters; inn.

Herbst, *m.* (es) autumn.

Hercynisch, *adj.* Hercynian; die —en Wälder, the Hercynian woods *or* forests.

Herd, *m.* (es) hearth; fire-place; fire-side; an ihrem —e, at their fire-side, p. 91.

Herein, in (*towards the speaker*), into; —! come in! walk in!

Hereinblicken, *v. n.* to look in.

Hereinbrechen, *v. ir. n.* to come on suddenly, to approach, p. 117.

Hereinkommen, *v. ir. n.* to come in, to enter.

Hereinlassen, *v. ir. a.* to let in.

Hereintreten, *v. ir. n.* to step in, to enter.

Hereinwinken, *v. n* to beckon in; to look invitingly (into a place).

Herkommen, *v. ir. n.* to come from (any place).

Herkömmlich, *adj.* customary, usual.

Herkunft, *f.* origin, extraction.

Hermann, *m.* Herman.

Hernach, *adv.* afterwards, after that; and then, p 88.

Hernieder, *adv.* down; bis auf die Sohlen —, down to the very soles (of his feet), p. 127.

Herniederfließen, *v. ir. n.* to flow down, to descend, p. 95.

Herold, *m.* (es) herald.

Heros, (*pl.* Heroen) hero.

Herr, *m.* (n, *pl* en) master; gentleman; lord; mein —, sir; — Oheim, sir uncle; der —, our Lord, the Saviour, p. 152.

Herrentag, *m.* (es) feast-day, festival.

Herrlich, *adj.* glorious, stately, splendid, excellent, beauteous; delicious; *adv.* gloriously, &c.

Herrlichkeit, *f.* glory, magnificence, splendour.

Herrschaft, *f.* (*pl.* en) dominion, power; a person invested with power, the lord of a manor (p. 103); die gnädige —, our gracious lord, his grace, our lord, p. 105.

Herrschen, *v. n.* to rule, reign, sway.

Herrschend, *part. adj.* ruling, predominant.

Herrscher, *m.* (s, *pl.* —) ruler master, lord.

Herum, *adv.* around; rings —, round about.

Herunter, *adv.* down; wenn er — will, if he seems inclined to come down, p. 200.

Herunterhängend, *part. adj.* hanging down; huge (of a lip).

Hervor, *adv.* forth; out.

Hervorbringen, *v. ir. a.* to bring forth *or* out; to produce; to utter.

Hervorringen, rang, gerungen, *v refl.* to disengage one's self, to escape by struggling.

Hervorrufen, *v. ir. a.* to call forth *or* out.

Hervorspritzen, *v. n.* to spout forth, gush out.

Hervorströmen, *v. n.* to stream forth *or* out.

Hervortreten, *v. ir. n.* to step forth; to come out.

Hervorziehen, zog, gezogen, *v. a.* to draw forth, pull out.

Herz, *n.* (ens, *pl.* en) heart; breast; von —en gern, with all my heart.

Herzen, *v. a.* to press to the heart to embrace, caress.

Herzergreifend, *adj.* pathetic, touching.

Herzklopfen, *n.* (s) throbbing of the heart.

Herzlich, *adj.* cordial, affectionate.

Herzlichkeit, *f.* cordiality, affection.

Hetzen, *v. a.* to chase, hunt; to incite, set on (hounds).

Heuernte, *f.* hay-making, hay-harvest.

Heulen, *v. n.* to howl, yell; to whine; to roar, bellow (of a storm).

Heut(e), *adv.* to-day.

Heutig, *adj.* to-day's, of to-day; —en Tages, now-a-days, at present.

Hieher, *see* hierher.

Hienieden, *adv.* here below, in this world.

Hier *or* hie, *adv.* here; in this place; — und da, here and there; —auf, hereupon; at this; after this; —her, thither, to this place, this way; bis —her, thus far; —von, hereof, of this.

Hieroglyphe, *f.* (*pl.* n) hieroglyph.

Himmel, *m.* (s, *pl.* —) heaven, sky; am —, in the heavens *or* sky; o —! oh heavens!

Himmelsgewölbe, *n.* } celestial
Himmelszelt, *n.* } vault, vault of heaven.

Himmlisch, *adj.* heavenly, celestial; ich, die —e, I, the heavenly one, p. 41.

Hin, *adv.* (*implying motion away from the speaker, Gr. p.* 134) thither, there; away; along; on; to, towards; *sometimes it is expletive, as:* über die Wellen —, over the waves, p. 108; — und her, to and fro, up and down; — und wieder, here and there, to and fro; auch hier nach dem Gebirg' ist er — (*supply* gegangen), he, too, is gone up hither towards the mountains, p. 199; seht —! lo there!

Hinab, *adv.* down (*away from the speaker*); ich muß — (*supply* gehen), I must go down, p. 128.

Hinabsteigen, *v. ir. n.* to go down, descend.

Hinabziehen, zog, gezogen, *v. a.* to draw down.

Hinauf, *adv.* up, up to *or* towards, den Berg —, up the mountain, up hill.

Hinaufführen, *v. a.* to lead up.

Hinaufkommen, *v. ir. n.* to get *or* come up.

Hinaufrufen, rief, gerufen, *v. n.* to call up to, p. 94.

Hinaufschauen, *v. n.* to look up.

Hinaus, *adv.* out; beyond.

Hinausfliegen, flog, geflogen, *v. n.* to fly out *or* away.

Hinausgehen, *v. ir. n.* to go out; to extend, reach, p. 214.

Hinausgestoßen, *part. adj.* cast or turned out.

Hindern, *v. a.* to hinder, impede.

Hindurch, *adv.* through; throughout; during; ich will —, *i. e.* gehen, I will go through, p. 78; das Jahr —, during the year.

Hinein, *adv.* in, into; *it is frequently expletive, as:* in den Wald —, into the wood, p. 27; in Paris —, into Paris, p. 46; wo sie sich — setzten, into which they seated themselves, p. 82.

Hineinlocken, *v. a.* to entice into (a place).

Hineinsehen, *v. ir. n.* to look in.

Hineinschlingen, *v. ir. a.* to swallow up, devour, engulf.

Hinfallen, *v. ir. n.* to fall *or* drop down.

Hingeben, *v. ir. a.* to give away *or* up; to sacrifice.

Hinknieen, *v. n.* to kneel down.

Hinlegen, *v. a.* to lay down; sich —, to lay one's self down, to lie down.

Hinreichen, *v. a.* to reach; to hand over.

Hinreißen, *v. ir. a.* to carry away, to transport, ravish; —d, transporting, ravishing.

Hinsinken, *v. ir. n.* to sink down, to faint away.
Hinten, *adv.* behind; in the rear.
Hinter, *adj.* back, hind; *prep. & adv.* (*with the dat.*) behind, in the rear of, after, back.
Hintergrund, *m.* (es) back ground.
Hinterhalt, *m.* (es) ambuscade, ambush.
Hinterlistig, *adj.* cunning, insidious, deceitful.
Hinterste, (*sup. of* hinter) hindmost; die —n Füße, the hind feet, p. 167.
Hinterthür, *f.* back door.
Hinüber, *adv.* over, across.
Hinüberleiten, *v. a.* to lead *or* conduct over.
Hinüberschlummern, *v. n.* to slumber over (into the other world).
Hinunter, *adv.* down, downward, that way.
Hinuntersehen, *v. ir. a.* to look down.
Hinunterwagen, *v. refl.* to venture down.
Hinweg, *adv.* away, over; —! away! begone!
Hirsch, *m.* (es, *pl.* e) stag, deer.
Hirschfänger, *m.* (s) cutlass, hanger.
Hirt, *m.* (en, *pl.* en) shepherd, herdsman.
Hitze, *f.* heat; ardour.
Hoch, *adj.* high; tall; lofty, great; *adv.* highly, &c.
Hochbeglückt, *adj.* highly favoured.
Hochamt, *n.* (es) high mass.
Hochauf, *adv.* high up; aloft.
Hochfahrend, *adj.* high-flown, imperious, haughty.
Hochherzig, *adj.* high-minded, magnanimous.
Höchst, *adj.* (*sup. of* hoch) highest; *adv.* in the highest degree, most.
Höchstens, *adv.* at the most, at best.
Hochzeit, *f* wedding; feast at court; auf die —, to the wedding or feast; auf der —, at the feast.
Hof, *m.* (es, *pl.* e*) court-yard, yard; palace, court; household (of a prince); am *or* beim —e, at court.
Hofhund, *m.* (es) house-dog, watch-dog.
Hofraum, *m.* (s) court-yard.
Hofstaat, *m.* (s) household of a prince, court.
Hofthür, *f.* door of a court-yard, gate.
Hoffen, *v. n.* to hope; to expect; auf Einen —, to trust *or* confide in; auf etwas —, to hope for.
Hoffnung, *f.* (*pl.* en) hope, expectation.
Höflich, *adj.* courteous, polite; auf eine —e Art, in a courteous manner, politely.
Höfling, *m.* (s, *pl.* e) courtier.
Höflingsschaar, *f.* crowd *or* throng of courtiers.
Hoh, *adj. see* hoch.
Höhe, *f.* height; loftiness, highness; in die —, up, upwards, aloft; in der —, on high, aloft; aus der —, from on high.
Hoheit, *f.* loftiness, majesty.
Höher, *adj.* (*comp. of* hoch) higher; more advanced (of age); in einem —en Alter, at a more advanced age, p. 179.
Hohl, *adj.* hollow; indistinct *or* dull (of sound).
Höhle, *f.* (*pl.* n) hollow; cavern; den.
Hohlweg, *m.* (es, *pl.* e) hollow-way, defile.
Hohn, *m.* (es) scorn, derision, contumely.
Hold, *adj.* kind; favourable, friendly; lovely, sweet; fair, beauteous; *adv.* kindly, &c.
Holdselig, *adj.* sweet, lovely, charming.
Hölle, *f.* hell.
Höllenbrut, *f.* hellish brood *or* crew.
Höllenhund, *m* (es, *pl.* e) hell hound, Cerberus.

Höllenrachen, *m.* (s) jaws of hell.
Höllenraum, *m.* (s) space of hell, hell.
Höllenthor, *n.* (s) gate of hell.
Holz, *n.* (es) wood.
Hölzern, *adj.* wooden, of wood.
Homer(us) *m.* Homer.
Homerisch, *adj.* Homeric.
Honig, *m.* (s) honey.
Honigsatt, *adj.* satisfied *or* satiated with honey; — mach' ich euch, I will procure you your fill of honey, p. 165.
Hop! *int.* (*expressive of exultation; also in imitation of the trot of a horse*) hop!
Hora, *f.* Hora, a goddess presiding over the seasons of the year; *or* one of the seasons, spring.
Horaz, *m.* Horace, a Latin poet.
Horchen, *v. n.* to listen; hearken.
Hören, *v. a. & n.* to hear; to give ear, attend; sich — lassen, to make one's self heard, *i. e.* to give note, p. 202.
Hörer, *m.* (s, *pl.* —) hearer.
Horizont, *m.* (es) horizon.
Horn, *n.* (es, *pl.* er*) horn; bugle; ins — stoßen, to wind *or* blow the bugle.
Hörnerschall, *m.* (s) sound of horns *or* bugles.
Horridoh, a word imitative of the clatter and vociferations of a hunting train.
Hügel, *m.* (s, *pl.* —) hill, hillock.
Huhn, *n.* fowl; chicken.
Huhu! *int.* (*expressive of horror*) whew! whew!
Hui! *int.* (*denoting quickness*) quick! in an instant *or* trice.
Hülfe, *f.* help, assistance, aid; Einem zu — kommen, to come to one's aid *or* rescue.
Hülfreich, *adj.* ready *or* inclined to help, aiding, helping.
Hülfsbedürftig, *adj* in want of help; needy.
Hülle, *f.* veil, cover, hull.
Hüllen, *v. a.* to wrap up, veil, cover.
Hund, *m.* (es, *pl.* e) dog, hound
Hündchen, *n. dim.* little dog.
Hundert, *num.* hundred.
Hundertjährig, *adj.* a hundred years old; very ancient.
Hundertmal, *adv.* a hundred times.
Hunderttausend, *num.* hundred thousand.
Hunger, *m.* (s) hunger; — haben, to be hungry; aus —, out of hunger.
Hürde, *f.* (*pl.* n) fold (of a shepherd), pen.
Hussasa! *int.* huzza! hurrah!
Hut, *m.* (es, *pl.* e*) hat.
Hut, *f.* care, guard, protection; in heil'ger —, under sacred protection, under the care of the gods.
Hütte, *f.* (*pl.* n) cottage; hut, tent.
Hyazinthe, *f.* (*pl.* n) hyacinth.

I (*the vowel*).

Ich, *pron. pers.* I, see Gr. p. 427 — selbst, I myself.
Ideal, *adj.* ideal; das —, the idea
Idylle, *f.* (*pl.* n) idyl.
Ihm, *pron. pers. dat. sing. of* er, to him; to it.
Ihn, *pron. acc. sing. of* er, him; it.
Ihnen, *pron. dat. pl. of* sie, to them, them; to you, you (*in addressing any one*).
Ihr, *pron. pers. pl. of* du, ye *or* you; *dat. sing. of* sie, to her, her.
Ihr, *pron. poss.* her, hers; their, theirs.
Ihrer, *pron. gen. pl. of* sie, of them.
Ihrige, der, die, das, *pron. poss.* hers; theirs; yours, Gr. p. 432.
Im, *for* in dem, in the.
Immer, *adv.* ever, always; yet, still; auf —, for ever; — mehr, more and more; — wilder, wilder and wilder; — ärger, worse and worse.
In, *prep.* (*with the acc. & dat.*) into to; in, at, within.
Inbegriff, *m.* sum total, essence
Inbrunst *f.* ardour, fervour.

Indem, *conj.* while, whilst, when; (*of cause*) because, since, as.

Indeß, **Indessen**, *adv.* meanwhile, in the mean time, while; *conj.* however, notwithstanding, yet.

Inhalt, *m.* (es) contents (of a book); purport, substance.

Inn, *m.* the Inn, a river.

Innere, der, die, das, *adj.* interior; inward, inner; mein —s, my inmost being, my heart, soul, p. 168.

Innig, *adj.* intimate, fervent, ardent.

Inniglich *adj.* heartfelt, cordial.

Ins, *for* in das, into the, &c.

Inschrift, *f.* (*pl.* en) inscription.

Insel, *f.* (*pl.* n) island, isle.

Instrument, *n.* (es, *pl.* e) instrument.

Intelligibel, *adj.* intellectual; invisible, spiritual.

Intelligenz, *f.* intelligence, intellectual being.

Interesse, *n.* (s) interest.

Intoniren, *v. n.* to intonate.

Iphigenie, *f.* Iphigenia; das Opfer der —, the sacrifice of Iphigenia (a painting).

Irdisch, *adj.* earthly, terrestrial; mortal, temporal.

Irgend, *adv.* (*of place*) any where, some where; (*of time*) ever, at any time; (*of manner*) in any way, perhaps: — etwas, any thing, aught; — Einer *or* Jemand, any one, any body.

Irren, *v. n. & refl.* to err, to go astray; to be mistaken; wenn ich nicht irre, unless I am mistaken.

Irrlicht, *n.* (es, *pl.* er) ignis fatuus, Will-o'-the-wisp.

Irrthum, *m.* (s, *pl.* er*) errcr, deception; erroneous *or* false notion.

Irrweg, *m.* (s, *pl.* e) wrong way, by-path; path of error *or* sin.

Italienisch, *adj.* Italian.

Itzo, *for* jetzt, *adv.* now, at present.

J (*the consonant*).

Ja, *adv.* yes, yea, ay; certainly, indeed, surely, nay, forsooth. *It often refers to something already mentioned or well known:* as you know, you see, p. 108, *but is frequently a mere expletive; on p.* 97 *it has the force of a causal conjunction:* for.

Jach, *adv.* suddenly, hastily, headlong.

Jagd, *f.* chase, hunt.

Jagdgebrülle, *n.* (s) whooping *or* clamour of the chase.

Jagdhund, *m.* (es, *pl.* e) hunting-dog, hound.

Jagdlust, *f.* pleasure of the chase, sport.

Jagen, *v. a. & n.* to chase, hunt; to go a hunting *or* sporting; to drive *or* chase (away); —d, sporting, hunting.

Jäger, *m.* (s, *pl.* —) huntsman, hunter.

Jahr, *n.* (es, *pl.* e) year; das ganze — durch, all the year round; jedes —, every year, yearly; im ganzen —e, throughout the entire year.

Jahreszeit, *f.* (*pl.* en) season (of the year).

Jahrhundert, *n.* (s, *pl.* e) century, age.

Jährlich, *adj.* yearly, annual; *adv.* annually, every year.

Jähzorn, *m.* (s) violent anger; propensity to sudden anger, passionateness.

Jammer, *m.* (s) misery, calamity.

Jammervoll, *adj.* deplorable, woful; *adv.* full of anguish *or* distress, p. 96.

Jämmerlich, *adv.* miserably, wofully.

Jappen, *n.* (s) gasping, gaping.

Jauchzen, *v. n.* to shout, exult.

Je, *adv.* always, ever; (*with comparatives*) the; — näher, the nearer p. 85; — öfter und anhaltender, the oftener and longer, p 209; — . . . desto, the . . . the (*with comparatives*); — riesenmäßiger . . . desto höher, the more gigantic . . the higher, p. 184.

Jeder, jede, jedes, ein jeder, &c. *pron.* each, every, every one; einer jeden, to each of them, p. 75.

Jedermann, *pron.* every body, every one

Jederzeit, *adv.* always, at all times.

Jedoch, *conj.* yet, however, nevertheless.

Jeglicher, jegliche, jegliches, *pron.* each, every.

Jemals, *adv.* ever, at any time.

Jemand, *pron.* some one, some body, any one.

Jener, jene, jenes, *pron.* that, yonder, that one; (*when opposed to* dieser) the former.

Jenseit, *prep.* (*with the gen.*) on the other side, beyond.

Jenseits, *adv.* on the other side.

Jesusknabe, *m.* (n) the infant Christ.

Jetzt, *adv.* now, at present; — eben, but just now; erst —, now for the first time; — noch, still, even now; bis —, hitherto.

Jezuweilen, *adv.* once in a while, sometimes.

Joch, *n.* (es) yoke; ridge *or* chain of mountains.

Johann, *m.* John; St. (Sankt) —, St. John; St. — des Täufers Orden, the order of St. John the Baptist, p. 143.

Jonien, *n.* ('s) Ionia, a country in Asia Minor.

Jonier, *m.* ('s, *pl.* —) inhabitant of Ionia, Ionian.

Jonisch, *adj.* Ionian, Ionic.

Jubel, *m.* (s) shout of joy, jubilation.

Jubelfest, *n.* (es) jubilee.

Jubeln, *v. n.* to shout, rejoice, exult.

Jugend, *f.* youth; period of youth; young persons.

Jugendfreund, *m.* (es, *pl.* e) friend of one's youth, early friend.

Jugendkraft, *f.* (*pl.* e*) vigour *or* strength of youth.

Jugendlich, *adj.* youthful, young.

Jugendtage, *pl.* days of youth.

Julius, *m.* July; in der Nacht vom 4. zum 5. —, in the night between the 4th and 5th of July, p. 178.

Jung, *adj.* young, youthful.

Junge, *m.* (n) boy, lad.

Jungfer, *f.* (*pl.* n) maiden; spinster.

Jungfrau, *f.* maid, virgin.

Jungfräulich, *adj.* maiden-like, virgin.

Jüngling, *m.* (s, *pl.* e) young man, youth.

Jüngst, *adv.* recently, lately.

Jüngste, der, die, das, the youngest; der — Tag, the last day, dooms-day.

Jupiter, *m.* (s) Jupiter.

Justinus, *m.* Justin, a Roman historian.

K.

Käfer, *m.* (s, *pl.* —) chafer, beetle.

Käfig, **Käficht**, } *m.* (es, *pl.* —) bird-cage, cage.

Kahl, *adj.* bald, bare.

Kahn, *m.* (es, *pl.* e*) boat, wherry.

Kaiser, *m.* (s, *pl.* —) emperor.

Kaiserlich, *adj.* imperial, the emperor's.

Kaisersaal, *m.* (es) imperial hall.

Kalt, *adj.* cold; cool, indifferent; *adv.* coldly; deliberately, cooly

Kälte, *f.* cold, coldness.

Kämmen, *v. a.* to comb; dress (the hair).

Kammer, *f.* (*pl.* n) chamber, apartment; bed-room.

Kammerherr, *m.* (n, *pl.* en) chamberlain.

Kampf, *m.* (es, *pl.* e*) combat, fight; conflict, struggle.

Kämpfen, *v. n.* to fight; struggle, combat.

Kanzler, *m.* (s) chancellor.

Kapelle, *f.* (*pl.* n) chapel.

Kargheit, *f.* stinginess, penuriousness.

Kärglich, *adj.* penurious; scanty, small.

Karpf, *m.* (es, *pl.* en) carp

Karren, *m.* (s, *pl.* —) cart; barrow.
Käse, *m.* (s, *pl.* —) cheese.
Kassander, *m.* Cassander.
Kaufen, *v. a.* to buy, purchase.
Kaufmann, *m.* (s, *pl.* Kaufleute) merchant.
Kaum, *adv.* scarcely, scarce, hardly; — . . . so, scarcely . . . when, p. 77.
Keck, *adj.* bold, fearless.
Kehle, *f.* throat; voice; aus heller —, with a clear voice.
Keil, *m.* (es, *pl.* e) wedge.
Keim, *m.* (s, *pl.* e) germ, bud.
Keimen, *v. n.* to shoot, germinate.
Kein, keine, kein, *pron. adj.* no, not any; none, no one; — Leben mehr, no longer any life, p. 196.
Keiner, *pron. indefinite*, nobody, no one.
Kelch, *m.* (es, *pl.* e) cup; calyx (of flowers).
Keller, *m.* (s, *pl.* —) cellar.
Kennen, kannte, gekannt, *v. a.* to know, to be acquainted with; — lernen, to become acquainted with, make the acquaintance of.
Kenner, *m.* (s, *pl.* —) connoisseur, judge (of art).
Kenntniß, *f.* (*pl.* sse) knowledge, information.
Kern, *m.* (es, *pl.* e) kernel *or* stone (of fruit).
Kessel, *m.* (s, *pl.* —) caldron, kettle, boiler.
Kette, *f.* (*pl.* n) chain; series.
Keuchen, *v. n.* to pant, gasp; —d, panting, gasping, out of breath.
Kiefernadel, *f.* (*pl.* n) fir-needle.
Kind, *n.* (es, *pl.* er) child.
Kindlich, *adj.* child-like, becoming a child.
Kindlichkeit, *f.* child-like sentiments *or* disposition.
Kindtaufschmaus, *m.* (es) christening-festivity.
Kinn, *n.* (s) chin.
Kirche, *f.* (*pl.* n) church.
Kirchengesang, *m.* (s) singing at church; sacred chant *or* anthem.
Kirchenhymne, *f.* (*pl.* n) hymn canticle, anthem.
Kirchenmusik, *f.* church-music.
Kirchlein, *n.* (s) little church, chapel.
Kiste, *f.* chest, coffer.
Kittel, *m.* frock, gown.
Kittelchen, *n.* (s) *dim. of* Kittel.
Klaffen, *v. n.* to gape, chink; to clatter; to bark, yelp.
Klage, *f.* (*pl.* n) complaint, lament; action *or* suit (at law).
Klagen, *v. n.* to complain, lament; *v. a.* to complain of, to tell (as a matter of grief).
Klagenszeit, *f.* time for lamenting.
Kläglich, *adj.* pitiful, wretched, sorrowful; in —er Gestalt, with sorrowful mien.
Klang, *n.* (es, *pl.* e*) sound; clang, din.
Klar, *adj.* clear, bright, serene; plain, pure (of sound); open; evident; *adv.* clearly, &c.
Klatschen, *v. n.* to applaud; to clap applause.
Klaue, *f.* (*pl.* n) claw, clutch.
Klausner, *m.* (s) anchorite, hermit.
Kleid, *n.* (es, *pl.* er; *often in the plural*) dress, garment, habit, clothes.
Kleidung, *f.* apparel, clothes, dress.
Klein, *adj.* small, little; insignificant, trifling, mean; short, p. 40; in —er Entfernung, a short distance, p. 90; der *or* die —e, the little one, child.
Kleinod, *n.* (es, *pl.* e) jewel; treasure.
Klemmen, *v. a.* to cramp, pinch, jam.
Klima, *n.* (s, *pl.* ta) clime, climate.
Klingen, klang, geklungen, *v. n.* to sound; to tinkle, jingle.
Klippe, *f.* (*pl.* n) steep rock, cliff, crag.
Klippenfisch, *m.* (es) lub-fish.
Klopfen, *v. n.* to knock
Kloster, *n.* (s, *pl.* —*) cloister, convent.

Kluft, *f.* (*pl.* e*) cavern, ravine; gulf, abyss.

Klug, *adj.* prudent, wise, shrewd; *adv.* prudently, &c.

Klugheit, *f.* prudence, sense.

Klüglich, *adv.* prudently, sagely, cunningly.

Knabe, *m.* (n, *pl.* n) boy stripling, lad.

Knall, *m.* crack, clap, smack (of a whip); clatter.

Knallen, *v. n.* to clap, crack, smack (of the whip, &c.).

Knappe, *m.* (n, *pl.* n) squire; attendant.

Knecht, *m.* (es, *pl.* e) servant; slave, thrall.

Knie, *n.* (es, *pl.* e) knee.

Knieen, *v. n.* to kneel.

Knirschen, *v. n.* to grate; gnash *or* grind (the teeth); das —, the grating, gnashing of teeth.

Knospe, *f.* (*pl.* n) bud, gem (of a plant).

Koch, *m.* (es, *pl.* e*) cook.

Kochen, *v. a. & n.* to cook, boil; to do the cooking.

Köder, *m.* (s, *pl.* —) bait.

Kohle, *f.* (*pl.* n) coal; charcoal.

Kohlstaude, *f.* (*pl.* n) cabbage-plant.

Köln, *n.* Cologne, a town in Germany.

Kolonie, *f.* (*pl.* n) colony.

Kommen, kam, gekommen, *v. n.* to come; to arrive, get at; zu etwas —, to come by, to get, p. 83.

König, *m.* (es, *pl.* e) king; die drei —e, the wise men *or* magi of the East (in Scripture).

Königinn, *f.* (*pl.* en) queen.

Königlich, *adj.* kingly, royal.

Königreich, *n.* (s, *pl.* e) kingdom, realm.

Königssohn, *m.* (es, *pl.* e*) king's son, prince.

Königstochter, *f.* (*pl.* —*) king's daughter, princess.

Können, konnte, gekonnt, *v. a. & aux* to be able (can, could); to know how; to be permitted (may might); ich kann, I can, may; ich könnte, I could, might; könnte ich es thun, I might do it, p. 108.

Kopf, *m.* (es, *pl.* e*) head; disposition; genius; ein warmer —, a hot-headed person, enthusiast, p 189.

Köpfchen, *dim. n.* (s, *pl.* —) little head.

Koralle, *f.* (*pl.* n) coral.

Korinth *or* **Korinthus**, *n.* Corinth.

Korn, *n.* (es, *pl.* er*) grain; corn; seed.

Körnlein, *dim. n.* (s, *pl.* —) granule, little seed *or* grain.

Körper, *m.* (s, *pl.* —) body.

Körperlich, *adj.* corporeal, bodily.

Kostbar, *adj.* costly; precious.

Kosten, *pl.* expense, cost.

Kosten, *v. n.* to cost (*with dat. of the person*).

Köstlich, *adj.* costly; precious, choice, delicious.

Krachen, *v. n.* to crash, crack, break; —d, crashing, thundering.

Kraft, *f.* (*pl.* e*) strength, vigour, power, force, energy.

Kraftlos, *adj.* weak, powerless, impotent.

Kraftvoll, *adj.* full of strength; nervous, vigorous.

Kralle, *f.* (*pl.* n) claw; clutch.

Kranich, *m.* (s, *pl.* e) crane.

Krank, *adj.* sick, infirm; der —e, the sick man.

Kranken, *v. n.* to grow sick *or* ill, to sicken.

Krankenbett, *n.* (s) sick-bed.

Krankhaft, *adj. & adv.* morbid diseased.

Krankheit, *f.* (*pl.* en) sickness, illness.

Kränklich, *adj.* weak, morbid, sickly.

Kranz, *m.* (es, *pl.* e*) garland, chaplet, wreath; *fig.* halo, p. 58.

Kränzen, *v. a.* to deck with wreath *or* garland; to crown.

Kraut, *n.* (es, *pl.* er*) herb, plant.

Kreatur, *f.* (*pl.* en) creature; creation, p. 160.

Kreis, *m.* (es, *pl.* e) circle, sphere; im —, in the circle, around, p. 123.

Kreuz, *n.* (es, *pl.* e) cross; das — des Südens, the cross (crosier) of the south, a constellation in the southern hemisphere.

Kreuzgang, *m.* (es, *pl.* e*) cross-passage in a church, transept.

Kreuzigen, *v. a.* to crucify.

Kriechen, kroch, gekrochen, *v. n.* to creep, crawl.

Krieg, *m.* (es, *pl.* e) war; quarrel.

Kriegen, *v. a.* to get, obtain.

Krieger, *m.* (s, *pl.* —) warrior.

Krippe, *f.* (*pl.* n) manger, crib.

Krokodilesrachen, *m.* (s) jaws *or* gorge of a crocodile.

Krone, *f.* (*pl.* n) crown; wreath; *fig.* glory; (*in architecture*) crowning, p. 184.

Krönen, *v. a.* to crown.

Kruzifix, *n.* (es) crucifix.

Küchenmagd, *f.* kitchen-maid, cook; hinaus mit der —! out with the kitchen-maid, p. 67.

Kugel, *f.* (*pl.* n) ball, bullet.

Kuh, *f.* (*pl.* e*) cow.

Kuhfleisch, *n.* (es) cow's flesh *or* meat.

Kühl, *adj.* cool; fresh.

Kühle, *f.* coolness.

Kühlen, *v. a.* to cool; to refresh; *v. n.* to cool down, get cool; —d, cooling, refreshing.

Kühlung, *f.* coolness; breeze.

Kühn, *adj.* bold, daring, dauntless, valiant; *adv.* boldly, &c.

Kühnheit, *f.* boldness; valour, dauntlessness.

Kühnlich, *adv.* boldly, confidently.

Kummer, *m.* (s) grief, sorrow, anxiety, affliction.

Kumpan, *m.* (s, *pl.* e) companion, fellow.

Kund, *adj.* known; — thun, to make known.

Kunde, *f.* news, intelligence.

Kundig, *adj.* acquainted with master of (*with the gen.*).

Künftig, *adj.* future; *adv.* in future, for the future, at some future time.

Kunst, *f.* (*pl.* e*) art; skill; trick, artifice; work of art; so ist es keine —, thus it is easy enough, it is no great feat, p. 106.

Künstler, *m.* (s, *pl.* —) artist.

Künstlerisch, *adj.* artistical, the artist's.

Künstlich, *adj.* ingenious, artful, complicated; *adv.* ingeniously.

Kunstreich, *adj.* ingenious; excellent; perfect (in art).

Kunstwerk, *n.* (es, *pl.* e) work of art.

Kupfer, *n.* (s) copper.

Kupferschmied, *m.* (es, *pl.* e) copper-smith, brazier.

Kuppel, *f.* (*pl.* n) cupola, dome.

Kurfürst, *m.* (en, *pl.* en) elector.

Kurz, *adj.* short; brief; vor —em, a little while ago; in —er Zeit, in a short time; *adv.* briefly, in short; damit ich's — sage, to say it (express myself) briefly, p. 214.

Kuß, *m.* (sses, *pl.* sse*) kiss.

Küssen, *v. a.* to kiss.

Küste, *f.* (*pl.* n) coast, shore.

L.

Labe, *f.* refreshment.

Laben, *v. a.* to refresh, quicken, revive; sich an etwas —, to enjoy, refresh one's self with; —d, refreshing, cooling.

Labetrank, *m.* (es) cooling *or* refreshing draught.

Lache, *f.* (*pl.* n) pool, puddle.

Lächeln, *v. n.* to smile; —d, smiling

Lachen, *v. n.* to laugh, smile; mit— with laughter, giggling, p. 109.

Laden, lud, geladen, *v. a.* to load, lade; auf sich —, to draw upon one's self, to incur, p. 98.

Lage, *f.* situation, position.

Lager, *n.* (s) couch, bed.

Lagern, *v. refl.* to lie down, to rest

Lamm, *n.* (es, *pl.* er*) lamb.
Lampe, *f.* (*pl.* n) lamp.
Land, *n.* (es, *pl.* er*) land, country, territory.
Landen, *v. n.* to land, disembark.
Landmann, *m.* (s, *pl.* Landleute) countryman, husbandman, peasant.
Landschaft, *f.* (*pl.* en) landscape; country, region, district.
Landstraße, *f.* (*pl.* n) highway, main road.
Lang, *adj.* & *adv.* long, lengthy; large; tall.
Lange *or* **lang**, *adv.* (*of time*), long, for a long time, a long while.
Länge, *f.* length; distance.
Langgezogen, *adj.* prolonged, long drawn out.
Langsam, *adj.* slow, lingering; *adv.* slowly.
Längst, *sup. of* lang, *adj.* longest; *adv.* long since, long ago.
Lärm, *m.* (es) noise, bustle, larum.
Lärmen, *v. n.* to make a noise; to vociferate.
Larve, *f.* (*pl.* n) mask; spectre.
Lassen, ließ, gelassen, *v. a.* & *n.* (*auxiliary*) to let, leave; to permit, allow, suffer; to cause; to order *or* get done; weil sie doch schon über die Brücke gelassen war, because she had already been suffered to pass the bridge (p. 108); laßt mir eure Gans, let me have your goose (p. 87); den dein Wunderstab hervorströmen ließ, which thy magic wand did cause to flow (p. 174); Einen warten —, to make one wait, p. 164.
Last, *f.* (*pl.* en) load, burden, weight.
Laster, *n.* (s, *pl.* —) vice, crime.
Lästig, *adj.* onerous, troublesome.
Laub, *n.* (es) foliage, leaves.
Laube, *f.* (*pl.* n) bower, arbour.
Lauern, *v. n.* to lurk; to listen.
Lauf, *m.* (es, *pl.* e*) course (of the stars, of life, &c.); career; current (of tears, &c.); (in music) flight; in geschickten Läufen, with skilful flights or passages, p. 202.
Laufbahn, *f.* race-ground; career.
Laufen, lief, gelaufen, *v. n.* to walk to run, hie; to flow.
Laune, *f.* (*pl.* n) humour, freak, caprice.
Lauschen, *v. n.* to listen, hearken; to lurk.
Laut, *m.* (es, *pl.* e) sound, tone.
Laut, *adj.* loud, clamorous; *adv.* aloud, loudly, clamorously.
Lauter, *adj.* pure, clear; sincere.
Leben, *v. n.* to live, to be alive; lebe wohl! farewell! lang lebe der König! God save the king (p. 139)! wovon sie leben, on what they live, how they support themselves (p. 105); daß keine, welche lebt 2c., let none of those who live, *i. e.* of living languages, &c. p. 214.
Leben, *n.* (s) life.
Lebend, *part. adj.* living, alive.
Lebendig, *adj.* living, alive; lively.
Lebensart, *f.* mode of life.
Lebensfreude, *f.* (*pl.* n) joy of life.
Lebenskraft, *f.* (*pl.* e*) principle of life, vital power.
Lebenslänglich, *adv.* during life, for live.
Lebensstaub, *m.* (es) life-dust, *i. e.* pollen (of flowers).
Lebensstunde, *f.* (*pl.* n) hour of life.
Lebhaft, *adj.* lively, sprightly, gay; *adv.* in a lively manner, vividly.
Lebhaftigkeit, *f.* vivacity, liveliness.
Leblos, *adj.* lifeless.
Lechzen, *v. n.* vor Durst —, to be choked with thirst, to be excessively thirsty; to languish, pant for.
Lecken, *v. a.* & *n.* to lick, to wet or moisten with the tongue; vom —, by licking, p. 83.
Ledermütze, *f.* leather cap.
Leer, *adj.* empty, void, vacant; frivolous, inane.
Leeren, *v. a.* & *refl.* to empty, evacuate; to become empty.

Legen, *v. a.* to lay, place, put; von sich —, to lay aside (p. 153); *v. refl.* to lie down, to lay one's self down, to recline; to become calm, to subside, abate.

Lehnen, *v. refl.* an etwas —, to lean against.

Lehre, *f.* (*pl.* n) precept, instruction.

Lehren, *v. a.* (*with two accusatives*) to teach, instruct; —d, teaching, instructing.

Lehrer, *m.* (s, *pl.* —) teacher, instructor, preceptor.

Lehrerinn, *f.* instructress, mistress.

Leib, *m.* (es, *pl.* er) body; belly (p. 164); der — des Herrn, the body of the Lord, *i. e.* the Sacrament, p. 190.

Leichenklage, *f.* mourning for the dead; in der —, while in mourning, p. 97.

Leichnam, *m.* (s) corpse; dead body, carcass.

Leicht, *adj.* light, easy; nimble; thin, slight; mit —em Herzen, with a light *or* merry heart (p. 90); *adv.* lightly, easily, nimbly; p. 129: unencumbered (by the treasures he had lost).

leichter, *comp. of* leicht, *adv.* more easily, easier.

Leichtsinnig, *adj.* careless; fickle; *adv.* carelessly, thoughtlessly.

Leiden, litt, gelitten, *v. a. & n.* to suffer, undergo, endure, bear.

Leiden, *n.* (s, *pl.* —) suffering.

Leidenschaft, *f.* (*pl.* en) passion.

Leider, *adv. & int.* unfortunately, alas!

Leinwand, *f.* linen, canvass (of a painting).

Leise, *adj.* low, soft; *adv.* low, softly, in a low tone.

Leiseplätschernd, *adj.* gently tinkling *or* murmuring (of the water.

Leisten, *v. a.* to do, perform; achieve, accomplish.

Leiten, *v. a.* to lead, conduct, guide.

Lende, *f* (*pl.* n) loins, hip, side.

Lenken, *v. a.* to govern, guide; *v n. & refl.* to turn, wend one's way.

Lenz, *m.* (es) spring.

Lenzgedicht, *n.* (es, *pl.* e) vernal poem.

Lernen, *v. a. & n.* to learn.

Lesebuch, *n.* (es) Reader.

Lesen, las, gelesen, *v. a.* to read; to gather, pick out.

Lethe, *f.* Lethe, the river of oblivion; *simply:* oblivion, forgetfulness.

Letzt, *adj.* last, ultimate; remotest; dieser —e, the latter, p. 186.

Leu, *poetical for* **Löwe**, *m.* (en, *pl.* en) lion.

Leuchten, *v. n.* to shine; to beam; to sparkle.

Leuchtend, *part. adj.* shining, bright, luminous.

Leute, *pl.* people, men, folks.

Leutselig, *adj.* affable, courteous; *adv.* affably, courteously.

Leyer, *f.* lyre.

Licht, *adj.* light, bright, clear, lucid.

Licht, *n.* (es, *pl.* er) light; luminary.

Lichthehr, *adj.* of majestic brightness, bright and majestic.

Lieb, *adj.* dear, beloved; agreeable; es ist mir —, I am glad; — haben, to love, like; — machen, to endear (p. 179); Lieber, my dear, p. 38.

Liebe, *f.* love, affection; mit —, affectionately, kindly.

Lieben, *v. a.* to love; to be fond of; —d, loving; cordially, kindly, lovingly.

Lieber, *adv. comp. of* lieb, sooner rather, p. 205.

Liebesgötter, *pl.* gods of love, Loves.

Liebesgöttinn, *f.* goddess of love, Venus.

Liebeswort, *n.* (es, *pl.* e) word of love, loving *or* endearing word.

Liebevoll, *adj.* affectionate, kind, tender.

Liebhaber, *m.* (s, *pl.* —) amateur.

Lieblich, *adj.* lovely, sweet; delightful, charming; *adv.* delightfully, sweetly, &c.

Liebling, *m.* (s, *pl.* e) favourite, darling.

Lied, *n.* (es, *pl.* er) lay, song, air; warbling *or* song (of birds).

Liederartig, *adj.* song-like.

Liefern, *v. a.* to furnish, supply.

Liegen, lag, gelegen, *v. n.* to lie; to be situate *or* placed; to be; to rest, p. 60.

Lilie, *f.* (*pl.* n) lily.

Lima, *n.* Lima, a town in Peru.

Lind, *adj.* soft, mild; *adv.* softly, mildly.

Lindern, *v. a.* to soothe, alleviate, assuage, lessen.

Lindwurm, *m.* (s) dragon, monster.

Link, *adj.* left; der —e, the one on the left hand, p. 154; die —e, *i. e.* Hand, the left hand; zur —en, at his left side, p. 127.

Links, *adv.* to *or* from the left, on the left side.

Linse, *f.* (*pl.* n) lentil.

Lippe, *f.* (*pl.* n) lip; eine herunterhängende —, a hanging lip, blubber-lip, p. 83.

List, *f.* craft; stratagem, artifice, cunning; mit —, by cunning *or* artifice.

Listig, *adj.* crafty, sly, artful, cunning; *adv.* cunningly, &c.

Liverei, *f.* (*pl.* en) livery.

Lob, *n.* (es) praise, commendation.

Loben, *v. a.* to praise, extol, commend.

Löblich, *adj.* laudable; honourable, worshipful.

Lobpreisend, *part. adj.* praising, extolling.

Loch, *n.* (es, *pl.* er*) hole, lurking-place, haunt, retreat.

Locke, *f.* (*pl.* n) lock, tress, curl (of hair).

Locken, *v. a.* to allure, entice, decoy.

Lodern, *v. n.* to blaze, flare.

Lohn, *m.* & *n.* (es) reward; wages compensation; price, p. 138.

Lohnen, *v. a.* to reward, compensate; to requite, pay.

Loos, *n.* (es) lot, fate.

Los, *adj.* & *adv.* loose, untied.

Losgebunden, *part. adj.* unchained, let loose.

Lösen, *v. a.* to loosen, unbind; to dissolve, relieve (pain).

Löwe, *m.* (n, *pl.* n) lion.

Löwengrube, *f.* (*pl.* n) lion's den.

Löwinn, *f.* (*pl.* en) lioness.

Lücke, *f.* (*pl.* n) gap, hole, chasm.

Ludwig, *m.* (s) Lewis.

Luft, *f.* (*pl.* e*) air; atmosphere; breath, breeze; in den Lüften, in the air.

Luftig, *adj.* airy; — schweben, to float (hover) in the air, p. 185.

Lüge, *f.* (*pl.* n) lie, falsehood.

Lügen, *v. n.* & *a.* to tell a falsehood, to lie, deceive.

Luna, *f.* Luna, moon.

Lust, *f.* (*pl.* e*), pleasure, delight, joy; desire, mind; — haben, to have a mind, to desire.

Lüsten, *v. imp.* (*gov. the dat.*) to desire *or* long for; da lüstet' dem Braunen übermäßig nach, &c., then Bruin felt a great desire for, immoderately longed after, &c., p. 165.

Lüstern, *adj.* longing for, hankering *or* lusting after, desirous of (*with* nach).

Lustig, *adj.* merry, jocund, jovial, gay; *adv.* merrily, &c.

Lycisch, *adj.* Lycian, belonging to Lycia, a district of Asia Minor.

M.

Maaß, *n.* (es) measure; moderation; proportion, extent, degree, p. 178.

Machen, *v. a.* to make; to do; to produce; was machst du? what are you doing? p. 77.

Macht, *f.* (*pl.* e*) might; power; forces (military); strength.

Mächtig, *adj.* mighty, powerful, potent; *adv.* mightily, powerfully.

Mächtigst, *adv. sup.* most powerfully, mightily.

Machtlos, *adj.* powerless; feeble; impotent.

Mädchen, *n.* (s, *pl.* —) maid; girl.

Magd, *f.* (*pl.* e*) maid-servant; maid.

Magdalena, *f.* Magdalen.

Mägdelein, } *n.* (s, *pl.* —) maiden,
Mägdlein, } virgin, lass.

Magellan, *n.* (s) Magellan.

Magisch, *adj.* magical, magic.

Mahl, *n.* (es, *pl.* er*) repast, meal.

Mähre, *f.* tale; account, news.

Mähren, *n.* (s) Moravia.

Mai, *m.* (es) May.

Maid, *f.* (*poetical*) maid, maiden.

Maienlicht, *n.* (s) light of May.

Majestät, *f.* (*pl.* en) majesty.

Majestätisch, *adj.* majestic; *adv.* majestically.

Mal, *n.* (es, *pl.* e) time (*with numerals*); das erste *or* zum ersten —, the first time; zum letzten —, the last time; einige —, several times.

Malepartus, Malepartus, the strong-hold of Reynard, p. 161.

Malen, *v. a.* to paint; to depict, delineate, portray.

Maler, *m.* (s, *pl.* —) painter, artist.

Man, *pron. indefinite*, one; somebody, they; people, see Gr. p. 429, § 92; man sagt, people say, it is said.

Manch(er), manche, manches, many a, many a one; *pl.* manche, many; some.

Mancherlei, *adj.* (*not declined*) sundry, diverse, many.

Mangel, *m.* (s) want, lack.

Mann, (es, *pl.* er*) man, husband; eine Armee von hunderttausend —, an army of a hundred thousand men, p. 174 (see Gr. p. 389, § 26).

Männerwürde, *f.* manly dignity *or* worth; valour.

Mannigfach, } *adj.* manifold,
Mannigfaltig, } various.

Männlich, *adj.* manly, manful; *adv.* manfully, manly.

Männlichkeit, *f.* manhood, manliness.

Manövre, *n.* ('s, *pl.* 's) manœuvre, evolutions (of troops).

Mantel, *m.* (s) mantle, cloak.

Märchen, *n.* (s, *pl.* —) tale, story legend.

Marie, *f.* Mary.

Mark, *f.* (*pl.* en) bound, limit; an den —en meiner Tage, at the limit of my days (life), p. 110.

Markt, *m.* (es, *pl.* e*) market, fair; market-place.

Marktplatz, *m.* (es, *pl.* e*) market-place.

Marmor, *m.* (s) marble.

Marmorbild, *n.* (es, *pl.* er) marble statue *or* image.

Marmorsäule, *f.* (*pl.* n) marble column.

Marschall, *m.* (s, *pl.* e*) marshall.

Martin, *m.* (s) Martin.

Maß, *n. see* Maaß.

Masse, *f.* mass, bulk.

Mäßigkeit, *f.* temperance, moderation.

Mäßigen, *v. refl.* to be moderate, to observe moderation; mäßiget euch, take it moderately, p. 167.

Materie, *f.* (*pl.* n) matter, material, stuff.

Matt, *adj.* feeble, faint.

Mauer, *f.* (*pl.* n) wall.

Mauerstück, *n.* (es, *pl.* e) piece *or* fragment of a wall.

Maulthier, *n.* (s, *pl.* e) mule.

Maulwurfsgang, *m.* (es, *pl.* e*) mole-track.

Mechanismus, *m.* mechanism.

Meer, *n.* (es, *pl.* e) sea; ocean; der Gott des —es, the god of the sea, Neptune.

Mehr, *adj. & adv.* (*comp. of* viel) more; any more (p. 97); Niemand —, nobody else (p. 70); noch —, still more; nicht —, no more, no longer; immer —, more and more.

Mehre *or* **mehrere**, *adj. num*

several; die mehren, that larger number, p. 212.

Meile, *f.* (*pl.* n) mile (= 4½ English miles).

Mein, meine, mein, *pron. poss.* my; mine.

Meinen, *v. a. & n.* to think, suppose, to be of opinion, to imagine, presume; to mean, to signify.

Meinige, der, die, das, *pron. poss. absolute*, mine; die —n, my family; my people, p. 200.

Meinung, *f.* (*pl.* en) opinion; meaning.

Meist, *sup. of* viel, *adj. & adv.* most, mostly; am —en, most, mostly.

Meistens, *adv.* mostly; generally.

Meister, *m.* (s, *pl.* —) master.

Meisterinn, *f.* mistress.

Meisterstück, *n.* (es) master-piece.

Meisterwerk, *n.* (es, *pl.* e) master-work (of art).

Melden, *v. a.* to mention; to make mention of; to tell.

Melken, *v. ir. a.* to milk.

Melodie, *f.* (*pl.* n) melody, tune; music.

Menelaos, *m.* Menelaus, king of Sparta.

Menge, *f.* multitude, crowd, throng; mass, quantity, abundance.

Mengen, *v. a. & refl.* to mix, mingle, blend.

Mensch, *m.* (en, *pl.* en) human being, man; die —en, men, people.

Menschenbrust, *f.* human heart *or* breast.

Menschengeist, *m.* (es) spirit *or* soul of man, human mind.

Menschengeschlecht, *n.* (es) human family *or* race, mankind.

Menschenherz, *n.* (ens, *pl.* en) human heart *or* soul.

Menschenkind, *n.* (es, *pl.* er) child of man.

Menschensinn, *m.* (s) mind *or* heart of man.

Menschentroß, *m.* (sses) crowd *or* throng (of people).

Menschheit, *f.* the human race human nature; humanity.

Menschlich, *adj.* human.

Meridian, *m.* (s) meridian; durch den — gehen, to pass the meridian.

Merkbar, *adj.* sensible, perceptible; considerable.

Merken, *v. a.* to mark; to perceive, observe; und merkte lange nichts, and perceived *or* suspected nothing for a long time, p. 47.

Merkwürdig, *adj.* remarkable; *adv.* remarkably, notably.

Messe, *f.* fair.

Messen, maß, gemessen, *v. a.* to measure, survey, scan.

Messer, *n.* (s, *pl.* —) knife.

Metall, *n.* (s, *pl.* e) metal.

Metallisch, *adj.* metalline, metallic; die —en Mächte, the metallic powers.

Metzger, *m.* (s, *pl.* —) butcher.

Mich, *acc. of* ich, me; myself.

Miene, *f.* mien, look, air.

Milch, *f.* milk.

Milchstraße, *f.* milky-way, galaxy

Mild(e), *adj.* mild, tender, soft, *adv.* mildly, benignly, kindly.

Mildern, *v. a.* to mitigate, alleviate, soften.

Milesisch, *adj.* die —en Fabeln, the Milesian fables *or* tales.

Militärisch, *adj.* military.

Minder, *adj. & adv.* less; inferior, smaller; nichts —es, als &c., nothing less than *or* short of, p. 211.

Mindeste, der, die, das, *adj.* the least, smallest.

Minotaur, *m.* (s, *pl.* en) Minotaur.

Minute, *f.* (*pl.* n) minute.

Mir, *dat. of* ich, to me; to myself; me.

Mirakel, *n.* (s, *pl.* —) miracle, wonder.

Mischen, *v. a. & refl.* to mingle, mix; to be mingled, to blend.

Missethäter, *m.* (s, *pl* —) malefactor, criminal.

Mit, *prep.* (*gov. the dat.*) with; by; along with; at; to; sprach er — sich selbst, said he to himself, p. 88; *adv.* too, also, likewise (*chiefly in compounds*).

Mitbringen, brachte, gebracht, *v. a.* to bring along *or* with; to bring *or* carry home.

Mitbürger, *m.* fellow-citizen.

Mitgehen, ging, gegangen, *v. n.* to go along *or* with any one; to accompany.

Mitglied, *n.* (es, *pl.* er) fellow-member, member.

Mithin, *conj.* therefore, consequently.

Mitkommen, kam, gekommen, *v. n.* to come *or* go along with; du kommst nicht mit, you shall not go with us, p. 70.

Mitnehmen, nahm, genommen, *v. a.* to take along with one.

Mittag, *m.* (s) noon, midday.

Mittags= und Abendbrod, dinner and supper, p. 85 (see note 1, p. 94).

Mittagssuppe, *f.* soup taken at dinner; dinner.

Mitte, *f.* middle part, centre; midst, middle.

Mittel, *n.* (s, *pl.* —) means; medium.

Mittelpunkt, *m.* (es) centre, middle-point.

Mitten, *adv.* amidst, in the midst; — in, in the midst of, p. 95.

Mitternacht, *f.* midnight.

Mitternachtsstunde, *f.* (*pl.* n) midnight hour.

Mittler, *adj.* middle, medium, mean; die —e Höhe, the medium height, less craggy part, p. 198.

Moder, *m.* (s) mould, mud; decay.

Modern, *v. n.* to decay, moulder.

Mögen, mochte, gemocht, *v. n.* to be allowed (may, might); to be able (can, could); to wish, have a mind to, desire; wie weit mag's sein? how far may it be, p. 117; ich mag nicht, I do not ike, p. 195.

Möglich, *adj.* possible, feasible.

Molch, *m.* (es, *pl.* e) salamander; a monster (generally).

Monarch, *m.* (en, *pl.* en) monarch.

Monat, *m.* (s, *pl.* e) month.

Mond, *m.* (es, *pl.* e) moon.

Mondbeglänzt, *adj.* moon-lit.

Mondenschein, **Mondschein**, *m.* (s) moon-light.

Moor, *n.* (s) moor, marsh, fen.

Moos, *n.* (es) moss.

Moralisch, *adj.* moral.

Mörder, *m.* (s, *pl.* —) murderer.

Mörderisch, *adj.* murderous.

Morgen, *m.* (s, *pl.* —) morning, morn; des —s, in the morning.

Morgen, *adv.* to-morrow.

Morgenlicht, *n.* (es) morning-light.

Morgenluft, *f.* morning-air, morning-breeze.

Morgenroth, *adj.* aurora-coloured, aurora-tinted.

Morgenroth, *n.* (s) aurora, early dawn.

Morgensonne, *f.* morning-sun.

Morgensonnenschein, light *or* brightness of the morning-sun.

Morgenstern, *m.* morning-star.

Motiv, *m.* (es, *pl.* e) motive.

Mücke, *f.* (*pl.* n) gnat, fly.

Müde, *adj.* weary, fatigued, tired.

Mühe, *f.* (*pl.* n) trouble, difficulty, pains, toil; mit leichter —, with little difficulty, easily.

Mühsam, *adj.* tedious, difficult, arduous, toilsome; *adv.* with difficulty; arduously.

Mühseligkeit, *f.* (*pl.* en) toil, hardship.

Mund, *m.* (es) mouth.

Mundart, *f.* dialect.

Munter, *adj.* awake; brisk, gay, spirited, vivacious; mettlesome (ot a horse).

Murren, *v. n.* to murmur, grumble; —d, murmuring, grumbling; das —, the grumbling, dissatisfaction, p. 176.

Muschelschaale, *f.* muscle-shell

Muse, *f.* (*pl.* n) muse.

Musik, *f.* music; — machen, to make music, to play.

Musikalisch, *adj.* musical.

Muße, *f.* leisure, spare time.

Müssen, mußte, gemußt, *v. n.* to be obliged (must); ich muß, I must; ich mußte, I was obliged.

Müßig, *adj.* idle; vain.

Muth, *m.* (es) courage; spirit, heart.

Muthwillig, *adj.* wanton, malicious; *adv.* wantonly, wilfully, maliciously.

Muthig, *adj.* courageous, bold, spirited; *adv.* courageously, boldly.

Mutter, *f.* (*pl.* —*) mother; Madonna, p. 149.

Mütterchen, *n.* (s) good mother, (a term of familiarity *or* endearment given to any old woman).

Mutterlaut, *m.* (es) mother sound (applied to language).

Muttersprache, *f.* native language, vernacular *or* mother tongue.

Myrthe, *f.* (*pl.* n) myrtle.

Myrtil, *m.* Myrtillus.

N.

Nach, *prep.* (*gov. the dat.*) after (a person, time *or* object); to, towards, into, for (a place); according to; — Paris, to Paris; — dem Garten, into the garden; — ihm *or* ihm —, after him; — dem Strome, towards the river; — und —, by degrees, gradually.

Nachahmen, *v. a. & n.* to imitate (*usually with the dat.*); to copy.

Nachbar, *m.* (s, *pl.* n) neighbour.

Nachbohren, *v. a.* to bore after.

Nachdem, *conj.* after; when; as; *adv.* afterwards, after that.

Nachdenken, dachte, gedacht, *v. a.* to reflect, muse.

Nachdenken, *n.* (s) reflection; meditation; thought.

Nachdrängen, *v. n.* to press *or* crowd after.

Nachfahren, fuhr, gefahren, *v. a.* to carry *or* convey after.

Nachfolgen, *v. n.* to follow; to come after.

Nachfühlen, *v. n.* (*with the dat.*) to feel after, to feel what another has felt, to experience the same emotions, p. 184.

Nachhall, *m.* (s) echo.

Nachher, *adv.* afterwards, subsequently, hereafter.

Nächst, (*sup. of* nahe) *adj.* nearest, next, closest; *adv.* next after, next to (*with the dat.*).

Nächste, *m.* (n, *pl.* n) neighbour.

Nacht, *f.* (*pl.* e*) night; *fig.* the night of death, annihilation, p. 133; in der — *or* des —s, by night, at night.

Nachtigall, *f.* (*pl.* en) nightingale.

Nachtigallenchor, *m.* (s) choir *or* chorus of nightingales.

Nächtlich, *adj.* nocturnal, nightly; by night; *fig.* dismal, dark.

Nachtwolken, *pl.* night-clouds.

Nacken, *m.* (s, *pl.* —) neck; back; dem — folgen, to follow *or* come on close behind, p. 160.

Nackt, *adj.* naked, nude, bare.

Nagel, *m.* (s, *pl.* —*) nail.

Nagen, *v. a. & n.* to gnaw, nibble; to prey, p. 145; to sting.

Nah(e), *adj. & adv.* near, nigh, close to, close; adjacent, neighbouring, p. 28; near, *i. e.* omnipresent, p. 172.

Nähe, *f.* nearness, presence, proximity, neighbourhood; in der —, near by, near at hand.

Nahen, *v. n. & refl.* to draw near, to approach (*with the dat.*).

Näher, *adj. & adv.* (*comp. of* nahe) nearer, nigher.

Nähern, *v. refl.* to approach, draw near; to approximate.

Name, *m.* (ns, *pl.* n) } name; title.
Namen, *m.* (s, *pl.* —) }

Nämlich, *adv.* namely, to wit.

Nämliche, der, die, das, *adj.* the same; the very (one).

Narr, *m.* (en, *pl.* en) fool.

Narzisse, *f.* (*pl.* n) narcissus.

Nase, *f.* (*pl.* n) nose.

Naß, *adj.* wet, moist, humid.

Natur, *f.* (*pl.* en) nature; von —, by nature; teuflischer —, of a fiend-like nature *or* disposition; eine himmlische —, a celestial nature, *i. e.* being, p. 182.

Natürlich, *adj.* natural; true to nature; unaffected, genuine; *adv.* naturally, as a matter of course.

Neapel, *n.* (s) Naples.

Nebel, *m.* (s, *pl.* —) fog, mist.

Nebelstern, *m.* (es, *pl.* e) nebulous star, nebula.

Nebelstreif, *m.* (es) streak of mist.

Neben, *prep.* (*gov. the acc. & dat.*) by the side of; by, near, close to; with; besides; —an reiten, to ride by the side of any one, p. 156.

Nebenfigur, *f.* (*pl.* en) subordinate figure (of a painting).

Nebenzimmer, *n.* (s, *pl.* —) side-room, adjoining room.

Nebst, *prep.* (*gov. the dat.*) besides, together with.

Neffe, *m.* (n, *pl.* n) nephew.

Nehmen, nahm, genommen, *v. a.* to take; to assume (a position), p. 183; bei der Hand —, to take by the hand; mit sich —, to take along with.

Neiden, *v. a. & n.* to envy, grudge.

Neigen, *v. refl.* to bow, to make a courtesy to any one; to decline (of a star, &c.).

Neigung, *f.* (*pl.* en) inclination (of the mind), desire.

Nein, *adv.* no, nay; ach —, no, no, by no means.

Nelke, *f.* (*pl.* n) pink.

Nennen, nannte, genannt, *v. a.* to name, call; to tell, mention.

Nerv, *m.* (en, *pl.* en) nerve; sinew.

Netz, *n.* (es, *pl.* e) not.

Neu, *adj.* new; recent; fresh; von —em *or* aufs —e, anew, afresh, again.

Neugeboren, *adj.* new-born, born again.

Neugestärkt, *adj* with new strength *or* vigour.

Neugierig, *adj.* curious, inquisitive; anxious for information, p. 199.

Neujahr, *n.* (es) new-year.

Neujahrsmitternacht, *f.* new-year's midnight.

Neujahrsnacht, *f.* new-year's night *or* eve.

Neujahrswunsch, *m.* (es, *pl.* e*) wishes or congratulations for a happy new-year.

Nicht, *adv.* not; never (*rarely used in this sense*): — wieder, not *or* never again; — frömmer, never more pious, p. 196; — vergnügter, never in better spirits, p. 80; mit —en, by no means, not at all.

Nichts, *pron.* nothing, naught; — als, nothing but.

Nichts, *n.* nothingness, insignificance, p. 175.

Nicken, *v. n.* to nod.

Nie, *adv.* never.

Nieder, *adj.* low, nether; *adv.* down, low; auf und —, up and down.

Niederblicken, *v. n.* to look down, to fix one's eyes to the ground.

Niederer, *adj. & adv.* (*comp. of* nieder) lower.

Niederfallen, fiel, gefallen, *v. n.* to fall down.

Niedergedrückt, *part. adj.* pressed down, depressed.

Niedergerissen, *part. adj.* torn *or* pulled down.

Niederlassen, ließ, gelassen, *v. refl.* to lie down, recline.

Niederlegen, *v. refl.* to lay one's self down, to lie down.

Niederreißen, riß, gerissen, *v. a.* to tear *or* pull down.

Niederschlagen, schlug, geschlagen, *v. a.* to knock down, crush.

Niedersteigen, stieg, gestiegen, *v. n.* to descend.

Niederstürzen, *v. n.* to fall down *or* prostrate.

Niederwerfen, warf, geworfen, *v. a. & refl.* to throw down; to cast to the ground.
Niedlich, *adj.* neat, pretty; delicate, elegant.
Niedrig, *adj.* low.
Niemals, *adv.* never, at no time.
Niemand, *pron.* (s) no one, nobody.
Nimmer, *adv.* never; no more, p. 137; noch —, never before; — und —, never at all, never, no, never.
Nimmermehr, *adv.* never more, never; by no means.
Nirgend(s), *adv.* nowhere.
Noch, 1. *adv.* as yet, yet, still; more; besides, p. 200; — nicht, not yet; — eine höhere Liebe, a still higher love, p. 20; — ein Mal, once more; — einer, eine, eins, one more; 2. *conj* nor; weder . . . —, neither . . . nor.
Nochmals, *adv.* once more, again.
Nord, *m.* (es) north; north wind.
Nordlichtschein, *m.* shine *or* glare of the northern light.
Noth, *adj.* needful, necessary; es ist nicht —, there is no need of it, p. 204.
Noth, *f.* (*pl.* en*) need, necessity; trouble, distress; danger; aus —, from necessity; ohne —, without any need, unnecessarily.
Nöthig, *adj.* needful, necessary; man hat nicht — zu sein, &c., one does not need to be, p. 178.
Nöthigen, *v. a.* to necessitate; to urge, constrain, compel.
Nothwendig, *adj.* necessary; indispensable.
Novelle, *f.* novel.
Nun, *adv.* (*of time*) now, by this time; at present; von — an, henceforth; (*of cause*) well, well then; therefore; — so höre, well then listen, p. 20.
Nunmehr, *adv.* now, by this time.
Nur, *adv.* only, but, solely, but just; — erst als, not until, only when, p. 203; *with imperatives it is intensive:* bleib' — bei uns, do but stay with us, p. 108; streuet — Blumen, scatter your flowers, *or* don't cease to scatter, p. 172; *with adverbs or pronouns it has the force of* ever: wer —, who ever; so weit —, however far, as far as, p. 104; als ein junger Mann — in die Welt mitnehmen kann, as any (*or* ever a) young man can (wish to) take abroad with him, p. 197.
Nuß, *f.* (*pl.* sse*) nut.
Nußbaum, *m.* (es, *pl.* e*) nut-tree.
Nüster, *f.* (*pl.* n) nostril.
Nützen, *v. n.* to be of use *or* useful, to benefit, serve, to be of advantage (*with the dat.*).
Nützlich, *adj.* useful.
Nymphe, *f.* (*pl.* n) nymph.

O.

O! *int.* oh!
Ob, *conj.* whether; if; als —, as if; — . . . —, whether . . . or whether, p. 106.
Obdach, *n.* (es) shelter; dwelling, lodging.
Obelisk, *m.* (es, *pl.* e) obelisk.
Oben, *adv.* above, aloft, on high; up-stairs, overhead; von —, from on high, from heaven; ganz —, at the very top (of the picture), p. 181.
Obendrein, *adv.* over and above, into the bargain.
Ober, *adj.* upper, higher, superior.
Oberfläche, superficies, surface.
Oberst, *adj.* (*sup. of* ober) uppermost; highest, supreme.
Obgleich, *conj.* although, though, what if; *it is often separated:* ob . . . gleich.
Obhut, *f.* protection, care.
Objectiv, *adj.* objective.
Obschon *or* **ob . . . schon**, *see* obgleich.
Obst, *n.* (es) fruit, fruitage.
Obstbaum, *m.* (es, *pl.* e*) fruit-tree.
Ocean, *m.* (s) ocean.
Ochse, *m.* (n, *pl.* n) ox.

Ode, *f.* (*pl.* n) ode.
Oede, *adj.* desolate, waste, solitary.
Oede, *f.* desert, solitude.
Odem, *m.* (s) breath.
Oder, *conj.* or; or else, otherwise.
Odysseus, *m.* Ulysses, king of Ithaca, one of Homer's heroes.
Oeffentlich, *adj.* public.
Oeffnen, *v. a. & refl.* to open; zum — und Schließen, for opening and shutting, p. 163.
Ofen, *m.* (s, *pl.* —*) stove; oven.
Offen, *adj.* open; sincere, frank; clear, serene, p. 168; *adv.* openly, freely, frankly.
Offenbaren, *v. a. & refl.* to manifest, disclose, discover; to reveal (itself), p. 183.
Officier, *m.* (s, *pl.* e) officer (in the army).
Oft, *adv.* often, oft, frequently; so — (als), as often as.
Oheim, *m.* (s, *pl.* e) uncle.
Ohne, *prep.* (*gov. the acc.; also the infin. with* zu) without; except, save; — daß es sagen muß, without being obliged to say, p. 98; — für alle Andere zu arbeiten, without working for all the rest, p. 212; — sich . . . zu bedenken, without considering *or* reflecting, p. 187.
Ohnmacht, *f.* (*pl.* en) swoon, fainting fit; weakness; die — hatte . . . ihm das Leben wieder beschert, the fainting fit had restored him to life again, p. 102.
Ohr, *n.* (*pl.* en) ear.
Ohrfeige, *f.* (*pl.* n) box on the ear.
Oel, *n.* (es) oil.
Oellämpchen, *n. dim.* (s, *pl.* —) a small oil lamp.
Opfer, *n.* (s, *pl.* —) offering; oblation; sacrifice.
Orden, *m.* (s, *pl.* —) order (of knights, &c.).
Ordentlich, *adj.* orderly, regular; *adv.* orderly, fitly, properly.
Ordnung, *f.* regulation order; was ihn an eine — der Dinge knüpft, which links him to an order of things, p. 211.
Orkan, *m.* (s, *pl.* —) hurricane; tornado.
Ort, *m.* (es, *pl.* e *or* er*) place; corner; spot, point.
Osten, *m.* (s) east; aus, im —, from, in the east.
Ostsee, *f.* the Baltic.

P.

Paar, *n.* (es, *pl.* e) pair; a few, some few; ein — Heller, a few oboles, p 85.
Pachten, *v. a.* to farm, to rent.
Pachter, *m.* (s, *pl.* —*) farmer, tenant.
Packen, *v. a.* to seize, lay hold of.
Page, *m.* (n, *pl.* n) page.
Palast, *m.* (es, *pl.* e*) palace.
Palme, *f.* (*pl.* n) palm-tree; palm branch, palm.
Palmenwald, *m.* (es, *pl.* er*) palm-grove, grove of palm-trees.
Pantoffel, *m.* (s, *pl.* n) slipper.
Panzer, *m.* (s, *pl.* —) coat of mail.
Panzerhemd, *n.* (es) shirt of mail.
Parabel, *f.* (*pl.* n) parable.
Paradies, *n.* (es) paradise.
Paradiesesfluß, *m.* (sses, *pl.* sse*) river of paradise.
Paris, *n.* Paris (the city).
Passen, *v. n.* to fit, to be just right, to suit (*with the dat. or* auf etwas —, p. 187).
Paul, *m.* ('s) Paul.
Paulus, *m.* St. Paul.
Pause, *f.* pause, stop.
Pech, *n.* (s) pitch.
Pein, *f.* pain, anguish, torture, torment.
Peitsche, *f.* (*pl.* n) whip, scourge.
Peitschenknall, *m.* (s) smacking *or* cracking of whips.
Pelz, *m.* (es, *pl.* e) skin; fur.
Pension, *f.* (*pl.* en) pension.
Periodisch, *adj.* periodical, periodic.
Perle, *f.* (*pl.* n) pearl; jewel

Person, *f.* (*pl.* en) person; personage.
Persönlich, *adj.* personal.
Persönlichkeit, *f.* personality.
Pfad, *m.* (es, *pl.* e) path.
Pfand, *n.* (es, *pl.* er*) pawn, pledge.
Pfeife, *f.* (*pl.* n) pipe, fife; pipe (for tobacco).
Pfeil, *m.* (es, *pl.* e) dart, arrow; shaft.
Pfeilgeschwind, *adv.* with arrow's speed, with the rapidity of an arrow.
Pfeiler, *m.* (s, *pl.* —) pier, pillar.
Pferd, *n.* (es, *pl.* e) horse, steed; zu —e, on horseback; am —e, near the horse.
Pfirsich, *m.* (es, *pl.* e) } peach.
Pfirsiche, *f.* (*pl.* n) } peach.
Pflanze, *f.* (*pl.* n) plant.
Pflanzen, *v. a.* to plant; to set.
Pflaum. *m.* (es) down (of fruit, &c.).
Pflegen, *v. a. & n.* 1. to tend, foster, cherish; to attend to; to enjoy (*with the gen.*), p. 156; 2. to be accustomed *or* in the habit of, to be wont (*with an infinitive*).
Pflicht, *f.* (*pl.* en) duty, obligation.
Pflug, *m.* (es, *pl.* e*) plough.
Pflüger, *m.* (s, *pl.* —) ploughman, plougher.
Pforte, *f.* (*pl.* n) gate.
Pfote, *f.* (*pl.* n) paw, claw
Pfühl, *m.* (es) pillow, bolster.
Phantasie, *f.* fancy, imagination.
Phosphoriscirend, *part. adj.* phosphorescent.
Physiognomie, *f.* (*pl.* n) physiognomy.
Pick, a word imitative of the noise produced by the pecking of birds.
Pilger, *m.* (s, *pl.* —) } pilgrim,
Pilgrim, *m.* (s, *pl.* e) } stranger.
Pinsel, *m.* (s, *pl.* —) brush (of a painter).
Pistole, *f.* (*pl.* n) pistol.
Plage, *f.* (*pl.* n) distress, trouble, calamity; vexation, annoyance.
Plagen, *v. a.* to torment, plague, pester, trouble.
Plan, *m.* (es, *pl.* e*) plain; plan, purpose, aim, design.
Planet, *m.* (en, *pl.* en) planet.
Planke, *f.* (*pl.* n) board, plank.
Plärren, *v. n.* to blab, cry, blare.
Platschfuß, *m.* (es) huge flat foot, splay-foot.
Platz, *m.* (es, *pl.* e*) place; room; square; position, p. 210; — machen, to make room, give way to.
Plötzlich, *adv.* suddenly, at once, all of a sudden.
Plump, *adj.* blunt; coarse, awkward.
Plumpen, *v. n.* to plump; to tumble, fall awkwardly.
Plündern, *v. a.* to plunder, rob.
Pomp, *m.* (es) pomp, splendour; state.
Port, *m.* (es) port, harbour.
Portugiese, *m.* (n, *pl.* n) Portuguese.
Pracht, *f.* splendour, magnificence pomp, state.
Prächtig, *adj.* splendid, gorgeous, magnificent, stately.
Praktisch, *adj.* practical.
Prag, *n.* ('s) Prague (a town).
Prahlen, *v. n.* to boast, brag, vaunt.
Prahlerisch, *adj.* boastful, vaunting; ostentatious.
Prallen, *v. n.* to bound, bounce; zurück—, to rebound.
Prangen, *v. n.* to shine (forth); to be splendid *or* conspicuous.
Prangend, *part. adj.* showy; splendid; dazzling.
Praxiteles, *m.* Praxiteles, a Grecian sculptor.
Preis, *m.* (es, *pl.* e) cost, price; prize, reward; glory; — geben, to expose, abandon.
Preisen, pries, gepriesen, *v. a.* to praise, laud, extol; wer preis't den Ruhm des Herrn? who exalts the glory of the Lord? p. 201; —d, praising, magnifying.
Preußen, *n.* ('s) Prussia.

Priester, *m.* (s, *pl.* —) priest.

Prinz, *m.* (en, *pl.* en) prince.

Pulver, *n.* (s) powder.

Pulverschlag, *m.* (s) petard.

Punkt, *m.* (es, *pl.* e) point; speck, dot; einen bloßen — im Weltall, a mere point *or* speck in the universe, p. 210.

Pur, *adj.* pure.

Purpur, *m.* (s) purple; purple robe.

Purpurn, *adj.* purple, of purple; of a purple hue.

Pygmalion, *m.* Pygmalion, an eminent statuary of Cyprus. The goddess of Beauty is said to have changed one of his ivory statues into a living being, p. 183.

Pyramide, *f.* (*pl.* n) pyramid.

Python, Python, a monstrous serpent, slain by the shafts of Apollo.

Q.

Quaken *or* **quäken**, to quack *or* croak (of frogs); —d, croaking.

Qual, *f.* (*pl.* en) pain; anguish; affliction; torment.

Quälen, *v. a.* to afflict, grieve, torment, vex.

Quell, *m.* (s) } spring, source,
Quelle, *f.* (*pl.* n) } fountain, well.

Quellen, quoll, gequollen, *v. n.* to well, spring, gush forth.

Quer, *adv.* across, athwart, diagonally.

Querfeldein, *adv.* across *or* athwart the fields; und bricht mit Gewalt —, and forces his way transversely through *or* athwart (the rock), p. 192.

R.

Rabe, *m.* (n, *pl.* n) raven, crow.

Rache, *f.* vengeance, revenge.

Rachegeist, *m.* (es, *pl.* er) avenging spirit, Fury; der Rache Geister, *pl. on p.* 131.

Rächen, *v. a.* to avenge, revenge.

Rachen, *m.* (s, *pl.* —) throat, jaws *or* gorge (of animals, &c.); abyss.

Rächer, *m.* (s, *pl.* —) avenger.

Rad, *n.* (es, *pl.* er*) wheel; spinning-wheel.

Raffen, *v. a.* to sweep; to carry *or* snatch away.

Ragen, *v. n.* to project, to jut *or* stand out; —d, jutting out, projecting.

Rand, *m.* (es, *pl.* er*) edge; border brink, brim, marge; bis zum —e, up to the brim (of a beaker), p. 139; vorn bis zum —e, to the front-side (of the ship), to the edge of the bow, p. 127.

Rang, *m.* (es) rank, order.

Raphael, *m.* ('s) Raphael, an eminent painter.

Rasch, *adj.* quick, speedy, vigorous, brisk; *adv.* quickly, resolutely, &c.

Rasend, *v. n.* to rage, bluster; —d, raging, furious, mad.

Rasseln, *v. n.* to rattle; to clatter.

Rast, *f.* rest, repose.

Rath, *m.* (es) advice, counsel; will *or* decree (of God), p. 58; court, deliberative assembly; zu —e sind versammelt worden, have been assembled for consultation, p. 143; — nehmen, to take advice, consult, p. 148.

Rathen, rieth, gerathen, *v. a.* to advise, counsel; to assist, aid (*with the dat.*).

Räthsel, *n.* (s, *pl.* —) riddle.

Räthselhaft, *adj.* enigmatical; mysterious.

Raub, *m.* (es) robbery; spoil, booty; prey.

Raubthier, *n.* (s, *pl.* e) beast of prey.

Rauben, *v. a.* to rob, plunder; to deprive of.

Räuber, *m.* (s, *pl.* —) robber pirate.

Rauch, *m.* (es) smoke, fume.

Rauchsäule, *f.* (*pl.* n) pillar of smoke.

Rauchen, *v. a. & n.* to smoke; to fume; to reek.

Rauchig, *adj.* smoky

Rauh, *adj*. rough; rude, coarse; raw, inclement.

Raum, *m*. (es, *pl*. e*) space room, place; — geben, to give way; to give vent to, indulge, p. 197.

Rauschen, *v. n*. to rustle; to rush, roar, thunder (of water, &c).

Rebe, *f*. (*pl*. n) vine-branch, vine, grape-vine.

Rebenlaub, *n*. (es) vine-leaves.

Rechenschaft, *f*. account; — geben, to account for; to render an account.

Rechnen, *v. a. & n*. to reckon, compute, calculate; auf Einen *or* etwas —, to reckon, count *or* depend upon; so konnte man sicher drauf —, one could depend upon it, p. 188.

Recht, 1. *adj*. right; on the right hand; correct, accurate; just, true, proper, p. 73 and 74; der —e, the one on the right hand, p. 154; 2. *adv*. rightly, &c.; greatly, very; — geschwind, very fast, p. 84; — erquicklich, very refreshing, p. 190.

Recht, *n* (es, *pl*. e) right; law; justice.

Rechte, die —, *i. e*. Hand, the right hand, p. 128; zur —n, at the right hand *or* side.

Rechts, *adv*. at, to *or* from the right hand.

Recken, *v. a*. to extend, stretch.

Rede, *f*. (*pl*. n) speech, language; discourse, words.

Reden, *v. a. & n*. to speak, to talk; in den Tag hinein —, to talk at random.

Regel, *f*. (*pl*. n) rule, precept; principle.

Regen, *v. a*. to stir, excite, move; *v. refl*. to rise, to be roused, to stir; da regte es sich wieder, the bustle of day commenced again, p. 209.

Regenbogen, *m*. (s, *pl*. —) rainbow.

Regenbogenglanz, *m*. (es) rainbow-splendour.

Regentropfen, *m*. (s, *pl*. —) drop of rain, rain-drop.

Regiment, *n*. (s) regiment.

Reich, *adj*. rich; copious, abundant; — an, rich in; *adv*. richly, &c.

Reich, *n*. (es, *pl*. e) empire, dominion, realm, kingdom.

Reichen, *v. a*. to reach, present, give; *v. n*. to reach, extend; to last.

Reichlich, *adj*. abundant, plentiful; *adv*. richly, abundantly, copiously.

Reichthum, *m*. (s, *pl*. er*) riches, wealth; fulness, abundance.

Reif, *adj*. ripe, mature.

Reifen, *v. a*. to ripen, mature; *v. n*. to grow ripe.

Reihe, *f*. (*pl*. n) row; file, circle; set (of teeth); turn, order.

Reihen, *m*. (s, *pl*. —) dance; den — führen, to lead the dance, p. 35.

Rein, *adj*. pure; clear, bright, p. 52; clean; innocent; *adv*. purely, cleanly; entirely, quite, clean; — lesen, to pick out clean (all), p. 69; — aufessen, to eat up all, every bit of it, p. 85.

Reineke Fuchs, Reynard the fox.

Reinigen, *v. a*. to cleanse, purify, purge.

Reinlich, *adj. & adv*. cleanly, neat, clean.

Reis, *n*. (es, *pl*. er) twig, sprig, branch.

Reise, *f*. (*pl*. n) journey, travel; trip.

Reisepaß, *m*. (sses) passport.

Reisen, *v. n*. to travel, journey; to go.

Reisende, *m*. der —, ein —r, traveller.

Reisig, *n*. (es) brush-wood, coppice-wood.

Reißen, riß, gerissen, 1. *v. a*. to tear; to carry, snatch *or* sweep away; etwas an sich —, to usurp; to take by force, p. 213; 2. *v. n*. to burst; to move *or* flow on impetuously (of a river, p 172).

Reißend, *part. adj*. rapid (of a stream); wild, furious (of a beast) *adv*. rapidly, furiously.

Reiten, ritt, geritten, *v. n.* to ride on horseback.

Reiten, *n.* (s) riding on horseback.

Reiter, *m.* (s, *pl.* —) rider, horseman.

Reiterinn, *f.* female rider, lady on horseback.

Reiz, *m.* (es, *pl.* e) charm, grace, attraction.

Reizen, *v. a.* to irritate, tickle, excite (the desire); to entice, allure; to provoke; to incite, animate, p. 147.

Reizend, *part. adj.* charming.

Religion, *f.* religion; faith.

Religiös, *adj.* religious.

Rennen, rannte, gerannt, (*also regular*), to run; to race.

Renner, *m.* (s, *pl.* —) runner, racer.

Retten, *v. a.* to save; to deliver, rescue, preserve; sich —, to rescue one's self; to flee, take refuge, p. 197.

Retter, *m.* (s, *pl.* —) deliverer; saviour.

Rettung, *f.* deliverance.

Reue, *f.* repentance; sorrow, regret.

Reuen, *v. a. & imp.* to regret, rue, repent; es reuet mich, I regret it, am sorry for it; es soll euch nicht —, you will not rue (repent) it, p. 165.

Reuig, *adj.* repenting, penitent.

Revier, *n.* (s) district, ward.

Rhein, *m.* ('s) Rhine (a river).

Richten, *v. a.* to direct; to raise; to judge, give sentence.

Richtend, *part. adj.* decisive, p. 121.

Richter, *m.* (s, *pl.* —) judge, magistrate.

Richtig, *adj.* right, exact, correct; true.

Richtung, *f.* (*pl.* en) direction; course, turn.

Riegel, *m.* (s, *pl.* —) bolt, bar.

Riese, *m.* (n, *pl.* n) giant

Riesenball, *m.* (s) giant-ball, huge mass.

Riesenfaust, *f.* giant-fist.

Riesenmäßig, *adj.* giant-like gigantic, colossal.

Ring, *m.* (es, *pl.* e) ring; circle.

Ringen, rang, gerungen, *v. n.* to struggle, strive.

Rings, *adv.* around; —um, —herum, —umher, *or* —um . . . her, round, around, all around, round about.

Rinnen, *v. ir. n.* to flow gently, to run (of water); to trickle, rill, stream.

Risch, *adj. & adv.* quick, fast, nimble; quickly, &c.; rischrasch, p 154; — ohne Rast, with restless speed, p. 158.

Ritter, *m.* (s, *pl.* —) knight.

Ritterpflicht, *f.* duty of a knight, knightly duty.

Roche, *m.* (n, *pl.* n) ray (a fish).

Rock, *m.* (es, *pl.* e*) coat.

Röckchen, *dim. n.* (s, *pl.* —) little coat, gown *or* dress.

Rohr, *n.* (s) reed.

Rohrhalm, *m.* (es, *pl.* e) reed-stock, reed-tube.

Rollen, *v. a. & n.* to roll; to coil, fold up; rollt um sich selber fürchterlich, rolls itself up in frightful coils, p. 147.

Romanisch, *adj.* die —e Sprache, the Romanish (a language spoken by the Grisons).

Romanze, *f.* (*pl.* n) romance, a kind of ballad.

Rose, *f.* (*pl.* n) rose.

Rosengebüsch, *n.* (es, *pl.* e) thicket of rose-bushes.

Rosenkrone, *f.* (*pl.* n) crown *or* garland of roses.

Rosig, *adj.* rosy, roseate, of a rosy hue.

Roß, *n.* (sses, *pl.* sse) horse, steed, charger; zu —, on horseback, mounted on a horse, p. 143.

Rößlein, *dim. n.* little horse, see note 3, p. 46.

Roth, *adj.* red, ruddy; der —e, the fox, p. 165.

Röthe, *f.* (*pl.* n) redness; crimson; blush, p. 120.

Röthlich, *adj.* reddish, ruddy, russet.

Rücken, *v. n.* to move, stir; to proceed.

Rücken, *m.* (s, *pl.* —) back; rear.

Rückkehr, *f.* return.

Rückwärts, *adv.* back; backwards.

Rückweg, *m.* (s, *pl.* e) way back, return.

Rudel, *f.* (*pl.* —) herd, flock; group.

Rudern, *v. n.* to row.

Ruderschlag, *m.* (s, *pl.* e*) stroke of the oar.

Ruf, *m.* (es) call, cry; report, fame, renown.

Rufen, rief, gerufen, *v. a. & n.* to call, cry; exclaim; Einem *or* nach Einem —, to call to *or* upon one; to invoke.

Rufen, *n.* (s) calling, cries; shouting.

Ruhe, *f.* rest; tranquility, repose; sleep; (in) — lassen, to suffer to rest, to give peace, to let alone; not to disturb.

Ruhen, *v. n.* to rest, to take rest; to repose; to sleep; auf etwas —, to be supported by, to rest upon.

Ruhig, *adj.* quiet, calm, peaceful, tranquil, serene; *adv.* quietly, &c.

Ruhm, *m.* (es) glory, fame, renown.

Rühmen, *v. a.* to praise, commend.

Rühren, *v. a.* to move, stir; to touch, affect (the heart).

Rührend, *part. adj.* touching, pathetic, affecting.

Rührung, *f.* emotion.

Ruine, *f.* (*pl.* n) ruins.

Ruinenlücke, *f.* (*pl.* n) gap *or* hole in the ruins of a building.

Rund, *adj.* round; circular; *adv.* roundly, round; — herum, — umher, *or* — um ... her, round about, all around; — um ihn her, all around him, p. 161.

Russisch, *adj.* Russian; der —e Kaiser, the emperor of Russia

Rüsten, *v. a. & refl.* to prepare equip, to make preparations.

Rüstevill, *m.* Rustifill (*proper name*), p. 165.

Rüstig, *adj.* vigorous, hale, active sprightly, mettlesome (of a horse)

Rütteln, *v. a.* to shake; sich —, to shake one's self; to be roused, to shake off sleep, p. 79.

S.

Saal, *m.* (es) room, saloon; hall palace.

Saat, *f.* (*pl.* en) seed; standing corn; cornfield; crop, harvest, p. 174.

Sache, *f.* (*pl.* n) thing, matter; business; cause; case.

Sachsen, *n.* ('s) Saxony.

Sacht, *adv.* softly, gently, slowly.

Saft, *m.* (es, *pl.* e*) sap (of trees); juice

Saftig, *adj.* juicy.

Sage, *f.* (*pl.* n) saying, rumour, report; tradition, tale.

Sagen, *v. a. & n.* to say; to tell; man sagt, they say, it is said; er sagte sich, he said to himself, p. 205.

Saite, *f.* (*pl.* n) string *or* chord (of a musical instrument).

Saitenspiel, *n.* (s) stringed instrument, lyre, harp, &c.; music of stringed instruments.

Salamander, *m.* (s, *pl.* —) salamander.

Salben, *v. a.* to anoint.

Salz, *n.* (es) salt.

Samen, *m.* (s, *pl.* —) seed.

Samenstaub, *m.* (s) pollen (of flowers).

Sammeln, *v. a.* to gather, collect; to pick up, p. 30; um sich —, to gather around one's self; sich —, to assemble, gather, collect; *fig* to compose one's self.

Sammt, *m.* (s) velvet.

Sämmtlich *adj.* all together every one, whole; *adv.* collectively.

Sand, *m.* (es) sand.
Sandig, *adj.* sandy.
Sandwüste, *f.* (*pl.* n) sandy desert.
Sanft, *adj.* soft, mild, gentle; smooth; *adv.* softly, &c., sweetly.
Sang, *m.* (es, *pl.* e*) song; singing; *fig.* voice, p. 122.
Sänger, *m.* (s, *pl.* —) singer; minstrel, bard.
Sängerpaar, *n.* (s) pair of minstrels.
Sängerthum, *n.* (s) minstrelsy.
Sappho, *f.* Sappho, a Greek poetess.
Saracene, *m.* (n, *pl.* n) Saracen
Sarg, *m.* (es, *pl.* e*) coffin.
Satt, *adj.* satiated, satisfied.
Sauer, *adj.* sour, acid; disagreeable, hard, troublesome; den —en Schweiß, the hard labour *or* toil, p. 156; die —n Tritte, the toil of the journey, p. 165.
Säule, *f.* (*pl.* n) pillar, column.
Säulensaal, *m.* hall *or* gallery supported by columns.
Säumen, *v. n.* to delay, tarry, stay.
Säuseln, *v. n.* to rustle.
Sausen, *v. n.* to whistle, howl, bluster (of a storm).
Savane, *f.* (*pl.* n) savanna.
Scene, *f.* (*pl.* n) scene.
Schaar, *f.* (*pl.* en) host, multitude; band.
Schaaren, *v. refl.* (*in mining*) to join, combine with (mit Einem), p. 192.
Schacht, *f.* (*pl.* en) shaft, pit.
Schächtelchen, *dim. n.* (*pl.* —) little box, toy-box.
Schade, (ns) } *n.* injury, damage,
Schaden, (s) } detriment.
Schaden, *v. a.* to injure, hurt, damage.
Schadhaft, *adj.* damaged; spoiled.
Schädlich, *adj.* noxious, hurtful; pernicious; *adv.* noxiously, &c., injuriously.
Schaf, *n* (es, *pl* e) sheep.

Schäfer, *m.* (s, *pl.* —) shepherd swain.
Schaffen, schuf, geschaffen, *v. a.* to create.
Schaffen, *v. a. reg.* Einem etwas —, procure, get, provide with.
Schaffend, *part. adj.* creative, creating.
Schaft, *m.* (es, *pl.* e*) shaft, pier-wall (*in architecture*).
Schakal, *m.* (s, *pl.* e) jackal.
Schalk, *m.* (es) knave, rogue.
Schall, *m.* (es) sound (of bugles bells, voices, &c.).
Schallen, *v. n.* to sound; to resound, echo.
Scham, *f.* shame.
Schamröthe, *f.* blush (of shame)
Schämen, *v. refl.* to be ashamed; *usually with the gen.*: wir müßten uns deiner —, we would have to be ashamed of you, p. 70.
Schande, *f.* shame, disgrace.
Schandsäule, *f.* pillory; monument of infamy *or* disgrace.
Schändlich, *adj.* shameful, disgraceful; infamous; base.
Scharf, *adj.* sharp; severe, acute, keen.
Scharren, *v. a. & n.* to scrape; to paw; auseinander —, to scratch to pieces, to scatter, p. 201.
Schatten, *m.* (s, *pl.* —) shade, shadow; departed spirit shade, p. 174.
Schattenquell, *m.* (s) shaded well, shady fountain.
Schattenreich, *adj.* deeply shaded, umbrageous.
Schattenreich, *n.* (s) realms of shade, the lower world.
Schattig, shaded, shady, umbrageous.
Schatz, *m.* (es, *pl.* e*) treasure.
Schätzen, *v. a.* to estimate, value; to esteem, prize.
Schau, *f.* show, spectacle; zu — tragen, to carry about for show, to make a public exhibition of, to display

Schaudern, *v. imp. & n.* to shudder, shiver.

Schaudern, *n.* (s) shuddering, dread, terror.

Schauen, *v. n.* to see, look; to view, behold; daß ich dir ins Aug geschaut, that I have looked into thine eye, p. 133.

Schauer, *m.* (s, *pl.* —) awe, terror; die — des Erhabenen, the terrors, thrilling emotions of the sublime, p. 184.

Schauerhaft, *adj.* awful, horrid; *adv.* awfully.

Schauerlich, } *adj.* awful; horri-
Schaurig, } ble; dreadful; awe-inspiring; *adv.* awfully, fearfully.

Schaukeln, *v. a.* to rock, toss.

Schaum, *m.* (es) foam, froth.

Schäumen, *v. n.* to foam, froth.

Schauspiel, *n.* (s) spectacle, sight, show.

Scheckig, *adj.* spotted, dapple; party-coloured.

Scheere, *f.* (*pl.* n) scissors.

Scheerenschleifer, *m.* (s, *pl.* —) knife-grinder.

Scheibe, *f.* (*pl.* n) pane (of glass); honey-comb.

Scheiden, schied, geschieden, *v. n.* to part, depart, take leave.

Schein, *m.* (s, *pl.* e) shine; light; lustre, brightness; bei dem — meiner Lampe, by the light of my lamp, p. 191.

Scheinen, schien, geschienen, *v. n.* to shine; to appear, seem.

Scheitel, *m.* (s, *pl.* —) crown (of the head).

Schelle, *f.* (*pl.* n) bell, neck-bell (for animals).

Schelm, *m.* (es, *pl.* e) rogue, knave.

Schelmisch, *adj.* roguish, knavish.

Schelten, *v. ir. n.* to scold, chide, revile.

Schenken, *v. a.* to bestow as a gift, to present, give.

Scherzen, *v. n.* to jest, joke, sport.

Scheu, *adj.* timid, timourous, shy.

Scheuen, *v. a. & n.* to shun, fear; to be afraid; sich —, to be timid, afraid (of, vor etwas).

Scheußlich, *adj.* loathsome, abominable, hideous, ghastly.

Schicken, *v. a.* to send, dispatch.

Schicksal, *n.* (s) fate, destiny.

Schieben, schob, geschoben, *v. a.* to shove, push, shuffle.

Schießen, schoß, geschossen, *v. a. & n.* to shoot, to discharge (a gun, pistol, &c.); nach etwas —, to shoot at any thing; *also*, to dart, rush.

Schiff, *n.* (es, *pl.* e) ship, vessel; (in astronomy) the Navis, a constellation.

Schiffen, *v. n.* to navigate, sail.

Schiffer, *m.* (s, *pl.* —) mariner.

Schiffmannschaft, *f.* crew of a ship.

Schimmer, *m.* (s) glimmer, glitter; splendour.

Schimmern, *v. n.* to glitter, glisten, shine; —d, glittering; dazzling, brilliant.

Schimpfname, *m.* (ns, *pl.* n) nickname, opprobrious epithet.

Schimpfen, *v. a. & n.* to call names; to affront, insult, abuse.

Schirm, *m.* (es) screen, protection.

Schirmen, *v. a.* to screen, shelter, protect.

Schlachtordnung, *f.* battle-array.

Schlachten, *v. a.* to kill, slay; slaughter; das —, killing, slaughtering.

Schlaf, *m.* (es) sleep; repose.

Schlafkämmerlein, *dim. n.* (s) small bed-room, sleeping cabinet.

Schlafen, schlief, geschlafen, *v. n.* to be asleep, to sleep, repose.

Schlag, *m.* (es, *pl.* e*) blow, hit; kick; Einem Schläge geben, to give one a beating.

Schlagen, schlug, geschlagen, *v. a.* to beat, strike; to slay, kill, p. 152.

Schlange, *f.* (*pl.* n) serpent, snake.

Schlank, *adj.* slender, thin.

Schlau, *adj.* cunning, crafty; *adv* cunningly; shrewdly.

Schlecht, *adj.* bad, miserable, base,

mean; — zu Fuße sein, to be a bad pedestrian, ill fitted for walking, p. 165.

Schleichen, *v. ir. n.* to sneak, crawl; —d, sneaking, crawling, moving about.

Schleifen, schliff, geschliffen, *v. a.* to grind.

Schleudern, *v. a.* to fling, throw, hurl.

Schlicht, *adj.* plain, homely, simple.

Schließen, schloß, geschlossen, *v. a. & n.* to shut, close; Hügel — den weiten Raum, hills bound the wide prospect, p. 117.

Schließen, *n.* (s) closing, shutting.

Schlimm, *adj.* bad, evil, ill; sad; —e Zeit, bad *or* hard times, p. 67.

Schlinge, *f.* loop, knot; tendril (of vines), p. 183.

Schlitten, *m.* (s, *pl.* —) sled, sledge.

Schloß, *n.* (sses, *pl.* sser*) castle, palace; lock.

Schloßhof, *m.* (es) yard of a castle, castle-court.

Schluchzen, *v. n.* to sob.

Schlucken, *v. a.* to swallow.

Schlummer, *m.* (s) slumber.

Schlummern, *v. n.* to slumber; sleep; —d, slumbering; dormant.

Schlummerstätte, *f.* place of slumber; grave.

Schlund, *m.* (es, *pl.* e*) throat; gorge; abyss, gulf.

Schlüpfen, *v. n.* to slip; to glide *or* steal, p. 114.

Schlupfwinkel, *m.* (s, *pl.* —) haunt, den,, lurking-hole.

Schlüssel, *m.* (s, *pl.* —) key.

Schmach, *f.* ignominy, disgrace.

Schmachten, *v. n.* to pine, languish; to yearn *or* long for (*with* nach); —d, longing, yearning.

Schmal, *adj.* narrow, small.

Schmecken, *v. n.* to taste, savour; erquicklich —, to have a refreshing taste, p. 190.

Schmeichelhaft *adj* flattering.

Schmeicheln, *v. n.* to flatter (*with the dat.*); —d, flattering.

Schmelzen, schmolz, geschmolzen, *v. a. & n.* to melt, dissolve.

Schmerz, *m.* (es, *pl.* en) pain; distress, grief, affliction, sorrow; vor —en, on account of pain *or* sorrow.

Schmerzen, *v. a.* to cause pain, to pain; to afflict, grieve.

Schmerzhaft, *adj.* painful; afflicting.

Schmetterling, *m.* (s, *pl.* e) butterfly.

Schmiegen, *v. refl.* (an *or* um Einen) to crawl *or* crouch before any one (of animals); to press around, snuggle, twine; — sich um ihn heran, press around *or* crouch before him, p. 201.

Schmuck, *adj.* neat, trim, spruce, handsome.

Schmuck, *m.* (es) ornament, finery attire.

Schmücken, *v. a.* to adorn, deck, attire; sich —, to adorn, array one's self, p. 58.

Schmutz, *m.* (es) filth, dirt.

Schmutzig, *adj.* filthy, dirty, squalid; soiled.

Schnalle, *f.* (*pl.* n) buckle.

Schnalzen, *v. n.* mit der Zunge —, to smack (pop, cluck) with the tongue.

Schnappen, *v. n.* to snap; catch; nach Einem —, to snap at any one.

Schnauben, *v. ir. n.* to snort (of horses), to puff and blow.

Schnauze, *f.* (*pl.* n) snout, mouth (of animals).

Schnecke, *f.* (*pl.* n) snail.

Schnee, *m.* (s) snow.

Schneefeld, *n.* (s) field covered with snow, snow-field.

Schneegans, *f.* (*pl.* e*) snow-goose, wild goose.

Schneide, *f.* edge (of a sword, &c.)

Schneiden, schnitt, geschnitten, *v. a* to cut; —d, cutting, sharp.

Schnell, *adj.* quick, fleet, swift *adv.* quickly, rapidly, swiftly.

Schnelle, *f.* } quickness,
Schnelligkeit, *f.* } swiftness, rapidity, speed.

Schnupfen, *m.* (s) cold; den — haben, to have a cold in one's head, (the influenza).

Schnur, *f.* (*pl.* e*) string, cord, line.

Schnurren, *v. n.* to hum, whirr; to rattle; —d, whirring, rattling.

Schon, *adv.* already; even; indeed, surely; — lange, this long time, long ago; wenn *or* ob —, although, though.

Schön, *adj.* beautiful, fair, handsome, beauteous, fine; noble; eine —e That, a noble act *or* deed.

Schöne, *n.* (n) the Beautiful.

Schöne, *f.* (*pl.* n) fair one, beauty, p. 108.

Schonen, *v. a. & n.* to spare, preserve; save (*with the acc. or gen.* p. 167).

Schönheit, *f.* (*pl.* en) beauty, comeliness, fairness.

Schooß, *m.* (es) lap; bosom.

Schöpfer, *m.* (s) creator, maker.

Schöpferisch, *adj.* creative.

Schöps, *m.* (es, *pl.* e) sheep; *fig.* blockhead, simpleton.

Schornstein, *m.* (s, *pl.* e) chimney.

Schreck, *m.* (es) } terror, fright,
Schrecken, *m.* (s) } consternation, fear.

Schrecken, *v. a.* to terrify, frighten, affright, alarm; läßt sich nicht —, does not suffer himself to be alarmed (*or* discouraged), p. 192; —d, affrighting, frightful.

Schrecklich, *adj.* frightful, horrid, terrible, fearful; *adv.* frightfully, &c.

Schrei, *m* (es) cry; shriek, scream.

Schreiben, schrieb, geschrieben, *v. a. & n.* to write; an Einen *or* Einem —, to write to one.

Schreiben, *n.* (s) writing, letter.

Schreien, schrie, geschrieen, *v. n.* to cry, to vociferate; to scream, shriek; —d, screaming, p. 197.

Schreiten, schritt, geschritten, *v. n* to stride, step, walk, stalk.

Schrift, *f.* (*pl.* en) writing, writ; book, memoir; in heil'gen —en, in sacred writings *or* on sacred pages, p. 43.

Schritt, *m.* (es, *pl.* e) step, pace, stride, gait.

Schroff, *adj.* rugged, steep.

Schubkarren, *m.* (s) wheel-barrow.

Schüchtern, *adj.* timid, shy.

Schuck, *m. provincial for* Schuh.

Schuh, *m.* (es, *pl.* e) shoe.

Schuld, *f.* (*pl.* en) crime, guilt, debt; cause, fault; durch seine —, through his fault, p. 100.

Schüler, *m.* (s, *pl.* —) pupil, scholar; disciple.

Schulter, *f.* (*pl.* n) shoulder.

Schuppe, *f.* (*pl.* n) scale (of an animal).

Schuppenpanzer, *m.* (s) scaly coat of mail, scale-cuirass.

Schuppig, *adj.* scaly, scaled.

Schüssel, *f.* (*pl.* n) dish, platter, bowl.

Schutt, *m.* (es) rubbish, ruins.

Schütteln, *v. a. & n.* to shake, stir agitate; mit dem Kopf —, to shake one's head.

Schütten, *v. a* to pour, cast, shed.

Schutz, *m.* (es) protection, shelter, defence, guard.

Schützen, *v. a.* to protect, guard, defend; Einen bei etwas —, to protect one in the right *or* possession of any thing, to preserve, p. 176.

Schwach, *adj.* weak, feeble; infirm; *adv.* weakly, feebly, faintly.

Schwachheit, *f.* (*pl.* en) weakness, infirmity, frailty.

Schwanenweiß, *adj.* of a swan-like whiteness, white as a swan's plumage.

Schwanger, *adj.* pregnant.

Schwanken, *v. n.* to totter, waver, tremble; to be irresolute, to hesitate; to vacillate; —d, tottering, uncertain, hesitating.

Schwarm, *m.* (es, *pl.* e*) swarm, crowd, multitude, throng.

Schwärmerisch, *adj.* fanatical; enthusiastic.

Schwarz, *adj.* black; dark, gloomy.

Schwarzäugig, *adj.* black-eyed.

Schwärze, *f.* blackness, black; swarthiness.

Schwarzlockig, *adj.* having black locks, dark-haired.

Schwarzquellend, *adj.* flowing *or* gushing in a black stream.

Schweben, *v. n.* to hover; to be suspended; to hang *or* float (in the air).

Schweif, *m.* (es, *pl.* e) tail; train.

Schweigen, schwieg, geschwiegen, *v. n.* to be *or* keep silent, to be still; to stop, cease; still —, to remain silent *or* mute, p. 136; —d, silent, mute.

Schweigen, *n.* (s) silence.

Schwein, *n.* (es, *pl.* e) } swine,
Schweinchen, *dim. n.* (s) } pig, hog.

Schweiß, *m.* (es) sweat, perspiration; toil, hard labour, p. 156.

Schwelgen, *v. n.* to revel, riot.

Schwelle, *f.* (*pl.* n) threshold.

Schwellen, schwoll, geschwollen, *v. a.* & *n.* to swell, raise; to float; to rise, heave.

Schwer, 1. *adj.* heavy, ponderous; hard, difficult; heute bin ich zu —, to-day I am too heavy, it is too much of an effort for me, p. 164; 2. *adv.* heavily, &c., with a heavy heart, p. 100.

Schwerlich, *adv.* hardly, scarcely.

Schwermüthig, *adj.* melancholy, sad, sorrowful; *adv.* sadly, sorrowfully.

Schwert *n.* (es, *pl.* er) sword.

Schwester, *f.* (*pl.* n) sister.

Schwesterlich *adj.* sisterly, sisterlike.

Schwierig, *adj.* difficult, hard.

Schwimmen, schwamm, geschwommen, *v. n.* to swim; to float.

Schwimmer, *m.* (s, *pl.* —) swimmer.

Schwindeln, *v. n. imp.* to be dizzy giddy; —d, *part. adj.* dizzy, giddy.

Schwinden, schwand, geschwunden *v. n.* to vanish, disappear; to die away.

Schwinge, *f.* (*pl.* n) pinion, wing.

Schwingen, schwang, geschwungen, 1. *v. a.* to swing, brandish, wave, flourish; 2. *v. refl.* to swing, soar; rise, mount; to vault upon, bestride (a horse), p. 150.

Schwören, schwor, geschworen, *v. a.* & *n.* to swear; to promise solemnly, to vow.

Schwül, *adj.* close, sultry.

Schwung, *m.* (es, *pl.* e*) swinging *or* flourish (of a whip), p. 159; soaring, flight.

Schwur, *m.* (es, *pl.* e*) oath; solemn vow; der doppelte — der Besserung, the double oath (promise) of amendment, p. 96.

Sechs, *num.* six.

Sechste, der, die, das, *num.* the sixth.

Sechzehn, *num.* sixteen.

Sechzehnzackig, *adj.* of sixteen branches; mit —em Gehörne, with a head of sixteen antlers (of a stag), p. 156.

Sechzig, *num.* sixty.

Sechzigste, der, die, das, *num.* sixtieth.

See, *m.* (s, *pl.* n) lake.

See, *f.* (*pl.* n) sea.

Seepferd, *n.* (es, *pl.* e) sea-horse, marine-horse (in mythology).

Seewurm, *m.* (es, *pl.* er*) sea-worm.

Seele, *f.* (*pl.* n) soul, mind.

Seelenfroh, *adj.* heartily glad, exceedingly rejoiced.

Segel, *n.* (s, *pl.* —) sail.

Segen, *m.* (s) blessing; bliss; Einem — wünschen, to wish one a blessing, to bless, p. 92.

Segnen, *v. a.* to bless.

Sehen, sah, gesehen, *v. a.* & *n.* to see,

perceive; to look at, behold; to look; siehe! lo! behold! p. 130.

Sehne, *f.* (*pl.* n) sinew, nerve.

Sehnen, *v. refl.* to long *or* sigh after (nach etwas).

Sehnen, *n.* (s) } longing, ardent **Sehnsucht**, *f.* } wish, yearning.

Sehr, *adv.* much, very, very much, greatly; so — als möglich, as much as possible, p. 175.

Seide, *f.* (*pl.* n) silk.

Seiden, *adj.* silken, of silk.

Seil, *n.* (es, *pl.* e) rope, line.

Sein, war, gewesen, *v. n. & aux.* (see Gr. p. 448) to be; to exist; ich bin, I am; er ist, he is; ich war, I was.

Sein, seine, sein, *pron. poss.* his; its.

Seiner *or* **sein**, of him; of it (*gen. of* er *or* es, Gr. p. 427).

Seinige, der, die das, *pron. poss.* his, his own.

Seit, *adv.* since; — gestern, since yesterday; — einigen Tagen, for several days; — langer Zeit, for a long time, long ago.

Seite, *f.* (*pl.* n) side; zu beiden —n, on both sides; zur linken, rechten —, on the left, right side, p. 75; nach allen —n, in all directions, p. 87.

Seitenweg, *m.* (es, *pl.* e) by-way, by-path.

Seitwärts, *adv.* sidewards, aside.

Selber, } 1. *pron. intensive*, self; **Selbst**, } ich —, du —, er —, sie —, I myself, thou thyself, he himself, she herself; wir —, we ourselves, &c.; Menschen —, men themselves, p. 211; mir —, to myself; dich —, thyself; 2. *adv.* even; die Krone —, the crown itself, even thy crown; von —, spontaneously, of one's (its) own accord, of itself, p. 211.

Selbst, *n.* (es) one's own self, personality; von meinem unsichtbaren —, from my invisible self, p. 210.

Selbstschmeichler, *m.* (s, *pl.* —) self-flatterer.

Selig, *adj.* blessed, happy; blissfull; die —en, the blessed (in heaven).

Seligkeit, *f.* bliss, beatitude, happiness.

Selten, *adj.* rare; *adv.* seldom, rarely; nur —, but seldom.

Seltenheit, *f.* (*pl.* n) rarity, curiosity.

Seltsam, *adj.* strange, wonderful, odd; etwas —, something strange, singular, p. 193.

Seltsamkeit, *f.* (*pl.* en) strangeness, singularity.

Senden, sandte, gesandt, (*also reg.*) *v. a.* to send.

Sendung, *f.* mission, legation.

Seni, *m.* Seni, an astrologer.

Senken, *v. refl.* to sink, settle; decline, p. 204.

Senkrecht, *adj.* perpendicular.

Sentenz, *f.* (*pl.* en) sentence; judgment.

Seraph, *m.* (s) seraph.

Setzen, *v. a.* to put, place, set; *v. refl.* to take a seat, to sit down; to perch; to settle.

Seufzen, *v. n.* to sigh, to groan.

Seufzer, *m.* (s, *pl.* —) sigh, groan.

Sich, *pron. refl.* 1. *acc.* himself, herself, itself, one's self; *pl.* themselves; 2. *dat.* to *or* for himself, herself, &c.; *it is often made intensive by the addition of* selbst *or* selber (*see* Gr. p. 428, § 90, obs. 3): sprach sie murrend bei sich selbst, said she murmuring by herself, p. 59; wer die Wahrheit verräth, verräth sich selbst, he who betrays truth, betrays himself, p. 173; sagte sie zu sich selbst, said she to herself, p. 106.

Sicher, *adj.* secure, safe; careless; sure, certain; *adv.* securely, safely, surely; — schlafen, to sleep secure, without any care.

Sichtbar, *adj.* visible; manifest, evident, conspicuous; *adv.* visibly &c.

Sie, *pron. pers.* she, her; it; *pl*

they, them (Gr. p. 427 & 428); Sie, you (Gr p. 428, § 91).

Sieben, *num.* seven.

Siech, *adj.* sickly, morbid, languishing.

Sieden, *v. ir. n.* to seeth, boil; *fig.* to hiss.

Sieg, *m.* (es, *pl.* e) victory, triumph.

Siegel, *n.* (s, *pl.* —) seal.

Siegen, *v. n.* to be victorious, to triumph.

Siegenswerth, *adj.* worthy to conquer *or* win the prize.

Sieger, *m.* (s, *pl.* —) victor, conqueror.

Siegesbahn, *f.* victorious *or* triumphant career.

Siegreich, *adj.* victorious, triumphant.

Silber, *n.* (s) silver.

Silberfarben, *adj.* silvery, of a silver hue, silver-coloured.

Silberhell, *adj.* bright as silver; pellucid, limpid.

Silberhorn, *n.* (es) silver-horn.

Silbern, *adj.* silver, silvery, made of silver.

Silberschwer, *adj.* heavy with silver, abounding in silver.

Silberweiß, *adj.* silver-white.

Singen, sang, gesungen, *v. a. & n.* to sing.

Sinken, sank, gesunken, *v. n.* to sink; to fall; Einem zu Füßen —, to fall down at one's feet; —d, sinking; *fig.* in sinkender Nacht, in the closing night, p. 115.

Sinn, *m.* (es, *pl.* e) sense; mind, feeling, heart; *pl.* die —e, the senses; *also*, sense, *i. e.* meaning, import, p. 192; opinion, p. 58; nach meinem —, to my taste, p. 156.

Sinnbild, *n.* (es, *pl.* er) emblem, symbol, allegory.

Sinnen, sann, gesonnen, *v. a.* to invent, devise, cogitate; *v. n.* to reflect, meditate.

Sinnenwelt, *f.* world of sense, the outward *or* phenomenal world.

Sinnlich, *adj.* sensuous; sensual.

Sinnlos, *adj.* senseless, distracted.

Sirius, *m.* Sirius (in astronomy).

Sitte, *f.* (*pl.* n) custom, usage; manner, practice.

Sittsam, *adj.* modest, discreet.

Sitz, *m.* (es, *pl.* e) seat.

Sitzen, saß, gesessen, *v. n.* to sit; to rest; mit an den Tisch —, to sit down at the table with any one, p. 82.

Sitzend, *part. adj.* sitting; sedentary.

Sklave, *m.* (n, *pl.* n) slave.

Sklaventritt, *m.* (es, *pl.* e) step of slaves.

So, 1. *adv.* so, thus, in such a manner; such; as; — bald als, as soon as; — daß, so that; — oft (als), as often as; — wie, just as, such as; — . . . auch (*with adjectives or adverbs*), however; — oft auch, however often; — groß auch, however great; — ein *or* ein —, such a; eine so große Unterlippe, such a large under-lip, p. 81; so ein Thier, such an animal, p. 86; ein so empfehlender Reisepaß, as recommendatory a passport, p. 196; 2. *conj.* (*denoting a consequence or inference, but it is frequently left untranslated, see p.* 28, *note* 22): in that case, in that event, then; therefore, p. 180; kaum . . . so, scarcely . . . when, p. 187.

Sobald, *adv.* as soon as, the moment that.

Soeben *or* so eben, *adv.* just now this moment, already.

Sodann, *adv.* then; in that case.

Sofern, *conj.* as far as, in so far, if.

Sogar, *adv.* even, nay, moreover.

Sogenannt, *adj.* so-called.

Sogleich, *adv.* immediately, at once.

Sohle, *f.* (*pl.* n) sole; bis auf die —n, down to the very soles of his feet, p. 127.

Sohn, *m.* (es, *pl.* e*) son.

Solch(er), solche, solches, *pron.* such; ein solcher *or* solch ein, such a (Gr. p. 435, § 102, obs. 2); einen solchen Schlag, such a blow, p. 86; so oft man solche (= dieselbe) einem Fremden wies, as often as it was shown to a stranger, p. 188.

Soldat, *m.* (en, *pl.* en) soldier; ein gemeiner —, a common soldier, private, p. 174.

Sollen, *v. n.* to be obliged, to be in duty bound (I shall, ought); soll ich? shall I? p. 107; to be intended; to be, to have to do (I am to, I must); was sollen zwei Fürsten . . . auf einem Thron? what business have two rulers on one throne? p. 58; bald soll ich dich verlieren, soon I am to lose you, p. 61; von welchen sie essen sollten, from which they were to eat, p. 76; wie sollt' es gedeihen? how could it agree with me *or* do me good? p. 165; *it sometimes corresponds to the Latin "dicitur:"* it is said *or* reported, p. 78, note 46.

Sommer, *m.* (s, *pl.* —) summer; den — über *or* durch, through (during) the summer.

Sommertausend, *n.* (s) period of a thousand summers.

Sonderbar, *adj.* singular, strange.

Sondern, *conj.* but (*after a negation*).

Sonne, *f.* (*pl.* n) sun; fixed star.

Sonnen, *v. a.* to sun, to air; sich —, to sun one's self, to bask.

Sonnenblume, *f.* (*pl.* n) sunflower, heliotrope.

Sonnenschein, *m.* (s) sunshine, sun-light.

Sonnenstäubchen, *n.* (s, *pl.* —) atom; dust.

Sonnett, *n.* (s, *pl.* e) sonnet.

Sonntag, *m.* (s) Sunday.

Sonntagsfrühe, *f.* dawn of Sunday, Sunday morn.

Sonntagskind, *n.* (es) Sunday-child, lucky person, one born with a silver spoon in his mouth.

Sonntagslied, *n.* (es, *pl.* er) Sunday-song, Sabbath hymn.

Sonst, *adv.* otherwise, else; in some other way; formerly, heretofore besides, in other respects.

Sorge, *f.* (*pl.* n) care; solicitude apprehension, concern.

Sorgen, *v. n.* to take care, to care; to provide for; to apprehend.

Sorgfältig, *adj.* careful, attentive; *adv.* carefully, attentively.

Sorgsam, *adj.* anxious, careful, mindful; *adv.* carefully, &c.

Sowie *or* so wie, *adv.* as well as, just as.

Sowohl, *conj.* — . . . als (auch), both . . . and, as well as.

Spähen, *v. a.* to spy, search, watch.

Spalier, *n.* (es, *pl.* e) espalier, fence.

Spalt, *m.* (es, *pl.* e) cleft, chink, gap, chasm.

Spalten, spaltete, gespalten, *v. a.* to split, cleave; to divide, p. 184.

Spange, *f.* (*pl.* n) clasp, bracelet.

Spanier, *m.* ('s, *pl.* —) Spaniard.

Spannen, *v. a.* to stretch out, to spread out.

Sparen, *v. a.* to save; to be stingy of, to spare.

Sparsam, *adj.* frugal; scanty.

Spaß, *m.* (es) jest, joke, sport; ein schlechter —, a poor joke, no sport, p. 85.

Spaßvogel, *m.* (s) wag, buffoon.

Spät, *adj. & adv.* late; tardy.

Später, *comp. of* spät, later, after.

Speer, *m.* (es, *pl.* e) spear, lance.

Speicher, *m.* (s, *pl.* —) corn-loft, granary.

Speise, *f.* (*pl.* n) food; meat; dish; prey, p. 118.

Sperren, *v. a.* to shut, barricade, block up.

Sphäre, *f.* (*pl.* n) sphere

Sphinx, *f.* (*pl.* e) sphinx.

Spiegel, *m.* (s, *pl.* —) mirror.

Spiegelklar, *adj.* bright *or* clear as a mirror, crystalline, pellucid.

Spiegeln, *v. n.* to reflect, glisten, glitter; sich — to be reflected *or* imaged.

Spiel, *n.* (es, *pl.* e) play; sport, game; playing, (musical) performance; ein — machen, to play a game.

Spielgeräth, **Spielzeug**, *n.* (es) playthings, toys.

Spielen, *v. a. & n.* to play; to sport, trifle; (of light *or* colours) to glitter, sparkle, shine; — lassen, to make play (of a fountain, &c.).

Spielend, *part. adj.* playing; sporting.

Spieß, *m.* (es, *pl.* e) spear, lance; javelin.

Spindel, *f.* (*pl.* n) spindle.

Spinnen, spann, gesponnen, *v. a. & n.* to spin; das —, (the act of) spinning.

Spinnerinn, *f.* (*pl.* en) spinster.

Spital, *n.* (s) hospital; die Ritter des —s, the knights of the Hospital.

Spitz, *adj.* pointed; sharp.

Spitzbube, *m.* (n, *pl.* n) thief, rogue, knave.

Spitze, *f.* (*pl.* n) point; peak, top, summit.

Spitzig, *adj.* pointed, sharp.

Splittern, *v. a. & n.* to break, shiver, shatter.

Sporn, *m.* (es, *pl.* en) spur.

Spornen, *v. a.* to spur; to goad.

Spott, *m.* (es) derision, scoff, scorn.

Spotten, *v. a. & n.* to mock, ridicule, scoff, deride.

Sprache, *f.* (*pl.* n) speech, language.

Sprachlos, *adj.* speechless.

Sprechen, sprach, gesprochen, *v. a. & n.* to speak, to say; to talk, converse; to utter; für sich — (p. 89) *or* mit sich — (p. 88), to speak *or* say to one's self.

Sprengen, *v. a.* to burst, blow up; *v. n.* to ride in full speed, to gallop.

Springen, sprang, gesprungen, *v. n.* to spring, jump, leap; to spout, flow, well, gush; —d, running springing, p. 199; flowing, &c.

Spritzen, *v. a. & n.* to spatter, spirt to spout.

Sprühen, *v. a.* to emit, to dart *or* send forth, p. 147; *v. n.* to sparkle, flash, fly about (of sparks).

Spur, *f.* (*pl.* en) track, trace; vestige, footstep.

Spürbar, *adj.* traceable; aber nur dem Verstande — ist, but which the mind alone can trace (*or* perceive) p. 210.

Spüren, *v. a. & n.* to trace, track; to perceive, to feel.

Stab, *m.* (es, *pl.* e*) stick, staff; rod, wand.

Stachelig, **Stachelicht**, *adj.* prickly, thorny, spiny.

Stacheln, *v. a.* to sting, to goad.

Stacket, *n.* (es, *pl.* e) fence, railing.

Stadt, *f.* (*pl.* e*) city, town; nach der —, to town; in der —, in the city, in town.

Stahl, *m.* (es) steel.

Stall, *m.* (es, *pl.* e*) stable, stall.

Stamm, *m.* (es, *pl.* e*) body c trunk (of a tree); log; lineage family, race.

Stammeln, *v. a. & n.* to speak in faltering *or* broken accents, to lisp, stammer.

Stammen, *v. n.* to spring *or* descend from.

Stampfen, *v. a. & n.* to stamp, beat; to bruise, crush.

Stand, *m.* (es, *pl.* e*) stand; position, attitude, p. 183; order, class, rank; im —e sein, to be able.

Standesperson, *f.* (*pl.* en) person of rank *or* quality.

Stark, *adj.* strong; robust, sturdy, vigorous; *adv.* strongly, vigorously, sturdily; much, mightily.

Stärke, *f.* strength, vigour, force.

Starr, *adj.* stiff, inflexible, unbending; obstinate.

Statt, *f.* stead, place; —finden, to take place; zu —en kommen, to be of advantage, to stand in good stead.

Statt, *prep.* (*with the gen.*) instead of, in lieu of.

Stattlich, *adj.* stately, portly; splendid; excellent; elegant.

Statue, *f.* (*pl.* n) statue.

Statur, *f.* stature, size; von großer —, tall, p. 177.

Staub, *m.* (es) dust.

Staubig, *adj.* dusty.

Staunen, *v. n.* to be astonished *or* amazed; to gaze in wonder, to stare.

Staunend, *part. adj.* astonished, wondering.

Stechen, stach, gestochen, *v. a. & n.* to prick, sting, puncture, pierce; sich —, to wound *or* prick one's self (with any thing pointed, p. 76: an einer Spindel, with a spindle).

Stecken, 1. *v. a. reg.* to stick; to put; to thrust (into), p. 166; to plant *or* set, p. 169; 2. *v. n.* to stick, to be fast, p. 77.

Steg, *m.* (es, *pl.* e) foot-bridge; path.

Stehen, stand (stund), gestanden, *v. n.* to stand; to stop; to be; — bleiben, to stand still, to halt, stop; wie steht es? how do matters stand? how goes it?

Stehlen, stahl, gestohlen, *v. a.* to steal; to rob.

Steif, *adj.* stiff; rigid, inflexible.

Steigen, stieg, gestiegen, *v. n.* to rise up, get up; to ascend, mount; to be enhanced, to increase, p. 212; herab—, to descend.

Steil, *adj.* steep, precipitous.

Stein, *m.* (es, *pl.* e) stone, rock; stone *or* kernel (of fruit).

Steinregen, *m.* (s) shower of stones.

Steinern, *adj.* stone, stony, made of stone.

Stelle, *f.* (*pl.* n) place, spot; an ihrer —, in their place *or* stead, p. 109; passage (in a book); office, situation.

Stellen, *v. a.* to place, put, to set up; to set in order, arrange; *v. refl.* to place one's self, to take one's position; sich auf die Füße — to get on one's feet, to rise.

Stellung, *f.* (*pl.* en) posture, attitude.

Sterbebett, *n.* (es) death-bed.

Sterben, starb, gestorben, *v. n.* to die, to expire; eines traurigen Todes —, to die a miserable death, to perish miserably p. 78.

Sterben, *n.* (s) death, dying.

Sterbend, *part. adj.* dying; fading.

Sterblich, *adj.* mortal; perishable; der —e, the mortal, mortal man.

Stern, *m.* (es, *pl.* e) star.

Sternbild, *n.* (es, *pl.* er) constellation, asterism.

Sternenchor, *m.* (s) starry host.

Stets, *adv.* constantly, continually, always.

Steuern, *v. n.* to put a stop to, to prevent, check (*with the dat.*).

Stich, *m.* (es, *pl.* e) wound (inflicted by any thing pointed), puncture, prick, stab.

Sticken, *v. a.* to embroider.

Stiefkind, *n.* (es) stepchild.

Stiefmutter, *f.* stepmother.

Stiefschwester, *f.* (*pl.* n) step-sister.

Stieftochter, *f.* stepdaughter.

Stieg, *m.* (es, *pl.* e) foot-path, road.

Stiften, *v. a.* to institute, found, create (an order, &c.); to produce, cause, excite.

Still, *adj.* still, quiet, silent, calm; peaceful; *adv.* quietly, calmly, silently, &c.

Stillschweigend, *part. adj.* tacit, silent; *adv.* tacitly, silently.

Stille, *f.* stillness, silence; tranquility, calm; retirement.

Stillen, *v. a.* to calm, silence.

Stimme, *f.* (*pl.* n) voice; *fig* word, p. 58.

Stirne *or* **Stirn**, *f.* (*pl.* en) forehead, brow, front.

Stocken, *v. n.* to stop, to pause; to

cease to beat (of the heart), p. 118; to hesitate, falter.

Stöhnen, *v. n.* to groan.

Stöhnen, *n.* (s) groaning, groan.

Stolz, *adj.* proud, haughty; elegant, magnificent (of a dress); *adv.* proudly, haughtily.

Stolz, *m.* (es) pride, haughtiness; conceit, arrogance.

Stoppel, *f.* (*pl.* n) stubble.

Stoß, *m.* (es, *pl.* e*) thrust, hit, kick.

Stoßweise, *adv.* by fits and starts, pulse-wise, p. 197.

Stoßen, stieß, gestoßen, *v. a.* to push, thrust, strike; sich an etwas —, to stumble against, p. 84.

Strack, *adv.* hastily, instantly.

Strafe, *f.* (*pl.* n) punishment.

Strafen, *v. a.* to punish, chastise; to rebuke.

Strahl, *m.* (es, *pl.* en) beam *or* ray (of light); flash *or* spout (of water, blood, &c.), p. 151.

Strahlen, *v. n.* to radiate, beam, to gleam, shine; —d, beaming, shining, &c.

Strand, *m.* (es) strand, shore, beach.

Straße, *f.* (*pl.* n) street; way, road; an der —, by the way-side; auf der —, in the street.

Strauß, *m.* strife, conflict, combat.

Streben, *v. n.* to struggle, strive; to aspire to.

Strecken, *v. a.* & *n.* to stretch, extend.

Streich, *n.* (es, *pl.* e) stroke, blow.

Streicheln, *v. a.* to stroke; to flatter, caress.

Streit, *m.* (es) strife; combat, fight.

Streitbegier, *f.* desire *or* longing for fight *or* combat.

Streiten, stritt, gestritten, *v. n.* to fight, combat, contend.

Streiter, *m.* (s) } combatant,
Streiterinn, *f.* } champion.

Streitlauf, *m.* (s) race, competitory match.

Streng, *adj.* strict, severe, rigid austere, stern; *adv.* strictly, sternly, severely.

Strenge, *f.* severity, sternness, austerity.

Streuen, *v. a.* to strew, scatter.

Strick, *m.* (es, *pl.* e) rope, line.

Stricken, *v. n.* to knit.

Strom, *m.* (es, *pl.* e*) stream; river; flood, torrent; des Goldes Ströme, streams *or* oceans of gold, p. 183; die Ströme der Zeiten, the impetuous tide of ages, p. 172; ein — von Worten, a torrent of words, p. 197.

Strömen, *v. n.* to stream, run, gush, to flow impetuously.

Strophe, *f.* strophe.

Strudel, *m.* (s, *pl.* —) whirlpool, eddy, gulf.

Strudeln, *v. n.* to bubble, gush, surge, eddy; —d, bubbling, eddying.

Stübchen, *dim. n.* (s, *pl.* —) little room, chamber.

Stube, *f.* (*pl.* n) room, sitting-room.

Stück, *n.* (es, *pl.* e) piece, fragment, bit; ein — Gold, a lump of gold; — Brod, piece of bread; *also*, a head (of cattle): — für —, head after head, one after another of the herd, p. 158.

Studie, *f.* study (an attempt of an artist).

Studien, *pl.* studies.

Studiren, *v. a.* & *n.* to study.

Stufe, *f.* (*pl.* n) step (of a stair case); degree, stage.

Stuhl, *m.* (es, *pl.* e*) chair, seat.

Stumm, *adj.* dumb, mute, silent.

Stunde, *f.* (*pl.* n) hour; eine lang, for a whole hour; *also*, a league (= 3 miles, p. 85, note 42)

Sturm, *m.* (es, *pl.* e*) storm, tempest; tumult.

Stürmen, *v. n.* to storm, to roar, to rage.

Sturmessausen, *n.* (s) roaring *or* bellowing of a storm, tempest's fury.

Stürmisch, *adj.* stormy, tempestuous.

Stürzen, *v. a. & refl.* to plunge, precipitate; *v. n.* to be precipitated, to fall headlong *or* prostrate, to drop down, p. 156; to tumble, to rush, gush (of water).

Stütze, *f.* (*pl.* n) stay, support, prop.

Stutzen, *v. n.* to be startled; to stop, falter.

Suchen, *v. a.* to seek, to look, search; to go in search of; *also*, to try, attempt, strive (*with an infin.*).

Süden, *m.* (s) south; nach —, towards the south.

Südlich, *adj.* southern, southerly.

Südpol, *m.* (s) south-pole.

Summe, *f.* (*pl.* n) sum.

Sumpf, *m.* (es, *pl.* e*) bog, marsh, swamp, moor.

Sünde, *f.* (*pl.* n) sin, transgression.

Süß, *adj.* sweet; so — wie eine Nuß, as sweet as a nut, p. 31; *adv.* sweetly.

Süßigkeit, *f.* (*pl.* en) sweetness.

System, *f.* (es, *pl.* e) system.

T.

Tabak, *m.* (s) tobacco; eine Pfeife —, a pipe of tobacco.

Tacitus, *m.* Tacitus, a Roman historian.

Tadel, *m.* (s) fault, blame.

Tafel, *f.* (*pl.* n) table; an der — sitzen, to be sitting at table, p. 196; *also*, dinner, p. 176, note 14.

Tag, *m.* (es, *pl.* e) day, day-light; alle —e *or* jeden —, every day; den ganzen —, all day long; eines —es, one day, once; vor —, before daylight, p. 67; der — des Herrn, the day of God, the day of rest, p. 52.

Tagesanbruch, *m.* (es) daybreak.

Tagewerk, *n* (es) day's work, task.

Täglich, *adj. & adv* daily, every day.

Tagschein, *m.* (s) light of day; beim frühen —, at the early dawn of morning, p. 197.

Talar, *m.* (s, *pl.* e) robe, gown.

Tanne, *f.* (*pl.* n) } fir
Tannenbaum, *m.* (es, *pl.* e*) } fir-tree.

Tannengrund, *m.* (es) fir-ground

Tannenhügel, *m.* (s) fir-hill.

Tanz, *m.* (es, *pl.* e*) dance; dancing.

Tanzen, *v. n.* to dance.

Tänzerinn, *f.* partner (in dancing).

Tapfer, *adj.* valiant, brave, gallant, redoubted.

Tarent, *n.* ('s) Tarentum, a town in the south of Italy.

Tasche, *f.* (*pl.* n) pocket, pouch.

Tatze, *f.* (*pl.* n) paw, claw.

Taub, *adj.* deaf; unfeeling; senseless.

Täubchen, *dim. n.* (s, *pl.* —) little dove, pigeon.

Taube, *f.* (*pl.* n) dove, pigeon

Taubenhaus, *n.* (es) pigeon-house.

Tauchen, *v. a. & refl.* to dip, plunge; *v. n.* to dive.

Taucher, *m.* (s, *pl.* —) diver plunger.

Taugen, *v. n.* to be good *or* fit for (zu etwas).

Taumeln, *v. n.* to be giddy; to stagger, reel.

Tausch, *m.* (es) exchange, barter.

Tauschen, *v. a. & n.* to exchange barter, truck; to change (one's dress, p. 127).

Täuschen, *v. a.* to delude, deceive.

Täuschend, *part. adj.* deceptive, delusive.

Tausend, 1. *num. adj.* thousand; viel — Schafe, many thousands of sheep, p. 31; 2. *subst. n.* (s, *pl.* e) the thousand; —e der Brüder, thousands of thy brethren, p. 29.

Telemachos, *m* Telemachus, son of Ulysses.

Teller, *m.* (s, *pl.* —) plate.

Tempel, *m.* (s, *pl.* —) temple.

Teufel, *m.* (s, *pl.* —) devil; beim —! the deuce! hang it!

Teuflisch, *adj.* devilish, diabolical.

Teutona, *f.* Teutona, an epithet of the German muse.

Thal, *n.* (es, *pl.* er*) valley, dale, vale.

Thalia, *f.* Thalia, one of the Graces.

That, *f.* (*pl.* en) deed, act, action; in der —, indeed, in fact.

Thäter, *m.* (s, *pl* —) doer, author *or* perpetrator (of a crime, &c.).

Thätigkeit, *f.* activity, diligence.

Thau, *m.* (es) dew.

Theil, *m.* & *n.* (es, *pl.* e) part, portion, share.

Theilen, *v. a.* to divide, part; to open, p. 150; to share, participate in, p. 169; sich in etwas —, to share, to divide, p. 39.

Theilhaber, *m.* (s, *pl.* —) sharer, participator.

Theuer, *adj.* dear, costly; precious, beloved.

Thier, *n.* (es, *pl.* e) animal, brute, beast.

Thierheit, *f.* animal nature.

Thierisch, *adj.* animal, brutish; ein —es Geschöpf, an animal being.

Thierreich, *n.* (es) the animal kingdom.

Thor, *m.* (en, *pl.* en) fool.

Thor, *n.* (es, *pl.* e) gate, gate-way, door.

Thöricht, *adj.* foolish, silly.

Thracien, *n.* ('s) Thrace.

Thracisch, *adj.* Thracian.

Thräne, *f.* (*pl.* n) tear.

Thron, *m.* (es) throne.

Thuiskone, *f.* Thuiskone, an appellation of the German muse, p. 120.

Thun, that, gethan, *v. n.* to do; to make; to perform; was zu — sei, what was to be done *or* what to do, p. 198; mit etwas zu — haben, to have to do *or* to deal with.

Thür *or* **Thüre**, *f.* (*pl.* en *or* n) door.

Thurm, *m* (es, *pl.* e*) tower; steeple.

Tief, 1. *adj.* deep; profound; low; far; — hinab, far down, p. 201; im —en Herzen, at the bottom of the heart, in one's inmost soul, p. 195; mit —em Sehnen, with deep, *i. e.* intense longing, p. 169; 2. *adv.* deeply, profoundly, lowly.

Tiefe, *f.* (*pl.* n) depth, profundity, deep, abyss; in der — der Wohnung, in the lowest parts of his mansion, p. 163.

Tiefsinnig, *adj.* thoughtful, pensive.

Tiger, *m.* (s, *pl.* —) tiger.

Timanthes, *m.* Timanthes, a painter.

Tisch, *m.* (es, *pl.* e) table; am —e sitzen, to sit at table.

Toben, *v. n.* to rage, storm, to bluster, howl (of the wind, &c.).

Toben, *n.* (s) raging, roaring, blustering.

Tobend, *part. adj.* furious, raging, tempestuous.

Tochter, *f.* (*pl.* —*) daughter.

Töchterlein, *dim. n.* (s) little daughter.

Tod, *m.* (es) death; decease.

Todesstille, *f.* deep *or* death-like silence.

Todt, *adj.* dead, lifeless; der *or* die —e, the dead person; die —en, the dead.

Tödten, *v. a.* to kill, slay, to put to death.

Todtenfest, *n.* (es, *pl.* e) funeral-festival.

Todtenglocke, *f.* (*pl.* n) funeral-bell.

Todtenhaus, *n.* (es) house of death; charnel-house.

Todtenklage, *f.* lamentation for the dead, dirge.

Ton, *m.* (es, *pl.* e*) tone, sound; note, strain; *also*, tone, *i. e.* manner, air, p. 187.

Tonfolge, *f.* series of notes, melody, tune.

Tönen, *v. a.* & *n.* to sound, to give note.

Tosen, *v. n.* to roar, rage, bellow (of a storm).

Trab, *m.* (es) trot.

Trabant, *m.* (en, *pl.* en) life-guardsman, halberdier.

Traben, *v. n.* to trot.

Tracht, *f.* (*pl.* en) costume, dress.

Trachten, *v. n.* (nach etwas) to strive *or* aspire after.

Tragen, trug, getragen, *v. a.* to carry; to bear; to waft, p. 110; to yield *or* produce, p. 46; to wear (a crown, &c., p. 138); Wasser —, to fetch water, p. 67.

Trank, *m.* (es) drink, beverage.

Trauen, *v. n.* (Einem) to trust, confide in.

Trauer, *f.* mourning, grief, sorrow, sadness.

Trauerkleid, *n.* (es, *pl.* er) mourning-habiliment.

Trauerwohnung, *f.* house of mourning.

Trauern, *v. n.* to mourn, to grieve, to be in mourning; —d, mourning, afflicted.

Traulich, *adj.* familiar, cordial, intimate; *adv.* familiarly, &c.

Traum, *m.* (es, *pl.* e*) dream; fancy.

Traumbild, *n.* es, *pl.* er) dream-like vision; phantom.

Träumen, *v. a. & n.* to dream; to fancy *or* imagine.

Traumlos, *adj.* dreamless.

Traurig, *adj.* sad, sorrowful, pensive, melancholy; mournful, dismal, doleful; *adv.* sadly, &c.

Treffen, traf, getroffen, *v. a. & n.* to hit, to strike; to befall; to meet with *or* find; Anstalten —, to make preparations.

Trefflich, *adj.* excellent, admirable, eminent.

Treiben, trieb, getrieben, *v. a.* to drive; to move; to impel, urge; trieb vor sich her, drove along before him, p. 85; da treibt's ihn, then it impels him, *i. e.* he yearns *or* longs, p. 141; *also*, to do, p. 91; to pursue as an occupation, to do for a living, p. 105.

Trennen, *v. a.* to separate, divide, disjoin.

Treppe, *f.* (*pl.* n) stairs, staircase, flight of steps.

Treten, trat, getreten, *v. a.* to tread (a wheel, &c.); *v. n.* to tread, step, to go, to enter (with in . . .); zu Einem —, to step up to one, p. 146; unter seines Gleichen —, to go *or* mingle among one's equals, p. 190.

Treten, *n.* (s) treading; vom —, by treading, p. 83.

Treu, *adj.* faithful, trusty, true, honest; *adv.* faithfully, conscientiously, honestly.

Treue *or* Treu, *f.* fidelity, faithfulness, trueness.

Treulich, *adv.* faithfully, conscientiously, honestly, truly.

Trichter, *m.* (s, *pl.* —) funnel, tunnel.

Trieb, *m.* (es) impulse, instinct.

Triefen, *v. n.* to drip, drop, trickle, —d, dripping, &c.

Trinken, trank, getrunken, *v. a. & n.* to drink; da trinkt einmal, there take a drink once, p. 86; zum —, to drink, for the purpose of drinking, p. 90.

Triton, *m.* ('s, *pl.* en) Triton.

Tritt, *m.* (es, *pl.* e) tread, step, footstep, pace.

Triumph, *m.* triumph; im —, in triumph, triumphantly.

Triumphgepränge, *n.* (s) triumphal pomp.

Triumphirend, *part. adj.* triumphant; *adv.* triumphantly.

Triumphzeichen, *pl.* trophies, spoils.

Trocken, *adj.* dry, arid.

Trocknen, *v. a.* to dry; to air.

Tropfen, *m.* (s, *pl.* —) drop.

Troß, *m.* (sses) gang, crew, crowd, train.

Trost, *m.* (es) comfort, consolation.

Trösten, *v. a.* to console, comfort —d, consoling, comforting.

Trostlos, *adj.* disconsolate, inconsolable.

Trotz, *n.* (es) defiance, spite, disdain.

Trotz, *prep.* (*gov. the gen.*) in spite of, in defiance of.

Trotzen, *v. n.* to defy, to brave (*with the dat.*).

Trotzig, *adj.* insolent, defying, obstinate.

Trübe, *adj.* lowering, gloomy, dim, dark, melancholy.

Trüben, *v. a.* to dim, cloud, discolour; to sadden.

Trügen, *v. a.* to deceive, delude.

Trügerisch, *adj.* deceitful, delusive.

Trumm, *n.* (s, *pl.* er*) lateral vein, branch-vein (in mining).

Trümmer, *pl.* ruins, wreck, fragments, pieces.

Trunk, *m.* (es) drink, potion, draught.

Trunken, *adj.* drunk, drunken; *fig.* intoxicated, enraptured.

Trupp, *m.* (es) troop; band; crowd.

Truxillo, *n.* Truxillo, a town in Peru.

Tuch, *n.* (es, *pl.* er*) cloth; kerchief.

Tüchlein, *dim. n.* (s) little cloth, handkerchief.

Tüchtig, *adj.* able, competent, qualified; large, good-sized.

Tugend, *f.* (*pl.* en) virtue.

Tugendhaft, *adj.* virtuous.

Tulpe, *f.* (*pl.* n) tulip.

Tumult, *m.* (es) tumult, confusion, uproar.

Turteltäubchen, *dim. n.* (s, *pl.* —) little turtle-dove.

Turteltaube, *f.* (*pl.* n) turtle-dove.

Tyrann, *m.* (en, *pl.* en) tyrant.

Tyrannisch, *adj.* tyrannical.

U.

Uebel, *adj.* evil, bad, ill; amiss, wrong; *adv.* badly, ill, wrongly.

Uebel, *n.* (s, *pl.* —) evil; harm; misfortune, mischief.

Ueben, *v. a.* to exercise; to practise

Ueber, 1. *prep.* (*gov. dat. & acc.* over, above; across, past: at, during; on account of; beyond, besides; — dem Anblick, at the sight, p. 183; — die Enthaltsamkeit des Königs, at the abstinence of the king, p. 28; 2. *adv.* (*after the subst.*) during, for; den ganzen Tag —, all day long.

Ueberall, *adv.* every where, all over

Ueberbringer, *m.* (s, *pl.* —) bearer, deliverer.

Ueberdenken, überdachte, überdacht, *v. a.* to think over, consider reflect upon.

Uebereilen, *v. refl.* to hurry too much, be too hasty *or* precipitate.

Ueberein, *adv.* in accordance; conformably.

Uebereinstimmen, *v. n.* (mit Einem *or* etwas) to harmonize *or* agree with.

Uebereinstimmend, *part. adj.* consonant, harmonious, accordant; das —e, the Harmonious.

Uebergeben, übergab, übergeben, *v. a.* to give up, surrender, deliver.

Uebergehen, ging, gegangen, *v. a. & n.* to go *or* pass over.

Ueberhand, *adv.* — nehmen, to increase, to get the upper hand.

Ueberhaupt, *adv.* in general; altogether.

Ueberlassen, überließ, überlassen, *v. a.* to leave, give up, resign.

Ueberlegen, *v. a.* to consider, think *or* reflect upon; to deliberate, p. 107.

Uebermaaß, **Uebermaß**, *n.* (es) excess, superfluity; want of moderation, profuseness.

Uebermäßig, *adj.* immoderate, excessive, exorbitant; *adv.* excessively, exceeding, to excess, immoderately.

Uebermuth, *m.* (es) presumptuous boldness, haughtiness, wantonness

Uebernachten, *v. n.* to pass the night, to stay over night.

Uebernehmen, übernahm, übernommen, *v. a.* to take upon one's self, to undertake; to overcome, p. 80.

Uebernehmung, *f.* the undertaking, taking upon one's self, assumption.

Ueberraschen, *v. a.* to surprise, to take unexpectedly, to overtake.

Ueberschauen, *v. a.* to overlook, to survey.

Ueberscheinen, *v. a.* to shine upon *or* over.

Uebersehen, übersah, übersehen, *v. a.* to survey, overlook, look over.

Uebersetzen, *v. a.* to translate.

Uebersetzung, *f.* (*pl.* en) translation, version.

Uebersinnlich, *adj.* supersensuous, transcendent, spiritual.

Ueberströmen, *v. a. & n.* to overflow; to run over; stream over.

Uebertreffen, übertraf, übertroffen, *v. a.* to excel, surpass, exceed.

Ueberwinden, überwand, überwunden, *v. a.* to conquer, vanquish, subdue; zu — ist (p. 191), is to be (*or* can be) conquered.

Ueberwinder, *m.* (s, *pl.* —) victor, conqueror.

Ueberwunden, der —e, one conquered *or* vanquished, p. 207.

Ueberzählen, *v. a.* to count *or* tell over.

Ueberzeugen, *v. a.* to convince; to convict.

Ueberzeugung, *f.* conviction; wish, p. 196.

Ueberziehen, *v. ir. a. & n.* to cover; to travel *or* pass over; to come upon.

Uebrig, *adj. & adv.* remaining, left, over; mit dem —en Gefolge, with the rest of the train; das —e, that which remains *or* is left, the rest; *pl.* die —n, the rest, remaining persons; — bleiben, to be remaining *or* left over, to remain.

Uebung, *f.* (*pl.* en) exercise, practice.

Ufer, *n.* (s, *pl.* —) shore, coast; bank (of a river).

Uferwärts, *adv.* towards the shore.

Uhr, *f.* (*pl.* en) clock.

Um, 1. *prep.* (*gov. the acc.*) about, around, near; for; at; rund — ihn her, all around him, p. 161; — den Horizont herum, about the horizon, p. 95; — welche Zeit, at what time; 2. *conj. with the infinitive of verbs:* — zu *or* um . . . zu, in order to, to; — ihn zu sehen, in order to see him.

Umarmen, *v. a.* to embrace, hug caress.

Umblicken, *v. n.* to look back.

Umdrehen, *v. a.* to turn; to turn around *or* about; als es umdrehte, as she turned it, *i. e.* the key, p 77.

Umfassen, *v. a.* to embrace; to encompass, surround.

Umfließen, umfloß, umflossen, *v. n* to flow around, to encompass, encircle.

Umflort, *part. adj.* veiled, enwrapped with a veil.

Umgang, *m.* (es) intercourse, converse, society, company.

Umgarnen, *v. a.* to encompass with toils *or* meshes; to ensnare.

Umgeben, umgab, umgeben, *v. a.* to surround, enclose, encompass.

Umgeben, *part.* surrounded.

Umgebung, *f.* (*pl.* en) surrounding parts, neighbourhood, environs.

Umher, *adv.* around, round about, about.

Umherblicken, *v. a.* to look around.

Umherliegend, *part. adj.* lying about; zerstreut —, scattered about, p. 181.

Umherschauen, *v. n.* } to look
Umhersehen, *v. ir. n.* } about *or* around

Umkehren, *v. n.* to turn around *or* about, to return; to reform.

Umklammern, *v. a.* to grasp in one's arms, to cling to.

Umkommen, kam, gekommen, *v. n.* to perish, to die.

Umkränzen, *v. a.* to surround with a wreath, to crown.

Umrieseln, *v. a.* to gurgle *or* drizzle around.

Umringen, *v. a.* to surround, to encompass.

Umriß, *m.* (sses, *pl.* sse) outline, contour.

Ums, *contraction for* um das.

Umschatten, *v. a.* to shade, surround with shade.

Umschattet, *part. adj.* surrounded with shade, shady, umbrageous.

Umsehen, sah, gesehen, *v. refl.* to look about *or* back; sich nach Einem —, to look after *or* out for any one, p. 200.

Umsonst, *adv.* in vain, to no purpose, vainly, for naught.

Umstand, *m.* (es, *pl.* e*) circumstance, condition; *in the pl.* ceremonies, precautions.

Umstehend, *part. adj.* standing about *or* by; *pl.* die —en, the bystanders, p. 201.

Umwehen, *v. a.* to blow around; to breathe *or* play around (of a breeze).

Umwenden, wandte, gewandt, *v. a.* to turn around *or* about, p. 194.

Unabhängig, *adj.* independent.

Unabhängigkeit, *f.* independence.

Unaufhörlich, *adj.* incessant; *adv.* incessantly, continually.

Unaussprechlich, *adj.* unspeakable, ineffable; *adv.* unspeakably.

Unbedachtsam, *adv.* indiscreetly, inconsiderately, rashly.

Unbefangen, *adj.* unbiassed, candid; *adv.* candidly, freely.

Unbekannt, *adj.* unknown; strange.

Unbemerkt, *adj.* unobserved, unnoticed.

Unbeschädigt, *adj.* uninjured, unharmed, safe.

Unbeschreiblich, *adj.* indescribable.

Unbesonnen, *adj.* imprudent, thoughtless, inconsiderate.

Unbesonnenheit, *f.* imprudence, want of reflection, thoughtlessness.

Unbeugsam, } *adj.* unbending, in-
Unbiegsam, } flexible, firm.

Unbeweglich, *adj.* immoveable, fixed, firm.

Unbrauchbar, *adj.* useless, of no use.

Und, *conj.* and.

Undank, *m.* (es) ingratitude, ungratefulness.

Undankbar, *adj.* ungrateful.

Unendlich, *adj.* endless, infinite, boundless; *adv.* endlessly, infinitely.

Unendliche, *n.* the infinite; ins —, ad infinitum; into immensity; into the boundless, p. 182.

Unendlichkeit, *f.* infinity; boundlessness; eternity.

Unentbehrlichkeit, *f.* indispensableness, absolute need.

Unentzündet, *adj.* not inflamed *or* excited.

Unergründlich, *adj.* unfathomable, inscrutable.

Unerhört, *adj.* unheard of, unprecedented.

Unermeßlich, *adj.* immeasurable, boundless, immense, vast.

Unermüdlich, *adj.* indefatigable.

Unerreichbar, *adj.* beyond one's reach, unattainable.

Unerreicht, *adj.* not overtaken, unattained.

Unersättlich, *adj.* insatiable.

Unerschöpft, *adj.* inexhausted; exhaustless.

Unerwartet, *adj.* unexpected.

Ungebändigt, *adj.* unsubdued untamed; fierce

13

Ungeduldig, *adj.* impatient; *adv.* impatiently.

Ungefähr, *adv.* about, nearly, near, almost; *adj.* probable, approximate, p. 197, note 25; von —, by chance, accidentally.

Ungeheuer, *adj.* enormous, prodigious, gigantic, huge, immense, monstrous; *adv.* enormously, &c.

Ungeheuer, *n.* (s, *pl.* —) monster.

Ungehorsam, *adj.* disobedient.

Ungehorsam, *m.* (s) disobedience.

Ungemischt, *adj.* unmixed, unalloyed, unadulterated.

Ungereimt, *adj.* not in rhyme, blank (of verse); *fig.* incongruous, absurd.

Ungerochen, *adj.* unrevenged.

Ungeschickt, *adj.* inapt, awkward, unhandy.

Ungesehen, *adj.* unseen.

Ungestalt, *f.* (*pl.* en) deformity, monstrosity.

Ungestört, *adj.* undisturbed, unmolested.

Ungewarnt, *adj.* without warning, unforewarned.

Ungewiegt, *adj.* without being rocked, uncradled.

Ungewiß, *adj.* uncertain, doubtful.

Ungewitter, *n.* tempest, thunderstorm.

Ungewohnt, *adj.* unused *or* unaccustomed to (*with the gen.* p. 195); unwonted, unusual.

Ungleich, *adj.* unequal; uneven, rough.

Unglück, *n.* (es) mischance, misfortune, calamity, distress, disaster; zum —, unluckily, unfortunately.

Unglücklich, *adj.* unfortunate, unhappy, unlucky; *adv.* unfortunately, &c.; der *or* die —e, the unfortunate *or* unhappy person.

Unheil, *n.* (s) evil, harm, mischief.

Unhold, *m.* (es, *pl.* e) fiend, monster, devil.

Unkörperlich, *adj* incorporeal, immaterial.

Unmetrisch, *adj* unmetrical, not in metre.

Unmittelbar, *adj.* immediate, direct; *adv.* immediately, directly.

Unmöglich, *adj.* impossible; *adv* not possibly, impossibly.

Unmuth, *m.* (es) dejection (of mind); indignation; chagrin.

Unnütz, *adj.* useless, idle, fruitless.

Unrecht, *adj.* wrong; unfair, unjust; incorrect, improper.

Unrecht, *n.* (es) injustice, wrong, injury; Einem — thun, to wrong one, to do one injustice *or* wrong.

Unruhe, *f.* (*pl.* n) disquietude, uneasiness, discomposure.

Unruhig, *adj.* unquiet, restless, uneasy.

Uns, *pron. pers.* (*dat. & acc.*) us, to us; *refl.* ourselves, to ourselves; *reciprocal* (Gr. p. 428, obs. 4), each other; so hindern wir uns auch nicht, nor do we then hinder each other, p. 106.

Unsäglich, *adj.* unspeakable; *adv* unspeakably; immensely.

Unschädlich, *adj.* inoffensive, harmless.

Unscheinbar, *adj.* insignificant, humble, mean (in appearance).

Unschlüssig, *adj.* irresolute, undecided, wavering.

Unschuld, *f.* innocence; harmlessness; purity.

Unschuldig, *adj.* innocent; guiltless; harmless; pure.

Unser, (*gen. of* uns) of us.

Unser, *pron. poss.* our; ours.

Unserige *or* **unsrige**, *pron. poss* (*absolute*) ours, our own.

Unsicher, *adj.* insecure, unsafe; uncertain.

Unsichtbar, *adj.* invisible; *adv* invisibly; der —e, the invisible One.

Unsterblich, *adj.* immortal.

Unsterblichkeit, *f.* immortality.

Unstreitig, *adv.* indisputably, unquestionably.

Unten, *adv.* below, beneath, under

underneath; da —, below there; ganz —, quite down, far down, p. 194; tiefer —, farther down, p. 208; nach —, downward.

Unter, *prep.* (*gov. the dat. & acc.*) under, beneath, below; among, amid, in the midst of; between.

Unterbrechen, unterbrach, unterbrochen, *v. a.* to interrupt.

Unterbrochen, *part. adj.* interrupted.

Untergehen, ging, gegangen, *v. n.* to go down, to sink, to perish.

Untergraben, untergrub, untergraben, *v. a.* to undermine.

Unterhalten, unterhielt, unterhalten, *v. a.* to entertain, amuse, p. 196; *v. refl.* to converse, to amuse (one's self), p. 180.

Unterhöhlen, *v. a.* to undermine, to sap.

Unterlippe, *f.* (*pl.* n) under-lip.

Unternehmen, *v. ir. a.* to undertake, attempt, assume.

Unternehmung, *f.* (*pl.* en) undertaking, assumption.

Unterricht, *m.* (es) instruction, information.

Unterrichten, *v. a.* to instruct, teach; to train.

Untersagen, (Einem etwas) *v. a.* to forbid, interdict; to refuse.

Unterscheiden, unterschied, unterschieden, *v. a.* to distinguish, discern.

Unterschied, *m.* (es) difference; distinction.

Unterstellen, *v. a.* to place *or* put under.

Unterthan, *m.* (s, *pl.* en) subject.

Unterwerfung, *f.* subjection, submission.

Unterworfen, *part. adj.* subject to.

Unthier, *n.* (s) monster.

Untrüglich, *adj.* infallible, unerring.

Unverdrossen, *adj.* indefatigable, unremitting, unwearied.

Unverkennbar, *adj.* not to be mistaken.

Unvermeidlich, *adj.* inevitable, unavoidable.

Unvollendet, *adj.* unfinished.

Unvorsichtig, *adj.* imprudent, improvident.

Unvorsichtigkeit, *f.* improvidence, imprudence.

Unwillkürlich, *adj.* involuntary; *adv.* involuntarily, instinctively.

Unzählbar, } *adj.* innumerable,
Unzählig, } numberless, countless.

Ueppig, *adj.* luxurious; wanton.

Ur, *m.* (s) ure-ox, buffalo.

Uralt, *adj.* very old *or* ancient, primeval.

Uranlage, *f.* (*pl.* n) original disposition, inborn aptitude *or* capacity.

Urlaub, *m.* (s) furlough, leave of absence.

Ursache, *f.* (*pl.* n) cause, reason.

Ursprung, *m.* (s) source, origin fountain.

Urtheil, *n.* (s, *pl.* e) sentence, judgment, verdict; — sprechen, to pronounce sentence *or* judgment.

Urtheilen, *v. a. & n.* to judge, decide.

Urtheilsspruch, *m.* (es, *pl.* e*) sentence, decision.

Urthel, *provincial for* Urtheil.

V.

Vater, *m.* (s, *pl.* —*) father.

Vaterherz, *n.* (ens) father's heart, paternal heart.

Vaterland, *n.* (es) one's native country, fatherland

Väterlich, *adj.* fatherly, paternal.

Vatikanisch, *adj.* belonging to the Vatican; der —e Apollo, the Vatican Apollo.

Vegetation, *f.* vegetation.

Veilchen, *n.* (s, *pl.* —) violet.

Venezuela, *n.* Venezuela.

Venus, *f.* Venus, the goddess of love.

Verachten, *v. a.* to despise, contemn, disdain.

Verächtlich, *adj.* contemptible, mean, paltry.

Verachtung, *f.* contempt, disdain, scorn.

Veränderung, *f.* (*pl.* en) change.

Verbannt, *part. adj.* proscribed, outlawed; accursed, p. 105.

Verbeißen, verbiß, verbissen, *v. a.* to repress, brook, keep down (of pain).

Verbergen, verbarg, verborgen, *v. a.* to hide, conceal.

Verbeugung, *f.* (*pl.* en) obeisance, bow.

Verbieten, verbot, verboten, *v. a.* to forbid.

Verbinden, verband, verbunden, *v. a.* to tie *or* bind up, to dress (of a wound); to unite, join.

Verbindung, *f.* (*pl.* en) connexion, union, relation.

Verblühen, *v. n.* to shed blossoms, to fade, perish.

Verborgen, *part. adj.* concealed, hidden.

Verbot, *n.* (es, *pl.* e) prohibition.

Verbrecher, *m.* (s, *pl.* —) delinquent, criminal.

Verbreiten, *v. a.* to spread, diffuse; *v. refl.* to extend, spread abroad.

Verbunden, *part. adj.* joined; blindfolded, bandaged (of the eyes), p. 99.

Verbündet, *part. adj.* in alliance with, allied.

Verbuttet, *part. adj.* stunted, dwarfish.

Verdacht, *m.* (es) suspicion.

Verdammen, *v. a.* to condemn; to doom.

Verdecken, *v. a.* to cover, conceal, hide; to intercept (a prospect, p. 107).

Verderben, *v. ir. & reg. a.* to ruin, destroy, spoil.

Verderben, *n.* (s) destruction, perdition, ruin.

Verderblich, *adj.* ruinous, destructive, pernicious.

Verdienen, *v. a.* to earn, gain, merit.

Verdienst, *n.* (es, *pl.* e) merit, desert.

Verdrießen, verdroß, verdrossen, *v imp.* to grieve, vex, offend.

Verdrießlich, *adj.* fretful, out of humour, angry.

Verdrießlichkeit, *f.* (*pl.* en) troublesome matter, vexation.

Verehren, *v. a.* to revere, respect, to honour, adore; Einem etwas —, to make one a present of, to give, present, p. 93.

Verehrung, *f.* reverence, veneration.

Vereinigen, *v. a.* to unite, combine, join.

Verfahren, *n.* (s) procedure, dealing, treatment.

Verfallen, *part. adj.* dilapidated, ruinous.

Verfehlen, *v. a.* to miss; to fail, p. 195.

Verfertigen, *v. a.* to make, to prepare, to fabricate.

Verflossen, *part. adj.* past; längst verfloßne Zeit, times gone by long ago, remotest ages, p. 193.

Verfolgen, *v. a.* to pursue, to prosecute, continue.

Verfolgt, *part. adj.* pursued, chased.

Verführen, *v. a.* to mislead, seduce, corrupt.

Verführung, *f.* (*pl.* en) misleading, seduction, seductive influence.

Vergeben, vergab, vergeben, *v. a.* (Einem etwas), to forgive, to pardon, to excuse.

Vergebens, *adv.* in vain, to no purpose.

Vergeblich, *adj.* fruitless, vain useless.

Vergebung, *f.* forgiveness, pardon.

Vergehen, verging, vergangen, *v. n.* to pass away, to vanish; to fail, decay, to perish.

Vergessen, vergaß, vergessen, *v a* to forget (*with the acc. or gen.*); er vergißt, he forgets.

Vergessen, *part. adj.* forgotten.

Vergessenheit, *f.* oblivion.

Vergeuden, *v. a.* to squander, waste, consume.

Vergießen, vergoß, vergossen, *v. a.* to spill, to shed.

Vergiften, *v. a.* to poison.

Vergleichen, verglich, verglichen, *v. a.* to compare, to liken (mit, with, to).

Vergnügen, *n.* (s) pleasure, delight.

Vergnügt, *adj.* happy, delighted; contented, satisfied; gay; *adv.* happily, cheerfully.

Vergnügung, *f.* (*pl.* en) pleasure, amusement.

Vergönnen, *v. a.* (Einem etwas), to permit, allow; wenn es dir vergönnt ist, if thou art permitted, if it is thy privilege, p. 174.

Vergünstigung, *f.* permission, leave; um — einer weitern Reise, for permission of going on with my travels, p. 196.

Verhallen, *v. n.* to die away, to cease (of sound).

Verhalten, verhielt, verhalten, *v. refl.* to behave, to act, to deport one's self.

Verhandeln, *v. a.* to sell, dispose of, to barter away.

Verharren, *v. n.* to remain, tarry; to persist, persevere.

Verheeren, *v. a.* to lay waste, to desolate, devastate.

Verheert, *part. adj.* devastated, desolate

Verhehlen, *v. a.* to dissemble, hide, conceal.

Verheißen, verhieß, verheißen, *v. a.* to promise.

Verhext, *part. adj.* bewitched.

Verhüllen, *v. a.* to veil, conceal, wrap up, cover.

Verhüllt, *part. adj.* veiled, shrouded.

Verirren, *v. refl.* to go astray, to lose one's way, to err.

Verirrung, *f.* (*pl.* en) error, irregularity.

Verjüngen, *v. a.* to make young again, to renovate

Verjüngt, *part. adj.* renovated, renewed.

Verkaufen, *v. a.* to sell, to dispose of.

Verklärt, *part. adj.* glorified, transfigured.

Verklärung, *f.* glorification, transfiguration.

Verkleiden, *v. refl.* to disguise one's self.

Verknüpfen, *v. a.* to connect, unite, link.

Verknüpfung, *f.* (*pl.* en) connexion.

Verkünden, **Verkündigen**, *v. a.* to announce, proclaim.

Verkürzen, *v. a.* to shorten; to lessen, diminish.

Verlangen, *v. a.* to ask, to desire, want, demand; *v. n.* nach etwas —, to long for, desire, wish.

Verlangen, *n.* (s) desire, longing.

Verlassen, verließ, verlassen, *v. a* to leave, to forsake, quit, abandon

Verlassen, *part. adj.* forsaken, deserted, forlorn.

Verlauf, *m.* (es) lapse, expiration (of time).

Verlaufen, *v. ir. refl.* to go astray, to get lost.

Verläumden, *v. a.* to slander, traduce, calumniate.

Verlernen, *v. a* to unlearn; to forget.

Verletzen, *v. a.* to wound, to hurt; to violate (a precept); —d, wounding.

Verlieren, verlor, verloren, *v. a.* to lose.

Verlocken, *v. a.* to decoy, mislead, allure.

Verlust, *m.* (es) loss; damage.

Vermehren, *v. a.* to increase, to augment, multiply.

Vermeiden, vermied, vermieden, *v a.* to shun, avoid.

Vermeinen, *v. a.* to think, presume, imagine.

Vermeint, *adj.* supposed, presumed.

Vermischen, *v. a.* to mix, intermingle, blend; *v. refl.* to be mixed, &c.

Vermögen, vermochte, vermocht, *v. n.* to have the power *or* capacity, to be able (*usually with an infin.*); ich vermag, I am able, I can.

Vermögen, *n.* (s) ability, power; property, fortune, means.

Vermögend, *adj.* opulent, wealthy.

Vermuthen, *v. a.* to suppose, imagine, conjecture, suspect.

Vernehmen, vernahm, vernommen, *v. a.* to perceive, hear; to listen to, p. 127.

Vernehmlich, *adj.* perceptible; *adv.* perceptibly, distinctly, clearly.

Vernichten, *v. a.* to annihilate, to destroy.

Vernunft, *f.* reason.

Vernünftig, *adj.* rational; discreet, judicious; reasonable.

Veröden, *v. a.* to lay waste, to desolate.

Verödet, *part. adj.* desolate, waste.

Verpflanzung, *f.* transplantation; durch —, by being transplanted, p. 186.

Verrathen, verrieth, verrathen, *v. a.* to betray, p. 171 and 175; to show, disclose, p. 177.

Verröcheln, *v. n.* to breathe (groan) one's last, to expire.

Verrostet, *part. adj.* rusty.

Verrucht, *adj.* atrocious, nefarious, infamous; godless.

Versagen, *v. a.* to refuse, deny; forbid, interdict, p. 144.

Versammeln, *v. a. & refl.* to convene, assemble, summon.

Verschaffen, *v. a.* to procure, provide, furnish with.

Verscheuchen, *v. a.* to frighten *or* scare away

Verschieden, *adj.* different, diverse; *pl.* —e, several, various, sundry.

Verschließen, verschloß, verschlossen, *v. a.* to lock *or* shut up; to stop up, close.

Verschlingen, verschlang, verschlungen, *v. a.* to devour, to swallow up.

Verschlossen, *part. adj.* reserved, close.

Verschlummern, *v. a.* to pass in slumber, to slumber away.

Verschluß, *m.* (sses) confinement, custody.

Verschmähen, *v. a.* to despise, disdain, scorn.

Verschollen, *adj.* disappeared, unknown, forgotten.

Verschonen, *v. a.* to spare

Verschweigen, verschwieg, verschwiegen, *v. a.* to keep secret, to conceal.

Verschwenderisch, *adj.* lavish, profuse, extravagant.

Verschwiegenheit, *f.* secrecy taciturnity; discretion.

Verschwinden, verschwand, verschwunden, *v. n.* to disappear, to vanish.

Verschwören, verschwor, verschworen, *v. refl.* to protest *or* affirm with an oath.

Verschwörung, *f.* conspiracy.

Verschwunden, *part. adj.* vanished, lost.

Versehen, versah, versehen, *v. a.* to provide *or* furnish with (mit etwas); sich —, to err, make a mistake.

Versenden, *v. a.* to send away; to hurl, to discharge, p. 150.

Versengen, *v. a.* to singe, to burn.

Versetzen, *v. a.* to transplant, transpose, remove; *v. n.* to reply, answer, rejoin.

Versichern, *v. a.* to assure.

Versiegen, *v. n.* to dry up, to become dry, to disappear; —d in den Schnee, vanishing *or* disappearing in the snow, p. 95.

Versinken, versank, versunken, *v. n* to sink, to be engulfed *or* swallowed up.

Versöhnlichkeit, *f.* forgiving disposition.

Verspotten, *v. a.* to deride, to mock, ridicule.

Versprechen, versprach, versprochen, *v. a.* to promise, to engage.

Versprechen, *n.* (s, *pl.* —) promise.

Verstand, *m.* (es) understanding; mind, intellect.

Verständig, *adj.* clever, intelligent, sensible.

Verstecken, *v. refl.* to hide *or* conceal one's self.

Versteckt, *part. adj.* concealed, hidden; in concealment, p. 195.

Verstehen, verstand, verstanden, *v. a.* to comprehend, understand; to know (an art), to know how.

Versteinert, } *part. adj.* petrified;
Versteint, } *fig.* aghast, thunderstruck.

Verstorben, *adj.* deceased, dead.

Verstreuen, *v. a.* to scatter, disperse.

Verstummen, *v. n.* to grow mute *or* dumb.

Verstummt, *part. adj.* mute, dumb, silent.

Versuchen, *v. a.* to try, attempt, to essay.

Versucht, *part. adj.* experienced, tried, well-trained, p. 148.

Versunken, *part. adj.* sunk, engulfed; in sich —, wrapped up in one's self, absorbed in deep thought, p. 181.

Versüßen, *v. a.* to sweeten.

Vertauschen, *v. a.* to exchange, barter (mit, for, p. 61).

Vertheidigung, *f.* (*pl.* en) defence.

Vertheilen, *v. a.* to distribute, divide, allot.

Vertiefen, *v refl.* to be lost *or* absorbed in.

Vertiefung, *f.* (*pl.* en) deepening; low ground, hollow.

Vertilgen, *v. a.* to extirpate, destroy, annihilate.

Vertrag, *m.* (es, *pl.* e*) contract, agreement, compromise.

Vertrauen, *v. a.* to confide, entrust; *v. n.* to trust, confide in, rely upon (*with the dat. or* auf Einen); —d, confiding, trusting.

Verträumen, *v. a.* to dream away.

Vertraut, *adj.* intimate, familiar; inniglich —, on terms of the closest intimacy, p. 193.

Vertrocknen, *v. n.* to dry up; to wither.

Vertrocknet, *part. adj.* dried up, parched.

Verunedeln, *v. a.* to degrade; to deteriorate, render poor (among miners).

Verwandeln, *v. a.* to change, to turn *or* convert into; *v. refl.* to change, to be changed, transmuted *or* transformed, p. 187.

Verwandt, *adj.* related, allied, kin.

Verwandte, (der *or* die) relative, relation, kinsman, kin.

Verwandtschaft, *f.* (*pl.* en) affinity, relation, connexion.

Verweigern, *v. a.* to deny, refuse (Einem etwas).

Verweilen, *v. n.* to stay, tarry, abide.

Verwildern, *v. n.* to grow wild, unruly *or* ungovernable.

Verwischen, *v. a.* to blot out, to obliterate.

Verworren, *part. adj.* confused; indistinct, p. 209.

Verwundern, *v. a.* to surprise, astonish; da es denn nicht zu — ist, for which reason it is not to be wondered at, *or*, it is no matter of surprise, p. 211; *v. refl.* to wonder, to be surprised, astonished.

Verwundert, *part. adj.* surprised, astonished; with surprise, p. 136.

Verwunderung, *f.* wonder, surprise, admiration.

Verwürzen, *v. a.* to season too high; *fig.* to spoil.

Verzärtelt, *part. adj.* spoiled, pampered, rendered effeminate.

Verzehren, *v a.* to consume, eat up.

Verzeihen, verzieh, verziehen, *v. a.* to forgive, pardon (Einem etwas); to excuse.

Verzweifeln, *v. n.* to despair, despond.

Verzweifelung, *f.* despair, despondency.

Vesper, *f.* (*pl.* n) vespers, evening-prayers.

Vesperbrod, *n.* (es) vesper-bread, collation.

Veste, *f.* stronghold, fortress.

Vieh, *n.* (es) brute; cattle.

Viel, *adj. & adv.* much, a great deal; *pl.* —e, many; so — (als), as much as, as many as; so — sie Lust hat, as much as she pleases, p. 80.

Vielerlei, *adj.* (*indeclinable*) various, multifarious, diverse, many.

Vielfach, *adj.* manifold, various, multiplied, abundant; *adv.* manifoldly; in various ways.

Vielfältig, *adj.* multifarious; frequent; *adv.* manifoldly; frequently.

Vielfarbig, *adj.* many-coloured, many-hued; variegated.

Vielfraß, *m.* (es) glutton.

Vielleicht, *adv.* perhaps, perchance, may be, possibly.

Vier, *num.* four.

Vierte, der, die, das, *num.* fourth.

Vierteljahr, *n.* (s) quarter of the year; auf ein —, for three months, p. 88.

Viertelstunde, *f.* quarter of an hour; quarter of a league, p. 106.

Vierzig, *num.* forty.

Virginie, *f.* Virginia (*proper name*).

Vließ, *n.* (es, *pl.* e) fleece.

Vogel, *m.* (s, *pl.* —*) bird.

Vögelein, **Vöglein**, *n.* (s, *pl.* —) little bird.

Volk, *n.* (es, *pl.* er*) people, nation.

Voll, *adj.* full, full of (*with the gen.*), replenished, filled.

Vollbringen, vollbrachte, vollbracht, *v. a.* to accomplish, to perform, execute, achieve.

Vollenden, *v. a* to end, complete, finish; to produce, accomplish.

Vollendete, das, the Perfect, perfection, p. 184.

Vollendung, *f.* completion, consummation, achievement.

Vollkommen, *adj.* perfect; accomplished; entire, complete, full

Vollstrecken, *v. a.* to execute, to carry into effect.

Vollziehen, vollzog, vollzogen, *v. a.* to fulfil, execute, perform.

Vom, *prep.* (= von dem) from the; of *or* by the.

Von, *prep.* (*gov. the dat.*) of, by, from; concerning; upon; — Neuem, anew, afresh; — ferne, from afar; — oben, from on high; — hinnen, hence, from this place; — Osten her, from the east; — beiden Seiten, on both sides.

Vor, *prep.* (*gov. the dat. & acc.*) before, in the presence of, in front of; from, of, on account of, through, with; before, *i. e.* in preference to; ago, since (*with words denoting time*); — dem Hause, before the house; — Freude, for joy; — allen Dingen, above all things, first of all; sich — Einem fürchten, to be afraid of any one; — Hunger *or* Durst sterben, to die of hunger *or* thirst; und wurden bleich — Aerger, and turned pale with anger, p. 74; — vielen Jahren, many years ago.

Voraus, *adv.* before, before hand; foremost.

Voraussagen, *v. a.* to predict, foretell.

Vorbei, *adv.* by, over; past, finished, done; — sein, to be past *or* over.

Vorbeikommen, *v. ir. n.* to come *or* pass by.

Vorbeitraben, *v. n.* to trot by, to ride by (on horseback), p. 84.

Vorbild, *n.* (es, *pl.* er) model, original, type.

Vorder, *adj.* fore, front.

Vorderste, *adj.* foremost; die —n Füße, the fore-feet, p. 166.
Vordertatze, *f.* (*pl.* n) fore-paw.
Vorderwand, *f.* (*pl.* e*) front wall.
Voreltern, *pl.* ancestors.
Vorfall, *m.* (s, *pl.* e*) incident, occurrence; emergency.
Vorfallen, fiel, gefallen, *v. n.* to occur, transpire, happen.
Vorgebirge, *n.* (s, *pl.* —) cape, promontory, headland.
Vorgefühl, *n.* (s) anticipation, presentiment.
Vorgrund, *m.* (es) foreground (of a picture).
Vorhaben, *n.* (s) intention, design.
Vorhanden, *adj.* at hand, present; — sein, to be, to exist.
Vorhang, *m.* (s, *pl.* e*) curtain.
Vorhaus, *n.* (es) front of the house, vestibule.
Vorher, *adv.* before, before hand, previously.
Vorhergehend, *adj.* foregoing, preceding.
Vorhersagen, *v. a.* to foretell, predict.
Vorig, *adj.* former, previous, preceding, last.
Vorkommen, kam, gekommen, *v. n.* to appear, seem; kam es ihr ... vor, it appeared to her, &c., p. 107.
Vorliebe, *f.* predilection.
Vormalig, *adj.* former, preceding; pristine.
Vorn, *adv.* in front; in the forepart.
Vornehm, *adj.* distinguished, eminent, of note.
Vornehmen, *v. ir. a.* to take in hand, to undertake.
Vorrath, *m.* (es, *pl.* e*) stock (of provision, &c.), store.
Vorrücken, *v. n.* to advance, to march *or* move on.
Vorsatz, *m.* (es, *pl.* e*) resolution; intention, purpose.
Vorsetzen, *v. a.* to set *or* place before (of food, &c.); sich etwas —, to purpose, intend, p. 166.
Vorsicht, *f.* caution, precaution; forecast.
Vorspielen, *v. n.* to prelude.
Vorsprung, *m.* (s, *pl.* e*) advance, start.
Vorstellen, *v. a.* to represent, personate; sich etwas —, to conceive, imagine, think.
Vorstellung, *f.* (*pl.* en) conception, notion, idea.
Vortheil, *m.* (s, *pl.* e) advantage, interest, profit.
Vortheilhaft, *adj.* advantageous, profitable; *adv.* to good advantage, p. 87.
Vortrefflich, *adj.* excellent, capital, exquisite.
Vorüber, *adv.* by, gone by, past, over, gone.
Vorüberfließend, *adj.* flowing by
Vorwärts, *adv.* forward, on, onward; nicht vor= nicht rückwärts, neither forward nor backward, p. 160
Vorwelt, *f.* ancient times, former ages.
Vorwitzig, *adj.* pert, forward, inquisitive.
Vorwurf, *m.* (s, *pl.* —e*) reproach; charge.
Vorzeit, *f.* days of yore, by-gone ages.
Vorzimmer, *n.* (s, *pl.* —) anteroom, antechamber.
Vorzug, *m.* (s, *pl.* e*) preference; pre-eminence.

W.

Waare, *f.* (*pl.* n) ware, commodity, merchandise.
Wach, *adv.* awake; —, werden, to awake.
Wache, *f.* (*pl.* n) watch, guard.
Wachen, *v. n.* to wake, to be awake; to watch.
Wachen, *n.* (s) waking.
Wachsamkeit, *f.* watchfulness, vigilance

Wachsen, wuchs, gewachsen, *v. n.* to grow; to wax *or* increase.
Wächter, *m.* (s, *pl.* —) watchman, keeper.
Wacker, *adj.* active, vigilant; hale, stout, valiant; honest.
Waffe, *f.* (*pl.* n) weapon; *pl.* weapons, arms.
Waffnen, *v. a.* to arm, equip.
Wagen, *v. a.* to venture, dare, hazard, attempt; sich —, to venture, to expose one's self; daß keine . . . sich in den zu kühnen Wettstreit wage, let no one venture (to enter into) the too presumptuous competition with, &c., p. 214.
Wagen, *m.* (s, *pl.* —) wagon, carriage; car.
Wägen, *v. a.* to weigh; to consider, ponder.
Wählen, *v. a.* to choose, elect; to pick out, select.
Wahn, *m.* (es) delusion, error, fancy; presumption.
Wahnsinn, *m.* (es) madness, frenzy.
Wahnsinnig, *adj.* frantic, mad; deluded.
Wahr, *adj.* true; real, genuine; *adv.* truly, really, veritably; — sprechen, to speak truly, to say what is true, p. 193.
Währen, *v. n.* to continue, last, endure.
Während, *prep.* (*with the gen.*) during; *conj.* while, whilst.
Wahrhaft, *adj.* real, true, genuine.
Wahrhaftig, *adv.* positively, verily, surely, by my faith.
Wahrheit, *f.* (*pl.* en) truth.
Wahrlich, *adv.* verily, surely, in truth.
Wahrnehmen, *v. ir. a.* to perceive, observe, see.
Waidwerk, *n.* (s) chase, sport.
Wald, *m.* (es, *pl.* er*) wood; forest.
Wäldchen, *n.* (s) little wood, grove.
Wallen, *v. n.* to bubble, boil, p. 137; to move *or* flow gently, to undulate; to stream (of a robe, p. 127); *also*, to walk, wend one's way, to journey.
Wallfahren, *v. n.* to go on a pilgrimage, to pilgrimize.
Walten, *v. n.* to rule, dispose.
Wand, *f.* (*pl.* e*) wall.
Wandeln, *v. n.* to walk, to go; travel.
Wanderer, *m.* (s, *pl.* —) traveller on foot; wanderer.
Wanderleben, *n.* (s) travelling *or* erratic life.
Wandern, *v. n.* to wander; to walk *or* go; to travel (on foot); wir lassen dich nicht —, we will not let thee go (escape), p. 126.
Wandernd, *part. adj.* wandering, itinerant, erratic.
Wandersmann, *m.* (es) traveller (on foot).
Wanderstab, *m.* (es) travelling staff.
Wange, *f.* (*pl.* n) cheek.
Wann, *adv.* when; dann und —, now and then.
Wappen, *n.* (s, *pl.* —) } coat
Wappenschild, *n.* (es, *pl.* er) } of arms, escutcheon.
Warm, *adj.* warm; hot; *fig.* cordial; *adv.* warmly, hotly; cordially.
Wärme, *f.* warmth; heat.
Wärmen, *v. a.* to warm, heat; sich —, to warm one's self.
Warnen, *v. a.* to warn, admonish, caution; laß dich —, listen to my warning, p. 159.
Warnen, *n.* (s) warning, admonition.
Wärtel, *m.* (s) keeper; warden.
Warten, *v. a.* to tend, take care of, wait on; *v. n.* to stay, to wait; auf Einen —, to stay *or* wait for any one.
Wärterinn, *f.* (female) keeper.
Warum, *adv.* why, on what account, wherefore.
Was, *pron.* (*interrogative*) what? why? p. 62; (*relative*) what, that which; that, which; was für ein

eine, ein, *or* was für, what sort *or* kind of, what, Gr. p. 438; was auch *or* was immer, whatever, whatsoever.

Waschen, wusch, gewaschen, *v. a. & n.* to wash; to do the washing, p. 67.

Wasser, *n.* (s, *pl.* —) water.

Wasserfahrt, *f.* boating-excursion, sail; die nächtliche —, the moonlight sail, p. 208.

Wasserfall, *m.* (s) waterfall, cascade.

Wasserhöhle, *f.* (*pl.* n) watery chasm, abyss, gulf.

Wasserhuhn, *n.* (s, *pl.* er*) water-hen, water-fowl.

Wassernymphe, *f.* (*pl.* n) water-nymph, naiad.

Wasserschlund, *m.* (es, *pl.* e*) gulf, abyss.

Wassersturm, *m.* (es) water-storm, tempestuous commotion of waters.

Wassersturz, *m.* (es) cataract.

Wasserweib, *n.* (es) water-spirit, undine.

Weben, *v. reg. & ir. a.* to weave.

Wechsel, *m.* (s) changing, change, turn.

Wecken, *v. a.* to wake, awaken, excite.

Wedeln, *v. n.* to wag the tail.

Weder, *conj.* neither; — ... noch, neither ... nor.

Weg, *adv.* away, off, gone; — verlangen, to long to be gone *or* away, p. 168.

Weg, *m.* (es, *pl.* e) way, passage, path; road, route; des —es, that way, p. 84; auf allen —en, every where, p. 193.

Wegen, *prep.* (*with the gen.*) on account of, by reason of, for, for the sake of.

Weggerückt, *part. adj.* removed, borne away, p. 183.

Wegnehmen, nahm, genommen, *v. a.* to take away.

Wegputzen, *v. a.* to clean away; rein —, to remove entirely, to make clean work with, p. 189.

Wegspinnen, *v. ir. a.* to spin up.

Wegtreiben, trieb, getrieben, *v. a* to drive away; to repulse.

Wegweiser, *m.* (s, *pl.* —) guide, leader.

Wegziehen, zog, gezogen, *v. n.* to depart, move away (from any place).

Weh *or* **wehe**, *int.* wo; o —! alas! — euch! wo to you! — mir! wo to me!

Weh, *n.* (es) wo, pain, ache, agony; — und Ach heulen, to howl *or* moan in agony, to utter exclamations of torment, p. 161.

Wehen, *v. n.* to blow (of the wind); *also*, to be agitated, to move, p. 43; wave, stream; whisper, rustle (of trees), p. 119.

Wehen, *n.* (s) blowing, whispering, breathing (of winds); waving, moving, movement (of mantles agitated by the wind, p. 144; of the breath, p. 150).

Wehklagen, *v. n.* to lament, moan.

Wehmuth, *f.* sadness, melancholy.

Wehren, *v. a.* (Einem etwas) to forbid, interdict.

Wehrlos, *adj.* unarmed, defenceless.

Weib, *n.* (es, *pl.* —er) female, woman; wife.

Weich, *adj.* soft, tender, weak; gentle, lenient; *adv.* softly, weakly, &c.

Weichen, wich, gewichen, *v. n.* to give ground, to make way, move, retreat; to yield (*with the dat.*).

Weichheit, *f.* softness, weakness; tenderness.

Weichmüthig, *adj.* tender-hearted; *adv.* tenderly, with emotion, moved, p. 105.

Weide, *f.* (*pl.* n) pasture, pasture-ground.

Weil, *conj.* because, since; *adv.* while, as, as long as.

Weilchen, *n.* (s) little while; über ein —, after a while, shortly after

Weile, *f.* while, space of time; nach einer —, after a while.

Weilen, *v. n.* to tarry, stay, delay; to live *or* dwell, p. 174.

Wein, *m.* (es, *pl.* e) wine; voll alten und jungen —es, full of old and new wine, p. 92.

Weinrebe, *f.* (*pl.* n) grape-vine, vine.

Weintraube, *f.* (*pl.* n) bunch *or* cluster of grapes.

Weinen, *v. n.* to weep, to cry, shed tears; —d, weeping.

Weinen, *n.* (s) weeping, crying.

Weise, *adj.* wise, sage; prudent; knowing, cunning; eine — Frau, a wise woman, fortune-teller, p. 76.

Weise, der, (n, *pl.* n) wise man, sage.

Weise, *f.* wise, manner, mode, way, fashion, custom; auf jede andere —, in any other circumstances, p. 196; *also*, melody, tune.

Weisen, wies, gewiesen, *v. a.* to show, to point out, let see; to direct; wies mich weiter hier links hinauf, directed me farther up this way towards the left, p. 199.

Weisheit, *f.* wisdom; knowledge; prudence.

Weislich, *adv.* wisely, prudently.

Weiß, *adj.* white.

Weissagen, *v. a.* & *n.* to predict, foretell, prophesy, divine.

Weissagend, *part. adj.* prophetic, divining.

Weit, *adj.* & *adv.* far, afar off, at a distance; remote, distant; wide; ample, large; widely, largely; nicht mehr — von der Stadt, when quite near the city, *or*, but a short distance from the city, p. 46; über die —e Erde, over the far-spreading earth, p. 95.

Weite, *f.* remoteness, distance.

Weiter, *adj.* & *adv.* further, farther; remoter; wider; — hin, farther on, p. 204; das —e, *i. e.* Ziel, the still farther one, *i. e.* goal, p. 121; — singen, to sing on, continue to sing, p. 207.

Weitläufig, *adj.* extensive, vast.

Weizen, *m.* (s) wheat.

Welcher, welche, welches, *pron. rel* & *inter.* who, which, that; which what? welch reicher Himmel! what a rich heaven! p. 64, compare Gr. p. 439, obs. 2.

Welken, *v. n.* to wither, decay, fade.

Welle, *f.* (*pl.* n) wave, surge, billow.

Welt, *f.* (*pl.* en) world; universe; earth; system of worlds; auf der —, in the world, on earth; zur — bringen, to bring forth.

Weltenall, *n.* (s) universe.

Weltgeschichte, *f.* universal history, history of the world.

Welttheil, *m.* (es, *pl.* e) part of the globe.

Weltenmenge, *f.* multitude of worlds.

Wem, (*dat. of* wer) to whom.

Wen, (*acc. of* wer) whom.

Wendekreis, *m.* (es, *pl.* e) tropic.

Wendeltreppe, *f.* (*pl.* n) spiral-stairs, winding-stairs; die —n hinunter, down the spiral-stairs, p. 205.

Wenden, wandte, gewandt, (*also reg.*) *v. a.* & *n.* to turn; to turn about, p. 74; to direct; *v. refl.* to turn around *or* about, p. 150; to turn, go towards; sich zu Einem —, to accost *or* address any one, p. 139.

Wendung, *f.* turn, direction; ihre Lebhaftigkeit nahm nur eine wunderliche —, their vivacity merely took a singular turn, p. 187; *also* turn *or* mode of expression: zu immer neuer und doch deutscher —, for ever new and still German forms of expression, p. 214.

Wenig, *adj.* & *adv.* little, few; *pl.* —e (Wen'ge, p. 33), few men, few people, few; mit —en, with a few ein —, a ittle, some weniger *comp.* less.

Wenigstens, *adv.* at least.

Wenn, *conj.* if; when; as soon as; —gleich, —schon, although, though; — nicht, if not, unless.

Wer, *pron. dem. & rel.* who, he who; whoever, whosoever; — auch *or* immer *or* nur, whoever, p. 54; *also interr.* who?

Werden, wurde (ward), geworden, 1. *v. n.* to become, to grow; to turn, prove (to be); zu etwas —, to be changed into, to turn, become; der ganze Dampf **wird** zur Flamme, the entire mass of smoke is converted into a blaze, p. 208; 2. *v. aux.* (*to form the future*) shall, will: du wirst kommen, thou wilt come; er wird reden, he will speak; *also* (*for the passive voice*), to be: ich werde geliebt, I am loved; er wird verfolgt, he is pursued, see Gr. p. 444, § 123, 3d.

Werfen, warf, geworfen, *v. a.* to throw, cast, hurl, fling; wirft sich zur Erde, prostrates himself to the ground, p. 157; warf sich über den Leichnam her, cast herself upon the carcass, p. 106.

Werk, *n.* (es, *pl.* e) work; action; work (of art), fabric; zu —e gehen, to go to work, to set about; geht sachte zu —, go to work gently, p. 199.

Werkstatt, } **Werkstätte**, } *f.* work-shop; work-room (of a painter).

Werth, *adj.* worth; valuable; dear; der Mühe —, worth while, worth the trouble.

Werth, *m.* (es) worth, value; importance; price.

Wesen, *n.* (s, *pl.* —) being; essence, nature; Vater der —, father of beings (*or* spirits), p. 59; das gemeine —, the commonwealth.

Westen, *m.* (s) west; nach —, towards the west.

Westindien, *n.* ('s) the West Indies.

Wette, *f.* bet, wager; competition; in die — laufen, to run a race, to race, run.

Wetteifern, *v. n.* (um etwas) to contend (for), compete, vie, emulate.

Wetter, *n.* (s, *pl.* —) weather tempest, storm, p. 161.

Wetterleuchten, *n.* (s) } **Wetterschein**, *m.* (es) } lightening, flashes of lightening.

Wettlauf, *m.* (es, *pl.* e*) race, running match.

Wettstreit, *m.* (es) emulation, contention.

Wetzstein, *m.* (s, *pl.* e) whetstone.

Wichtig, *adj.* weighty, important, of consequence *or* importance.

Wichtigkeit, *f.* importance, weight, consequence.

Wickeln, *v. a.* to wind *or* wrap up, to envelop, enwrap; wickelte den Klumpen hinein, wrapt up the lump into it, p. 83.

Widder, *m.* (s, *pl.* —) ram; (*in astronomy*) Aries.

Wider, *prep.* against, contrary to; — Willen, against one's will, unwillingly, reluctantly; involuntarily.

Widerspenstig, *adj.* obstinate, stubborn, refractory, perverse.

Widerstand, *m.* (es) opposition, resistance.

Widerstehen, *v. ir. n.* to withstand, oppose, resist (*with the dat.*).

Widmen, *v. refl.* to devote *or* apply one's self (to the study of a science, &c., p. 179).

Widrig, *adj.* cross, repulsive, repugnant.

Wie, *adv.* how; *conj.* as, just as, as if, like; when; — groß? — viel? how large? how much? — verhext, as if bewitched, p. 105; — ein Ungeheuer, like a monster, p. 107; — denn, just as, as also, p. 197.

Wieder, *adv.* again, afresh, anew; back, in return.

Wiederfinden, fand, gefunden, *v. a.* to find again.

Wiedergeben, gab, gegeben, *v. n* to give again, to return.

Wiederhall, *m.* (es) echo, resound.
Wiederhallen, *v. n.* to resound, echo; im Saale —, resound *or* be repeated in the hall, p. 63.
Wiederholen, *v. n.* to repeat.
Wiederholung, *f.* repetition, repeating.
Wiederkehr, *f.* return.
Wiederkehren, *v. n.* to return, come back.
Wiederklingen, *v. n.* to resound, echo, p. 181.
Wiederschein, *m.* (s) reflection (of light); im —, by reflection, reflected.
Wiege, *f.* (*pl.* n) cradle.
Wiegenfest, *n.* birthday-festival.
Wiegen, *v. a.* to cradle, rock; *refl.* to rock one's self; to glide softly.
Wiegen, wog, gewogen, *v. n.* to weigh.
Wiehern, *v n.* to neigh; —d, neighing.
Wiese, *f.* (*pl.* n) meadow, mead.
Wiesenthal, *n.* (es, *pl.* er*) valley containing meadows, meadow-valley.
Wiewohl, *conj.* although, though.
Wild, *adj.* wild, savage, intractable, fierce; rough (of a road).
Wild, *n.* (es) game, deer.
Wilhelm, *m.* ('s) William.
Wille *or* **Willen** (ns *or* s) will; design, purpose; inclination, wish; um . . . —n, for the sake of, on account of (*with the gen*).
Willfahren, *v. n.* to comply with, accede to, grant (*with the dat.*), p. 146.
Willig, *adj.* willing, ready.
Willkommen, *adj. & adv.* welcome, well met; acceptable; seid —, welcome, I am glad to see you! p. 86.
Wimmeln, *v. n.* to swarm, to be alive *or* filled with (*with* von).
Wind, *m.* (es, *pl.* e) wind; breeze, air; ein sanfter —, a gentle breeze, p. 56.
Windmühle, *f.* (*pl.* n) wind-mill.
Windstoß, *m.* (es, *pl.* e*) gust of wind, blast.
Wink, *m.* (es, *pl.* e) sign, nod, beckoning; hint; auf einen —, at a nod *or* motion, p. 109.
Winkel, *m.* (s, *pl.* —) corner, nook.
Winkelrecht, *adj.* right-angular.
Winken, *v. n.* to nod, to make a sign *or* motion to any one (*with the dat.*); to invite, p. 117.
Winken, *n.* (s) beckoning, winking; mit freudigem —, with joyful winking *or* motioning.
Winseln, *v. n.* to whimper, moan, whine.
Winter, *m.* (s, *pl.* —) winter; —lang, all winter, during the entire winter.
Wipfel, *m.* (s, *pl.* —) top (of a tree), summit.
Wipfelgewölbe, *n.* (s, *pl.* —) arch formed by tree tops.
Wir, *pron.* we; — alle, all of us.
Wirbel, *m.* (s, *pl.* —) whirlpool; crown of the head.
Wirken, *v. a.* to work, perform, effect; *v. n.* to work, act, p. 212; auf Einen *or* etwas —, to produce an effect upon, to affect, p. 29.
Wirkend, *part. adj.* efficient, effective.
Wirklich, *adv.* actually, really, truly, indeed.
Wirklichkeit, *f.* reality, actuality, real life.
Wirkung, *f.* (*pl.* en) effect; operation.
Wirth, *m.* (es, *pl.* e) host, landlord.
Wirthschaftsgebäude, *n.* (s, *pl.* —) out-house, agricultural building.
Wirthshaus, *n.* (es, *pl.* er*) tavern, inn.
Wißbegier, *f.* desire *or* love of knowledge, curiosity.
Wissen, wußte, gewußt, *v. a. & n.* to know, to know of, to have a knowledge of; ich weiß, I know; er weiß, he knows.
Wissenschaft, *f.* (*pl.* en) science,

learning; knowledge; die höheren —en, the higher branches of science.

Witterung, *f.* weather, temperature.

Wittwe, *f.* (*pl.* n) widow.

Wo, *adv.* where; when; — auch, wherever; an dem Tage —, on the day when, &c. p. 76.

Wobei, *adv.* whereat, at *or* during which.

Woche, *f.* (*pl.* n) week; acht —en lang, for eight weeks; sie ist aber auch acht —n lang genudelt worden, but you must know too, it has been crammed for eight entire weeks, p. 87.

Wodurch, *adv.* whereby, by which, through which.

Wofür, *adv.* for what, for which.

Woge, *f.* (*pl.* n) wave, billow; undulating motion (of grass, p. 109).

Woher, *adv.* whence, from what place; from what cause, how, p. 57.

Wohin, *adv.* whither, to what place, what way.

Wohl, *adv.* well; probably, perhaps (see page 56, note 4); undoubtedly, it is true, indeed, p. 142; nicht —, not very well, p. 179.

Wohl, *n.* (es) weal, welfare, good, benefit.

Wohlan, *int.* well! very well! go to! come on!

Wohlbekannt, *adj.* well-known, famous, renowned.

Wohlerworben, *adj.* well-earned, lawfully acquired.

Wohlgemuth, *adv.* cheerfully, gaily, merrily.

Wohlgeruch, *m.* (s, *pl.* e*) sweet odour, fragrance, redolence.

Wohlgesprochen, *adj.* well-said, well-spoken.

Wohlhabend, *adj.* opulent, in good circumstances.

Wohlthäter, *m.* (s, *pl.* —) benefactor

Wohlthätigkeit, *f.* beneficence; salutariness.

Wohlthun, *v. ir. n.* to benefit, do good to; to delight, excite pleasure.

Wohnen, *v. n.* to live, reside, abide, dwell.

Wohnung, *f.* (*pl.* en) habitation, mansion, domicil, abode; — nehmen, take up *or* fix one's abode, p. 199.

Wölben, *v. a.* to arch, vault.

Wölkchen, *n.* (s, *pl.* —) small cloud.

Wolke, *f.* (*pl.* n) cloud.

Wolkensteg, *m.* (s) path among the clouds (on a high mountain), cloudy path.

Wollen, *v ir. a. & n.* to be willing, to intend, have a mind; ich will, I will, am willing, intend; *also*, to wish, desire, want; to be on the point, to be about (to do a thing); willst du das (*i. e.* thun)? will you do that? du willst zur Hochzeit (*i. e.* gehen)? *you* wish to go to the festival, p. 68; da wollte er ruhen there he wanted to rest, p. 90.

Wollen, *n.* (s) will; intention; böses — zu verhindern, to prevent evil intention *or* intended mischief, p. 207.

Wonne, *f.* delight, bliss, pleasure, rapture.

Woran, *adv.* whereon, whereby, by which, whereat.

Worauf, *adv.* whereupon, on which, whereto.

Woraus, *adv.* whereout, out *or* from which, whence.

Worin, *adv.* wherein, in which, in what.

Worms, *n.* Worms, a town.

Wornach, *adv.* after which, according to which.

Wort, *n.* (es, *pl.* er* *or* e) word; mit einem —, in a word, in fine, in short

Wörterbuch, *n.* (es) dictionary.

Worüber, *adv.* over *or* upon which, whereof, whereat.

Worunter, *adv.* under which among which.

Woselbst, *adv* where.
Wovon, *adv.* whereof, of which *or* what.
Wozu, *adv.* whereto, to which, wherefore, for which, whereat.
Wuchs, *m.* (es) growth; size, shape.
Wunde, *f.* (*pl.* n) wound, grief.
Wunder, *n.* (s, *pl.* —) wonder, prodigy, marvel.
Wunderbar, *adj.* wonderful, wondrous, marvellous; strange.
Wunderding, *n.* (es, *pl.* e) wondrous thing, marvellous event.
Wunderfülle, *f.* marvellous fulness, wonderful richness.
Wundergabe, *f.* (*pl.* n) marvelous gift.
Wunderlich, *adj.* strange, odd, wonderful, singular; freakish, capricious, p. 191; *adv.* strangely, oddly, &c.
Wundern, *v. refl.* & *impers.* to wonder, to be astonished (über etwas, at something); deshalb wunderten und freuten sie sich sehr über, &c., therefore they wondered and rejoiced very much at, &c., p. 30.
Wundersam, *adj.* wonderful, strange.
Wunderschön, *adj.* most *or* exceedingly beautiful, of wondrous beauty.
Wunderstab, *m.* (s) magic wand.
Wunderthätig, *adj.* miraculous, wonder-working.
Wundervoll, *adv.* wonderfully, with wondrous skill, p. 122.
Wunderwerk, *m.* (es, *pl.* e) wonderful, marvellous piece of workmanship; marvel, wonder.
Wunsch, *m.* (es, *pl.* e*) wish, desire; nach —e, as well as one could wish, to one's wishes, p. 87.
Wünschen, *v. n.* to wish, desire, long for.
Würde, *f.* (*pl.* n) dignity, honour.
Würdig, *adj.* worthy (of); deserving.
Würdigkeit, *f.* worthiness; mit —, worthily, p. 183.
Würgen, *v. a.* to choke, strangle, kill.
Wurm, *m.* (es, *pl* er*) worm, reptile.
Wurst *f.* (*pl.* e*) sausage.
Würtemberg, *n.* ('s) Wurtemberg.
Wurzel, *f.* (*pl.* n) root.
Wüst, *adj.* waste, desert, uninhabited.
Wüste, *f.* (*pl.* n) desert, wilderness.
Wüstling, *m.* (s, *pl.* e) rake, ruffian
Wuth, *f.* fury, rage, madness.
Wüthen, *v. n.* to rage, chafe, rave.
Wüthend, *part. adj.* raging, furious.
Wuthentbrannt, *adj.* inflamed with rage, furious.
Wüthrich, *m.* (s) madman, tyrant.

Z.

Zagen, *v. n.* to tremble, to quake *or* shake with fear, to despair; —d, trembling, &c.
Zahl, *f.* (*pl.* en) number; figure; *also*, skein (of yarn, p. 82); ohne —, without number, numberless, innumerable.
Zählen, *v. a.* to count, number, reckon.
Zahllos, *adj.* numberless.
Zahlreich, *adj.* numerous.
Zahm, *adj.* tame; domestic (of animals, birds, &c.); tractable, gentle.
Zahmen, *v. a.* to tame; to check, curb, restrain.
Zahn, *m.* (es, *pl.* e*) tooth; fang.
Zart, *adj.* tender, soft; weak, delicate; nice; *adv.* tenderly, &c.
Zärtlich, *adj.* tender, fond, mild, lenient; *adv.* tenderly, delicately, fondly.
Zärtlichkeit, *f.* tenderness, softness; weakness, fondness.
Zauberisch, *adj.* enchanting, magic, charming.
Zauberschloß, *n.* (sses, *pl.* sser*) enchanted *or* fairy castle

Zauberton, *m.* (es, *pl.* e*) magic note, enchanting tone.

Zauberwort, *n.* (es, *pl.* e) magic word, spell.

Zehe, *f.* (*pl.* n) toe; die große —, the big toe.

Zehn, *num.* ten.

Zehnfach, *adj.* tenfold.

Zeichen, *n.* (s, *pl.* —) sign, mark; signal; symbol (of faith, p. 180); omen; ein gutes —, a good, favourable omen, p. 91; proof, evidence: zum —, as an evidence, *or*, to give you a proof, p. 157.

Zeichnen, *v. a.* to draw, delineate, mark.

Zeigen, *v. a.* to point out, to show; sich —, to show one's self, appear.

Zeiger, *m.* (s, *pl.* —) hand (of a clock).

Zeit, *f.* (*pl.* en) time; season; age, period, p. 91; eine kurze —, for a short time; eine — lang, for some time, p. 86; von — zu —, from time to time; vor —en, in former times, once upon a time, p. 75; zum Schreck der Fürsten jeder —, to the terror of princes of every age, p. 160.

Zeitung, *f.* (*pl.* en) newspaper; news.

Zelle, *f.* (*pl.* n) cell.

Zelt, *n.* (es, *pl.* e) tent.

Zerbrechen, zerbrach, zerbrochen, *v. a.* & *n.* to break to pieces, to break, shatter, destroy.

Zerfallen, zerfiel, zerfallen, *v. n.* to fall to pieces, to crumble, decay.

Zerina, *f.* Zerina (*proper name*).

Zerlöchern, *v. a.* to perforate.

Zerlumpt, *adj.* ragged, tattered.

Zermalmen, *v. a.* to grind to powder, to crush, bruise.

Zerreiben, zerrieb, zerrieben, *v. a.* to grind, crush to atoms.

Zerreißen, zerriß, zerrissen, *v. a.* to rend, tear to pieces, to dilacerate, break.

Zerren, *v. a.* to pull, tear, touse, tug.

Zerrinnen, zerrann, zerronnen, *v. n.* to melt, dissolve, dissipate, vanish.

Zerrissen, *part. adj.* torn, rent.

Zerritzt, *part. adj.* scratched; *fig* wounded, lacerated.

Zerschellen, *v. a.* & *n.* to dash to pieces, shatter.

Zerschmelzen, zerschmolz, zerschmolzen (*also reg.*), *v. a.* & *n.* to melt, dissolve; zerschmilzt einem im Munde, dissolves in one's mouth, p. 30.

Zerschmettern, *v. a.* to dash to pieces, to crash, crush, shatter; —d, crushing, shattering.

Zerschneiden, zerschnitt, zerschnitten, *v. a.* to cut (to pieces); *fig.* to rend, break.

Zerstampfen, *v. a.* to pound, bruise, crush; to trample under foot.

Zerstäuben, *v. a.* to disperse, dissipate (like dust).

Zerstören, *v. a.* to demolish, ruin, destroy.

Zerstörung, *f.* (*pl.* en) destruction; wreck, ruins.

Zerstreuen, *v. a.* to scatter, disperse, dissipate; *v refl.* to disperse; to divert one's self; to be distracted, wander (in mind, p. 191).

Zerstreut, *part. adj.* & *adv.* dispersed, scattered; wandering.

Zerstreuung, *f.* (*pl.* en) diversion, amusement.

Zertheilen, *v. a.* to divide, separate; *v. refl.* to be divided, to separate, disperse (of clouds, p 37).

Zertreten, zertrat, zertreten, *v. a.* to tread down, to trample under foot, crush.

Zeug, *n.* (es) stuff, base *or* vile stuff, p. 164.

Zeughaus, *n.* (es, *pl.* er*) arsenal; house where implements, machines, &c. are kept.

Zeuge, *m.* (n, *pl.* n) witness.

Zeugen, *v. n.* to witness, testify bear witness, give evidence.

Zeugen, *v. a.* to beget, generate, produce; auf Erden nicht gezeugt, not generated *or* produced on earth, p. 33.

Zeugniß, *n.* (sses, *pl.* sse) testimony, witness, evidence; — geben, to bear witness, to testify.

Ziehen, zog, gezogen, *v. a.* to draw, pull; to attract, to extract; *v. n.* to move, go, pass, to march; to move, *i. e.* change one's abode; über sein Gesicht zog, came over his face, p. 197.

Ziehen, *n.* (s) drawing; das höchstens noch zum — taugt oder zum Schlachten, at the most only fit for drawing (the cart, plough, &c.) or killing, p. 86.

Ziel, *n.* (es, *pl.* e) limit, end (of a journey, &c.); boundary, goal; *also*, aim, object.

Zielen, *v. n.* to take one's aim, to aim; —d, aiming, p. 147.

Ziemlich, *adj.* tolerable, passable; *adv.* tolerably, pretty; — oft, pretty often.

Zierde, *f.* (*pl.* n) ornament, decoration, embellishment; grace.

Zieren, *v. a.* to adorn, decorate, grace, furnish, attire.

Zierlich, *adj.* elegant, nice, neat, fine.

Zigeuner, *m.* (s, *pl.* —) gipsy.

Zigeunervolk, *n.* (es) gipsies.

Zigeunerwohnung, *f.* (*pl.* en) gipsy-house.

Zimmer, *n.* (s, *pl.* —) room, chamber, apartment.

Zimmermann, *m.* (s, *pl.* Zimmerleute) carpenter.

Zinne, *f.* (*pl.* n) battlement, pinnacle.

Zischen, *v. n.* to hiss, whizz.

Zither, *f.* (*pl.* n) guitar, cithern, lyre.

Zitherspiel, *n.* (s) playing on the guitar *or* ci hern; music.

Zitherspieler, *m.* (s, *pl.* —) one who plays on the cithern, minstrel; nach — Sitte, after the manner of minstrels p. 127.

Zittern, *v. n.* to tremble, shake, shiver.

Zögern, *v. n.* to delay, linger.

Zone, *f.* (*pl.* n) zone; die heiße —, the torrid zone.

Zorn, *m.* (es) anger, ire, choler, wrath, indignation.

Zornig, *adj.* angry, incensed, wrathful.

Zu, 1. *prep.* (*gov. the dat.*) to, for; at, by; in, on; kam — einer Quelle, came *to* a fountain, p. 29; so sollst du meinen ältesten Sohn —m Gemahl haben, you shall have my eldest son for your husband; —r linken (Seite), at (on) her left side, p. 75; — Hause, at home; — Fuß(e), on foot; —r rechten Zeit, in due time; — den furchtbaren Bildern, added to the frightful pictures, p. 194; 2. *a particle before the infinitive of verbs, serving to connect it with other words:* to; auf seinem Zuge, die Welt — erobern, on his march to conquer the world, p. 28.

Zubringen, brachte, gebracht, *v. a.* to spend (time, &c.).

Zucht, *f.* breed, race; discipline, p. 152.

Zuerst, *adv.* first, in the first place, for the first time.

Zufall, *m.* (s, *pl.* e*) chance, hazard; accident; event, incident.

Zufällig, *adj.* accidental, casual, contingent.

Zufolge, *prep.* (*with the gen. or dat.*) in consequence of, by virtue of, according to.

Zufrieden, *adj.* contented, satisfied.

Zufriedenheit, *f.* contentment, satisfaction.

Zufügen, *v. a.* to cause, do, inflict.

Zug, *m.* (es, *pl.* e*) draught (of water, &c.); march, expedition, p. 28; procession, p. 143; stroke, touch (of a pen, brush, &c.); trace, character, p. 54 and p. 112; feature (of countenance), trait (of

character); trank mit gierigen Zügen, drank with eager draughts, i. e. greedily, p. 29; ob sich ein — denken läßt, whether a feature or trait can be imagined, p. 189.

Zugang, *m.* (es, *pl.* e*) access, avenue, entrance.

Zugeben, gab, gegeben, *v. a.* (Einem etwas) to concede, allow, grant; to add, give, p. 204.

Zügel, *m.* (s, *pl.* —) rein, reins; *fig.* bridle, restraint, p. 177.

Zügeln, *v. a.* to bridle, curb.

Zugleich, *adv.* at the same time; together.

Zuhören, *v. n.* to hear, attend, listen to (*with the dat.*).

Zukunft, *f.* the future, futurity.

Zulassen, ließ, gelassen, *v. a.* to grant, permit, allow.

Zuletzt, *adv.* at last, lastly, finally.

Zum, *abbreviation for* zu dem.

Zumachen, *v. a.* to shut, close.

Zunächst, *adv.* next, nearest to; was er — vor sich ersah, whatever his eye first met, p. 158.

Zunehmen, nahm, genommen, *v. n.* to increase, grow; —d, increasing, p. 209.

Zunge, *f.* (*pl.* n) tongue; language.

Zürnen, *v. n.* to be angry *or* irritated; —d, angry.

Zürnen, *n.* (s) being angry; anger, expression of anger, p. 101.

Zurück, *adv.* back, backwards, behind, hehind hand.

Zurückbleiben, blieb, geblieben, *v. n.* to remain *or* stay behind; —d, staying behind; nach dem Zurückbleibenden nochmals umzublicken, to look once more at him remaining behind, p. 205.

Zurückbringen, brachte, gebracht, *v. a.* to bring back, return.

Zurückgeben, gab, gegeben, *v. a.* to give back, restore, return.

Zurückhallen, *v. n.* to resound, echo back.

Zurückhalten, hielt, gehalten, *v. a.* to keep back, retain, to stop, detain.

Zurückkehren, *v. n.* return.

Zurückkommen, kam, gekommen, *v. n.* to come back, return.

Zurücklassen, ließ, gelassen, *v. a.* to leave behind.

Zurückrufen, rief, gerufen, *v. a.* to call back; ins Gedächtniß —, to call to memory, to recall.

Zurückschauen, *v. n.* to look back.

Zurückscheuchen, *v. a.* to scare *or* frighten back.

Zurückschrecken, *v. a.* to frighten *or* terrify back; to deter, discourage; —d, deterring, fright-inspiring, p. 177.

Zurücktreten, trat, getreten, *v. n.* to step back; to retire, retreat, withdraw.

Zurückziehen, zog, gezogen, *v. a.* to draw back; to redeem; —d, redeeming, recovering, p. 97.

Zurufen, rief, gerufen, *v. a. & n.* (Einem) to call to, shout out to any one.

Zusammen, *adv.* together, jointly; in union.

Zusammenfügen, *v. a.* to join *or* put together, to conjoin, unite.

Zusammengebrannt, *part. adj.* burnt down, laid in ashes.

Zusammengehören, *v. n.* to belong together, to be inseparable, p 173.

Zusammenlegen, *v. a.* to lay together, to fold up, p. 48.

Zusehen, sah, gesehen, *v. n.* to look at, gaze at, observe (*with the dat.*)

Zusetzen, *v. a.* to lose, spend waste, p. 174.

Zusicherung, *f.* (*pl.* en) assurance.

Zutragen, trug, getragen, *v. refl.* (*impersonal*) to come to pass, happen.

Zutrauen, *n.* (s) confidence, trust.

Zutritt, *m.* (es) access, admission.

Zuviel, *adj. & adv* (= zu viel) too much

Zuvor, *adv.* before; before hand, previously.

Zuweilen, *adv.* at times, sometimes.

Zuwider, *prep.* (*gov. the dat.*) against, contrary to.

Zuziehen, zog, gezogen, *v. a.* (sich etwas) to bring upon one's self, to incur.

Zwängen, *v. a.* to press, constrain, force; zwängte den Fuß in den Schuh, forced her foot into the shoe, p. 73.

Zwanzig, *num.* twenty.

Zwar, *conj.* it is true, indeed, to be sure.

Zweck, *m* (es, *pl.* e) end, aim, design, purpose.

Zwecklos, *adj.* without any object, without any end *or* design.

Zweckmäßig, *adj.* conformable to an end *or* object in view; consistent, suitable, proper.

Zwei, *num.* two.

Zweifel, *m.* (s, *pl.* —) doubt, question; außer —, beyond any doubt *or* question; ohne —, without doubt, doubtless.

Zweifeln, *v. n.* to doubt, question.

Zweifelhaft, *adj.* doubtful, dubious; *adv.* doubtfully, dubiously.

Zweig, *m.* (es, *pl.* e) bough, branch, sprig (of a tree).

Zweimal, *adv.* twice.

Zweite, *num.* second.

Zwerg, *m.* (es, *pl.* e) dwarf, pigmy.

Zwietracht, *f.* discord, dissension

Zwingen, zwang, gezwungen, *v. a.* to constrain, force.

Zwirn, *m.* (es) linen thread.

Zwischen, *prep.* (*with the dat.*) between, betwixt; among, amongst.

Zwölf, *num.* twelve.

Zwölfte, *num.* twelfth.

ADDENDA TO THE DICTIONARY.

Diesmal, *adv.* this time, *p.* 27, 13*th line from the top.*

Dorten, *adv. for* Dort, *p.* 162, 7*th line from the top.*

Dunkelheit, *f.* obscurity, *p.* 177, 10*th line from the bottom.*

Ecke, *f.* (*pl.* n) corner, angle, nook.

Eckig, *adj.* angular, *p.* 201, 16*th line from the top.*

Erdboden, *m.* (s) earth, globe, *p.* 186, 20*th line from the top.*

Erstarren, *v. n.* to grow stiff, *p.* 118, 9*th line from the top.*

Hai, *m.* (es) shark, *p.* 140, 14*th line from the top.*

Klumpen, *m.* (s, *pl.* —) lump, mass, *p.* 83, 3*d line from the bottom.*

Nachtwandler, *m.* (s, *pl.* —) sleep-walker, somnambulist, *p.* 95, 1*st line at the top.*

Necken, *v. a.* to tease, rally, *p.* 109, 8*th line from the top.*

Netzen, *v. a.* to moisten, wet, *p.* 82, 9*th line from the top.*

Nudeln, *v. a.* to cram (a goose), *p.* 87, 12*th line from the top.*

Privatstand, *m.* (es) private life, retirement, *p.* 176, 12*th line from the top.*

Rappen, *m.* (s, *pl.* —) *p.* 148, 20*th line from the top.*

Roman, *m.* (s, *pl.* e) romance, novel, *p.* 186, 5*th line from the bottom.*

Schadenfroh, *adj.* malicious, *p.* 156, *last line.*

Wahrscheinlichkeit, *f.* probability, *p.* 175, 6*th line from the bottom.*

GERMAN AND ENGLISH, AND ENGLISH AND GERMAN

PRONOUNCING DICTIONARY.

BY J. G. ADLER, A. M.,

Professor of German Language and Literature in the University of New York.

One elegant large 8vo. vol. of 1,400 pages. Price $5

The aim of the distinguished author of this work has been to embody all the valuable results of the most recent investigations in a German lexicon, which might become not only a reliable guide for the practical acquisition of the language, but one which would not forsake the student in the higher walks of his pursuits, to which its treasures would invite him.

In the preparation of the German and English part, the basis adopted has been the work of Flügel, compiled in reality by Heimann, Feiling, and Oxenford. This was the most complete and judiciously prepared manual of the kind in England.

The present work contains the accentuation of every German word, several hundred synonymes, together with a Classification and Alphabetical List of the Irregular Verbs, and a Dictionary of German Abbreviations.

The foreign words, likewise, which have not been completely Germanized, and which often differ in pronunciation and inflection from such as are purely native, have been designated by particular marks.

AN ABRIDGMENT OF THE ABOVE.

1 Vol. 12mo. 844 pages. Price $1 50.

With a view of offering to the student of the German such a portion of his larger work as would embody the most general and important lexicographical elements of the language in the smallest possible compass, the author has gone over the entire ground of the larger work; revising, condensing, or adding, as the case might require. All provincialisms, synonymes, and strictly scientific terms, have been excluded from these pages, and every thing that might prove unnecessary or embarrassing to beginners, or to travellers and others, for whom a smaller volume is better adapted.

HAND-BOOK OF GERMAN LITERATURE.

CONTAINING:

Schiller's Maid of Orleans.	Tieck's Puss in Boots.
Goethe's Iphigenia in Tauris.	The Xenia. By Goethe & Schiller.

With Critical Introductions and Explanatory Notes; to which is added An Appendix of German Prose, from the Middle of the Sixteenth to the Middle of the Nineteenth Century.

BY J. G. ADLER,

PROFESSOR OF GERMAN LITERATURE IN THE UNIVERSITY OF THE CITY OF NEW YORK.

1 vol. 12mo. $1 50.

"This work is intended for the use of such students, as, having mastered the rudiments of the language, and acquired some facility of translation, are prepared to enjoy the beauties of the great German authors. It contains Schiller's 'Maid of Orleans,' Goethe's 'Iphigenia,' Tieck's 'Puss in Boots,' a large number of the choicest and most piquant epigrams from the 'Xenia' of Goethe and Schiller, and a variety of selections from the best prose writers of Germany. The German text is illustrated and explained by a profusion of notes in English, the greater portion of which are of a critical or historical nature."—*Savannah Republic.*

PRACTICAL GERMAN GRAMMAR.

BY PROF CHARLES EICHHORN.

12mo. Price $1 00.

"The plan of this work consists in teaching the pupil by what is called the natural mode, in opposition to the Grammatical method. A child is taught to speak its native tongue by learning the words and the construction of sentences, without the assistance of rules. We have seen Grammars in other languages formed on this system, but this is the first systematic attempt to introduce the plan into the study of the German. We have no doubt the author has succeeded in producing an excellent text-book."—*Prot. Churchman.*

BRYAN'S

GRAMMAR FOR GERMANS TO LEARN ENGLISH.

EDITED BY PROF. SCHMIEDER.

1 vol. 12mo. Price 62 Cents.

A PROGRESSIVE GERMAN READER.

BY J. G. ADLER.

12mo. Price $1 00.

The favorable reception which Ollendorff's German Grammar has received from the American public, has induced the Publishers and the Editor to comply with the very general demand for a *German Reader.* The plan of this reader is as follows, viz.:

1. The pieces are both prose and poetry, selected from the best authors, and are so arranged as to present sufficient variety to keep alive the interest of the scholar.

2. It is progressive in its nature, the pieces being at first very short and easy, and increasing in difficulty and length as the learner advances.

3. At the bottom of the page constant references to the Grammar are made, and the difficult passages explained and rendered. To encourage the first attempt of the learner as much as possible, the twenty-one pieces of the first section are analyzed, and all the necessary words given at the bottom of the page. The notes, which at first are very abundant, diminish as the learner advances.

4. It contains *five* sections. The *first* contains easy pieces, chiefly in prose, with all the words necessary for translating them; the *second*, short pieces in prose and poetry alternately, with copious notes and renderings; the *third*, short popular tales of GRIMM and others; the *fourth*, select ballads and other poems from BUERGER, GOETHE, SCHILLER, UHLAND, SCHWER, CHAMISSO, &c.; the *fifth*, prose extracts from the best classics.

5. At the end is added a VOCABULARY of all the words occurring in the book.

PRONOUNCING GERMAN READER.

TO WHICH IS ADDED, A METHOD OF LEARNING TO READ AND UNDERSTAND THE GERMAN WITHOUT A TEACHER.

BY J. C. ŒHLSCHLAGER.

12mo. Price $1 00.

"The author has been for many years a successful teacher of the German, his native tongue, in Philadelphia, and he has given in this book the fruits of an intelligent experience. The time has come when the old, humdrum method of learning languages—living languages certainly—should be abandoned, once and for ever. A living language should be learned by foreigners, just as it is by children. Pronunciation comes by imitation, phrases and idioms by example and repetition. The logic of language is an afterthought, something to be applied after the language is learned, not as a means of learning it."—*United States Gazette.*

ITALIAN & ENGLISH, AND ENGLISH & ITALIAN

PRONOUNCING DICTIONARY.

BY F. C. MEADOWS, M. A.

Of the University of Paris.

12mo. 714 pages. Price $1 50.

This work is printed from the stereotype plates of the thirteenth English Edition.

The First Part contains all the old words, contractions, and licenses used by the ancient Italian poets and prose writers.

Second Part contains all of the various meanings of English verbs,

WITH A NEW AND CONCISE GRAMMAR,

in which is exhibited the pronunciation by corresponding sounds, the Parts of Speech, Gender of Italian Nouns, New Conjugation of Regular and Irregular Verbs; also containing a list of useful, Christian, and proper names, names of countries, nations, &c., &c.

ITALIAN READER.

BY E. FELIX FORESTI, LL.D.

PROFESSOR OF THE ITALIAN LANGUAGE AND LITERATURE IN COLUMBIA COLLEGE AND IN THE UNIVERSITY OF THE CITY OF NEW YORK.

One neat vol. 12mo. 298 pages. Price $1 00.

A Collection of Selected Pieces in Italian Prose, designed as a Class Reading-Book for beginners in the study of the Italian language.

"The selections in the Italian Reader are from popular authors, such as Botta, Manzoni, Machiavelli, Villani, and others. They are made so as not to constitute mere exercises, but contain distinct relations so complete as to gratify the reader and engage his attention while they instruct. This is a marked improvement on that old system which exacted much labor without enlisting the sympathies of the student. The selections from Manzoni, for example, are from the '*Promesi Sposi*,' one of the noblest works of fiction ever issued from the press—a work so popular as to have gone through an incredible number of editions in Italy, while it has been translated into every language of Europe. The Reader contains six extracts from this novel, among which are the beautiful episodes of Father Christoforo and the Nun of Monza, and a description of the famine and plague of Milan in the year 1530. The account of the plague rivals the celebrated one of Boccacio in his Decameron. The idioms that occur in the selections are explained by a glossary appended to each. The Italian Reader can with confidence be recommended to students in the language as a safe and sure guide. After mastering it, the Italian poets and other classics may be approached with confidence."—*Savannah Republican.*

C. JULIUS CÆSAR'S

COMMENTARIES ON THE GALLIC WAR.

WITH ENGLISH NOTES, CRITICAL AND EXPLANATORY; A LEXICON, GEOGRAPHICAL AND HISTORICAL INDEXES, &c.

BY REV. J. A. SPENCER, D. D.

1 Vol. 12mo. with Map. Price $1 00.

The text which Mr. Spencer has adopted is that of Oudenorp, with such variations as were suggested by a careful collation of the leading critics of Germany. The notes are as they should be, designed to aid the labors of the student, not to supersede them. In addition to these, the volume contains a sketch of the life of Cæsar, a brief Lexicon of Latin words, an Historical and Geographical Index, together with a Map.

BEZA'S LATIN TESTAMENT.

1 Vol. 12mo. Price 75 Cents.

The Editor of the present edition has exerted himself to render it, by superior accuracy and neatness, worthy of patronage, and the publishers flatter themselves that the pains bestowed will insure for it preference over other editions.

SHORT AND COMPREHENSIVE GREEK GRAMMAR.

BY J. T. CHAMPLIN.

Professor of Latin in Waterville College.

12mo. Price 75 Cents.

From REV. MR. ANDERSON, *New Orleans.*

"I believe the author has fully accomplished what he proposes in his preface. To those wishing to study Greek, I am satisfied he has presented a book which will much tend to simplify the study to beginners—and at the same time without being too voluminous, presents as lucid and full an exposition of the principles of the language, as can be contained within so small a compass.

"The examples under the different declensions are full and well selected; so as fully to illustrate the principles on which the rules are founded.

"His arrangement of Anomalous Verbs we think excellent, and not loaded with superfluous matter.

TACITUS' GERMANIA AND AGRICOLA.

WITH NOTES FOR COLLEGES.

BY W. S. TYLER,

Professor of the Greek and Latin Languages in Amherst College.

1 Vol. 12mo. Price 62½ Cents.

It has been the endeavor of the Editor to bring down the literature of Tacitus to the present time, and embody in a small compass the most valuable labors of such recent German editors as Grimm, Günther, Gruber, Kiessling, Dronke, Roth, Rapeti, and Walther.

From PROF. FELTON, *of Harvard University.*

"I am much pleased with the book, and you seem to me to have discharged the duty of editor with becoming judgment and skill."

From PROF. LINCOLN, *of Brown University.*

I have found the book in daily use with my class of very great service, very practical, and well suited to the wants of students. I am very much pleased with the Life of Tacitus, and the Introduction, and indeed with the literary character of the Book throughout. We shall make the book a part of our Latin course."

From PROF. PACKARD, *of Bowdoin College.*

"I have given it such examination as my time would permit, and shall introduce it this year into my course of study."

THE HISTORIES OF TACITUS.

WITH NOTES FOR COLLEGES.

BY W. S. TYLER.

1 Vol. 12mo. Price $1 25.

'The editor has at least endeavored to avoid the fault, which Lord Bacon says 'is over usual in annotations and commentaries, viz., to blanch the obscure places, and discourse upon the plain.' The indexes have been prepared with much labor and care, and, it is believed, will add materially to the value of the work."—*Extract from Preface.*

From PROF. THACHER, *Newton Theological Seminary.*

"The notes appear to me to be even more neat and elegant than those on the 'Germania and Agricola.' They come as near to such notes as I would be glad to write myself on a classic as almost any thing that I have yet seen."

From REV. C. H. TAYLOR, *Principal of Philips' Academy.*

"I have examined parts of it with some care, and am very highly pleased with it. The Essay on the style of Tacitus, the Preliminary Remarks, the judicious and scholarly Notes afford all the assistance which the student can wish for the study of this somewhat difficult author."

VOLTAIRE'S HISTORY OF CHARLES XII.,

KING OF SWEDEN.

CAREFULLY REVISED.

BY PROF. GABRIEL SURENNE.

12mo. 262 pages. Price 50 Cents.

This is a neat edition of this valuable history, published under the direction of a distinguished scholar, and well adapted for the use of schools in this country.

"To students of the French language this edition of a history which has not been excelled, in its class, which is like Southey's Life of Nelson, in our own tongue, will be particularly acceptable."—*Evening Post.*

A NEW FRENCH MANUAL,

AND TRAVELLER'S COMPANION.

BY G. SURENNE.

16mo. 287 pages. Price 62 Cents.

This work is intended as a Guide for the Tourist, and a Class-book for the Student.

"An excellent work, and one which to a good student will prove most valuable. It seems to be complete in all its departments and arrangements, and to take the place of a French teacher, as far as that may be: giving every aid in pronunciation. We cheerfully recommend it to all engaged in this study."—*Educat. Magazine.*

FRENCH CONVERSATION AND DIALOGUES.

BY GUSTAVE CHOUQUET.

1 Vol. 12mo. 200 pages. Price 50 Cents.

This volume contains conversations on ordinary subjects, designed to familiarize the student with the idiomatic expressions which most frequently occur in French conversation. It is very complete, clear, and distinct.

YOUNG LADIES' GUIDE TO FRENCH COMPOSITION.

BY GUSTAVE CHOUQUET.

1 Vol. 12mo. 297 pages. Price 75 Cents.

This useful work consists of two parts; the first part being a General Treatise on Rhetoric, which, as an elementary work, has decided merits.

The second part contains great variety of subjects, with full and well chosen exercises, with selections from the best and purest French writers.

LINCOLN'S LIVY.

SELECTIONS FROM THE FIRST FIVE BOOKS, TOGETHER WITH THE TWENTY FIRST AND TWENTY-SECOND BOOKS ENTIRE. WITH ENGLISH NOTES FOR THE USE OF SCHOOLS AND COLLEGES. WITH AN ACCOMPANYING PLAN OF ROME, AND A MAP OF THE PASSAGE OF HANNIBAL.

BY J. L. LINCOLN,

Professor of Latin Language and Literature in Brown University.

12mo. Price $1 00.

The text of this edition is chiefly that of Alschefski; where other eadings have been preferred, the reasons for the preference are usually given in the Notes. The Notes have been prepared with special reference to the grammatical study of the language; it is hoped, however, that they will also be found to embrace all necessary information relating to history, geography, and antiquities.

This edition has already been adopted in nearly all the colleges of the country.

From PROF. JOHNSON, *of New York University.*

"I can at present only say that your edition pleases me much. I shall give it to one of my classes next week. I am prepared to find it just what was wanted."

From PROF. KINGSLEY, *of Yale College.*

"I have not yet been able to read the whole of your work, but have examined it enough to be satisfied that it is judiciously prepared, and well adapted to the purpose intended. We use it for the present year, in connection with the edition that has been used for several years. Most of the class, however, have procured your edition; and it is probable that next year it will be used by all."

From PROF. TYLER, *of Amherst College.*

"The Notes seem to me to be prepared with much care, learning and taste; the grammatical illustrations are unusually full, faithful, and able. The book has been used by our Freshman Class, and will, I doubt not, come into general use in our colleges."

From PROF. PACKARD, *of Bowdoin College.*

"I have recommended your edition to our Freshman Class. I have no doubt that your labors will give a new impulse to the study of this charming classic."

From JOS. NICKERSON, *Prin. of Academy, Gilmanton, N. H.*

"I consider your edition of Livy, by Lincoln, to be the most excellent of all before the public. The text is the best approved, and the Notes indicate great care and study in their preparation."

"Professor Lincoln has performed his duty as editor in a very creditable manner giving evidence of unpretending but accurate scholarship, and a conscientious regard for the rights of others."—*North American Review.*

"This volume gives cheering evidence that a higher tone of philology is appearing among us, and every friend of classical learning will welcome it as a valuable auxiliary in awakening new interest in the critical study of the Latin authors."—*Bibliotheca Sacra.*

KUHNER'S GREEK GRAMMAR.

TRANSLATED BY PROFESSORS EDWARDS AND TAYLOR.

One Large 12mo Volume. Price $1 50.

This is a most concise and comprehensive grammar, based on a profound and accurate knowledge of the genius and principles of Greek grammar, arranged in a clear and satisfactory manner. The fulness of illustration, correctness of the principles advanced, as well as the perfect analysis to which the forms of language are subjected, are all that could be desired in a work of this kind.

From Professor of Greek in Williams College.

"I think highly of your edition of Kuhner's Greek Grammar. We have nothing in use among us that is equal to it as a comprehensive, systematic analysis of the language. In many respects the translators have much improved this edition, and I should be glad to have its pages more generally consulted by our young men."

From Prof. Geo. Burrowes, *Lafayette College.*

"I beg to tender you my thanks for the copy of the new revised edition of Kuhner's Greek Grammar, translated by Edwards and Taylor. The high character of this book is fully established, and the friends of Greek literature are under obligations as well to the publishers as to the translators for making it accessible to the students of our country."

From Prof. J. T. Champlin, *Waterville College.*

"Please accept my thanks for a copy of your new edition of Kuhner's Greek School Grammar. The work is greatly improved both in form and substance in this edition. In its improved dress, there can be no doubt that it deserves and will take the very first place among Greek grammars for consultation and reference."

EXERCISES IN GREEK GRAMMAR.

ADAPTED TO THE FIRST BOOK OF XENOPHON'S ANABASIS.

BY JAMES R. BOISE,

Professor in Mich. University.

1 Vol. 12mo. 185 pages. Price 75 Cents

These Exercises consist of easy sentences, similar to those in the Anabasis, in having the same words and constructions, and are designed by frequent repetition to make the learner familiar with the language of Xenophon. Accordingly, the chapters and sections in both are made to correspond.

GREEK OLLENDORFF.

BY A. C. KENDRICK, D. D.

Professor of Greek Language and Literature in the University of Rochester.

Vol. 12mo. 371 pages. Price $1.

This is a progressive exhibition of the principles of the Greek Grammar, designed for beginners in Greek, and as a book for exercises in academies and colleges.

There is probably no elementary treatise upon the Greek language extant which has, in so short a time, secured so large a share of the confidence, popular favor, and patronage of educators throughout the country, as this work. It seems exactly fitted for the purpose intended, viz., by instilling into the minds of the young the more simple elementary principles of the language, thus to prepare them for a more extensive and familiar acquaintance with the ancient Greek Classics.

"We think the author pursues the only philosophical method of teaching this language."—(*Dover*) *Morning Star.*

"It is an excellent publication, and is admirably adapted to the purposes in view."-*New Orleans Bee.*

XENOPHON'S MEMORABILIA OF SOCRATES.

BY PROF. ROBBINS, MIDDLEBURY COLLEGE.

1 Vol. 12mo. 420 pages. Price $1.

The text of the present edition is that of Kuhner, with occasional alterations in pointing and things of minor importance. Where it appeared desirable, various readings have been given in the notes, and reasons for the one adopted briefly stated.

From PROF. HARRISON, *University of Virginia.*

"The Notes contain in much detail, the grammatical and other explanations, which it would be convenient for the learner to have placed before him, instead of having to refer to various books. I have no doubt that the notes are very carefully prepared, and in accordance with the best authorities."

From PROF. A. S. PACKARD, *Bowdoin College.*

"I have examined the work somewhat, and am pleased with it, as being creditable to our American scholarship. I shall recommend it to my classes."

From PROF. WM. H. ALLEN, *Girard College.*

"It is a very handsome and valuable edition of that admirable work, with copious notes, index, and a biography of Socrates, and it will prove highly acceptable to classical scholars and teachers."

From PROF. GEO. BURROWES, *Lafayette College.*

"I have been highly gratified, on examining the work, not only with the way in which it is got up, but with the editorial labor which is such as to leave nothing to be desired by the student, and makes this edition a truly valuable addition to our classical literature."

SEOANE'S EDITION OF NEUMAN AND BARETTI'S

SPANISH & ENGLISH, AND ENGLISH & SPANISH

PRONOUNCING DICTIONARY.

NEWLY COMPOSED FROM THE SPANISH DICTIONARIES OF THE SPANISH ACADEMY, TERREROS AND SALVA, AND FROM THE ENGLISH DICTIONARIES OF WEBSTER, WORCESTER, AND WALKER.

BY MARIANO VELAZQUEZ DE LA CADENA.

Professor of the Spanish Language and Literature in Columbia College.

One large Vol. 8vo. of more than 1,300 pp., neat type, fine paper, and strong binding. Price $5.

In the revision of this work more than eight thousand words idioms, and familiar phrases have been added.

Also, the technical terms most frequently used in the arts, and in chemistry, botany, medicine, and natural history, as well as nautical and mercantile terms and phrases,—most of which are not found in other dictionaries.

And also, many Spanish words used only in American countries which were formerly dependencies of Spain.

The pronunciation of the Castilian language is so clearly set forth in this dictionary, as to render it well-nigh impossible for any person who can read English readily, to fail of obtaining the true sounds of the Spanish words at sight.

It also contains in both languages the exact equivalents and correspondents of the words in general use, both in their literal and metaphorical acceptations.

The irregularities of the verbs in Spanish and English are here, for the first time, given in full, in their alphabetical order.

The work likewise contains a grammatical synopsis of both languages, arranged for ready and convenient reference.

From His Excellency VALENTINE CANEDO, *Captain General of Cuba.*

"The Pronouncing Dictionary of the Spanish and English Languages, by Don Mariano Velazquez de la Cadena, published by you, having been examined, and its merits acknowledged, I have ordered it to be recommended by the Board of Education."

ABRIDGMENT OF THE ABOVE.

12mo. 888 pages. Price $1 75.

OLLENDORFF'S FRENCH GRAMMARS.

OLLENDORFF'S FIRST LESSONS IN LEARNING TO READ, WRITE, AND SPEAK THE FRENCH LANGUAGE. Being an Introduction to Ollendorff's larger grammar. Third edition, Enlarged and Rewritten by G. W. GREENE, Instructor in Brown University. 16mo. Price 50 Cents.

OLLENDORFF'S NEW METHOD OF LEARNING TO READ, WRITE AND SPEAK THE FRENCH LANGUAGE. With an Appendix, containing the Cardinal and Ordinal Numbers, and full Paradigms of the Regular and Irregular, Auxiliary, Reflective, and Impersonal Verbs. By J. L. JEWETT. 1 Vol. 12mo. Price $1 00.

☞ KEY TO EXERCISES. Separate Volume. Price 75 Cents.

OLLENDORFF'S NEW METHOD OF LEARNING TO READ, WRITE, AND SPEAK THE FRENCH LANGUAGE. With the Lessons divided into Sections of a proper length for daily tasks, and numerous corrections, additions, and improvements, suitable for this country; to which is added Value's System of French Pronunciation; his Grammatical Synopsis, a new Index, and Short Models of Commercial Correspondence. By V. VALUE. 1 Vol. 12mo. Price $1 00.

☞ KEY TO EXERCISES. Separate Volume. Price 75 Cents.

OLLENDORFF'S COMPANION TO NEW METHOD OF LEARNING TO READ, WRITE, AND SPEAK THE FRENCH LANGUAGE. Containing Dialogues and a Vocabulary. By GEO. W. GREENE. 12mo. Price 75 Cents.

OLLENDORFF'S NEW METHOD FOR FRENCHMEN TO LEARN TO READ, WRITE, AND SPEAK THE ENGLISH LANGUAGE. By CHARLES BADOIS. 12mo. Price $1 00.

☞ KEY TO EXERCISES. Separate Volume. Price 50 Cents.

OLLENDORFF'S NEW METHOD FOR SPANIARDS TO LEARN TO READ, WRITE, AND SPEAK THE FRENCH LANGUAGE. Containing Progressive, Oral, and Written Exercises, with an Appendix containing Rules of Syntax and rules for the formation and conjugation. By THEODORE SIMONNE. 12mo. Price $2 00.

☞ KEY TO EXERCISES. Separate Volume. Price 75 Cents.

Few school manuals have been so highly approved, and used for a series of years with such universal acceptance, as the Ollendorff Series, for the acquirement of the French Language; that system being now almost universally acknowledged to be the only correct one.

www.ingramcontent.com/pod-product-compliance
Lightning Source LLC
LaVergne TN
LVHW020216110826
845151LV00003B/741

* 9 7 8 1 4 2 5 5 3 3 3 3 5 *